Petra Wild

DIE KRISE DES ZIONISMUS UND DIE EIN-STAAT-LÖSUNG

Bibliografische Information der Deutschen Bibliothek:
Die Deutsche Bibliothek verzeichnet diese Publikation
in der Deutschen Nationalbibliografie.
Detaillierte bibliografische Daten sind im Internet über http://dnb.ddb.de abrufbar.

© 2015 Promedia Druck- und Verlagsgesellschaft m.b.H., Wien
Alle Rechte vorbehalten
Lektorat: Hannes Hofbauer
Gestaltung: Stefan Kraft
Druck: CPI - Clausen & Bosse, Leck
Printed in Germany
ISBN: 978-3-85371-386-0

Fordern Sie unsere Prospekte an:

Promedia Verlag
Wickenburggasse 5/12
1080 Wien
Österreich

E-Mail: promedia@mediashop.at

Internet: www.mediashop.at
                 www.verlag-promedia.de

Petra Wild

Die Krise des Zionismus und die Ein-Staat-Lösung

Zur Zukunft eines demokratischen Palästinas

Über die Autorin

Petra Wild, geboren 1963 in Aarbergen/Hessen, studierte arabische Sprache und Islamwissenschaften in Jerusalem, Leipzig, Damaskus und Berlin. Sie arbeitet als freiberufliche Publizistin vor allem zur Palästina-Frage und zur Arabischen Revolution. Im Promedia Verlag erschien von ihr 2013 das Buch »Apartheid und ethnische Säuberung in Palästina« (4. Auflage 2014).

Inhaltsverzeichnis

1. Einleitung

Die Geschichte der Lösungsversuche der Palästina-Frage ist eine Geschichte der fortlaufenden Minimierung palästinensischer Rechte. Nach der ethnischen Säuberung Palästinas 1948 zielten die internationalen Lösungsversuche auf die Rückkehr der palästinensischen Flüchtlinge und die Lösung der Jerusalem-Frage. Seit der israelischen Besetzung der Westbank und des Gazastreifens 1967 ging es unter der Führung der USA nur noch um die Aufhebung dieses neuen Unrechts, das zuvor begangene wurde stillschweigend als Fait accompli »normalisiert.«

Die Zwei-Staaten-Option, die in den 1970er Jahren von den USA und Europa ins Spiel gebracht wurde, sollte anfangs die palästinensischen Rechte auf Selbstbestimmung und Rückkehr zumindest teilweise verwirklichen. Während des Oslo-Prozesses wurden die Rechte weiter beschnitten und es ging es nur noch um begrenzte Selbstverwaltung in einem Teil der von Israel weiterhin kontrollierten, 1967 besetzten Gebiete. Die Verhandlungen drehten sich in zunehmendem Maße nur noch darum, wie groß der Teil der selbstverwalteten Gebiete und wie eng oder weit die Grenzen der Selbstverwaltung sein sollten. Durch die Fixierung auf Konfliktlösung statt auf Rechte wurde das Wesentliche aus den Augen verloren: die Erlangung des Rechte der Palästinenser innerhalb und außerhalb des historischen Palästinas auf Rückkehr und Selbstbestimmung.

Die Möglichkeit zur Realisierung eines souveränen palästinensischen Staates an der Seite Israels im Rahmen einer Zwei-Staaten-Lösung hat sich als Illusion herausgestellt. Alles deutet darauf hin, dass es überhaupt keine Lösung der Palästina-Frage geben wird, solange der Zionismus weiter besteht.

Nach dem Scheitern der letzten, unter Druck der USA zustande gekommenen Verhandlungsrunde zwischen Israel und der Palästinensischen Autonomiebehörde im April 2014 wird auch in europäischen diplomatischen Kreisen zunehmend davon ausgegangen, dass die Zwei-Staaten-Lösung passé ist, dass Israel durch fortgesetzten Siedlungsbau, Landraub und die faktische Annexion von 60% der Westbank (Zone C) die Möglichkeit zur Errichtung eines palästinensischen Staates zunichte gemacht hat. Durch die Siedlungen und die Integration der Infrastruktur und Verkehrsverbindungen ist faktisch bereits *ein* Staat auf dem Boden des historischen Palästinas entstanden. Dem ethnokratischen Charakter Israels gemäß ist dies ein Apartheidstaat, in dem die palästinensische Minderheit innerhalb der Grünen Linie einer systematischen institutionellen Diskriminierung unterworfen ist, während die Palästinenser in der Westbank in Ghettos eingesperrt und der Zerstörung ihrer Lebensgrundlagen sowie ethnischen Säuberungsprozessen ausgesetzt sind.

Da dies auf die Dauer keine Perspektive sein kann, schlägt die aus Palästinensern und anti-zionistischen Israelis bestehende Ein-Staat-Bewegung als Alternative dazu einen demokratischen, säkularen Staat auf dem Boden des historischen Palästinas vor, in dem Christen, Juden und Muslime – einschließlich der 1948 und 1967 vertriebenen Flüchtlinge – auf der Basis von gleichen Rechten und gemeinsamer Staatsbürgerschaft zusammen leben.

Viele bezeichnen die Ein-Staat-Lösung als unrealistisch. Als Hauptargument für die Unrealisierbarkeit des demokratischen säkularen Staates auf dem Boden des historischen Palästinas wird stets angeführt, dass die Mehrheit der jüdischen Israelis sie nicht wolle. Dieses Argument zeugt von statischem Denken. Es bleibt dem Ist-Zustand verhaftet und schließt die Möglichkeit der Veränderung aus. Da es in Palästina um die Abschaffung kolonialer Privilegien geht, ist es selbstverständlich, dass diejenigen, die in ihren Genuss kommen – nämlich alle jüdischen Israelis –, diese zunächst nicht freiwillig aufgeben wollen. In anti-kolonialen Kämpfen kann jedoch der aktuelle Ist-Zustand niemals als unveränderbar gegebene, gleichsam in Stein gemeißelte Realität betrachtet werden. Situationen, Kräfteverhältnisse und Menschen verändern sich. Die Meinung der Siedlerbevölkerung ist nicht der einzige und am Ende auch nicht der entscheidende Faktor, der über den Ausgang des Konflikts entscheidet. In Südafrika war die überwiegende Mehrheit der Siedlerbevölkerung fast bis zum Schluss gegen die Aufhebung der Apartheid. Die Veränderung der internationalen Kräfteverhältnisse und die internationale Boykottbewegung waren ausschlaggebend dafür, dass das Apartheidregime dennoch aufgehoben werden musste. Heute befürwortet das die Mehrheit der weißen Südafrikaner.

Bei genauerer Betrachtung zeigt sich auch im Falle Israels eine Dynamik, die die Überwindung des Zionismus in absehbarer Zeit durchaus möglich erscheinen lässt. Seit dem Beginn der zweiten Intifada im Herbst 2000 ist der Zionismus in eine Krise geraten, die sich vor allem an drei Punkten zeigt: in mehreren verlorenen Kriegen gegen arabische Widerstandsbewegungen, im Verlust der jüdisch-israelischen Bevölkerungsmehrheit auf dem Boden des historischen Palästinas und der Entwicklung der internationalen Boykott-Desinvestment-Sanktionen-Kampagne. Als weitere Faktoren kommen hinzu: die ersten Risse und Brüche im zionistischen Konsens der jüdisch-israelischen Bevölkerung, die Abwendung vieler US-amerikanischer und europäischer Juden vom Zionismus und die Schwächung der USA.

Unter dem Etikett »Ein-Staat-Lösung« kursieren indessen die verschiedensten Vorstellungen und Modelle, die nicht alle mit den Prinzipien einer emanzipatorischen Ein-Staat-Bewegung, die auf fortlaufenden internationalen Konferenzen sowie von ihren Vordenkern formuliert werden, übereinstimmen. So wird zum Beispiel auch auf der zionistischen Rechten eine »Ein-Staat-Lösung« propagiert, die jedoch mit den Vorstellungen der fortschrittlichen Ein-Staat-Bewegung nur wenig zu tun hat. Diese Variante der Ein-Staat-Lösung lässt sich auf den Begriff

Groß-Israel bringen: sie beinhaltet die Annexion der Westbank mit teilweisen Bürgerrechten für die palästinensische Bevölkerung. Der palästinensische Intellektuelle Sari Nusseibeh, der der Palästinensischen Autonomiebehörde nahe steht, brachte ein auch in Deutschland wahrgenommenes Buch heraus, in dem er ebenfalls für eine Annexion der 1967 besetzten Gebiete durch Israel eintritt, wobei die Palästinenser auf das Recht auf Rückkehr und alle anderen politischen und nationalen Rechte verzichten sollten. Dieser Vorschlag kommt den Ein-Staat-Vorstellungen der israelischen Rechten sehr nahe, die allerdings den annektierten Palästinensern noch weniger Rechte einräumen möchten als Nusseibeh. Von der Mehrheit der Palästinenser werden Nusseibehs Vorschläge als Verstöße gegen den nationalen Minimalkonsens abgelehnt und sie haben keinerlei Gemeinsamkeit mit der sich entwickelnden Ein-Staat-Bewegung, die auf Entkolonisierung zielt. Daneben gibt es verschiedene Vorschläge von kritischen Israelis und internationalen Wissenschaftlern zu einer Ein-Staat-Lösung, die stärker zionistisch geprägt sind. Aber einzig die emanzipatorische Ein-Staat-Bewegung kann einen Weg zu einer tatsächlichen Lösung des Konflikts aufzeigen, in der sowohl die Rechte der einheimischen palästinensischen Bevölkerung als auch die Rechte der eingewanderten Siedlerbevölkerung und ihrer Nachkommen gewahrt werden. An drei Punkten werden die Widersprüche zwischen der Linie der genuinen demokratischen Ein-Staat-Bewegung und stärker zionistisch geprägten Vorschlägen zu einer Ein-Staat-Lösung am deutlichsten. Der erste Punkt ist die Frage, ob der neue gemeinsame Staat ein formal binationaler Staat sein soll, in dem Ethnie und Religion weiterhin bestimmend sind oder ob er ein demokratischer Einheitsstaat sein soll, in dem Demokratie und Staatsbürgerschaft über ethnischer Zugehörigkeit, Nationalismus und Religion stehen. Die Ein-Staat-Bewegung hat sich für die zweite Option entschieden. Der zweite Punkt, an dem sich stärker zionistisch geprägten Vorschläge von der emanzipatorischen Ein-Staat-Bewegung scheiden, ist das Recht auf Rückkehr der 1948 und 1967 vertriebenen Palästinenser. Während mehrere Vorschläge von einzelnen jüdischen Israelis oder internationalen Wissenschaftlern das Recht auf Rückkehr ausklammern oder reduzieren möchten, misst die emanzipatorische Ein-Staat-Bewegung diesem eine zentrale Bedeutung bei. Der neue gemeinsame Staat wird gedacht als demokratischer Staat all jener, die jetzt in dem Land zwischen dem Mittelmeer und dem Jordan-Fluss leben UND der zurückgekehrten palästinensischen Flüchtlinge sowie ihrer Nachkommen. Der dritte Punkt, an dem sich die verschiedenen Ein-Staat-Vorschläge voneinander unterscheiden, ist die Frage der Entkolonisierung. In den Reihen der Ein-Staat-Bewegung wird ein Prozess der Entkolonisierung – der in Israel gleichbedeutend mit der Entzionisierung ist – als unverzichtbare Voraussetzung für eine Ein-Staat-Lösung angesehen. Die emanzipatorische Ein-Staat-Lösung zielt auf die Befreiung vom zionistischen Siedlerkolonialismus, während die verschiedenen zionistisch geprägten Ein-Staat-Modelle auf dessen Fortsetzung in modifizierter

Form zielen. Angesichts des Scheiterns der Zwei-Staaten-Lösung bleibt jetzt nur noch der Weg in einen gemeinsamen demokratischen Staat, wenn der Konflikt nicht für die eine oder andere Seite in eine Katastrophe führen soll. Alle Versuche, die israelische Apartheid aufrechtzuerhalten, werden nur zu einem Andauern des Konflikts mit neuen vorhersehbaren blutigen Höhepunkten und einer anhaltenden Destabilisierung der arabischen Welt führen. Alle Konfliktlösungsstrategien, die eine Befriedung der Palästinenser und Stabilität in der Region erreichen wollen, ohne die international garantierten Rechte der Palästinenser – primär das Recht auf Rückkehr und Selbstbestimmung – zu verwirklichen, sind zum Scheitern verurteilt. Das gilt insbesondere für die verschiedenen Vorschläge zu einer regionalen Lösung, bei der die arabischen Nachbarstaaten Israels einbezogen werden sollen. Die arabischen Aufstände von 2010/2011 haben nicht zuletzt gezeigt, wie radikal und tief verankert der Antizionismus in der arabischen Bevölkerung ist. Eine so weit gehende Normalisierung der Beziehungen mit dem Kolonialstaat Israel ist für die arabischen Regierungen nicht möglich, wenn sie nicht erneut unter starken Druck ihrer Bevölkerungen geraten wollen.

Die positive Rezeption meines ersten Buches[1] hat gezeigt, wie sehr sich der Blick der kritischen Öffentlichkeit auf Palästina und Israel in den vergangenen zehn Jahren verändert hat. Die alten »Antisemitismus«-Vorwürfe greifen längst nicht mehr in dem Maße wie zuvor. Sie vermögen kaum mehr, die kritische Auseinandersetzung mit dem zionistischen Siedlerkolonialismus zu verhindern. Die demagogische Trickkiste hat jedoch noch mehr auf Lager. So wird Kritikern der israelischen Politik gerne vorgeworfen, sie wären einseitig, und unablässig wird »Ausgewogenheit« eingefordert. »Ausgewogenheit« bedeutet jedoch in diesem Fall einzig, dass die vorgegebenen roten Linien nicht überschritten werden dürfen, was nichts anderes heißt als dass zwar hier und da Kritik geübt werden, aber nicht außerhalb des zionistischen Narrativs gedacht werden darf. Da sowohl die Politiker aller Parteien, die Mainstream-Medien und die bürgerliche Wissenschaft im Wesentlichen auf der Grundlage der zionistische Sichtweise argumentieren, erscheint diese als objektiv, obwohl sie ihrem Wesen nach einseitiger ist als jede Kritik am zionistischen Siedlerkolonialismus. Wenn zum Beispiel Israel als »Demokratie« bezeichnet wird, so ist das keine neutrale Feststellung, sondern die Wiedergabe dessen, wie Israel sich selbst sieht. In der Forschung wird Israel als Ethnokratie oder Siedlerdemokratie bezeichnet. Ethnokratie bedeutet, dass Israels Staatsverständnis auf einer ethnisch-religiösen Grundlage basiert und nur Juden volle Staatsbürgerrechte und uneingeschränkten Zugang zu Ressourcen haben. Siedlerdemokratie bedeutet, dass die exklusive Siedlergesellschaft unter sich demokratisch ist, die einheimische Bevölkerung aber, die im Kernstaat Israel immerhin über 20% der Bevölkerung ausmacht,

---

1. Petra Wild, Apartheid und ethnische Säuberung in Palästina. Der zionistische Siedlerkolonialismus in Wort und Tat. Wien 2013

daran nicht beteiligt wird. Wer Israel als Demokratie bezeichnet, argumentiert aus der Perspektive der Siedlergesellschaft und zeigt, dass er Partei ergreift.

In einem kolonialen Konflikt wie in jedem anderen Konflikt, dem fundamentale Ungerechtigkeiten und Unterdrückung zugrunde liegen, dient die Forderung nach Ausgewogenheit nur dem Schutz des Aggressors. Ausgewogenheit heißt, dass über die Untaten der Kolonialisten nur berichtet werden darf, wenn zugleich auch reale oder vermeintliche Untaten der Kolonisierten erwähnt werden. Unterdrücker und Unterdrückte werden auf die gleiche Stufe gestellt. Wenn überdies den Narrativen beider Seiten die gleiche Berechtigung und der gleiche Wahrheitsgehalt zugeschrieben werden, wird Erkenntnis unmöglich. Ausgewogenheit ist das Gegenteil von wissenschaftlicher Arbeit, deren Aufgabe die Erkenntnis ist oder, wie Georg Wilhelm Friedrich Hegel es formulierte, »die Anstrengung des Begriffs.«

Petra Wild
Berlin, im Januar 2015

2. Der Status quo: Die bittere Realität der Zwei-Staaten-Lösung

»Die Zwei-Staaten-Lösung, die den Mainstream-Diskurs über die Politik zu dieser Sache dominiert, ist vor allem eine Lösung für ein Problem: Israels Problem.«
(Youssef Munayyer)[2]

Seit dem Beginn der Verhandlungen zwischen Israel und den Palästinensern vor 23 Jahren in Madrid und Oslo wird im politischen, medialen und wissenschaftlichen Mainstream vom »Friedensprozess« und der »Zwei-Staaten-Lösung« gesprochen. Dieser wahrscheinlich längste Verhandlungsprozess in der neueren Geschichte hat sich indessen zum Selbstzweck entwickelt, dessen primäre Funktion es ist, Israel Zeit für weiteren Landraub und Expansion in der Westbank einzuräumen und es vor internationalen Sanktionen zu schützen.

Diejenigen, die sich auf die »Zwei-Staaten-Lösung« und den »Friedensprozess« beziehen, tun es in der Regel in abstracto, ohne Ansehen der konkreten Ergebnisse dieses Prozesses und der Realität in Palästina, die er geschaffen hat. Der Oslo-Prozess war kein Friedensprozess und sein Ziel war nicht »die Lösung des Nahost-Konflikts« sondern die Unterwerfung der Palästinenser und die Liquidierung der Palästina-Frage. Ein Blick auf die Oslo-Abkommen von 1993, mit denen der Prozess eingeleitet wurde, zeigt, dass eine reale Zwei-Staaten-Lösung in dem Sinn, dass die Palästinenser die 1967 besetzten Gebiete einschließlich Ost-Jerusalem zurückbekommen, um darauf einen unabhängigen und souveränen Staat zu errichten, niemals beabsichtigt war.

Die Oslo-Abkommen

Im September 1993 unterzeichneten die PLO und Israel, begleitet von großem und euphorischem Medienrummel auf dem Rasen vor dem Weißen Haus die Oslo-Abkommen, denen das Kräfteverhältnis eingeschrieben war, aus dem sie hervorgingen. Es war die Zeit, in der das internationale Kräfteverhältnis sich durch die Implosion des realsozialistischen Lagers eindeutig zugunsten des kapitalistischen Lagers gewendet hatte. Die USA waren zur einzigen Weltmacht geworden und nutzten diese neue Stärke, um mit der Neuordnung der arabischen Welt zu beginnen. Der Krieg gegen den Irak 1991 war der erste Schritt, die Oslo-Abkommen der zweite. Dadurch sollten die Palästinenser befriedet, Israels Position gestärkt und der Boden

---

2. Munayyer, Youssef, Thinking outside the two-state box, The New Yorker 20.9.2013

für die neoliberale Durchdringung der Region bereitet werden. Die PLO war zu diesem Zeitpunkt politisch und finanziell am Nullpunkt, sie war so schwach wie zu kaum einem anderen Zeitpunkt in ihrer Geschichte. Dieses Kräfteverhältnis erklärt die »wahrhaft erstaunlichen Proportionen der palästinensischen Kapitulation«, die Edward Said feststellte, der das Abkommen als »ein Instrument der palästinensischen Aufgabe, ein palästinensisches Versailles« bezeichnete.[3] Die Verhandlungen wurden unter Schirmherrschaft der USA, die dazu ehemalige Israel-Lobbyisten wie Dennis Ross entsandte, und unter Ausklammerung internationalen Rechts und aller relevanten UNO-Resolutionen geführt.

Die PLO erkannte das Existenzrecht des Staates Israel an, während Israel lediglich die PLO, aber kein einziges palästinensisches Recht, anerkannte. Für dieses minimale israelische Zugeständnis beendete die PLO die Intifada, widerrief ihre Charta, distanzierte sich von Gewalt und Terrorismus sowie von allen relevanten UNO-Resolutionen, die in Bezug auf die Palästina-Frage verabschiedet worden waren. Es wurde festgelegt, dass sich Israel schrittweise aus allen palästinensischen Städten außer Jerusalem zurückziehen und sie der Kontrolle der neugegründeten Palästinensischen Autonomiebehörde (PA) übergeben würde. Den größten Teil des Landes behielt es. Im Rahmen der Oslo-Abkommen wurden die Westbank und der Gaza-Streifen, die von der UNO als besetzte Gebiete bezeichnet werden und deren Rückgabe gefordert wird mit Einverständnis der PLO-Führung als »umstrittene Gebiete« neu definiert, über die erst am Schluss in den »Endstatus-Verhandlungen« gesprochen werden sollte. Auch alle anderen zentralen Fragen wie der Status Jerusalems und die Flüchtlingsfrage wurden bis dahin verschoben. Ein Hauptthema der Verhandlungen war die Sicherheit Israels, für deren Gewährleistung die PLO nun eingespannt wurde. Sicherheit und Menschenrechte der Palästinenser waren kein Thema. Der israelische Ministerpräsident Jitzhak Rabin erklärte auf einer Pressekonferenz am 13. September 1993, dass die Oslo-Abkommen keine Souveränität für die Palästinenser bedeuteten und dass Israel die Kontrolle über die 1967 besetzten Gebiete behalten würde, ebenso wie den Jordan, die Grenzen zu Ägypten und Jordanien, das Meer, Jerusalem, die Siedlungen und die Siedlerstraßen. Der Linkszionist Amos Oz aus dem Friedenslager bezeichnete die Oslo-Abkommen als »zweitgrößten Sieg in der Geschichte des Zionismus.« Da in den Abkommen keine spezifischen Mechanismen erwähnt wurden, mit deren Hilfe der Übergang von der Interimsperiode zum Endstatus bewerkstelligt werden sollte, fragte Edward Said bereits 1993: »Bedeutet das, beunruhigender Weise, dass die Interimsphase die Endphase sein kann?«[4]

Im Oslo II-Abkommen von 1995 wurde die Westbank in die Zonen A, B und C aufgeteilt. Zone A (18% der Westbank), die die großen palästinensischen Städte

3.   Said, Edward W., The Morning After, New Left Review Vol.15 No.20, 21.10.1993
4.   Ebd.

umfasst, wurde der Kontrolle der Autonomiebehörde unterstellt, Zone B (20%) wurde der zivilen Kontrolle der Autonomiebehörde unterstellt, während Israel für die Sicherheit zuständig ist, Zone C (62%) verblieb unter der vollständigen Kontrolle Israels. Dadurch wurde die Grundlage für die Bantustanisierung der Westbank gelegt. Das Pariser Protokoll über die ökonomischen Beziehungen zwischen Israel und der Palästinensischen Autonomiebehörde (PA) von 1994 sicherte Israel die komplette Kontrolle aller Außengrenzen und damit auch über die palästinensischen Importe und Exporte. Dadurch verstärkte sich die Kontrolle Israels über die palästinensische Wirtschaft. Israelische Waren machen etwa 80% der palästinensischen Importe aus und der Hauptteil der palästinensischen Exporte geht ebenfalls nach Israel. Sogar die palästinensischen Steuereinnahmen wurden in Israels Hände gelegt. Die indirekten Steuern, die auf Importe für die 1967 besetzten Gebiete erhoben werden und 60% der Einnahmen der PA ausmachen, werden von Israel eingesammelt und dann an die Autonomiebehörde weitergeleitet. In der Vergangenheit hat Israel diese Steuereinnahmen wiederholt zurückgehalten, wenn es mit der Politik der Autonomiebehörde nicht einverstanden war. In keinem der im Rahmen des Oslo-Prozesses zwischen 1993 und 1999 geschlossenen Abkommen war die Rede von der Errichtung eines unabhängigen palästinensischen Staates in den 1967 besetzten Gebieten. Es war lediglich eine Annahme der PLO und einiger internationaler Sponsoren, dass der »Friedensprozess« dahin führen würde.[5] Der Oslo-Prozess verpflichtete die Autonomiebehörde dazu, als Sicherheits-Subunternehmer für Israel zu arbeiten. Der Polizeiapparat der Autonomiebehörde, der eigens dazu von den USA ausgebildet wurde, geht mit eiserner Faust gegen jeden Dissens vor. Demonstrationen und Proteste anderer Art sowie Kritik an der Autonomiebehörde und erst recht Widerstand gegen Israel werden nicht geduldet. Willkürliche Verhaftungen und Folter sind an der Tagesordnung. Dabei arbeitet der palästinensische Repressionsapparat eng mit der israelischen Armee und den israelischen Geheimdiensten zusammen. Er sammelt Informationen für sie und legt Dossiers über Mitglieder der palästinensischen Opposition an, die er ihnen übergibt. Außerdem befolgt er Anweisungen des israelischen Militärgouverneurs und verhaftet im Auftrag des berüchtigten Inlandsgeheimdienstes Shin Bet palästinensische Aktivisten. Wenn die israelische Armee selbst Operationen in dem Gebiet unternimmt, das nominell unter der Kontrolle der Autonomiebehörde steht, wird die palästinensische Polizei vorab informiert und verschwindet von den Straßen. »Wie die Dinge liegen, könnten die Sicherheitskräfte der Palästinensischen Autonomiebehörde die einzige militärische Truppe der Welt sein, die speziell dazu bewaffnet und trainiert

5. Massad, Joseph, Repetent Terrorists or Settler Colonialism revisited. The PLO-Israeli-Agreement in Perspective, in: ders., The Persistence of the Palestinian Question, Abingdon/New York 2006, S.96-103; Massad, Joseph, How Surrendering Palestinian Rights became the Language of Peace, Electronic Intifada 27.1.2010; Hanieh, Adam, The Oslo Illusion, Jacobin Issue 10, 2013, See Hillal, Jamil, Reclaiming the Palestinian Narrativee, Al-Shabaka, 7.1.2013

werden, um ihre Feinde zu schützen,« charakterisiert Ahmad Samih Khalidi die Rolle des palästinensischen Sicherheitsapparates in einer Studie von 2008.[6] Der palästinensische Sicherheitsapparat wird gefürchtet und über 70% der Bevölkerung trauen sich nicht, den Mund aufzumachen und die Autonomiebehörde zu kritisieren. Palästinenser aus Ramallah erklärten gegenüber der »International Crisis Group«: »Wenige haben Respekt vor den palästinensischen Sicherheitskräfte, aber wir fürchten sie.« Sie schildern die Rolle des Sicherheitsapparats als überaus negativ: »Die Sicherheitskräfte tragen direkt zur Fragmentierung des palästinensischen sozialen Gewebes bei und unterminieren die Demokratie ... Sie verhalten sich im allgemeinen, als stünden sie über dem Gesetz. In den letzten drei Jahren haben wir uns als Gesellschaft zurückentwickelt. Das ist kein Fortschritt.«

Zu diesem systematisch erzeugten »Klima der Angst« kommt hinzu, dass ein sehr großer Teil der Bevölkerung zur Sicherung ihres Lebensunterhalts von der Autonomiebehörde abhängig ist. Niemand will riskieren, durch Kritik an der Autonomiebehörde seinen Arbeitsplatz zu verlieren.[7] Die Autonomiebehörde wird oft mit den Bantustan-Regierungen in Südafrika oder der »Südlibanesischen Armee (SLA)« verglichen, die 1978 von Israel aufgebaut wurde, um die israelische Grenze zu schützen. Und die Rolle von »Präsident« Mahmoud Abbas, dessen Amtszeit bereits im Januar 2009 abgelaufen ist, wird mit der von Zulu-Chief Kwazulu Buthelezi oder Marshall Petain vom französischen Vichy-Regime in einem Atemzug genannt.[8] Der amerikanisch-palästinensische Politikwissenschaftler Joseph Massad schrieb bereits 2002 über sie: »Die PA repräsentiert niemand anderen mehr als sich selbst. Sie sollte als Kollaborateursführung, die sich nicht von der zionistischen Führung unterscheidet, die historisch immer mit den Feinden der Juden kollaborierte, auf den Müllhaufen der Geschichte geworfen werden.«[9] Die Autonomiebehörde hat dementsprechend wenig Basis in der palästinensischen Bevölkerung. Ahmad Samih Khalidi beschrieb die Position der Autonomiebehörde in einer Studie von 2008 wie folgt: »Heute lebt die PA/PLO-Führung in einer isolierten Blase. Ihr effektiver Auftrag ist auf die paar Inseln begrenzt, die sie in der Westbank kontrolliert. Seit der Auflösung der Regierung der nationalen Einheit im Juni 2007 regiert sie in glattem Widerspruch zu ihrer Behauptung eines demokratischen Mandats per Order und Dekret. Ihre Führer haben mit wenigen Ausnahmen kaum direkten Kontakt mit den Menschen in den besetzten Gebieten und keinerlei Enthusiasmus gezeigt für irgendein Engagement von Belang mit ihrer angeblichen Bevölkerungsbasis. Ihre

6. Khalidi, Ahmad Samih, The Palestinian National Movement: What went wrong? The Jerusalem Fund, Distinguished Lecture Series Number 4, Washington D.C. 2008, S. 5
7. Vlazna, Vacy, The PA: Israel's Doppelgänger, Al-Ahram Weekly 3.4.2014, siehe auch International Crisis Group Squaring the Circle: Palestinian Security Reform under Occupation, Ramallah u. a. 7.9.2010
8. Vgl. Khalidi, a.a.O., S.4
9. Massad, Joseph, The Binational State und the Reunification of the Palestinian People, Global Dialogue Volume 4 Nr. 3, Summer 2002

politische Interaktion mit der Diaspora ist noch begrenzter und ihr Image außerhalb des Landes ist ganz und gar negativ.«[10]

Statt den israelischen Kolonialismus zu beenden, hat der Oslo-Prozess zu einer Verdopplung der Besatzung geführt, indem er in Gestalt der Autonomiebehörde einen zusätzlichen Puffer zu dessen Schutz eingeführt hat. Der Gründer der »Palästinensischen Nationalen Alternative«, Mustafa Barghouthi, empörte sich 2009: »Es ist schändlich. Die Menschen können nicht mit zwei Besatzungen auf einmal leben.«[11]

Während des gesamten Oslo-Prozesses intensivierte Israel den Siedlungsbau in den Gebieten, über die verhandelt wurde, um so fortwährend neue Tatsachen zu schaffen. Wie sich Israel den Endstatus vorstellte, zeigte sich bei den Endstatus-Verhandlungen in Camp David im Jahr 2000.

Die Palästinenser sollten 76% der Westbank in drei miteinander nicht verbundenen Kantonen bekommen. Die Siedlungen, die Siedlerstraßen, das Jordantal, Jerusalem, den Zugriff auf palästinensische Ressourcen und die Kontrolle der Grenzen wollte Israel behalten.[12] Dem konnte Jassir Arafat nicht zustimmen, wenn er nicht politischen Selbstmord begehen wollte. Nachdem es Israel nicht gelungen war, die Unterschrift Arafats für die Modifizierung seines siedlerkolonialistischen Projekts in den 1967 besetzten Gebieten zu bekommen, ging es zur unilateralen Umsetzung desselben über. 2006 annektierte es faktisch das fruchtbare und wasserreiche Jordantal und intensivierte die ethnische Säuberung der einheimischen Bevölkerung in allen Teilen von Zone C, die mehr als 60% der Westbank ausmachen, die es zu behalten beabsichtigt. Die Verhandlungen, die in den folgenden Jahren von den USA initiiert wurden, wichen nicht wesentlich von diesen israelischen Vorgaben ab.

Für Israel war der Oslo-Prozess ein voller Erfolg. Durch den »Friedensprozess« konnte die einheimische Bevölkerung formal aus dem Staatsgebiet Israel ausgegliedert werden, um so die gefährdete jüdische Bevölkerungsmehrheit im Land aufrechterhalten. Indem einheimische Mittelsmänner dafür eingespannt wurden, sie unter Kontrolle zu halten, konnte eine relative Befriedung der Kolonisierten erreicht und die internationale Isolation beendet werden. Die arabischen Staaten gaben ihren Boykott, der Israel zwischen 1948 und 1995 40 Milliarden Dollar gekostet hatte, weitgehend auf und internationale Unternehmen konnten nun in Israel investieren, ohne den sekundären Boykott arabischer Handelspartner befürchten zu müssen.[13]

Der Oslo-Prozess, war die Lösung für das alte zionistische Problem, sich zwar das Land, aber nicht die darauf lebenden Menschen aneignen zu wollen.

10. Khalidi, Ahmad Samih, The Palestinian National Movement: What went wrong ?, The Jerusalem Fund, Distinguished Lecture Series Number 4, Washington D.C. 2008, S. 4
11. Thrall, Nathan, Our Man in Palestine, New York Review of Books 14.10.2010
12. Abunimah, Ali. One Country. A bold Proposal to end the Israeli-Palestinain Impasse, New York 2006, S. 67-72; Palestine Aceademic Society for the Study of International Affairs (PASSIA), Palestine Facts, Maps, Projection of the West Bank Final Status Map presented by Israel, Camp David, July 2000 unter: passia.org/palestine_facts/MAPS/wbgs_campdavid.html
13. Hanieh, Adam, The Oslo Illusion, Jacobin Issue 10. April 2013

Was als »Friedensprozess« und »Zwei-Staaten-Lösung« verkauft wird, ist nichts anderes als die Schaffung kleiner, voneinander isolierter palästinensischer Enklaven, die von israelisch kontrollierten Gebieten umgeben sind, in denen einheimische Mittelsmänner die Verwaltung übernehmen und die Bevölkerung unten halten. Diese Enklaven entbehren der minimalsten Charakteristika von Souveränität und Unabhängigkeit. Zwanzig Jahre nach Oslo konzentriert sich die einheimische Bevölkerung in diesen kleinen ethnischen Enklaven, die an den Rändern des einheitlichen und integrierten Groß-Israel liegen, das während des Oslo-Prozesses geschaffen wurde. Sollte doch noch ein »Friedensabkommen«, zwischen Israel und der Autonomiebehörde zustande kommen, so wird es nicht mehr beinhalten als die Absegnung dieses in den Oslo-Jahren geschaffenen Zustands.

Der Oslo-Prozess hat das palästinensische Befreiungsprojekt zerstört, sowohl seine Inhalte als auch seine Strukturen. Daher wird er von Palästinensern oft als zweite Nakba nach der Vertreibung von 1948 bezeichnet. Er reduzierte die palästinensische Gesamtbevölkerung mit Zustimmung und unter Beteiligung der PLO auf die Palästinenser in den 1967 besetzten Gebiete und das historische Land Palästina auf die Westbank und den Gaza-Streifen, die zusammen nur 22% des historischen Landes ausmachen. Er reduzierte den Konflikt mit Israel, der auf die Kolonisierung und ethnische Säuberung des historischen Palästinas 1948 zurückgeht, auf die Besetzung der Westbank und des Gaza-Streifens.[14] Durch diese Politik wurde die palästinensische Gesamtbevölkerung gespalten und gegeneinander ausgespielt. Die Flüchtlinge sollten auf ihre Rechte verzichten, damit wenigstens die Palästinenser in den 1967 besetzten Gebieten einen Teil ihrer Rechte erhalten. Die Mehrheit der palästinensischen Bevölkerung lebt jedoch außerhalb der 1967 besetzten Gebiete. 38% der Palästinenser leben in den 1967 besetzten Gebieten einschließlich Jerusalem, 12% der Palästinenser leben innerhalb der Grünen Linie und 50% leben gezwungenermaßen im Exil. Zwei Drittel aller Palästinenser sind Flüchtlinge.[15]

Die PA, die auf den verbliebenen 8% des historischen Palästinas einen palästinensischen Staat auszurufen gedenkt, hofft natürlich auf eine Zwei-Staaten-Lösung, die auch von Israel sanktioniert wird, denn damit würde ihr Status als koloniale Hilfstruppe Israels zementiert und aufgewertet. Wirtschaftlich nicht lebensfähig, wäre dieser palästinensische Pseudostaat wie jetzt auch auf die Finanzierung durch die EU und andere Geldgeber angewiesen. Für die palästinensische Bevölkerung würde sich durch diesen »Staat« an ihrer Situation nichts ändern.

Israel hat jedoch kein Interesse mehr an einer »Zwei-Staaten-Lösung«, wie Joseph Massad bereits 2006 feststellte: »Während die PA und ihre begünstigten Klassen darum kämpfen, den ›Prozess‹ am Leben zu halten, haben die Israelis alle Anzeichen

14. Vgl. Hillal, Jamil, Reclaiming the Palestinian Narrative, Al-Shabaka, 7.1.2013; Massad, Joseph, Reducing the Palestinians, Electronic Intifada 27.12.2003
15. Barghouthi, Omar, Is the BDS Campaign against Israel reaching a Turning Point ?, Aljazeera 22.12.2013

dafür gezeigt, dass der ›Prozess‹ für sie schon vor langer Zeit zu Ende war. Für sie war der Oslo-Prozess ein notwendiger, aber historisch begrenzter Schritt, um die palästinensische Führung zu kooptieren, Israels Griff auf gestohlenes palästinensisches Land zu festigen und Israels diplomatischen Status sowohl in der arabischen Welt als auch global zu normalisieren. Da die Israelis alle diese Ziele erreicht haben, hat der Prozess für sie keinen Zweck mehr.«[16]

16. Massad, Joseph, The (Anti-)Palestinian Authority, Electronic Intifada 18.6.2006

3. Charakteristiken und Dynamik des zionistischen Siedlerkolonialismus

»Israels Verhältnis zu den Palästinensern ist wie Australiens [Verhältnis] zu den Aborigines.« (Patrick Wolfe)[17]

Historische Hintergründe

Der Zionismus entstand Ende des 19. Jahrhunderts im europäischen jüdischen Kleinbürgertum und trägt die Signatur des Jahrhunderts, aus dem er stammt. Der Zionismus war nicht nur eine Reaktion auf zunehmenden Antisemitismus und Assimilationsdruck, sondern ebenso sehr eine Verkörperung der damals vorherrschenden nationalistischen und kolonialistischen Strömungen. Da die Zionisten die Prämisse der Antisemiten übernahmen, dass Juden und Nicht-Juden nicht zusammen leben könnten, sahen sie in der Gründung eines jüdischen National-staates außerhalb Europas die Lösung der Probleme. Das 19. Jahrhundert war die Hochzeit des europäischen Kolonialismus und in den Augen der damals von ihrer zivilisatorischen Überlegenheit durchdrungenen Europäer galt es als selbstverständlich, sich die Länder der drei Kontinente anzueignen, um ihre Reichtümer auszuplündern und/oder innereuropäische Probleme dorthin auszulagern. 1897 wurde die Zionistische Weltorganisation (WZO) gegründet, die sich in ihren Anfängen selbstbewusst zu ihrem kolonialen Charakter bekannte. Kolonialismus wurde zu dieser Zeit durchaus als etwas Verdienstvolles angesehen. Theodor Herzl, der eigentliche Gründer des Zionismus, schrieb an Cecil Rhodes, nach dem die europäische Siedlerkolonie »Rhodesien«, das heutige Zimbabwe, benannt wurde, um ihm von seinem »kolonialen Projekt« zu berichten.[18] 1898 gründete die WZO den »Jüdischen Kolonialen Trust«; auf dem 12. Zionistischen Kongress wurde eine »Kolonisierungs-Abteilung« ins Leben gerufen. Frühe Zionisten wie Wladimir Jabotinsky reflektierten in aller Klarheit über den kolonialen Charakter des Zionismus und waren sich darüber bewusst, was dieser für die einheimische Bevölkerung bedeuten würde.

Die Auswahl Palästinas als Ort für das zionistische Kolonialprojekt wurde von einer fundamentalistischen Bibelauslegung begleitet, die dem Zionismus auch in seinen säkularsten Phasen immer innewohnte. So erklärte David Ben-Gurion, die

---

17. Wolfe, Patrick, New Jews for old: Settler state formation and the Impossibility of Zionism: In memoriam of Edward Said, Arena Journal No. 37/38, Fitzroy/Victoria 2012, S.285-321
18. Herzl, Theodor, Briefe und Tagebücher, 3. Band, herausgegeben von Alex Bein, Hermann Greive, Moshe Schaefr, Julius H. Schoeps, Berlin/Frankfurt/M/Wien 1985, S. 327f.

Ikone des säkularen Arbeiterzionismus, gegenüber der British Royal Commission, die Palästina 1937 besuchte: »Die Bibel ist unser Mandat.«[19] Die Vorstellung, dass Palästina das Stammland der Juden sei, war in der europäischen, christlich geprägten Kultur tief verankert und wurde in der Bibelwissenschaft des 19. Jahrhunderts ausführlich behandelt.[20] Dass die Juden aus dem Orient kämen und daher nicht zu Europa gehörten, war auch eines der Standardmotive des europäischen Antisemitismus des 19. Jahrhunderts. Eines der zahlreichen antisemitischen Pamphlete dieser Zeit trug den Titel »Die Juden: ein morgenländisches Volk.«

Schon Napoleon Bonaparte hatte 1799 während seines Ägypten-Feldzugs die »Rückkehr« der Juden nach Palästina vorgeschlagen, wo sie sich unter dem Schutz Frankreichs niederlassen sollten. Napoleons Vorschlag gründete in Frankreichs strategischem Interesse, sich in der arabischen Welt eine Einflusssphäre zu schaffen. Die europäischen Kolonialmächte bedienten sich zur Durchsetzung ihrer Interessen in klassischer Teile-und-herrsche-Politik typischerweise ethnischer und religiöser Minderheiten. In der arabischen Welt waren das primär Christen und Juden, die ihnen zivilisierter als die »barbarischen« Muslime erschienen. In Großbritannien gab es seit Mitte des neunzehnten Jahrhunderts ähnliche Überlegungen.[21] 1907 berief der britische Premierminister Campbell-Bannerman eine Kommission ein, die untersuchen sollte, welche Schritte nötig seien, damit das britische Empire – die damals größte europäische Kolonialmacht – auf absehbare Zeit Empire bleiben und wie insbesondere die arabische Welt mit ihren ungeheuren Potenzialen weiterhin unter Kontrolle gehalten werden könne. Die Kommission schlug unter anderem vor, in Palästina einen Pufferstaat zu errichten und mit einer nicht-einheimischen Bevölkerung zu besiedeln, die den Nachbarländern feindlich und den europäischen Interessen freundlich gegenüber stehen würde.[22]

Das war das Klima, in dem die zionistische Bewegung entstand. Sie baute auf diese Überlegungen auf und suchte das Bündnis mit einer europäischen Großmacht, um unter deren Schutz ihr koloniales Projekt verwirklichen zu können.

Theodor Herzl versprach 1896 in seiner Schrift »Der Judenstaat«, dass die Zionisten Europas Interessen in der arabischen Welt vertreten würden: »Für Europa würden wir dort ein Stück des Walls gegen Asien bilden, wir würden den Vorpostendienst gegen die Barbarei besorgen.«[23]

Nachdem Versuche, das deutsche Kaiserreich oder das russische Zarenreich für

19. Masalha, Nur, The Bible and Zionism: Invented Traditions, Archeology and Post-Colonialism, London/New York 2007, S. 16
20. Whitelam, Keith W., The Invention of Ancient Israel. The Silencing of Palestinian History, London/New York 2009
21. Sharif, Regina S. Non-Jewish Zionism. Its Roots in Western History, London 1983
22. Bar-On, Dan; Adwan, Sami, The prime shared History Project in: Iram, Yaakov (ed), Educating toward a Culture of Peace, Information Age Publishing 2006, S. 309-323
23. Herzl, Theodor, Der Judenstaat, Leipzig/Wien 1896. Militaria, Faksimiledruck zur Dokumentation der Geistesentwicklung, herausgegeben von Helmut Rosenfeld und Otto Zeller, Osnabrück 1968, S. 29

das Projekt zu gewinnen, gescheitert waren, gelang es während des Ersten Weltkriegs schließlich, Großbritannien als Schutz- und Garantiemacht zu gewinnen.

Gespeist von den strategischen Interessen des britischen Empire versprach Außenminister Lord Balfour im Namen der Krone im November 1917 die Unterstützung Großbritanniens für die Errichtung einer »nationalen Heimstätte des jüdischen Volkes« in Palästina, vorausgesetzt »dass nichts geschieht, was den bürgerlichen und religiösen Rechten der in Palästina bestehenden nichtjüdischen Gemeinschaften ... Abbruch tun könnte.« Der als »nichtjüdische Gemeinschaften« bezeichneten ansässigen Bevölkerung wurden damit lediglich Minderheitenrechte zugestanden. Zu Beginn des zionistischen Kolonisierungsprojekts Ende des 19. Jahrhunderts lebte etwa eine halbe Million Menschen in Palästina, darunter 4% Juden. Deren Anteil an der Gesamtbevölkerung stieg zwar in den folgenden Jahren aufgrund der Zustroms europäischer Juden an, aber auch zum Zeitpunkt der Balfour-Erklärung im November 1917 waren sie nur eine kleine Minderheit im Land.[24] Der Blick der britischen und zionistischen Kolonialisten auf die einheimische Bevölkerung war geprägt von einem in Europa tief sitzenden kolonialen Rassismus. Als Nicht-Weiße und Nicht-Europäer galten die einheimischen palästinensischen Araber nicht als vollwertige Menschen. Dieser koloniale Blick offenbarte sich in den Parolen der zionistischen Bewegung, wie zum Beispiel in der Parole: »Ein Land ohne Volk für ein Volk ohne Land.« Die Parole hieß nicht, dass den Zionisten die Präsenz der einheimischen Bevölkerung nicht bewusst war, wie später oft behauptet wurde, sondern dass es im zionistischen Projekt keinen Platz für sie gab.[25] Die einheimische Bevölkerung zählte nicht. Da sie in den Augen der Europäer »unzivilisiert« war, musste auf sie keine Rücksicht genommen werden. »Die Briten haben uns gesagt, dass es dort einige Hunderttausend Neger gibt, die keinen Wert haben«, erklärte Chaim Weizmann dem Leiter der Kolonisierungsabteilung.[26]

Nach der militärischen Besetzung Palästinas kooperierte die britische Kolonialmacht sehr eng mit der zionistischen Bewegung, um deren Übernahme des Landes und seine Verwandlung in eine »jüdische Heimstätte« vorzubereiten. Das Ziel der zionistischen Bewegung war, wie Chaim Weizman, der Vorsitzende der Zionistischen Weltorganisation (WZO) erklärte, »Palästina so jüdisch zu machen, wie England englisch« war.[27] Die US-amerikanische King-Crane-Kommission stellte 1919 fest, dass die Politik der zionistischen Bewegung auf die vollständige Enteignung der

24. Hollstein, Walter, Kein Frieden um Israel. Zur Sozialgeschichte des Palästina-Konflikts, Frankfurt/Main, 1975, S. 89, S. 46; White, Ben, Israeli Apartheid. A Beginner's Guide, London/New York 2009, S. 13
25. Said, Edward W. Zionism from the Standpoint of its Victims in: Goldberg, David Theo, Anatomy of Racism, Minneapolis, S. 210ff.; Derek, Gregory, The Colonial Present, Malden/Oxford/Carlton 2004, S. 78ff.
26. Zitiert nach: White, Ben, Israeli Apartheid. A Beginner's Guide, London/New York 2009. S. 17
27. Flapan, Simha, Zionism and the Palestinians, London/New York 1979, S. 46

Palästinenser zielte und betrachtete dies als schwerwiegende Verletzung der Rechte der einheimischen Bevölkerung.[28] Ohne Vertreibung waren die zionistischen Ziele nicht zu erreichen und schon Theodor Herzl hatte sie nahelegt: »Die arme Bevölkerung trachten wir unbemerkt über die Grenze zu schaffen, indem wir ihr in den Durchzugsländern Arbeit verschaffen, aber in unserem eigenen Land jederlei Arbeit verweigern.«[29]

Die Notwendigkeit, die einheimische palästinensische Bevölkerung zu vertreiben, war Konsens unter den verschiedenen zionistischen Fraktionen und wird bis heute als Lösung aller Probleme angesehen. Seit den 1930er Jahren wurde in »Transfer-Kommissionen« untersucht, wie diese Vertreibung bewerkstelligt werden könnte.[30] Zu diesem Zweck wurden unter anderem, wie Ilan Pappe in seinem Buch »Die Ethnische Säuberung Palästinas« beschreibt, gezielt Dorf-Dossiers angelegt, in denen unter Ausnutzung der Gastfreundschaft der einheimischen Bevölkerung systematisch Informationen über die palästinensischen Dörfer zusammengetragen wurden, die später die ethnische Säuberung erleichterten.[31]

Die großflächige ethnische Säuberung des Landes von der einheimischen Bevölkerung begann auf niedriger Stufe bereits nach der Verabschiedung der UNO-Teilungsresolution im November 1947 und erreichte ab März 1948 ihren Höhepunkt. Insgesamt wurden mehr als 750.000 Palästinenser vertrieben. Das waren 85% der einheimischen Bevölkerung des Teiles von Palästina, der zu Israel werden sollte und 50% der Bevölkerung des gesamten Landes.

Charakteristika des zionistischen Siedlerkolonialismus

In der arabischen Welt wurde der Zionismus von Anfang an als koloniales Projekt angesehen. Die ägyptische kommunistische Partei legte bereits 1922 eine entsprechende Analyse vor. In den 1970er Jahren vertieften palästinensische Wissenschaftler wie Jamil Hillal und Ibrahim Abu-Lughod die Analyse dahingehend, den Zionismus als europäischen Siedlerkolonialismus zu charakterisieren.[32] Auch der UNO-Resolution Nr. 3379 von 1975, in der der Zionismus als »eine Form des Rassismus

28. Attiyah, Edourad; Cattan, Henry, Palästina – Versprechungen und Enttäuschungen, Palästina Mongraphien 3, Rastatt 1970, S. 61ff.
29. Herzl, Theodor, Briefe und Tagebücher, Zweiter Band, herausgegeben von Alex Bein, Hermann Greive, Moshe Schaerf, Julius H. Schoeps, Berlin/Frankfurt/M/Wien 1983, S. 117
30. Masalha, Nur, The Politics of Denial, London 2003, S.23ff.; Flapan, Simha, Zionism and the Palestinians, London/New York S.259 ff.; White, a.a.O. S. 18ff.
31. Pappe, Ilan, Die ethnische Säuberung Palästinas, Frankfurt/Main 2007, S. 45-51
32. Hillal, Jamil, Imperialism and Settler Colonialism in West Asia: Israel and the Palestinian Arab Struggle in: Utafiti, Journal of the Faculty of Arts and Social Science of Dar es Salaam Vol.1 No.1 1976, S. 51-70; Abu-Lughod, Ibrahim; Abu-Laban, Baha, Settler Regimes in Africa and Asia: The Illusion of Endurance, Wilmette/Illinois 1974

und der rassistischen Diskriminierung« charakterisiert wurde, lag die Einschätzung des Zionismus als Kolonialismus zugrunde.[33]

In der westlichen Welt wurde diese Analyse – von Maxime Rodinson abgesehen, der 1973 ein Buch mit dem entsprechenden Titel schrieb – konsequent übergangen.[34] Erst in den letzten Jahren hat der Begriff des Siedlerkolonialismus stärker Eingang in die Debatte gefunden.

Diese langsame Durchsetzung des Siedlerkolonialismus-Begriffs in der westlichen Welt ist eine Folge des Scheiterns des Oslo-Prozesses und der offensichtlichen Unmöglichkeit einer realen Zwei-Staaten-Lösung, die mehr wäre als eine Bantustan-Lösung. Es bedurfte neuer und zutreffenderer Analysen, um das Phänomen des Zionismus zu erklären. Hinzu kommt, dass sich seit den 1990er Jahren die Siedlerkolonialismus-Forschung als neues Feld der Kolonialismus-Forschung entwickelt. Die daraus gewonnenen Erkenntnisse ließen Israel immer stärker in den Blick dieses Zweiges der Kolonialismus-Forschung rücken.

Siedlerkolonialismus ist eine spezifische Form des Kolonialismus. Der »settler colonial studies blog« der Universität Swinburne in Australien definiert ihn folgendermaßen: »Siedlerkolonialismus ist ein globales und transnationales Phänomen und ebenso sehr eine Sache der Vergangenheit wie der Gegenwart. Siedler ›kommen, um zu bleiben‹; Sie sind Gründer von politischen Ordnungen und bringen eine bestimmte souveräne Kapazität mit.«[35] Der deutsche Kolonialismusforscher Jürgen Zimmerer definiert Siedlerkolonialismus als »Versuch der Kontrolle und bevölkerungspolitischen Neuordnung größerer Territorien nach den Vorgaben einer von außen in die Region gekommenen Bevölkerung.«[36] Der Kolonialismus-Forscher Patrick Wolfe betont, dass es im Siedlerkolonialismus primär um die Aneignung von Land geht: »Das primäre Ziel von Siedlerkolonisierung ist das Land selbst und nicht so sehr der aus einheimischer Arbeit stammende Mehrwert. Obwohl einheimische Arbeit in der Praxis für europäische Siedlerkolonisierung unentbehrlich war, ist Siedlerkolonialismus an der Basis ein Winner-takes-all-Projekt, dessen vorherrschendes Merkmal nicht Ausbeutung, sondern (Bevölkerungs-)Austausch ist. Die Logik dieses Projekts, eine durchgehende institutionelle Tendenz, die einheimische Bevölkerung zu eliminieren, prägt eine Spannbreite von historischen

33. Vgl. Sayegh, Fayez A., Zionism: »A Form of Racism and Racial Discrimination,« Four Statements made at the U.N. General Assembly, published by the Office of the Permanent Observer of the Palestine Liberation Organisation to the U.N., New York 1976, reprinted by Americans for Middle East Understanding, unter: www.ameu.org/Resources-(1)/Zionism-A-Form-of-Racism-2.aspx
34. Rodinson, Maxime, Israel, A Colonial Settler-State?, New York 1973
35. Settler colonial studies blog, abgerufen am 22.6.2014
36. Zimmerer, Jürgen, Der erste deutsche Genozid/Zum Verhältnis von Kolonialismus und Holocaust, Vortragsmanuskript Kolonialismus und Nationalsozialismus/Die Debatte um (Dis-)Kontinuitäten, Freiburg 7./8.Februar 2008 unter: www.freiburg-postkolonial.de/Seiten/iz3w2008-KD-Zimmerer.htm

Praktiken, die sonst als individuell erscheinen könnten – Invasion ist eine Struktur, kein Ereignis.«[37]

Das erklärt, warum verschiedene Arten des Transfers der einheimischen Bevölkerung zu den Hauptcharakteristiken des Siedlerkolonialismus gehören. Die große ethnische Säuberung Palästinas 1948 war eine typisch siedlerkolonialistische Vorgehensweise. Alle Siedlerstaaten entstehen durch den Einsatz von Gewalt gegen die einheimische Bevölkerung und versuchen, wie der Kolonialismus-Forscher Lorenzo Veracini aufgezeigt hat, in der Folgezeit, ihre gewaltsame Durchsetzung vergessen zu machen.[38] In Israel ist die Auseinandersetzung mit der Nakba (Katastrophe), wie die ethnische Säuberung von den Palästinensern genannt wird, bis heute weitgehend tabuisiert und ihrer zu gedenken wurde sogar kriminalisiert. Siedlerkolonialisten stellen sich selbst als einheimische Bevölkerung dar – manchmal verbunden mit Rückkehrmythen – und sprechen der tatsächlichen einheimischen Bevölkerung die Zugehörigkeit zu dem Land und ihre Bindung an das Land ab. Gleichzeitig versuchen sie, ihre Verbindung zu Europa, aus dem sie stammen, aufrechtzuerhalten. Israel hat diesen Widerspruch, einerseits die einheimische Bevölkerung des arabischen Palästinas und gleichzeitig ein Teil Europas sein zu wollen, geschickt gelöst, indem in Rückgriff auf die europäische Bibelwissenschaft des 19. Jahrhunderts eine Vertreibung der Juden aus Palästina nach Europa und ihre Rückkehr dorthin konstruiert wurde. Ideologisch verbrämt wird das Siedlerprojekt mit biblischen Versprechungen – »God gave me the land« – oder einer Terra Nullius-Rhetorik, derzufolge das Land menschenleer war, bevor die weißen Siedler kamen. Das Motiv der umherziehenden Nomaden ohne wirkliche Bindung an das Land, das Israel bis heute ungebrochen in Bezug auf die palästinensischen Beduinen im Naqab/Negev verwendet, ist eine Variation zu demselben Thema.[39]

Israel weist alle für den Siedlerkolonialismus typischen Charakteristika auf: es ist ethnokratisch, expansiv, rassistisch, im Umgang mit der einheimischen Bevölkerung von einem hohen Maß an Gewalt geprägt und steht im Dienste westlicher strategischer Interessen.

Ethnokratie

Ethnokratie bedeutet dem Begriff nach die Herrschaft einer Ethnie über eine andere. In einem siedlerkolonialistischen Kontext bedeutet es konkret die Herrschaft der Siedler, die einen anderen ethnischen Ursprung und/oder eine andere Religion

---

37. zitiert nach: Veracini, Lorenzo, Settler Colonialism. A Theoretical Overview, Basingstoke/New York 2010, S.8f.
38. Veracini, Lorenzo, Settler Colonialism. A Theoretical Overview, Basinsgtoke/New York 2010, S.33ff.;S. 77ff.
39. Wolfe, Patrick, Settler Colonialism and the Elimination of the Native, Journal of Genocide Research 8(4), December 2006, S. 391, S.396

haben als die Bevölkerung des besiedelten Landes über die Einheimischen.[40] Im Zionismus wird das Judentum nicht nur als Religion angesehen, sondern als Ethnie bzw. Nation definiert. Israel ist seinem Selbstverständnis nach der Staat der Juden. So wurde es in der Unabhängigkeitserklärung festgelegt und wird seither von Politikern, Militärs, Rabbinern, Richtern, Wissenschaftlern und jüdischen Bürgern unablässig betont. Die »Vision eines reinen jüdischen Nationalstaates«, schreibt Ilan Pappe, »war der Mittelpunkt der zionistischen Ideologie von dem Moment an, als die Bewegung Ende des 19, Jahrhunderts auftauchte.«[41] Israel definiert sich jedoch nicht nur als Staat der israelischen Juden, sondern aller Juden der Welt. Im »Rückkehrgesetz« von 1950 wurde allen Juden ein Recht auf die israelische Staatsbürgerschaft eingeräumt. In mehreren Gerichtsurteilen wurde seither bestätigt, dass es keine inklusive israelische Nation, sondern nur eine exklusive jüdische Nation gebe.[42] Dadurch werden die Palästinenser innerhalb der Grünen Linie, die 20% der Bevölkerung Israels ausmachen, strukturell ausgeschlossen. Für sie gilt ein anderes Staatsbürgergesetz als für Juden und sie werden dem ethnokratischen Selbstverständnis Israels gemäß systematisch institutionell diskriminiert. Sogar das US State-Department kritisierte die israelische Politik innerhalb der Grünen Linie 2010 als ein System der »institutionellen, rechtlichen und gesellschaftlichen Diskriminierung« seiner palästinensischen Bürger.[43] Ethnokratie steht im Gegensatz zur Demokratie, denn während in letzterer – zumindest theoretisch – das Staatsvolk, also die Gemeinschaft aller auf einem definierten Staatsterritorium lebenden Bürger der Souverän ist, ist es in einer Ethnokratie eine bestimmte ethnische bzw. religiöse Gruppe. In Israel ist nicht Staatsbürgerschaft das entscheidende Kriterium, um in den Genuss von Rechten zu kommen und Zugang zu Ressourcen zu erhalten, sondern die Zugehörigkeit zur jüdischen Religionsgemeinschaft.[44]

40. Yiftachel, Oren, Bedouin Arabs and the Israeli Settler State: Land Policies and Indigenous Resistance in: Champagne, Duanne; Abu-Saad, Ismael (ed), The Future of Indigenous Peoples. Struggles for Survival and Development, UCLA American Indian Studies Center 2003; ders., Ethnocracy: The Politics of Judaizing Israel/Palestine, Constellations Vol.6, 1999, S. 364-391
41. Zitiert nach D'Amato, Paul, Israel and the Nakba, International Socialist Review, Issue 60, July-August 2008
42. Vgl. Barghouthi, Omar, Israel refuses to recognize its own Nationality: Israeli Supreme Court says »Israeli« Nationality would endanger Idea of Jewish state, Mondo Weiss 8.10.2013
43. Barghouthi, Omar, Why Israel fears the Boycott, The New York Times 31.1.2014
44. Yiftachel, Oren, Democracy or Ethnocracy: Territory and Settler Politics in Israel/Palestine. Middle East Report 207, Washington D.C. Summer 1998; derselbe, Ethnocracy: The Politics of Judaizing Israel/Palestine, Constellations Vol. 6 1999. S. 364-391; ders., The shrinking Space of Citizenship: Ethnocratic Politics in Israel, Middle East Report 223, Washington D.C. Summer 2002

Expansion

Siedlerkolonialistische Gebilde sind ihrem Wesen nach expansiv. Sie streben nach der fortlaufenden Einwanderung neuer Siedler und der fortlaufenden Verdrängung der einheimischen Bevölkerung, um deren Land für die neuen Siedler freizumachen. Das Territorium des Siedlerstaates wird mittels Siedlungsbau stets weiter ausgedehnt und die einheimische Bevölkerung auf stets kleiner werdenden Flächen zusammengedrängt. Expansion mittels stetig vorrückender Siedlungen ist eine Art der kolonialen Kriegsführung gegen die einheimische Bevölkerung, sie ist der innerste Kern des Siedlerkolonialismus.[45] Nach der Vertreibung der einheimischen Bevölkerung und der Gründung des Staates Israel 1948 eignete sich der zionistische Staat das Land und Eigentum der vertriebenen Palästinenser an, deren Rückkehr per Gesetz und mit Gewalt verhindert wurde. In den folgenden Jahrzehnten beschlagnahmte es auch fast das gesamte Land der zurückgebliebenen palästinensischen Minderheit, die heute nur noch über 2,5% des Landes innerhalb des Kernstaats Israel verfügt. Durch den Krieg vom Juni 1967 vervollständigte Israel mit der Besetzung der Westbank und dem Gaza-Streifen die Aneignung des historischen Palästinas. Der Siedlungsbau in den 1967 besetzten Gebieten begann direkt nach deren militärischer Eroberung und wurde seit der Unterzeichnung der Oslo-Abkommen 1993 stetig intensiviert. Die Zahl der Siedler hat sich seitdem verdreifacht. Im Juli 2013 lebten in der Westbank (ohne Jerusalem) 367.000 Siedler – das waren 6,6,% mehr als 2012. Zusätzlich gibt es im palästinensischen Ost-Jerusalem 200.000-250.000 Siedler. Der israelische Wohnungsbauminister Uri Ariel ging 2014 in einem Interview mit einem israelischen Radiosender von einem Anwachsen der Siedlerbevölkerung in der Westbank um 150.000 bis 200.000 in den nächsten fünf Jahren aus.[46] In der ersten Hälfte des Jahres 2013 nahm der Siedlungsbau verglichen mit demselben Zeitraum im Vorjahr 2012 um 70% zu. Allein in der Westbank wurden in diesem Zeitraum 2.840 neue Siedlerwohnungen gebaut.[47] Diese expansive Dynamik des Siedlerstaates, so zeigt die Geschichte, findet erst dann ein Ende, wenn die einheimische Bevölkerung weitgehend verdrängt ist oder es der einheimischen Bevölkerung (mit Unterstützung der internationalen Solidaritätsbewegung) gelingt, dem Siedlerstaat Grenzen zu setzen und die Bewegung umzukehren.

In Palästina zeigt sich diese typisch siedlerkolonialistische Dynamik sehr deutlich im massiven Verlust palästinensischen Landes und dem Zusammendrängen der Palästinenser in stets kleiner werdenden ethnischen Enklaven oder Ghettos, die an den

---

45. Human Science Research Council, Democracy and Governance Programme, Middle East Project, Occupation, Colonialism and Apartheid ? A Re-assessment of Israel's Practices in the occupied Palestinian Territories under International Law, Cape Town May 2009, S.46; Ash, Gabriel, Settlements: A User Guide, Dissident Voice 17.5.2005

46. Williams, Dan, Israeli Minister sees 50 percent more Settlers in West Bank by 2019, Reuters 16.5.2014

47. Toaldo, Mattia, The Two-State Stress Test, European Council on Foreign Relations 13.12.2013

Rändern des mittlerweile entstandenen integrierten Groß-Israels liegen. Das Tempo der kolonialen Enteignung ist rasant: zum Zeitpunkt des UNO-Teilungsbeschlusses im November 1947 besaßen Palästinenser mehr als 93% des Landes, Im April 2013 waren es, einer Studie des »Land Research Centers« zufolge, nur noch 8%.[48]

Gewalt

Alle siedlerkolonialistischen Staaten sind von großer Gewalt gegenüber der einheimischen Bevölkerung geprägt.[49] Dem Kolonialismus-Forscher Patrick Wolfe zufolge werden die Kämpfe zwischen Siedlern und einheimischer Bevölkerung deshalb außerordentlich erbittert geführt, weil es in ihnen um Land geht, das die Grundlage allen Lebens ist.[50] Zionistische Theoretiker haben schon früh erkannt, dass das zionistische koloniale Projekt nur mit Gewalt durchgesetzt werden kann. Wladimir Jabotinsky legte bereits 1923 in seinem Aufsatz »Die Eiserne Mauer (Wir und die Araber)« die Grundlagen des zionistischen Kolonialprojekts in Palästina dar: »Jede einheimische Bevölkerung wird Widerstand gegen fremde Siedler leisten, solange sie irgendeine Hoffnung sieht, sich von der Gefahr der ausländischen Siedlung zu befreien. Das ist es, was die Araber in Palästina tun und was sie weiterhin tun werden, solange ein einziger Funke Hoffnung besteht, die Umwandlung Palästinas in das ›Land Israel‹ zu verhindern. (...) Zionistische Kolonisierung, selbst die begrenzteste, muss entweder beendet oder gegen den Willen der einheimischen Bevölkerung durchgeführt werden. Diese Kolonisierung kann deswegen nur fortgesetzt und entwickelt werden unter dem Schutz einer Macht, die unabhängig ist von der lokalen Bevölkerung – einer eisernen Mauer, die die einheimische Bevölkerung nicht durchbrechen kann. Das ist, in toto, unsere Politik gegenüber den Arabern. Sie anders zu formulieren, wäre Heuchelei.«[51]

Israel hat diese Prämissen in eine »Politik der Verzweiflung« gegenüber den Palästinensern übersetzt. Das heißt, dass es ihnen das Leben möglichst schwer macht, sie auf täglicher Basis und an jedem Punkt drangsaliert und den geringsten Widerstand mit massiver Gewalt beantwortet. Unverhältnismäßigkeit der Mittel ist dabei Programm.[52] Israel richtet sich nach der kolonialen Maxime, wonach die einheimische Bevölkerung nur die Sprache der Gewalt verstünde und die palästinensische Geschichte wie eine einzige Abfolge von Kriegen und Massakern anmuten würde: In den 1930er- und 1940er Jahren begingen zionistische Terrorgruppen mehrere

48. Middle East Monitor, Data shows that Palestinians now own just 8% of historic Palestine, 28.5.2013
49. Mansour, Awad Issa, Orientalism, Total War and the Production of Settler Existence: The United States, Australia, Apartheid South Africa and the Zionist Case, University of Exeter Februar 2011
50. Wolfe, Patrick, Settler Colonialism and the Elimination of the Native, Journal of Genocide Research 8 (4), December 2006, S. 387
51. Jabotinsky, Vladimir, The Iron Wall (We and the Arabs), 1923; unter: www.marxists.org.de/middleeast/ironwall/ironwall.htm
52. Amnesty International, Trigger Happy, Israel's Use of Excessive Force in the West Bank, London 2014

Massaker an der palästinensischen Bevölkerung, unter anderem durch Sprengstoff-anschläge auf zivile Busse und Bomben auf belebten Marktplätzen; 1948 fand die systematische Vertreibung statt, die von mehreren Dutzend Massakern begleitet wurden, die bekanntesten waren in Deir Yassin, Tantura, Duwayma und al-Lid (Lod); 1953 richtete Ariel Scharons »Einheit 101« ein Massaker im Flüchtlingslager Bureij im Gaza-Streifen an, bei dem nach unterschiedlichen Angaben zwischen 15 und 50 Menschen getötet wurden, Dieselbe Einheit tötete in demselben Jahr in dem jordanischen Dorf Qibya 69 Menschen; 1956 wurden während einer israeli-schen Invasion in den Gaza-Streifen mindestens 275 Palästinenser getötet;[53] eben-falls 1956 gab es im Windschatten des Suez-Kriegs ein Massaker in Kafr Qassem in Galiläa, bei dem 49 Menschen getötet wurden; 1967 wurden die Westbank und der Gaza-Streifen besetzt und 300.000 Palästinenser vertrieben; 1982 führte Israel Krieg gegen den Libanon, in dem 20.000 Palästinenser und Libanesen getötet wur-den, größtenteils Zivilisten; während der ersten Intifada 1987-1993 wurden 1.489 Palästinenser und 185 Israelis getötet, während der zweiten Intifada 2000-2005 über 4.000 Palästinenser und über 1.000 Israelis.[54] 2006 fand der zweite Krieg gegen den Libanon mit mehr als 1.200 Toten statt, der sich vor allem gegen den Süden des Landes richtete, wo viele Palästinenser leben; parallel dazu gab es im Sommer und Herbst 2006 zwei große Militäroperationen gegen den Gaza-Streifen. 2008/09 kam der erste veritable Krieg gegen den Gaza-Streifen, in dem über 1.400 Palästinenser getötet und mehr als 5.000 verletzt wurden; 2012 der zweite Krieg gegen den Gaza-Streifen, 2014 der dritte Krieg gegen den Gaza-Streifen mit über 2.100 toten und über 11.000 verletzten Palästinensern, größtenteils Zivilisten.

Der israelische Militarismus trifft nicht nur die Palästinenser, sondern die ge-samte Region. Seit 1948 hat Israel acht Kriege geführt, fast alle als Angriffskriege. Hinzu kommen begrenzte militärische Interventionen wie die von 1978 im Südliba-non, gezielte Bombardierungen wie die des irakischen Atomreaktors im Jahr 1981, Kommandoaktion wie die gescheiterte Operation im August 2013 im Südlibanon, geheimdienstliche Operationen und die regelmäßige Bombardierung arabischer Länder, in den vergangenen Jahren vor allem Syriens und des Sudans.

Auch wenn es keinen Krieg gibt, ist der Alltag der Palästinenser in den 1967 besetzten Gebieten von der kontinuierlich ausgeübten israelischen Gewalt ge-prägt, wozu unter anderem der Einsatz unverhältnismäßiger Gewalt bei der Nie-derschlagung von Demonstrationen, Massenverhaftungen auch von Kindern, die Aburteilung vor Militärgerichten, Folter in Gefängnissen, Demütigungen und Misshandlungen an Checkpoints und beinahe tägliche Häuserzerstörungen ge-hören. Edward Said vergleicht die Realität der Palästinenser mit Franz Kafkas »Strafkolonie,« in der ein raffinierter, aus winzig kleinen Nadeln bestehender

---

53. Chomsky, Noam, The Fateful Triangle, New York/Toronto 1983, S.101f; S.384
54. B'Tselem, Press Release, 10 Years to the second Intifada -Summary of Data, 27.9.2014

Folterapparat den gesamten Körper des Gefangenen beschreibt, und ihn dadurch langsam verbluten lässt.[55]

Die Gewalt gegen die einheimische Bevölkerung geht indessen nicht nur von der kolonialen Armee und der Polizei aus, sondern auch von der Siedlerbevölkerung selbst. Die Siedler schlagen Palästinenser – auch Kinder – zusammen, verbrennen ihre Felder und entwurzeln ihre Olivenbäume, leiten ihre Abwässer auf palästinensisches Land, hetzen Wildschweine auf die Palästinenser, werfen Steine oder Molotow-Cocktails auf Wohnhäuser, während sich ihre Bewohner darin aufhalten, zünden palästinensische Autos, Schulen und Moscheen an oder überfahren Palästinenser, oftmals Kinder, in gezielten Attacken. Sie tun das mit dem Ziel, die Palästinenser zu vertreiben. Fast jeden Tag wird ein Palästinenser infolge von Siedlerangriffen oder daraus resultierenden Zusammenstößen mit der israelischen Armee verletzt.[56] Die Gewalt steigt seit einigen Jahren stetig an und eskaliert, wenn die einheimische Bevölkerung sich zur Wehr setzt. Als im Juni 2014 nach der Erschießung von zwei palästinensischen Jugendlichen am Nakba-Tag durch die israelische Armee drei jugendliche Siedler von Palästinensern erschossen wurden, kam es zu regelrechten Treibjagden, bei denen mehrere Palästinenser getötet oder verletzt wurden. In Jerusalem wurde der 16-jährige Muhammad Abu Khdeir entführt, gefoltert und bei lebendigem Leib verbrannt.

Rassismus

Siedlerkolonialismus ist wie jeder Kolonialismus seinem Wesen nach rassistisch.[57] Das gilt sowohl für die staatliche Politik als auch für die Siedlerbevölkerung. Die zionistische Politik gegenüber den einheimischen Palästinensern innerhalb der Grünen Linie und in den 1967 besetzten Gebieten unterscheidet sich im Kern nicht voneinander. Der »UN-Ausschuss für die Beseitigung der Rassendiskriminierung« (CERD) kam bereits 2007 nach einer Untersuchung der israelischen Politik gegenüber den Palästinensern innerhalb der Grünen Linie zu dem Schluss, dass diese teilweise den Kategorien der Apartheid und rassistischen Segregation entspricht.[58]

55. Said, Edward W., Dignity, Solidarity and the Penal Colony in: Cockburn, Alexander; St. Clair, Jeffrey, The Politics of Antisemitism, Petrolia/California 2003

56. UN OCHA OPT, Israeli Settler Violence in the West Bank, Fact Sheet November 2011; Strickland, Patrick, Train driver calls Israelis to »run over« an Arab, Electronic Intifada 16.11.2014; Defense for Children International – Palestine, Growing up between Israeli Settlements and Soldiers, 2014; Munayyer, Yousef, When Settlers attack, The Palestine Center, Washington D.C. 2012

57. Memmi, Albert, The Colonizer and the Colonized, Boston 1965; ders., Rassismus, Frankfurt/Main 1992, S. 42ff; .Mansour, Awad, Issa, Orientalism, Total War and the Production of Settler Colonial Existence: The United States, Australia, Apartheid South Africa and the Zionist Case, University of Exeter February 2011, S. 94

58. UN-Commitee on the Elimination of Racial Discrimination (CERD), Concluding Observations of the Commitee on the Elimination of Racial Discrimination: Israel, 14 June 2007, CERD/ISR/CO/13 unter: www.unhcr.org/refworld/docid/46bc5902; siehe auch: Dugard, John, Apartheid and Occupation under

Die arabische Bürgerrechtsorganisation »Adalah« richtete 2013 eine Datenbank ein, in der alle israelischen Gesetze und Verordnungen gesammelt werden, die eine Ungleichbehandlung von jüdischen und nicht-jüdischen Staatsbürgern vorsehen. Bis zum Sommer 2013 waren es etwa 50 an der Zahl.[59] Es gibt innerhalb der Grünen Linie unterschiedliche Staatsbürgerschaftsgesetze für Juden und Nicht-Juden, getrennte Wohnviertel und Bildungssektoren. Nicht-Juden haben nur einen sehr begrenzten Zugang zu Land und Ressourcen. In der Westbank gibt es darüber hinaus getrennte Straßen und Busse für jüdische Israelis und Palästinenser. Der Rassismus in der jüdisch-israelischen Bevölkerung ist eine notwendige Folge des kolonialen Machtverhältnisses. Über Araber und Muslime wird kaum anders als in rassistischen Stereotypen gesprochen. Sie als »Wölfe« oder »Krokodile« zu bezeichnen, gehört noch zu den eher harmlosen Äußerungen. Rabbi Ovadia Yossef zum Beispiel, das spirituelle Oberhaupt der orientalischen Juden, bezeichnete die Araber als »Vipern.« Über Muslime sagte er: »Sie sind blöd. Ihre Religion ist so hässlich wie sie es sind.«[60] Es ist auch nicht ungewöhnlich, öffentlich zur Vernichtung der Araber aufzurufen, wie Rabbi Ovadia Yossef es wiederholt tat. So sagte er 2001 in seiner Predigt zum Passover-Fest: »Es ist verboten, ihnen gegenüber barmherzig zu sein. Man muss ihnen Raketen schicken und sie vernichten. Sie sind böse und verdammenswert.« In einer anderen seiner hasserfüllten Predigten sagte er: »Der Herr soll die Taten der Araber auf ihre eigenen Köpfe zurückkommen lassen, ihre Saat verwüsten und sie ausrotten, sie heimsuchen und von der Welt verschwinden lassen.« Dies war einer der seltenen Fälle, in denen Kritik geübt wurde, die jedoch gleichfalls rassistisch war. Innenminister Meir Sheetrit erklärte: »Ich schlage vor, dass wir nicht von der Verhaltensweise der Palästinenser lernen und wie diese in verbalen Schlägen sprechen.«[61]

Doch nicht nur religiöse Kräfte bedienen sich dieser hasserfüllten rassistischen Sprache. Auch Wissenschaftler, wie zum Beispiel Dan Schueftan von der Universität Tel Aviv, geben in ihren Vorlesungen regelmäßig rassistische Kommentare von sich. »Wenn Israel einen raffinierten Satelliten ins All schickt, lassen sich die Araber eine neue Sorte Hummus einfallen«, sagte er zum Beispiel in einem seiner Seminare. Andere Kommentare von ihm waren: »Die Araber sind der größte Fehlschlag der Menschheit. Es gibt unter der Sonne nichts Verkorksteres als die Palästinenser.« und »Die Palästinenser sind ein widerwärtiger Teil des Nahen Ostens, lasst uns nicht über diese Läuse diskutieren.«[62] Palästinensische Studenten, die gegen

---

International Law, Hisham B. Sharabi Memorial Lecture. Edited Transcript of Remarks by Professor John Dugard, Transkript No. 311 The Palestine Center Washington D.C. 20.3.2009

59. Adalah.org/en/Israeli-Discriminatory-Law-Database

60. Remez, Didi, Rabbi Ovadia Yosef on Muslims: »Their Religion is as ugly as they are.« Coteret 14.12.2009; BBC Rabbi calls for Annihilation of Arabs, 10.4.2001

61. BBC, Rabbi calls for annihilation of Arabs, 10.4.2001.«)

62. Leibovitz-Dar, Sara, Studies in Racism, Maariv 21.10.2009 (hebräisch). ins Englische übersetzt von der Palestinian Campaign for the Academic and Cultural Boykott,UK unter: www.pacbi.org/etemplate.

rassistische Äußerungen von Professoren protestieren, werden nicht selten vor den Disziplinarausschuss zitiert. Israelische Politiker und Militärs bedienen sich ebenfalls einer rassistischen Rhetorik.

Der Rassismus äußert sich nicht nur verbal, sondern auch in tätlichen Angriffen, Kampagnen gegen die Beschäftigung von Palästinensern oder die Vermietung von Wohnungen an sie und ab und zu in Pogromen. Der Rassismus hat in den vergangenen zehn Jahren massiv zugenommen und wird von vielen Südafrikanern als sehr viel schlimmer als der südafrikanische zur Zeit der Apartheid bezeichnet.

Aus einer Umfrage vom Herbst 2012 geht hervor, dass die Mehrheit der jüdischen Israelis anti-arabische und ultra-nationalistische Positionen vertritt. 49% der jüdischen Israelis wollen, dass der Staat die jüdischen Bürger besser als die arabischen Bürger behandelt, 42% lehnen es ab, im selben Gebäude wie Araber zu leben und ebenfalls 42% wollen nicht, dass ihre Kinder mit arabischen Kindern in eine Klasse gehen. 59% wollen, dass Juden gegenüber Arabern bei einer Anstellung bevorzugt in Ministerien beschäftigt werden; ein Drittel wünscht sich ein Gesetz, das Arabern das Wahlrecht für die Knesset entzieht. 69% sind dagegen, dass die etwa 2,7 Millionen Palästinenser in der Westbank das Wahlrecht erhalten, wenn Israel das Gebiet annektiert. 74% der jüdischen Israelis unterstützt die getrennten Straßen für jüdische Israelis und Palästinenser in der Westbank und fast die Hälfte – 47% – möchte, dass ein Teil der palästinensischen Bevölkerung innerhalb der Grünen Linie zur Palästinensischen Autonomiebehörde transferiert wird. 58% der jüdischen Israelis sind der Ansicht, dass Israel Apartheid praktiziert, während 31% denken, dass dies nicht das Fall ist. 38% der jüdisch-israelischen Bevölkerung unterstützen die Annexion der Teile der Westbank, in denen Siedlungen gebaut wurden und 48% lehnen das ab. Die Ergebnisse der Umfrage zeigen, dass die religiösesten Teile der jüdisch-israelischen Bevölkerung auch die nationalistischsten und rassistischsten sind. So treten unter den Haredim (Ultra-Orthodoxen) 82% für eine Bevorzugung der Juden durch den Staat und 95% für die Privilegierung der Juden beim Zugang zu Arbeitsplätzen ein. Säkulare Israelis sind am wenigsten rassistisch, aber dennoch sind nur 50% von ihnen der Ansicht, dass Araber beim Zugang zu Arbeitsplätzen nicht diskriminiert werden sollten.[63] Besonders heftig äußert sich der Rassismus, wenn Israel Krieg führt. »Wir müssen ganze Wohnviertel in Gaza plattmachen«, schrieb Ariel Scharons Sohn, Gilad, während des zweiten Gaza-Krieges 2012 in der *Jerusalem Post*. »Macht ganz Gaza platt. Die Amerikaner haben mit Hiroshima nicht aufgehört – die Japaner kapitulierten nicht schnell genug, also griffen sie auch Nagasaki an.« Er erklärte, Israel müsse sich nicht um unschuldige Zivilisten in Gaza sorgen: »Sie haben Hamas gewählt ... sie haben sich freiwillig dafür entschieden und

---

php?id=1116
63. Levy, Gideon, Israel's dark Reality: Majority supports Apartheid, according to new Study, Haaretz 23.10.2012 unter: antonyloewenstein.com/tag/gideon-levy/page/2/

müssen die Konsequenzen tragen.«[64] Während des dritten Gaza-Krieges im Sommer 2014 wurden Aufrufe zum Völkermord an den Palästinensern zum israelischen Mainstream. Die Abgeordnete Ayelet Shaked rief dazu auf, palästinensische Mütter zu töten, um sie daran zu hindern, weiterhin »kleine Schlangen« zur Welt zu bringen.[65] In Jaffa und Jerusalem zogen Demonstrationen, die lauthals »Tod den Arabern« forderten, durch die Straßen. Gerufen wurde auch die Parole »Morgen fällt die Schule in Gaza aus, denn es gibt dort keine Kinder mehr«, die bereits während des Gaza-Kriegs von 2008/09 aufgekommen war.[66]

Einbindung in westliche strategische Interessen

Während sich die neuere Siedlerkolonialismus-Forschung primär mit der inneren Dynamik des Zionismus beschäftigt, spielte seine enge Verbindung mit westlichen strategischen Interessen in der Vergangenheit die Hauptrolle bei der Charakterisierung des Zionismus als Siedlerkolonialismus. So schrieb die israelische antizionistische Gruppe »Matzpen« (Kompass), die sich 1962 von der israelischen Kommunistischen Partei abgespalten hatte: »Israel ist eine einzigartige Sache im Nahen Osten; es wird vom Imperialismus finanziert, ohne von ihm ökonomisch ausgebeutet zu werden. Das war in der Vergangenheit immer der Fall: der Imperialismus benutzte Israel für seine politischen Zwecke und zahlte dafür mit ökonomischer Unterstützung.« Maxime Rodinson ordnete das zionistische Projekt in Palästina ebenfalls in die europäische Kolonialgeschichte ein.[67]

Eine Besonderheit der zionistischen Kolonialbewegung war, dass sie ihr Projekt von Anfang als übernationales Projekt bestimmte, wie sich in der Organisation als »Zionistische Weltorganisation« zeigte. Ihre geographische Basis war Europa, später kam der einem siedlerkolonialistischen Projekt entstandene Ableger, die USA hinzu. In der arabischen Welt werden die westlichen kapitalistischen Staaten als eine Art kollektives Mutterland Israels angesehen und diese Einschätzung hat einiges für sich. Am Anfang basierte die Durchsetzung des zionistischen kolonialen Projekts auf dem Bündnis mit der Großmacht Großbritannien. Der Widerstand der einheimischen palästinensischen Bevölkerung gegen Kolonisierung und Vertreibung, der in den 1930er Jahren massiv zunahm, setzte die britische Kolonialmacht jedoch so sehr unter Druck, dass sie es für notwendig erachtete, den Kolonisierungsprozess zu verlangsamen und über Lösungsmöglichkeiten für die zunehmenden Konflikte

64. Shatz, Adam, Why Israel didn't win, London Review of Books Vol.34 No.23, 6.12.2012
65. Abunimah, Ali, Israeli Lawmaker calls for Genocide of Palestinians and gets thousands of Facebook-Likes, Electronic Intifada 7.7.2014
66. Khalek, Rania, Merciless Israeli Mobs are hunting Palestinians, Electronic Intifada 27.7.2014; Johnson, Jimmy, Watch profound and haunting short film »Death to the Arabs«, Electronic Intifada 13.7.2014
67. Bashir, Abu-Manneh, Israel in the U.S. Empire, Monthly Review Volume 58 Issue 10, March 2007; Ram, Uri, The Colonization Perspective in Israeli Sociology, in: Pappe, Ilan (ed), The Israel-Palestina Question, London/New York 1999,

zwischen der einheimischen Bevölkerung und der Siedlerbevölkerung nachzudenken. Darüber kam es zu Verstimmungen zwischen den Verbündeten und die zionistische Bewegung begann sich nach einer Alternative umzusehen. 1942 hielt die Zionistischen Weltorganisationen ihren Kongress erstmals in Biltmore in den USA ab. Die Konferenz von Biltmore signalisierte den Übergang der zionistischen Bewegung von der absteigenden britischen Großmacht zur aufsteigenden Großmacht USA. Freilich erforderte es einige Anstrengungen, bis die USA in dem Maße als Schutzmacht und strategischer Bündnispartner gewonnen werden konnte, wie es die zionistische Bewegung wünschte.[68] Bis in die 1960er Jahre waren die Beziehungen zwischen den USA und der zionistischen Bewegung wechselhaft. 1947 spielten die USA eine entscheidende Rolle, um die Teilungsresolution in der UNO durchzusetzen.[69] Aber das war noch kein definitives Bekenntnis, jederzeit und überall für die Interessen des Siedlerstaates einzutreten, geschweige denn sie sich zu eigen zu machen. Enger wurden die Beziehungen zu den USA erst in den 1960er Jahren; und 1982 erklärte Präsident Ronald Reagan Israel zum »strategischen Bündnispartner.« Israel ist der größte Empfänger von US-Auslandshilfen und politisch, ökonomisch und militärisch von den westlichen kapitalistischen Staaten abhängig. Seit 1949 haben die USA Israel Finanzhilfen in Höhe von 118 Milliarden Dollar gewährt. Gegenwärtig bekommt es drei Milliarden Dollar im Jahr an Militärhilfe. Die USA sind Israels Hauptwaffenlieferant und garantieren ihm offiziell seine militärische Überlegenheit über die arabischen Staaten. Auch politisch ist Israel von den USA abhängig, die es kontinuierlich davor schützen, von der internationalen Gemeinschaft für seine fortgesetzten Kriegsverbrechen (z.B. Siedlungsbau in besetzten Gebieten) und Verbrechen gegen die Menschlichkeit (Apartheid und ethnische Säuberung) zur Rechenschaft gezogen zu werden. Seit 1978 machten die USA im UN-Sicherheitsrat zugunsten Israels 42 Mal von ihrem Vetorecht Gebrauch. So blockierten die USA, um nur ein Beispiel zu nennen, im Februar 2011 eine von den anderen 14 Mitgliedern des Sicherheitsrates unterstützte Resolution, mit der die Expansion israelischer Siedlungen verurteilt werden sollte.[70]

Doch nicht nur für die USA sind enge Beziehungen zu Israel von herausragender strategischer Bedeutung. Die EU steht ihnen in nichts nach. Israel wird quasi als EU-Mitglied behandelt und kommt so in den Genuss zahlreicher Privilegien, die keinem anderen Staat außerhalb Europas gewährt werden. Auch für die NATO ist Israel ein privilegierter Bündnispartner. Es unterhält eine enge Partnerschaft mit dem westlichen

68. Vgl. Hollstein, Walter, Kein Frieden um Israel, S.223.f.; Khalidi, Walid, Das Palästina-Problem. Ursachen und Entwicklung, 1897-1948, Palästina Monographien 6, Rastatt 1972, S. 52ff.; Beit-Hallahmi, Benjamin, Schmutzige Allianzen. Die geheimen Geschäfte Israels, München 1987, S. 226ff.
69. Weir, Alison, Against our better Judgement, Middletown 2014, S. 54ff.; Khalidi, Walid, a.a.O., S. 92ff.
70. Shlaim, Avi, Israel needs to learn some Manners, New York Times 30.1.2014; zu den strategischen Beziehungen USA-Israel siehe: Chomsky, Noam, The Fateful Triangle, Boston/London 1983, S.13ff.; Rose, John, Mythen des Zionismus. Stolpersteine auf dem Weg zum Frieden, Zürich 2006, S. 235-264; Gregory, Derek, The Colonial Present, Malden/Oxford/Carlton 2004, S.76ff.

Militärbündnis und hat einen ständigen Vertreter im NATO-Hauptquartier in Brüssel. Der hohe Stellenwert, den Israel in den westlichen kapitalistischen Staaten hat und die Privilegien, die ihm eingeräumt werden, gründen nicht, wie die Ideologie es will, in der Verfolgungsgeschichte der Juden in Europa, die im Holocaust gipfelte, sondern in weitreichenden strategischen Interessen. Diese Interessen sind seit dem Campbell-Bannerman-Report von 1907 im Großen und Ganzen gleich geblieben. Es geht um die Kontrolle der arabischen Welt, wo sich die weltweit größten Erdöl- und Erdgasressourcen befinden, die der entscheidende lebensnotwendige und strategische Rohstoff für die kapitalistischen Zentren sind. Israel ist, wie es der Schriftsteller Michael Kleeberg einmal ausdrückte, »unser Mann im Nahen Osten.«[71]

Israel hat grundsätzlich die Funktion, westliche strategische Interessen zu sichern, aber in Laufe der Jahrzehnte hat es dabei Verschiebungen und Veränderungen gegeben. In der Entkolonisierungsphase spielte Israel eine Hauptrolle bei der Vereitelung des arabischen Befreiungsprojekts. Es unterstützte die alten Kolonialmächte Frankreich und Großbritannien bei der Bekämpfung der arabischen Befreiungsbestrebungen. Nach dem Beginn des algerischen Befreiungskampfs stellte sich Israel in der UNO kontinuierlich an die Seite Frankreichs, dem es zur Lösung des Problems eine Teilung Algeriens vorschlug. Als der ägyptische Präsident Jamal Abdel-Nasser 1956 den Suez-Kanal verstaatlichte, den die ehemalige britische Kolonialmacht weiterhin in ihrem Besitz hatte, begann Israel im Bündnis mit Großbritannien und Frankreich einen Krieg gegen Ägypten. Dieser hatte die Rückgabe des Suez-Kanals an die Briten sowie den Sturz des anti-kolonialen Nasser-Regimes zum Ziel. Da die USA nicht eingeweiht waren und überdies durch die Aktion ihre geheimdienstlichen Operationen in Syrien gefährdet sahen, machten sie Druck und der Krieg musste beendet werden. Israels Sieg im Angriffskrieg von 1967 gegen Ägypten, Syrien und Jordanien machte dem arabischen Befreiungsprojekt ein Ende. Der beabsichtigte Sturz Jamal Abdel-Nassers gelang zwar nicht, aber die verheerende Niederlage bedeutete das Aus für den Nasserismus und den damit verbundenen arabischen Sozialismus. Es dauerte Jahrzehnte, bis die Bevölkerung der arabischen Welt über diese Niederlage und ihre katastrophalen Folgen hinweg kam. Heute spielt Israel über die Funktion der Kontrolle der arabischen Welt hinaus eine zentrale Rolle in der globalen Aufstandsbekämpfung. Es gibt kaum einen Konflikt, in dem nicht israelische Counterinsurgency-Experten, Waffen oder Technologie im Einsatz sind oder waren, zum Beispiel in Kolumbien, Sri Lanka und im Süden Thailands. Viele der von Israel entwickelten Waffen-, Repressions- und Überwachungssysteme sowie ihre an den Palästinensern erprobten Methoden zur Aufstandsbekämpfung sind von NATO-Staaten übernommen worden.[72]

71. Kleeberg, Michael, Bluten wir nicht?, Der Freitag 18.6.2006
72. Wilner, Michael, US sent »lessons learned« Team to model Israeli Tactics in Gaza Operation, Jerusalem Post 12.11.2014; Supe, Johannes, Eisernes Kreuz in Israel, Junge Welt 21.11.2014

Siedlerkolonialismus, Apartheid und ethnische Säuberung

In der Siedlerkolonialismus-Forschung wird unterschieden zwischen »Ausbeutungs-Siedlerkolonialismus« und »reinem Siedlerkolonialismus.« Während ersterer auf die Ausbeutung der einheimischen Bevölkerung als billige und rechtlose Arbeitskräfte zielt, diese also braucht, geht es bei Zweiterem um die möglichst vollständige Ersetzung der einheimischen Bevölkerung durch die eingewanderte Siedlerbevölkerung. Ein historisches Beispiele für den Ausbeutungs-Siedlerkolonialismus war Südafrika vor der Abschaffung der Apartheid im Jahr 1994; Beispiele für den reinen Siedlerkolonialismus sind die USA, Kanada, Australien und Israel.[73]

Während Siedlerkolonialismus insgesamt typischerweise mit Apartheid und ethnischer Säuberung einhergeht, ist die Gewichtung der beiden Phänomene jedoch, je nachdem, ob es sich um einen Ausbeutungs- oder um einen reinen Siedlerkolonialismus handelt, unterschiedlich. Da es im reinen Siedlerkolonialismus um die Ersetzung der einheimischen Bevölkerung durch eine eingewanderte Siedlerbevölkerung geht, bezeichnet der Begriff der »ethnischen Säuberung« den innersten Kern des reinen Siedlerkolonialismus am genausten. Der Begriff »Apartheid«, die rassistische Segregation der Bevölkerung nach ethnischer Zugehörigkeit, um die Herrschaft einer Ethnie über die andere aufrechtzuerhalten, bezeichnet hingegen die Essenz des Ausbeutungs-Siedlerkolonialismus. Das lässt sich in der konkreten Praxis siedlerkolonialistischer Staaten nicht messerscharf trennen. Auch der südafrikanische Siedlerkolonialismus, der ein Ausbeutungssiedlerkolonialismus war, betrieb ethnische Säuberungen und auch Israel, das einen reinen Siedlerkolonialismus praktiziert, unterhält ein System der Apartheid. Wie die UNO, Menschenrechtsorganisationen und kritische Wissenschaftler aufgezeigt haben, entspricht die israelische Politik gegenüber den Palästinensern sowohl innerhalb der Grünen Linie als auch in den 1967 besetzten Gebieten zwar den Kriterien der Apartheid oder rassistischen Segregation, aber anders als damals Südafrika praktiziert Israel diese nicht, um sich einen Pool von billigen und rechtlosen Arbeitskräften zu halten, sondern weil das eigentliche Ziel – die ethnische Säuberung der einheimischen Bevölkerung – aufgrund der internationalen Öffentlichkeit nicht möglich ist – jedenfalls nicht in derselben breitflächigen Weise wie 1948 und auch nicht so offensiv wie 1967, als in der Westbank Hunderttausende Palästinenser vertrieben wurden. Die von Israel praktizierte Apartheid ist defensiv, eine Art Übergangslösung.[74]

---

73. Vgl. Shafir, Gershon, Zionism and Colonialism. A Comparative Approach in: Pappe, Ilan (ed), The Israel-Palestine Question, London/New York 1999; ders., Land, Labour and the Origins of the Israeli-Palestinian Conflict, 1882-1914, Cambridge 1989; Yiftachel, Oren, Bedouin Arabs and the Israeli Settler State: Land Politics and Indigenous Resistance in: Champagne, Duanne; Abu-Saad, Ismael (ed), The Future of Indigenous Peoples. Struggles for Survival and Development, UCLA American Indian Studies Center 2003; Jadaliyya, Roundtabe on Palestinian Diaspora and Representation, Part 1, 11.9.2012
74. Vgl. Alqasis, Amjad, Israeli Apartheid: a Means to en End not an Endgoal, al-Majdal Winter 2012

Diejenigen, die die Apartheid in Südafrika aus eigener Erfahrung kennen – schwarze Südafrikaner – weisen immer wieder auf die großen Unterschiede zwischen der südafrikanischen und der israelischen Apartheid hin. Dem muslimischen Befreiungstheologen und Anti-Apartheidaktivisten Farid Esack zufolge ist das, was die Palästinenser erleben »unendlich viel schlimmer« und sie zahlen einen höheren Preis für Widerstand als es in Südafrika der Fall war. In Südafrika unter der Apartheid gab es nie diese Art kollektiver Bestrafungen, die so typisch für die israelische Politik sind, zum Beispiel die Zerstörung der Häuser der Familien von Palästinensern, die Aktionen gegen die Kolonialmacht durchführten oder die Verhaftung von Familienangehörigen eines Gesuchten, wenn dieser untergetaucht ist, oder die komplette Abriegelung des Gaza-Streifens. Der größte Unterschied ist aber, dass sich die weißen Südafrikaner die Zukunft niemals ohne die schwarze Bevölkerung vorstellten, da sie diese brauchten. Auch die weißen Afrikaaner hatten eine Leidensgeschichte der Verfolgung und waren beseelt von dem Gedanken »God gave me the land.« Aber niemals hatten sie die Vorstellung, alle Holländer nach Südafrika zu bringen und sie überlegten sich nicht, wie sie die Schwarzen loswerden könnten. Im zionistischen Gründungsmythos hingegen ist kein Platz für Palästinenser. Die weiße Bevölkerung des südafrikanischen Regimes zielte auf Kontrolle der Schwarzen, nicht auf ihre Zerstörung wie in Palästina.[75] Desmond Tutu äußerte sich in einem Gespräch mit Ilan Pappe in ähnlicher Weise: »Die Weißen in Südafrika wollten den Afrikaner ausbeuten, was sehr schlecht ist. Sie wollten ausbeuten, sie wollten sicherstellen, dass alles in ihren Händen ist. Aber trotzdem mischten sie sich, es gab im Haus jeder weißen Familie ein afrikanisches Kindermädchen ... Mein Gefühl ist – und er hat absolut recht [erklärt Ilan Pappe] –, dass der Zionismus den Palästinenser nicht ausbeuten will, es will ihn eliminieren.«[76]

Nach 1948 ging die ethnische Säuberung der einheimischen Bevölkerung auf niedriger Stufe weiter. Bis Ende der 1950er Jahre wurden in Galiläa im Norden des Landes und im Naqab/Negev im Süden des Landes wiederholt größere Gruppen von Palästinensern über die Grenzen getrieben. Während der Besetzung der Westbank und des Gaza-Streifens wurden erneut 300.000 Menschen vertrieben. Danach verlegte sich Israel auf Methoden der indirekten ethnischen Säuberung, wie die Zerstörung der Lebensgrundlagen, die ökonomische und geographische Strangulierung, die Verweigerung von elementarer Infrastruktur wie Elektrizität, Straßen und Schulen sowie den Entzug von Wasser.[77] Hinzu kommen administrative Maß-

75. Youtube, Farid Esack, Apartheid South Africa and Israel Today: The Parallels, hochgeladen am 5.6.2007
76. Bernstein, Dennis J., Changing Israel from Without, [Interview with Ilan Pappe], Consortium News 24.3.2014, siehe auch Kasrils, Ronnie, Who said nearly 50 Years ago that Israel was an Apartheid State. Vortrag während der »Israeli Apartheid Week«South Africa 29.1.2009 unter: odsg.org/indexphp/Articles/31
77. Rashed, Haifa; Short, Damien, Genocide and Settler Colonialism: Can a Lemkin-inspired Genocide Perspective aid our Understanding of the Palestinian Situation?, The International Journal of Human Rights Vol.16. No.8, December 2012, S.1158ff.; Fallstudien zum Thema: B'Tselem. Dispossession and

nahmen wie die Ausbürgerung von 250.000 Palästinensern aus der Westbank und dem Gaza-Streifen zwischen 1967 und 1995[78]. Die von Moshe Dayan bereits kurz nach der Besetzung 1967 formulierte Maxime gilt bis heute: »Ihr sollt weiterhin wie Hunde leben, und wer immer gehen will, kann gehen – wir werden sehen, wohin dieser Prozess führt. (...) In fünf Jahren haben wir vielleicht 200.000 Menschen weniger – und das ist eine Sache von großer Bedeutung.«[79]

Aufgrund der fortdauernden ethnischen Säuberung waren bis 2013 insgesamt 66% der einheimischen Bevölkerung vertrieben.[80]

Der israelische Schriftsteller Yitzhak Laor gibt ein Beispiel dafür wie die indirekte ethnische Säuberung innerhalb der Grünen Linie vor sich geht: »In gemischten jüdisch-arabischen Städten [innerhalb Israels] zum Beispiel geben sie, anstatt der arabischen Bevölkerung zu sagen, dass sie eine Präsenz von 30% nicht überschreiten darf (was offensichtliche die Quote in diesen Städten ist), einer Yeshiva [Religionsschule] Rechte, die historische jüdische Wurzeln entdeckt – sogar in Akka, wo nicht klar ist, wann die Stadt jüdisch gewesen sein soll. Dann machen sie das Leben der Araber miserabel, bis die Araber in die arabischen Dörfer ziehen, an denen die moderne Infrastruktur des Landes vorbeigegangen ist. Es gibt nichts, was zukünftige Historiker nicht erklären könnten als die absolute Logik eines systematischen staatlichen Versuchs der allmählichen Vertreibung, entweder in den besetzten Gebieten oder innerhalb der Staatsgrenzen, jeweils in ihrem eigenen Tempo. Man muss nur die Kindersterblichkeitszahlen oder das Bildungsbudget in den arabischen Gemeinden in Israel untersuchen.«[81]

Siedlerkolonialismus: Die Logik der Eliminierung der einheimischen Bevölkerung

Der australische Kolonialismus-Forscher Patrick Wolfe bezeichnet den Siedlerkolonialismus als eine »Logik der Eliminierung der einheimischen Bevölkerung« und bezieht Israel in diese Analyse ausdrücklich mit ein. Eliminierung der einheimischen Bevölkerung muss nicht Massenmord bedeuten – kann es aber. Eliminierung bedeutet die Entfernung oder Zerstörung der einheimischen Bevölkerung, ihrer Identität und Zusammengehörigkeit, ihrer Kultur und Lebensgrundlagen mit verschiedenen Methoden. Die Eliminierung der einheimischen Bevölkerung kann auch durch

Exploitation: Israel's Policy in the Jordan Valley and Northern Dead Sea Area, May 2011; PLO Negotiations Affairs Deparment. The Nakba Continues: The Silent Trasfer of Walaheh Community, May 2011; Careccia, Grazia; Reynolds, John J., Al-Nu'man village. A Case Study of indirect forcible Transfer, Al-Haq Ramallah 2006

78. Nusaibah, Munir, Forced Displacement in the Palestinian-Israeli Conflict, International Law and Transitional Justice, School of Law, University of Westminster April 2013, S. 78
79. Cook, Jonathan, Disappearing Palestine, London/New York 2008, S. 59
80. Nuseibah, Munir, Decades of Displacing Palestinans: How Israel does it, Al-Shabaka 18.6.2013
81. Laor, Yitzhak, The Covenant for the Land, Haaretz 20.12.2009

Assimilation erfolgen. Patrick Wolfe bezeichnet Massenmord und Assimilation als zwei Seiten derselben Medaille. Welche Seite die Oberhand erhält, hängt von den konkreten Bedingungen und der Dynamik der Auseinandersetzung ab. Die Frontier-Phase des Siedlerkolonialismus, in der das Land schrittweise erobert, der Widerstand der einheimischen Bevölkerung niedergeschlagen und diese schließlich verdrängt wird, ist von massiver Gewalt geprägt. Awad Issa Mansour bezeichnet den Siedlerkolonialismus in seiner Studie speziell in dieser Phase als »totalen Krieg.«[82] Erst wenn die einheimische Bevölkerung weitgehend verdrängt und die Herrschaft über das eroberte Land gesichert ist, kann der Siedlerstaat die Frontier-Phase abschließen und seine Existenz normalisieren. In dieser Phase werden die im Lande übrig gebliebenen und gebrochenen Einheimischen in das siedlerkolonialistische System assimiliert, für das sie keine Gefahr mehr darstellen.

Der Zionismus ist ein ungleichzeitiger Siedlerkolonialismus. Die verschiedenen Teile Palästinas wurden zu unterschiedlichen Zeiten und unter unterschiedlichen Bedingungen kolonisiert. Im 1948 eroberten Land, wo mit etwa 120.000 Menschen nur eine kleine Minderheit der Palästinenser übrig blieb, gelang die Unterwerfung einfacher und vollständiger als in den 1967 besetzten Gebieten, wo zum Zeitpunkt der Besetzung etwa eine Million Palästinenser lebte, die zudem vor dem Hintergrund des arabischen und internationalen anti-kolonialen Aufbruchs dieser Zeit politisch mobilisiert waren.

Israel setzte im Umgang mit der einheimischen Bevölkerung innerhalb der Grünen Linie, die der ethnischen Säuberung 1948 aus verschiedenen Gründen entging, auf die Zerstörung ihrer Identität. Der übrig gebliebenen einheimischen Bevölkerung wurde die palästinensische Identität aberkannt. Sie wurde in verschiedene Kategorien aufgeteilt – Araber, Drusen, Beduinen, Christen, Muslime –, um sie besser kontrollieren und gegeneinander ausspielen zu können. Sie sollten dadurch in israelische Araber, israelische Drusen und israelische Beduinen verwandelt werden und ihre gemeinsame nationale und politische Identität und erst recht ihre Rechte vergessen. Diese Vorgehensweise ist sehr typisch für koloniale Unternehmungen. Die Politik der Einteilung der einheimischen Bevölkerung in verschiedene Stämme, Ethnien und Konfessionen, die oftmals erst konstruiert werden, war kennzeichnend für das britische und französische Kolonialreich des 19. und frühen 20. Jahrhunderts. Apartheid-Südafrika praktizierte diese Politik ebenso wie die USA nach der Besetzung des Iraks im Jahr 2003.

In Israel ist diese Politik nach scheinbaren Anfangserfolgen gescheitert. In einem jahrzehntelangen zähen Kampf unter sehr schwierigen Bedingungen haben es die Palästinenser geschafft, diesen Angriff auf ihre Identität abzuwehren. Der

---

82. Mansour, Awad Issa, Orientalism, Total War and the Production of Settler Colonial Existence: The United States, Australia, Apartheid South Africa and the Zionist Case, University of Exeter, February 2011

Aufstand der Palästinenser innerhalb der Grünen Linie direkt nach dem Beginn der zweiten Intifada im September und Oktober 2000, der die größte palästinensische Erhebung innerhalb der Grünen Linie seit der Gründung des Staates Israel war, zeigte sehr deutlich, dass die Entpalästinensisierung gescheitert ist.[83] Die einzige Ausnahme bilden die Drusen, deren Entpalästinensierung weitgehend gelungen ist. Sie sehen sich selbst größtenteils als Israelis und leisten Wehrdienst, auch wenn die Zahl drusischer Wehrdienstverweigerer in den letzten Jahren zugenommen hat.

Anfang 2014 verabschiedete die Knesset ein neues Gesetz, das zwischen muslimischen und christlichen Arabern unterscheidet und letztere bevorzugen soll. Dadurch wird die einheimische Bevölkerung erneut gespalten und gegeneinander ausgespielt.

Um sich zu legitimieren und den Anspruch auf das angeeignete Land zu untermauern, versuchen Siedlerkolonialisten, sich zu indigenisieren, sich als Einheimische auszugeben. Israel greift dazu auf biblische Mythen zurück. Die Indigenisierung der europäischen Siedler erfordert die Beseitigung der von der einheimischen Bevölkerung geprägten Eigenheiten, Kultur und Geschichte des Landes. Seit 1948 hat Israel Hunderte von palästinensischen Dörfern zerstört und deren Spuren durch die Pflanzung von Wäldern und die Anlage von Parks zu beseitigen versucht. Es hat ganze arabische Stadtviertel dem Erdboden gleichgemacht, hunderte von Moscheen, Kirchen, Schreinen, Friedhöfen und einheimische Bauwerke zerstört. In einmaliger Weise hat es sogar die Landschaft verändert, um aus diesem arabischen Land ein scheinbar europäisches zu machen.[84] Der Stabschef der israelischen Armee Moshe Dayan, der bereits während des Krieges von 1948 eine Kommandoposition inne gehabt hatte, erklärte 1962 in einer Rede seinem Publikum in aller Offenheit: »Wir kamen in dieses Land, das bereits von Arabern bevölkert war, und errichteten hier einen hebräischen, sprich, einen jüdischen Staat. Jüdische Dörfer wurden an der Stelle von arabischen Dörfern gebaut, Ihr kennt nicht einmal die Namen dieser arabischen Dörfer, und ich mache Euch keine Vorwürfe, denn diese Geographiebücher existieren nicht mehr. Nicht nur die Bücher existieren nicht mehr, auch die arabischen Dörfer sind nicht mehr da. Nahal entstand an der Stelle von Mahalul, Gevat in der Stelle von Jibta, Savid an der Stelle von Tell Shaman. Es gibt keinen Ort in diesem Land, der nicht zuvor eine arabische Bevölkerung hatte.«[85] Durch die Einführung biblischer Namen soll die Illusion einer kontinuierlichen und exklusiven

---

83. Cook, Jonathan, »It's time for Palestinians in Israel to stand firm against the Bantustan Plan of Oslo: An Interview with Awad Abdel Fattah, Mondo Weiss 12.11.2012; Cook, Jonathan, Blood and Religion. The Unmasking of the Jewish and Democratic State, London/Ann Arbor 2006, S. 31ff.

84. Wolfe, Patrick, Settler Colonialism and the Elimination of the Native; Journal of Genocide Research 8 (4), December 2006 ; Piterberg, Gabriel, Erasures, New Left Review 10, July-August 2001; Ben Taleb, Baligh, Accounts of Settler Colonialism: A Comparative Study of the Dakota and Palestinians' Plight, University Nebraska April 2014, S.54ff.; Rashed, Haifa,; Short, Damien, Genocide and Settler Colonialism: Can a Lemkin-inspired Genocide Perspective aid our Understanding of the Palestinian Situation?, The International Journal of Human Rights Vol.16 No.8, December 2012, S. 1156ff.

85. D'Amato, Paul, Israel and the Nakba, International Socialist Review, Issue 60, July-August 2008

jüdischen Präsenz im Land erzeugt werden. Im November 1952 schrieb Alexander Dotan, ein hochrangiger Beamter im Außenministerium, über die Bedeutung dieser Hebräisierungskampagne Folgendes: »Ein wichtiges Instrument für uns ist die beschleunigte Rekonstruktion alter geographischer Namen und die Hebräisierung der arabischen Ortsbezeichnungen. In diesem Zusammenhang ist die allerwichtigste Aufgabe, die praktische Verwendung der neuen Namen zu verbreiten, ein Prozess, der auch unter Juden auf Schwierigkeiten gestoßen ist. In Jaffa ist immer noch der Name ›Jibbiliyya‹ im Umlauf, obwohl ›Giv'at Aliya‹ ihn allmählich ersetzt. Im Gegensatz dazu wurde noch kein hebräischer Name für ›Ajami‹ gefunden und einige neue Immigranten nennen das arabische Viertel in ihm noch immer unkorrekter Weise das ›Ghetto‹ oder ›Arabisches Ghetto‹. Es ist möglich, durch strikt formales Vorgehen und mit der adäquaten Indoktrination, die arabischen Bewohner von ›Rami‹ [in Galiläa] daran zu gewöhnen, ihr Dorf beim Sprechen und Schreiben ›Ha-Rama‹ [Ramat Naftali] zu nennen, oder die Einwohner von ›Majd al-Krum‹ [ebenfalls in Galiläa] daran zu gewöhnen, ihr Dorf ›Beit ha-Kerem‹ zu nennen. Von den Einwohnern des von den Arabern Shafa'amer genannten Ortes habe ich bereits den [hebräisierten] Namen ›Shefar'am‹ gehört.« Yitzhak Laor wies darauf hin, »dass Negierung kultureller Vernichtung zumindest nahe kommt.«[86]

Wann immer die israelische Armee in von Palästinensern kontrolliertes Gebiet einmarschierte, hat sie kulturelle Zentren, Archive und Güter zerstört, darunter waren 1982 im Libanon das palästinensische Filmarchiv und 2002 in Ramallah das Khalil Sakakini-Kulturzentrum, in dem Manuskripte des großen Dichters Mahmoud Darwisch aufbewahrt wurden.[87]

Für Raphael Lemkin, der den Genozid-Begriff entwickelt und geprägt hat, war die Zerstörung der Kultur eine der wichtigsten Komponenten des Genozids. Das Jugoslawien-Tribunal verstand die Zerstörung kultureller Güter als Indikator einer genozidalen Absicht. Es betrachtete die Zerstörung muslimischer Büchereien und Moscheen sowie Angriffe auf kulturelle Persönlichkeiten als Nachweis einer genozidalen Intention gegenüber Muslimen im ehemaligen Jugoslawien.[88]

Die dem Siedlerkolonialismus innewohnende »Logik der Eliminierung der einheimischen Bevölkerung« bedeutet auch die Zerstörung der einheimischen Bevölkerung als soziale und politische Einheit. Der kritische israelische Soziologe Baruch Kimmerling hat dafür den Begriff des »Politizids« geprägt. »Politizid ist ein Prozess, dessen letztendliches Ziel es ist, die Perspektiven eines bestimmten Volkes auf legitime Selbstbestimmung und Souveränität in einem Land, das sie als ihr Heimatland ansehen, zu zerstören. (...) Politizid beinhaltet eine Mischung

---

86. Laor, Yitzhak, And what will they call Barbunya?, Haaretz 19.7.2009; siehe auch Memmi, Albert, Rassismus, Frankfurt/Main 1992, S. 119f.)
87. Ziadeh, Rafeef, Palestine and the cultural Boycott, Znet 19.4.2009
88. Chehata, Hanan, Evidence for a cultural Genocid being employed against the Palestinain People, Middle East Monitor 2010, S. 5.

aus kriegerischen, politischen, sozialen und psychologischen Maßnahmen. Die gebräuchlichsten Techniken in diesem Prozess sind die Enteignung und Kolonisierung von Land, die Einschränkung der Bewegungsfreiheit (Ausgangssperren, Abriegelungen, Straßensperren), Mord, örtlich begrenzte Massaker, Massenverhaftungen, Spaltung oder Eliminierung der Führung und Elitegruppen, die Behinderung von Bildung und schulischer Ausbildung, physische Zerstörung von öffentlichen Institutionen und Infrastruktur, Wohnhäusern und privatem Eigentum, Aushungern, soziale und politische Isolation, Umerziehung, und partielle oder – falls realisierbar – vollständige ethnische Säuberung, obwohl diese sich möglicherweise nicht als eine einzelne dramatische Aktion ereignet. Das Ziel der meisten dieser Praktiken ist, das Leben so unerträglich zu machen, dass die größtmögliche Anzahl der rivalisierenden Bevölkerung, insbesondere ihre Elite und Mittelschicht, das Land ›freiwillig‹ verlässt.«[89]

Da der Siedlerkolonialismus innerhalb der Grünen Linie seit nunmehr fast 70 Jahren besteht und sich unter relativ günstigen Bedingungen durchsetzen konnte, ist er dort relativ gesichert und stabil. In der 1967 besetzten Gebieten sieht die Lage anders aus. Dort leben mit fast 5 Millionen Menschen noch immer sehr viele Palästinenser und leisten passiven oder aktiven Widerstand gegen Landraub, Vertreibung und Apartheid. Israel ist dort weit davon entfernt, die Frontier-Phase abschließen und die Situation normalisieren zu können. Normalisierung setzt voraus, dass es ihm gelingt, den Widerstand auszuschalten und die einheimische Bevölkerung ein für allemal zu unterwerfen. Am wenigsten gelungen ist das bisher im Gaza-Streifen, aus dem Israel 2005 seine Siedler und Soldaten aus demographischen Erwägungen zurückzog und das Gebiet zur free-fire-zone machte. Der Gaza-Streifen, der zu den am dichtesten besiedelten Gebieten der Welt gehört, wurde hermetisch abriegelt, die Einfuhr von Gütern allmählich reduziert, bis 2007 schließlich eine Hungerblockade verhängt wurde. Die Bevölkerung des Streifens reagierte darauf mit Widerstand, der sich im Abschuss zunächst primitiver Geschosse und dann immer besserer Raketen auf israelisches Territorium ausdrückte. Israel wiederum reagierte mit dem Einsatz der geballten Macht seiner hochentwickelten Militärmaschine und führt seit 2006 etwa alle zwei Jahre eine große Militäroperation gegen Gaza durch. In den Militäroperationen zwischen Sommer 2006 und Sommer 2014 wurden im Gaza-Streifen über 4.000 Palästinenser getötet und Zehntausende zum Teil schwer verletzt. Israel zerstört in diesen Kriegen immer wieder aufs Neue die ökonomische und zivile Infrastruktur des Gebiets, das sich aufgrund der Blockade ohnehin in einer humanitären Dauerkrise befindet. Mehrere hundert Menschen sind wegen ungenügender medizinischer Versorgung aufgrund der Blockade gestorben. Die

89. Kimmerling, Baruch, From Barak to the Road Map, New Left Review 23, September-Oktober 2003; siehe auch Kimmerling, Baruch, Politizid. Ariel Scharons Krieg gegen das palästinensische Volk, München 2003

Armut hat zu weit verbreiteter Mangelernährung geführt, die besonders für Kinder katastrophale Folgen hat. So ist die Zahl der Kinder mit verkümmertem Wachstum in den letzten Jahren sprunghaft angestiegen.[90]

Es war den israelischen Strategen, die die hermetische Abriegelung des Streifens geplant hatten, durchaus bewusst, dass die dadurch geschaffene Situation zu Gewalt führen würde. Der Geograph Arnon Soffer erklärte 2004 im Vorfeld des israelischen »Disengagement« in einem Interview: »Wenn 2,5 Millionen Menschen in einem abgeriegelten Gebiet leben, wird das eine humanitäre Katastrophe sein. Diese Leute werden noch größere Tiere werden als sie es mit Hilfe eines verrückten fundamentalistischen Islams sind. Der Druck an der Grenze wird furchtbar sein. Es wird ein schrecklicher Krieg. Wenn wir am Leben bleiben wollen, werden wir töten und töten und töten müssen. Den ganzen Tag, jeden Tag.«[91]

Der israelische Historiker Ilan Pappe bezeichnete die israelische Politik im Gaza-Streifen bereits 2006 als »schleichenden Genozid« und der UN-Sonderberichterstatter für Menschenrechte in den besetzten palästinensischen Gebieten, Richard Falk, sieht in ihr einen »Holocaust am Entstehen.«[92]

Während des Gaza-Krieges vom Sommer 2014 wurde in Israel in aller Offenheit die Option des Völkermords diskutiert. Wissenschaftler und Militärs erklärten die gesamte Bevölkerung des Gaza-Streifens für schuldig, da sie die Hamas gewählt hätten bzw. diese unterstützten. Yochonan Gordon veröffentlichte am 1. August 2014 unter dem Titel »Wenn Genozid erlaubt ist« einen Artikel in der *Times of Israel*, in dem er fragte: »Falls politische und militärische Führer feststellen, dass der einzige Weg, ihr Ziel, die Ruhe, aufrechtzuerhalten, durch Genozid zu erreichen ist, ist es dann erlaubt, diese verantwortlichen Ziele zu erreichen?«[93] Der stellvertretende Sprecher der Knesset und Mitglied der »Jewish Leadership«-Fraktion des Likud, Moshe Feiglin, und Martin Sherman, der Gründer und Direktor des »Israel Institute for Strategic Studies« riefen zur ethnischen Säuberung des Gaza-Streifens auf. Die Zeitungen waren voll mit Aufforderungen wie »töte oder werde getötet«, »brecht die Regeln und zerstört die Terrornester der Hamas« und »zermalmt das Monster,«[94] Genozid-Forscher haben aufgezeigt, dass es in siederkolonialistischen Konflikten oft der Versuch des Siedlerstaates war, den Widerstand der einheimi-

90. Kishawi, Sami, »Every third Child in Gaza stunted by Hunger.« Interview with renowned Doctor Mads Gilbert, The Electronic Intifada 7.6.2012

91. Zitiert nach Abunimah, Ali, A defeated Policy, not a defeated People, Electronic Intifada 7.3.2008

92. Pappe, Ilan, Genocide in Gaza. Electronic Intifada 2.9.2006; Falk Richard, Slounching toward a Palestinian Holocaust, transnational.org 29.6.2007; siehe auch: Pappe, Ilan, The Historical Perspective of the 2014 Gaza Massacre, Informationsclearinghouse 23.8.2014

93. Gordon, Yochanan, When Genocide is permissible, Times of Israel 1.8.2014; der Artikel wurde mittlerweile entfernt, Nachdruck: Ngyen, Tina, Whoa, Genocide against Gazans, Mediaite 1.8.2014 unter: www.mediaite.com/online/whoa-times-of-israel-op-ed-advocates-genocide-against-gazans/

94. Al-Saadi, Yazan, Genocide becomes Mainstream in Israeli Discourse, al-Akhbar 7.8.2014; Abunimah, Ali, »Concentrate« and »eliminate«: Israel Parliament Deputy Speaker' s Gaza Genocide Plan, Electronic Intifada 3.8.2014

schen Bevölkerung zu brechen, der zum Genozid führte.[95] Kritische jüdische Israelis forderten die UNO während des Krieges dazu auf, gegen Israel Anklage wegen des Verbrechen des Genozids zu erheben.[96] Das Russell-Tribunal zu Palästina kam auf seiner Sondersitzung nach dem Gaza-Krieg zu der Erkenntnis, »dass wir am Rande einer genozidalen Apartheid stehen, aufgrund einer Anstachelung zum Genozid, einer reellen und vorhandenen Gefahr, die durch viele Schichten der israelischen Gesellschaft artikuliert wird, sowohl in sozialen als auch traditionellen Medien, von Fußballclubs, Polizeioffizieren, Medienkommentatoren, Religionsführern, Gesetzgebern und Ministern der Regierung.«[97]

Zur Dialektik von Siedlerkolonialismus und Anti-Siedlerkolonialismus

Historisch betrachtet gibt es nur drei Möglichkeiten, einen siedlerkolonialistischen Konflikt zu beenden:

1. Die Siedlerbevölkerung begeht einen Völkermord an der einheimischen Bevölkerung, wie es in den USA, Kanada und Australien geschehen ist.
2. Die einheimische Bevölkerung zwingt die Siedlerbevölkerung aufgrund der Stärke ihres Kampfes das Land zu verlassen, wie es in Algerien geschehen ist.
3. Der Kampf nimmt eine Dynamik an, in der einheimische Bevölkerung und Teile der Siedlerbevölkerung sich aufeinander zu bewegen und Möglichkeiten finden, nach der Aufhebung des kolonialen Herrschaftsverhältnissen in einem gemeinsamen Staat zusammen zu leben: das Modell Südafrika.[98]

Koloniale Siedlerstaaten waren in der Vergangenheit auf Dauer nur da erfolgreich, wo sie einen Völkermord an der einheimischen Bevölkerung begingen. Wo das nicht möglich war oder nicht gewollt wurde, entschied die einheimische Bevölkerung den Kampf am Ende für sich. Kämpfe gegen einen Siedlerkolonialismus sind langwierig und kompliziert. Die Veränderung des Kräfteverhältnisses geht langsam und in mehreren Kampfphasen vor sich. Über lange Strecken verlaufen diese Veränderungen quasi unterirdisch und werden erst sichtbar, wenn es einen Umschlag der Quantität in eine neue Qualität gibt. Der Kampf der einheimischen

---

95. Madley, Benjamin, Patterns of Frontier Genocide 1830-1910: the Aboriginal Tasmanians, the Yuki of California and the Herero of Namibia, Journal of Genocide Research 6 (2), June 2004
96. Statement, Citizens of Israel charge Israel with Genocide, ohne Datum, auf: www.boycottisrael.info
97. Kasrils, Ronnie, Gaza and the Crime of Crimes, Aljazeera 26.9.2014, dt. Übersetzung: Gaza und das »Verbrechen der Verbrechen«, Palästina-Portal unter: www.palaestina.portal.eu/texte/texte-21.htm; Russell Tribunal on Palestine, Russell-Tribunal finds Evidence of Incitement to Genocide against Humanity in Gaza. Mondo Weiss 25.9.2014
98. Vgl. Rouhana, Nadim N.; The Colonial Condition: Is Partition in Palestine Possible ?, Jadal Issue 10, June 2011

Bevölkerung – so zeigt die Geschichte – hört nie auf, auch wenn es Phasen gibt, in denen der Kampf aufgrund von blutiger Repression oder vorübergehenden Befriedungsprojekten für einige Jahre oder sogar Jahrzehnte abflaut. Als Beispiel sei Irland genannt, wo der britische Siedlerkolonialismus bereits im 16. Jahrhundert begann, die irische Bevölkerung sich aber erst 1921 die Unabhängigkeit in einem Teil ihres Landes erkämpfen konnte. In einer Art Zwei-Staaten-Lösung wurden jedoch sechs von Irlands 32 counties auf der Basis von bevölkerungspolitischen Manipulationen in der Provinz Nordirland zusammengefasst und blieben mit dem britischen Empire verbunden. Dort bildeten die Protestanten, die die Nachkommen der eingewanderten britischen Siedler sind, die Bevölkerungsmehrheit, die die einheimische irische Bevölkerung in einem ethnokratischen System strukturell unterdrückte. Das führte in den 1960er Jahren zum Wiederaufflammen des Kampfes, der in den folgenden Jahrzehnten zu einem großen Problem für das Vereinigte Königreich (UK) wurde, das direkt intervenieren musste. 1998 wurde das Belfast-Abkommen geschlossen, in dem der exklusiv protestantische Staat durch einen gemeinsamen Staat ersetzt wurde und die einheimische irische Bevölkerung einen weiteren Teil ihrer Rechte erlangte. Die wirkliche Befreiung und Wiedervereinigung Irlands stehen indessen noch aus.

Die Fragmentierung der einheimischen Bevölkerung, wie Großbritannien sie in Irland betrieb, ist durchaus typisch für siedlerkolonialistische Projekte. In Palästina ist sie noch stärker ausgeprägt. Der größte Teil der einheimische Bevölkerung wurde vertrieben, ein kleinerer Teil in den Staat Israel übernommen und die Bevölkerung in den 1967 besetzten Gebieten lebt wieder unter ganz anderen Bedingungen als die beiden anderen Gruppen von Palästinensern. Die Palästinenser in den 1967 besetzten Gebieten sind ihrerseits wiederum fragmentiert. Die Palästinenser im Gaza-Streifen leben unter völlig anderen Bedingungen als in der Westbank, die Palästinenser in Jerusalem haben einen anderen Status als die in anderen Teilen der Westbank, die Palästinenser in der im Rahmen der Oslo-Abkommen festgelegten Zone A leben unter anderen Bedingungen als die in Zone C.

Die Zerstreuung der Palästinenser in alle Teile der Welt und ihre Trennung und Zersplitterung innerhalb Palästinas ist indessen nicht nur eine Schwäche. Die Entwicklung des Kampfes der Palästinenser ist seit ihrer Vertreibung so verlaufen, dass er immer, wenn es an einem Ort eine Niederlage gegeben hatte, an einem anderen Ort wieder aufflammte. So verschob sich immer wieder das Zentrum des palästinensischen Kampfes, aber er hörte nie auf. Vom Zentrum Jordanien Anfang der 1970er Jahre verlagerte sich der Kampf nach dem »Schwarzen September« in den Libanon, wo er 1982 durch eine israelische Invasion zerschlagen werden konnte. Daraufhin verlagerte sich der Kampf schwerpunktmäßig in die 1967 besetzten Gebiete, wo 1987 der erste Aufstand ausbrach. Nach der durch den Oslo-Prozess vorübergehend gelungenen Befriedung der Palästinenser in den 1967 besetzten

Gebieten begannen die Palästinenser innerhalb der Grünen Linie und der Diaspora eine Hauptrolle zu spielen.

Die vielen Schlachten, die von der einheimischen Bevölkerung geschlagen werden, erzeugen eine Dynamik, die den Siedlerstaat langfristig erodieren lässt. »Palästinenser gehören zu den sehr wenigen einheimischen Bevölkerungen, die es geschafft haben, ein lebendiges, aufsässiges politisches Subjekt zu bleiben. Dies ist kein Kampf um ein Stückchen von dem, was einer einheimischen Bevölkerung bleibt. Es geht immer noch um die Zukunft und darum, eine andere Zukunft für beide Bevölkerungen hier möglich zu machen«, schrieb der jüdisch-israelische Araber Gadi Algazi 2014[99]. Der Kampf zwischen der einheimischen Bevölkerung und der eingewanderten Siedlerbevölkerung ist ein Kampf, in dem Standhaftigkeit und Moral der jeweiligen Bevölkerung eine entscheidende Rolle spielen. Jede Seite versucht, die Moral der anderen Seite zu untergraben. Israel betreibt den Palästinensern gegenüber eine »Politik der Verzweiflung« und die Palästinenser setzten ihr die Strategie des »Sumud«, der Standhaftigkeit und des Ausharrens entgegen. Dabei kommen Methoden des zivilen Ungehorsams ebenso zum Einsatz wie bewaffneter Kampf. Welches Mittel zu wählen sei, ist eine taktische Frage. Siedlerkolonialistische Staaten sind immer hochgerüstet und rein militärisch nicht zu besiegen. Aber darauf kommt es nicht an. Am Ende zählt die politische Dynamik. Die Algerische Befreiungsfront (FLN) vermochte die Militärmacht Frankreich zu besiegen, so wie die Vietnamesische Befreiungsfront zuerst die Kolonialmacht Frankreich und dann die Supermacht USA besiegen konnte. Bei aller militärischen Überlegenheit haben Kolonialmächte in der Vergangenheit immer einen kürzeren Atem gehabt und sehr viel weniger Opferbereitschaft gezeigt als die einheimische Bevölkerung. So ist es auch im zionistischen Siedlerstaat. Die jüdischen Israelis wollen ihre kolonialen Privilegien in Frieden und Bequemlichkeit genießen, ohne mit den Folgen der Kolonialpolitik konfrontiert zu werden. Seit dem Beginn der zweiten Intifada ist das nicht mehr in dem Maße möglich wie zuvor. Die erstarkten arabischen bewaffneten Widerstandsbewegungen im Libanon und im Gaza-Streifen haben mittlerweile ein Niveau erreicht, das für Israel außerordentlich gefährlich ist. Der zionistische Staat kann keine Kriege mehr führen, ohne selbst in einem Maße wie niemals zuvor in Mitleidenschaft gezogen zu werden. Das ist einer der wichtigsten Faktoren für die langsame aber sichere Erosion der israelischen Siedlergesellschaft.

---

99. Algazi, Gadi, From Al-Arakib after its 65th demolition, Institut für Palästina-Kunde, Bonn 18.6.2014 unter: www.ipk-bonn.de/politik/news/2014061800.html; siehe auch Wolfe, Patrick, The Settler Complex: An Introduction, American Indian Culture and Research Journal Vol.37, no.2, UCLA 2013, S.9

4. Erste Risse im zionistischen Konsens der jüdisch-israelischen Bevölkerung infolge der zweiten Intifada

»Wer Augen hat zu sehen und Ohren zu hören, weiß, dass die Wahl besteht zwischen noch einmal ›100 Jahren Konflikt‹, die mit Vernichtung enden und einer Partnerschaft zwischen allen Einwohnern dieses Landes. Nur eine solche Partnerschaft kann uns, die Juden Israels, von Ausländern in ihrem Land in reale Bewohnern verwandeln.« (Olga-Erklärung)[100]

»In einem Land, das auf der Basis von ethnischer Säuberung und Segregation gegründet wurde und dessen Hauptsorge bis heute die Aufrechterhaltung einer künstlich geschaffenen jüdischen Mehrheit ist, kann die Antwort auf diese Art des Denkens nur sein, es in seiner Gesamtheit zu verneinen.« (Ronnie Barkan)[101]

Siedlerkolonialistische Gesellschaften sind in vielerlei Hinsicht monolithische Gesellschaften. Sie leben mental in einem hermetisch abgeschlossenen fiktiven Universum, dessen sie bedürfen, um die mit dem Kolonialimus einhergehenden Verbrechen gegen die Menschlichkeit wie Apartheid und ethnische Säuberung begehen und gleichzeitig ein positives Selbstbild aufrechterhalten zu können.

Dieses hermetisch abgedichtete Universum wird nur angekratzt durch Druck von außen. Es sind in der Regel die Kämpfe der Kolonisierten, die diesen Druck erzeugen. Bis zur ersten Intifada 1987 bis 1993 war es in Israel leicht möglich gewesen, die koloniale Situation auszublenden. Seit 1987 jedoch geht das immer weniger. Die Dialektik von antikolonialem Kampf und kolonialer Repression bestimmt seither in zunehmendem Maße die Dynamik innerhalb der jüdisch-israelischen Gesellschaft, auch wenn sie es nicht zugibt. Die von Linkszionisten oftmals beschworenen vergangenen »goldenen Zeiten« vor der Besetzung der Westbank und des Gaza-Streifens mit ihrem angeblich so offenen und toleranten Klima basierten auf einer Verleugnung der kolonialen Situation. Diese Verleugnung liegt der linkszionistischen Position zugrunde, wonach die Probleme mit der Besetzung der Westbank und des Gaza-Streifens begonnen hätten. Sie blendet die Existenz und Lage der palästinensischen Minderheit innerhalb der Grünen Linie aus, die bis

---

100. The Olga Appeal: For Truth and Reconciliation, For Equality and Partnership, 25.7.2004 unter: http://qumsiyeh.org/theolgaappeal/
101. Dalla Negra, Cecilia, »I can't dictate Methods of Palestinian Struggle«: Israeli Boycott Activist interviewed, Electronic Intifada 8.8.2012

1966 ghettoisiert war und unter Militärverwaltung stand. Sie wurde mit ähnlichen Methoden kollektiv enteignet und unterdrückt wie die Palästinenser der Westbank und des Gaza-Streifens nach 1967. Die Kolonialpolitik in den 1967 besetzten Gebieten war lediglich die Ausweitung einer bereits praktizierten Politik gegenüber der einheimischen Bevölkerung und nicht - wie Linkszionisten meinen – etwas qualitativ Neues oder Anderes. Der einzige Unterschied zwischen der Kolonialpolitik innerhalb der Grünen Linie und in den 1967 Gebieten war, dass erstere überaus erfolgreich war, während zweitere den Zionismus in eine dauerhafte Krise geführt hat. Innerhalb der Grünen Linie gab es über einen sehr langen Zeitraum kaum nennenswerten Widerstand von Seiten der Palästinenser. Das lag daran, dass diese nach der Vertreibung von 1948 und den damit einhergehenden zahlreichen Massakers traumatisiert und führungslos waren und überdies heftigen Angriffen auf ihre Lebensgrundlagen, ihre gesellschaftliche Struktur und Identität ausgesetzt waren. Mit anfangs nicht mehr als 120.000 Menschen waren sie eine kleine Minderheit, die leicht übersehen werden konnte. Uri Davis war zu dieser Zeit einer der wenigen jüdischen Israelis, die sich kontinuierlich für die Palästinenser einsetzten und die Aufhebung des Militärregimes forderten. Die weitgehende Unsichtbarkeit der einheimischen Palästinenser ermöglichte es Israel, sein siedlerkolonialistisches Projekt erfolgreich zu normalisieren, indem es sich als die eigentliche einheimische Bevölkerung ausgab und internationale Legitimität erhielt. Israel war vor 1987 das Beispiel eines erfolgreichen siedlerkolonialistischen Projekts, das nicht mehr als solches erscheint und daher sein Ziel – die Indigenisierung der von außen kommenden Siedlerbevölkerung und die Normalisierung des siedlerkolonialistischen Herrschaftsverhältnisses – fast erreicht hatte.

Die erste palästinensische Intifada 1987-1993 markierte einen Bruch mit dieser fortlaufenden Normalisierung der kolonialen Situation und dem scheinbaren Verschwinden des Widerspruchs zwischen einheimischer Bevölkerung und der Siedlerbevölkerung. Die erste Intifada führte dazu, dass die koloniale Dimension des Zionismus nicht länger zu verleugnen war. Die koloniale Frage konnte auch von der jüdisch-israelischen Bevölkerung nicht länger ausgeblendet werden. Indem nun jeder Israeli die koloniale Realität zur Kenntnis nehmen und Stellung beziehen musste, entstand eine neue Dynamik in der jüdisch-israelischen Gesellschaft. Dem Kolonialismus-Forscher Albert Memmi zufolge gibt es zwei Typen von Kolonialisten: die einen bekennen sich selbstbewusst dazu, Kolonialisten zu sein und die anderen verleugnen es. Das ist der Typ »Kolonialist, der kein Kolonialist sein will.« Diese Charakterisierung trifft die Position der jüdisch-israelische Bevölkerung sehr genau. Albert Memmi zufolge findet der Kolonialist, der kein Kolonialist sein will, tausend Begründungen dafür, warum er gar kein Kolonialist sein kann. Er schreibt die Geschichte um und verzerrt oder leugnet die Realität. Die Aufrechterhaltung des Selbstbildes als Nicht-Kolonialist erfordert eine permanente Verdrängung und die Notwendigkeit, sich selbst und die anderen permanent zu belügen. Die Konfrontation mit der Realität – zum Beispiel in der Gestalt der einheimischen Bevölkerung oder in Form von Kritik aus dem Ausland – wird als Irritation und manchmal auch als Schock erlebt und erfordert stets neue Mechanismen, um sie zu meistern. Begleitet wird diese permanente Selbstabdichtung gegen die Realität von einem unbewussten und uneingestandenen schlechten Gewissen, das Kolonialisten, Memmi zufolge, immer haben.[102] Studien zeigen, dass sich jüdische Israelis sowohl des von der zionistischen Bewegung begangenen historischen Unrechts an den Palästinensern als auch des kolonialen Charakters ihres Staates durchaus bewusst sind, es aber nicht wissen wollen und verdrängen.[103] Daher sind sie so empfindlich, wenn an diese Wunde gerührt wird. Die überzogene Heftigkeit, mit der israelische Politiker auf die leiseste Kritik aus dem Ausland reagieren, spiegelt genau das wider. Auch der glühende Hass vieler Israelis auf die Palästinenser gründet in dieser Struktur. Eine besondere Variante des Typs »Kolonialist, der kein Kolonialist sein will« stellt die linkszionistische Friedensbewegung dar. Sie erkennt einen Teil der Realität an, problematisiert ihn und sucht nach Lösungsmöglichkeiten. Das Problem ist, dass sie einen Teil an die Stelle des Ganzen setzt, nämlich die Besetzung der Westbank und des Gaza-Streifens 1967 an die Stelle des umfassenden zionistischen Kolonisierungsprojekts, das seinen ersten Höhepunkt bereits 1948 in der systematischen Vertreibung der einheimischen Bevölkerung fand. Indem sie die Lösung für ein Symptom – koloniale Expansion – sucht, muss sie sich nicht mit der Ursache beschäftigen, dem siedlerkolonialistischen Wesen des Staates Israel. Die linkszionistische Fraktion des Siedlerstaates nimmt für sich in Anspruch, humanitäre und progressive Werte zu vertreten.[104] Die Tatsache, dass Israels Gründung auf einem Verbrechen gegen die Menschlichkeit – ethnische Säuberung – basiert, steht in krassem Widerspruch dazu.

Wie der Rest der jüdisch-israelischen Gesellschaft war die linkszionistische Friedensbewegung über einen langen Zeitraum von Ignoranz gegenüber den Palästinensern innerhalb der Grünen Linie und erst recht den palästinensischen Flüchtlingen geprägt. »Peace now« gehört wie die Meretz-Partei und die Arbeiterpartei zur zionistischen Linken. Es ging ihnen seit ihrer Entstehung nicht so sehr um die Rechte der Palästinenser oder allgemeiner der Araber wie um die Rettung Israels. Sie hat sich kontinuierlich auf diejenigen arabischen Führer bezogen, die von ihren eigenen Bevölkerungen gehasst wurden und werden, weil sie einen falschen Frieden mit dem zionistischen Staat schlossen. Das zeigte sich bereits bei der Entstehung von »Peace Now« Ende der 1970er Jahre mit dem Ziel, Druck auf die israelische

---

102. Memmi, Albert, The Colonizer and the Colonized, Boston 1965, S. 19-44

103. Beit-Hallahmi, Benjamin, Original Sins, Reflections on the History of Zionism and Israel, London 1992

104. Zur Kritik des Linkszionismus: Honig-Parnass, Tikva, False Prophets of Peace. Liberal Zionism and the Struggle for Palestine, Chicago 2011; Laor, Yitzhak, The Myths of liberal Zionism, London/New York 2009

Führung auszuüben, damit sie das Friedensangebot des ägyptischen Präsidenten Sadat annimmt. In der Bevölkerung Ägyptens und der gesamten arabischen Welt stieß das Abkommen auf kategorische Ablehnung.

Das Eintreten für eine Zwei-Staaten-Lösung mit den Palästinensern wurde aus ähnlichen fragwürdigen Motiven gespeist. Die Unterstützung der Linkszionisten für die politischen Repräsentanten der Palästinenser begann erst dann, als diese ihre Bereitschaft zur Aufgabe zentraler palästinensischer Rechte signalisierten, primär das Recht auf Rückkehr. Derart war nicht mehr die Nakba von 1948 der Ursprung des Konflikts, sondern die Besetzung des Restes des historischen Palästinas im Jahr 1967. Das hatte unter anderem den großen Vorteil für die Linkszionisten, sich ihres schlechten Gewissens entledigen zu können. Linkszionistische Israelis waren bereit, das Kriegsverbrechen von 1967 (die Besetzung der Westbank und des Gaza-Streifens) zu beenden, wenn die Palästinenser ihnen im Gegenzug die Absolution für das Verbrechen gegen die Menschlichkeit von 1948 (ethnische Säuberung) erteilten. Sie sind zu Frieden und Koexistenz mit den Palästinensern bereit, wenn diese die israelischen Vorgaben erfüllen und auf ihre wichtigsten Rechte – primär das Recht auf Rückkehr – verzichten. In Phasen der zugespitzten Konfrontation mit den Kolonisierten stellen sie sich jedoch im Zweifelsfall, wie die zweite Intifada von 2000-2003 gezeigt hat, auf die Seite ihres kolonialen Staates und seine Armee.

Mit dem Beginn der zweiten Intifada im Herbst 2000 entwickelte sich eine neue Dynamik in der jüdisch-israelischen Gesellschaft. Sie markierte eine neue Qualität im Kampf zwischen dem zionistischen Siedlerkolonialismus und der einheimischen Bevölkerung. Einerseits mussten jüdische Israelis erstmals einen nennenswerten Preis für die auch nach den Oslo-Abkommen fortgesetzte Kolonialpolitik zahlen und andererseits erzeugte die außerordentliche Brutalität der israelischen Aufstandsbekämpfung bei einem Teil von ihnen großes Unbehagen. Der außerordentlich blutige Charakter des Aufstands bewegte eine ganze Reihe von jüdischen Israelis dazu, sich erstmals mit den Palästinensern zu beschäftigen. Miko Peled, der Sohn des berühmten Generals Matti Peled, einer Ikone der zionistischen Friedensbewegung, zum Beispiel, war wegen der Tötung seiner Nichte durch einen Selbstmordattentäter so schockiert und verstört, dass er zum ersten Mal in seinem Leben Kontakt zu Palästinensern suchte, weil er verstehen wollte, was geschehen war. Durch diesen Kontakt und die Dinge, die er erfuhr, wurde sein gesamtes Weltbild in Frage gestellt und sein Blick auf den Konflikt veränderte sich grundlegend.[105] Ein anderes Beispiel ist Tali Fahima. Diese algerische Jüdin, die aus einem Likud-Umfeld kam, war durch die israelische Politik der gezielten Ermordungen so beunruhigt, dass sie nach Jenin in die Westbank fuhr, um sich selbst ein Bild von der Lage zu machen. Ihr Blick auf den Konflikt veränderte sich und sie stellte sich als »menschliches Schutzschild«

---

105. Cobban, Helena, Exclusive Excerpt: Miko Peled's »The General's Son: Journey of an Israeli in Palestine«, Mondo Weiss 13.3.2012

zur Verfügung, um Zakaria Zubeida von den Al-Aqsa-Brigaden der al-Fatah, der ganz oben auf der israelischen Abschussliste stand, vor einer gezielten Ermordung zu schützen. Sie wurde verhaftet und sollte wegen Hochverrat angeklagt werden. Aufgrund der starken Solidarität aus Teilen der jüdisch-israelischen Bevölkerung und einer breiten Mobilisierung wurde diese Anklage jedoch fallen gelassen und sie wurde wegen weniger schwerwiegender Vergehen zu »nur« zweieinhalb Jahren Gefängnis verurteilt. Nach ihrer Entlassung aus der Haft konvertierte sie zum Islam und zog an einen palästinensischen Ort in Galiläa.[106]

Infolge der zweiten Intifada entstanden zum ersten Mal in der Geschichte des zionistischen Staates unter jüdischen Israelis nennenswerte antizionistische oder zumindest Zionismus-kritische Gruppen und Initiativen, die sich mit den Palästinensern solidarisierten. Die Entwicklung der folgenden Jahre, die von verlorenen israelischen Kriegen und wachsendem internationalen Druck auf Israel geprägt waren, führten zu einer Verstärkung dieser Tendenz. Erstmals entstand eine Linke, die sich der kolonialen Situation stellte. Sie brach mit der Arroganz und dem Paternalismus der linkszionistischen »Friedensbewegung« und ging auf eine Weise auf die Palästinenser zu, wie jene es niemals getan hatte. »Die israelische Linke durchläuft eine ideologische und Generationenrevolution. Die ältere Generation – man kann sie die Peace Now Generation nennen – ist im Niedergang und neue Kräfte, Ideen und Taktiken tauchen auf«, erklärte der kritische Israeli Noam Sheizaf die Entwicklung.« Verallgemeinernd könnte man sagen, dass die neue Linke der Zwei-Staaten-Lösung weniger verpflichtet ist, dem Zionismus gegenüber kritischer ist und an direkte Aktion und Kooperation mit den Palästinensern und internationalen Aktivisten glaubt.«[107] Indem sie, anders als die alte »Friedensbewegung« den zionistischen Konsens in Frage stellten oder gar mit ihm brachen, gingen diese Gruppen weit über deren Ansätze und Motive hinaus. Es hatte sich im Verlaufe der zweiten Intifada gezeigt, dass jede politische Strömung, die innerhalb des zionistischen Konsenses verbleibt, wenn es darauf ankam vor allem eins ist: zionistisch. Als sich die Konfrontation mit den Palästinenser während der zweiten Intifada zuspitzte, bewies die linkszionistische Friedensbewegung, dass sie nicht weniger gute zionistische Israelis waren wie die Siedler in der Westbank. »Die Linke bestand darauf, am Konsens festzuhalten und den Konflikt mit den Palästinensern als einen Krieg zur Verteidigung des Staates zu behandeln anstatt als massive Kontrolle einer besetzten Nation mit Panzern und F-16-Jägern. Kurz gesagt, diese Linke verschwand, weil sie davor zurückschreckte, das Ding – einen kolonialen Krieg – beim Namen zu nennen. Allmählich änderten Zehntausende von Linken ihre Positionen. Sie sangen weiterhin das ›Lied für Frieden‹, arrangierten sich mit den ›großen Siedlungs-

106. Bar, Yoav, The Crisis of Zionism (and) a Perspective for Palestinian Approach to the Jewish Community in Palestine, 2.9.2008 unter: http://www.ror:state.org/drupal/?q=en/node/99
107. Sheizaf, Noam, The Emegence of a New Israeli Left, + 972 Magazine 13.3.2011

blöcken‹ und sagten ›keine Gewalt mehr‹. Ihre Regierung plünderte Wasser und Land und sie wussten nichts davon. Sie sagten den Palästinensern ›legt eure Waffen nieder‹ und denunzierten Soldaten, die sich weigerten in den [1967 besetzten] Gebieten Dienst zu tun, so als ob sie sie verraten hätten,« fasste der Schriftsteller Yitzhak Laor die Entwicklung der Friedensbewegung zusammen. »Während der 42 Jahre der Besatzung, machte diese gemäßigte Friedensbewegung kaum irgendeinen Kontakt mit den Palästinensern … in dieser Entfremdung und darin, dass es das Friedenslager ganz klar vorzog, ›auf der Seite der israelischen Bevölkerung‹ zu sein, verdampfte die Linke zwischen einer militärischen Operation und der nächsten. Sie unterstützte die IDF, seufzte über die Lage und wartete darauf, dass die Amerikaner Ordnung in der Region machen«[108] Konsequenterweise beteiligen sich die linken Zionisten trotz aller Friedensrhetorik auch an den Kriegen gegen die palästinensische und allgemeiner die arabische Zivilbevölkerung, wenn sie einberufen werden. In den israelischen Kriegen gegen den Libanon 2006 und gegen den Gaza-Streifen 2008/09 und 2012 gab es weniger als 5 Soldaten und Reservisten, die den Wehrdienst offen verweigerten.[109]

Die neue antizionistische Linke hat eine andere Qualität. Sie ist das Produkt einer zunehmenden Polarisierung der jüdisch-israelischen Bevölkerung, die sich an der kolonialen Frage entwickelte. Jeder israelische Krieg hatte in den folgenden Jahren neue Risse und Brüche innerhalb der jüdisch-israelischen Bevölkerung zur Folge. 2000 entstand innerhalb der Grünen Linie als erstes die Gruppe »Ta'ayush«, deren Namen zugleich ihr Programm ist, denn es ist das arabische Wort für »Zusammenleben«. »Wir – Araber und Juden, Israelis und Palästinenser – leben umgeben von Mauern der Segregation, des Rassismus und der Diskriminierung zwischen Juden und Arabern innerhalb Israels; Mauern der Apartheid, Abriegelung und Belagerung kreisen die Palästinenser in der besetzten Westbank und dem Gaza-Streifen ein; und die Mauer des Krieges umgibt alle Bewohner Israels so lange Israel eine bewaffnete Festung im Herzen des Nahen Ostens bleibt,« erklärt die Gruppe auf ihrer Website. »Ta'ayush« bezeichnet sich selbst als »eine Basisbewegung von Arabern und Juden, die aktiv sind, um die Mauern des Rassismus und der Segregation niederzureißen durch den Aufbau einer wahren arabisch-jüdischen Partnerschaft. »Gemeinsam streben wir nach einer Zukunft der Gleichheit, Gerechtigkeit und des Friedens durch konkrete, tägliche gewaltfreie Aktion und Solidarität, um die israelische Besetzung der palästinensischen Gebiete zu beenden und volle bürgerliche Gleichheit für alle zu erreichen.«[110]

2001 entstand die Organisation »Zochrot« (hebräisch, weibliche Form für »Erinnern«), die sich der Aufarbeitung der Nakba und der Rückkehr der Flüchtlinge

---

108. Laor, Yitzhak, Why has the Left in Israel vanished?, Haaretz 19.11.2009
109. Vgl. Zak, Michal, Mechanisms of Denial in the Israeli Peace Camp, Middle East Eye 24.7.2014
110. www.taayush.org

widmet und antizionistisch ist. Ihr Motto ist: »Erinnern, Zeugnis ablegen, Anerkennen und Wiedergutmachen«. [III]

Zochrot verkörpert mit seiner Bereitschaft, das heikle Thema der Vertreibung der einheimischen Palästinenser aufzugreifen und sich der israelischen Verantwortung zu stellen, ein absolutes Novum in der jüdisch-israelischen Gesellschaft. Indem sie zum Ursprung des Konflikts zurückging und die nötigen und richtigen Konsequenzen daraus zog, brach Zochrot von allen nach der zweiten Intifada entstandenen oppositionellen israelischen Gruppen am klarsten mit dem zionistischen Konsens.

2003 entstanden die »Anarchists against the Wall«, die neben Zochrot radikalste Gruppe. Auch sie brachen weitgehend mit dem zionistischen Konsens und stellten sich der Verantwortung, die sie als jüdische Israelis haben. Sie brachen mit den Ritualen der zionistischen Linken wie den »Friedens«demonstrationen auf dem Rabin-Platz und dem Glauben, durch Wahlen etwas ändern zu können. Sie verweigerten den Wehrdienst und beteiligen sich regelmäßig an palästinensischen Demonstrationen in der Westbank. Die Anarchisten meinen es ernst mit dem gemeinsamen Kampf. Sie fragen die Palästinenser im Vorfeld, ob ihre Anwesenheit erwünscht ist und lernen Arabisch, um sich besser mit ihnen verständigen zu können. Wie die Palästinenser sprechen sie nicht von Israel und Palästina, sondern von 1948 [- Palästina] und 1967 [-Palästina]. Sie erkennen an, dass sie objektiv Teil des kolonialen Herrschaftsverhältnisses sind und sind damit die ersten jüdisch-israelischen Linken, die der kolonialen Situation tatsächlich gerecht werden. Die Gruppe »betont, dass wir keine gleichen Partner sind, sondern vielmehr Besatzer …, die sich den Besetzten in ihrem Kampf anschließen.« Sie haben erkannt, dass es in einem kolonialen Herrschaftsverhältnis weder »Koexistenz« noch »Dialog« zwischen Kolonialisten und Kolonisierten geben kann, sondern die einzige mögliche Beziehung auf gemeinsamem Widerstand basiert. [112] Das Motto ist: »Co-resistance not coexistence«. Die Formel »Koexistenz und Dialog« die von der Friedensprozess-Industrie stets hervorgehoben wird, ist eine Lüge. Solange der Kolonialismus weiter besteht, dient sie einzig dazu, die koloniale Situation zu normalisieren. [113] Die Anarchisten erkennen an, dass die Volkswiderstandsbewegung der Palästinenser »alles verkörpert, was würdig und menschlich am Kampf für Freiheit und Gleichheit ist.« Die »Anarchisten gegen die Mauer« bezeichneten das israelische koloniale System bereits 2003 als »Apartheid« und die Westbank als »Ghetto.« [114] Die Anarchisten sind der bekannteste und sichtbarste Teil einer weiteren diffusen antizionistischen linken Strömung, die den zionistischen Staat als illegitim ansieht und einer Ein-Staat-Lösung gegenüber offen ist. Diese neue antizionistische Linke hat für das zionistische Establishment

iii. Bronstein, Eitan, An Israeli an Nakba Day: Our Humanity is bound up with your Right of Return, Mondo Weiss 16.5.2010
112. Irving, Sarah, Can Occupiers struggle alongside the Occupied, Electronic Intifada 6.2.2014.
113. Vgl. Mustafa, Ali, »Boycott works«: An Interview with Omar Barghouthi, Electronic Intifada 1.6.2009
114. Irving a.a.O.

nichts als Verachtung übrig, lacht über das Gerede von der »iranischen Gefahr« und mokiert sich darüber, dass Kritik an Israel antisemitisch sein soll.[115] Die »Anarchisten gegen die Mauer« bringen die Besatzung symbolisch nach Tel Aviv, indem sie auf Hauptverkehrsstraßen Straßensperren errichten, Straßennamen durch die Namen von Straßen in al-Khalil/Hebron im Süden der Westbank ersetzen oder mit Aufklebern gegen die Siedlergewalt in der Westbank protestieren. Während des Gaza-Krieges 2008/2009 blockierten sie eine Luftwaffenbasis in Tel Aviv und 2010/2011 waren sie die treibende Kraft bei der Organisierung des jüdisch-israelischen Teils der Protestbewegung gegen die ethnische Säuberung des palästinensischen Viertels Scheikh Jarrah in al-Quds/Jerusalem. Auch gegen die USA richtet sich ihr Aktivismus, deren Botschafter sie zum Beispiel während der Demonstrationen in der Westbank verschossene, leere Tränengasgranaten zurückgaben, die in den USA produziert worden waren. Obwohl die Gruppe nur aus einigen Dutzend Aktivisten besteht, hat sie eine nachhaltige Wirkung entfaltet. Der kritische Israeli Noam Sheizaf, der die Webseite *+972 Magazine* betreibt, bezeichnet sie als »die einzigen jüdischen Israelis, die bereit sind, sich mit ernsthaftem Aktivismus gegen die Besatzung zu stellen – und nicht nur in einer Café-Konversation oder auf den Seiten von *Haaretz* darüber zu klagen«. Dem Aktivismus der Anarchisten sei es zu verdanken, dass eine ganze Generation von jüdischen Israelis bis zu einem gewissen Punkt zu einem Bewusstsein über die Besatzung gekommen ist. Tausende von Israelis hätten sich infolgedessen an Demonstrationen in der Westbank gegen die Mauer beteiligt und zum erstem Mal die Erfahrung gemacht, wie es ist, israelischen Soldaten mit dem Finger am Abzug auf der anderen Seite gegenüber zu stehen. »Das ist eine bewusstseinsverändernde Erfahrung«, schreibt Noam Sheizaf, der die Anarchisten gegen die Mauer als die »wichtigste Gruppe linker Aktivisten, die es Israel in den letzten Jahrzehnten gegeben hat« bezeichnet.[116] Die Aktivisten sehen es auch als ihre Aufgabe an, innerhalb der jüdisch-israelischen Gesellschaft Veränderungen zu bewirken. Viele Palästinenser halten das für die wichtigste Aufgabe der israelischen Antizionisten. Ronnie Barkan geht von längerfristigen Prozessen aus: »Langfristig wird hier ein langer aufklärerischer Prozess nötig sein, um die Feindseligkeit der einen Gesellschaft gegenüber der anderen sowie insbesondere all das, was mit der gehirngewaschenen jüdisch-israelischen Gesellschaft zu tun hat, zu überwinden.«[117]

Das Phänomen der antizionistischen Opposition unter jüdischen Israelis ist in der westlichen Welt mit großem Interesse zur Kenntnis genommen worden. Die »Anarchisten gegen die Mauer« sind jedoch reflektiert genug, um zu erkennen, dass sich hinter dem überproportional großen Interesse für sie (und andere

---

115. Linfield, Susie, Letter from Israel: Leftists on Zionism's Past, Present and Future, Boston Review 13.11.2013
116. Sheizaf, Noam, Anarchists: The most important Activists on the Israeli Left, +972 Magazine, 8.7.2012
117. Dalla Negra, Cecilia, »I can't dictate Methods of Palestinain Struggle.« Israeli BoycottActivist interviewed Electronic Intifada 8.8.2012; siehe auch Kane, Alex, Boycotting the Land you love: Israeli Activist Lehee Rothschild on BDS and the Struggle for Palestinian Rights, Mondo Weiss 26.2.2014

jüdisch-israelische Oppositionelle) bei gleichzeitiger weitgehender Marginalisierung der Palästinenser in den westlichen Medien und teilweise auch in der Palästina-Solidarität eine strukturelle Unfreiheit und oftmals auch uneingestandener Rassismus verbirgt. »Das ist ein Problem globaler Ungerechtigkeit (für israelische Aktivisten ist es einfacher, Visa und Finanzierung für Flüge zu bekommen als für palästinensische Aktivisten), aber auch des Rassismus westlicher Aktivisten, die es einfacher finden, mit jemandem zu sprechen, der sozial und sprachlich so ist wie sie.«[118]

In der Folgezeit entstanden weitere kritische Strömungen. So taten sich 2007 linke Gruppen, die 2006 gegen den Libanon-Krieg aktiv gewesen waren, zusammen und gründeten die arabisch-jüdische Gruppe »Tarabut-Hithrabut.« Daneben gibt es Gruppen wie das israelische Komitee gegen die Häuserzerstörungen oder Checkpoint Watch, die wichtige Arbeit leisten, aber dem zionistischen Konsens stärker verhaftet geblieben sind.

Auch unter Akademikern breitet sich zunehmend Dissens aus. Im Juni 2004 veröffentlichten israelische Akademiker unter der Überschrift »Für Wahrheit und Versöhnung. Für Gleichberechtigung und Partnerschaft« eine Erklärung zur Palästina-Frage, in der sie weitreichende Kritik am Zionismus übten und die palästinensischen Rechte, einschließlich des in der jüdisch-israelischen Gesellschaft so tabuisierten Rechts auf Rückkehr anerkannten. Das sogenannte »Olga-Dokument« wurde unter anderem von Michael Warschawski und Haim Hanegbi verfasst und von etwa 100 jüdisch-israelischen Intellektuellen unterzeichnet, darunter die Philosophin Ariella Azoulay, der Historiker Amnon Raz-Krakotzkin, der Geograph Oren Yiftachel und der Soziologe Moshe Zuckermann. »Wir sind uns einig in einer Kritik des Zionismus, der basiert auf der Weigerung, die einheimische Bevölkerung dieses Landes anzuerkennen und der Leugnung ihrer Rechte, auf der Enteignung ihres Landes und der Einführung der Trennung als fundamentalem Prinzip und als Lebensweise. Um alles noch schlimmer zu machen, besteht Israel auf seiner Weigerung, Verantwortung für seine Taten zu übernehmen, angefangen bei der Vertreibung der Mehrheit der Palästinenser aus ihrem Land vor mehr als einem halben Jahrhundert bis zur gegenwärtigen Errichtung von Ghettomauern um die verbliebenen Palästinenser in den Städten und Dörfern in der Westbank. Dadurch wird, wo immer Juden und Araber zusammenstehen oder sich gegenüber stehen, eine Grenze zwischen ihnen gezogen, um zu trennen und zu unterscheiden zwischen den Gesegneten und den Verdammten,« heißt es in der Erklärung, die als Anregung für eine breite öffentliche Diskussion gedacht war.

In diesem Papier waren bereits Ansätze zu einer Ein-Staat-Lösung enthalten. Es forderte Gleichheit zwischen den arabischen und jüdischen Staatsbürgern Israels und die Wiederherstellung der Gerechtigkeit für palästinensische Flüchtlinge. In Formulierungen, die später in den Ein-Staat-Erklärungen wieder auftauchen

---

118. Irving, Sarah, Can Occupiers struggle alongside the Occupied, Electronic Intifada 6.2.2014

sollten, wurde bereits eine gemeinsame Zukunft angedacht. »Wir sind uns einig, dass dieses Land all seinen Söhnen und Töchtern gehört – Staatsbürgern und Bewohnern, sowohl Anwesenden als auch Abwesenden (die 1948 vertriebenen palästinensischen Staatsbürger Israels) – ohne Diskriminierung aus persönlichen oder kommunalen Gründen, unabhängig von Staatsbürgerschaft, Nationalität, Religion, Kultur, Ethnizität oder Geschlecht.«

»Wir sprechen über einen Weg, der bisher nicht eingeschlagen wurde: ehrlich zu uns selbst zu sein, zu unseren Nachbarn und besonders zum palästinensischen Volk – unseren ›Feinden‹, die unsere Brüder und Schwestern sind. Wenn wir in uns selbst die entsprechende Aufrichtigkeit aufbringen und den erforderlichen Mut, werden wir fähig sein, den ersten Schritt zu tun in der langen Reise, die uns befreien kann aus dem Gewirr von Verleugnung, Unterdrückung, Verzerrung der Realität, Orientierungslosigkeit und der Aufgabe des Gewissens, in dem die Bevölkerung von Israel seit Generationen gefangen ist.«[119]

Nachdem bereits zuvor einzelne Akademiker ihre Unterstützung der internationalen Boykott-Desinvestment-Sanktionen-Kampagne erklärt hatten, gründete sich nach dem Gaza-Krieg 2008/2009 das »Israeli Academic Committee for Boycott.« Diese kritischen Akademiker machten dieselbe Erfahrung, die zuvor der Historiker Ilan Pappe gemacht hatte: sie wurden gemobbt, von oben unter Druck gesetzt und in der Öffentlichkeit denunziert. 2012 wurde ein neues Gesetz erlassen, dem zufolge Akademiker, die sich gegen die israelische Politik aussprechen oder den akademischen Boykott Israels offen befürworten, entlassen werden sollen und sogar verhaftet werden können.

Mitglieder der akademischen Boykottgruppe werden – solange der Zionismus besteht – niemals Professoren werden oder eine akademische Karriere machen können. Die repressiven Taktiken der israelischen Regierung haben jedoch das Gegenteil dessen bewirkt, was sie sollten. Ilan Pappe zufolge beziehen, seitdem das Gesetz erlassen wurde, noch mehr Akademiker Stellung gegen die israelische Besatzungs- und Apartheidpolitik, ohne dass auch nur einer verhaftet worden wäre.[120]

Es gibt mehrere zionistische Gruppen, die quasi als Gedankenpolizei agieren und die Diffamierung kritischer Israelis zu ihrer Hauptaufgabe gemacht haben. Sie haben eine »Blacklist« ins Netz gestellt, mit der kritische jüdische Israelis öffentlich angeprangert werden. Drei von diesen Gruppen – »Im Tirtzu,« »IsraCampus« und »Israeli Academia Monitor« – veröffentlichten Anfang 2012 einen Bericht, in dem über 1000 Israelis namentlich als »Antizionisten« – auch wenn es gar keine sind – benannt wurden«, darunter 800 Akademiker. Einer der Gründer von »IsraCampus«,

---

119. The Olga Appeal, For Truth and Reconciliation, For Equality and Partnership, 25.7. 2004 unter: qumsiyeh.org/theolgaappeal/

120. International Solidarity Movement, Second Interview with Ilan Pappe: The basic Israeli Ideology – Zionism – is the Problem, 11.7.2013 unter: palsolidarity.org/2013/07/interview-with-ilan-pappe-the-basic-israeli-ideology-zionism-is the-problem/

der Ökonom Steven Plaut von der Universität Haifa, erklärte in einer Stellungnahme die Beweggründe der Gruppe: »Unsere Hauptfunktion ist es, zu zitieren, was diese Lehrer ideologisch und politisch sagen und schreiben, um es in die Aufmerksamkeit der Öffentlichkeit zu bringen. Die Angelegenheit ist keine ideologische Auseinandersetzung, sondern [es geht] vielmehr [darum] die anti-Israel-Gruppe bekannt zu machen, die den Feind offen unterstützt.« Die Gruppe »Im Tirtzu« konkretisierte: »Wer immer eine Petition zur Unterstützung der Wehrdienstverweigerung oder Azmi Bischaras oder des Boykotts gegen Israel unterzeichnet, markiert sich selbst.« Kritische Israelis bezeichnen das als »McCarthyismus«.[121]

121. Talila Nesher, 10 percent of Israeli Academics labeled »anti-Zionist« by Campus Watchdog, Haaretz 22.1.2012

5. Der Libanon-Krieg 2006: Die Zerstörung des Mythos von der unbesiegbaren israelischen Armee

»Aber die Pfeiler von Israels gegenwärtiger Strategie – seine eigene militärische Stärke und die bedingungslose Unterstützung der USA – bilden einen sehr dünnen Schutz. Sein militärischer Vorteil verringert sich und wird sich in den kommenden Jahren stetig verringern. Und in den post-Irak-Jahren könnten die USA Israel gut in derselben Weise fallenlassen wie Frankreich es in den 1960er Jahren getan hat.« (Immanuel Wallerstein)[122]

»Die Zeit ist gekommen, in der wir überleben, während sie dem Untergang geweiht sind.« (Hassan Nasrallah)[123]

Führte die zweite Intifada zu Irritationen innerhalb der jüdisch-israelischen Bevölkerung, so löste der Verlauf des zweiten Libanon-Krieges im Sommer 2006 einen veritablen Schock aus.

Erstmals in ihrer Geschichte erlitt die israelische Armee, die den Mythos der »unbesiegbaren Armee« sorgfältig kultiviert hatte, eine desaströse militärische Niederlage.

Wie jeder Siedlerstaat in einer Region, deren Bevölkerung ihm feindselig gegenübersteht, ist auch Israel auf militärische Gewalt angewiesen. 1967 vermochte das hochgerüstete israelische Militär innerhalb von sechs Tagen drei arabische Armeen vernichtend zu schlagen und sich riesige Territorien der Nachbarstaaten anzueignen, die den Umfang des Staates Israel auf einen Schlag vervielfachten. 1967 war Israel auf dem Zenit seiner Macht, doch bereits der Oktoberkrieg von 1973 zeigte erste Risse in der israelischen Militärmacht. Von der ägyptisch-syrischen Offensive überrascht, geriet die israelische Armee in den ersten Tagen des Krieges in eine höchst problematische Lage. Die US-Luftbrücke, die auf die Schnelle eingerichtet wurde und Israel mit dem dringend benötigten Nachschub versorgte sowie die fehlende Ernsthaftigkeit der ägyptischen Führung, die die militärischen Anfangsgewinne verschenkte, da sie weniger einen Krieg gewinnen als den Druck auf Israel erhöhen wollte, um es an den Verhandlungstisch zu zwingen, sorgten jedoch dafür, dass Israel wieder in die Offensive kommen konnte. Das darauf folgende Camp David-Abkommen verschaffte Israel Sicherheit an der Westfront und machte den

---

122. Wallerstein, Immanuel, Commentary No. 190, What can Israel achieve?, 1.8.2006
123. Al-Akhbar, Nasrallah: Time for Israel's Downfall is near, 12.5.2012

Weg frei für die israelische Offensive gegen die PLO im Libanon 1982. Dieser drei Monate andauernde Krieg endete mit einem Pyrrhus-Sieg für Israel. Nach massiven Zerstörungen des Landes und 20.000 Toten, größtenteils Zivilisten, verließen die Kämpfer der PLO den Libanon und Israel blieb als Besatzungsmacht im Süden des Landes zurück, der schon von David Ben-Gurion als »natürliche Grenze« Israels betrachtet worden war. Diese Besetzung wurde zu einem Wendepunkt. Der Widerstand, der sich dort entwickelte, war von einer Stärke und einem Geschick, wie sie Israel noch nicht erlebt hatte. Nach einem 18-jährigen Aufstandsbekämpfungskrieg gegen den libanesischen Widerstand, dessen Hauptträger die Hizbollah war, zog sich Israel schließlich im Mai 2000 fluchtartig aus dem Land zurück. Wegen den relativ hohen israelischen Verlusten wurde der Libanon zu dieser Zeit als »Israels Vietnam« bezeichnet. Der Südlibanon war das erste besetzte Gebiet, in dem Israel keine Siedlungen zu bauen vermochte und das erste arabische Territorium, das Israel aufgab, ohne im Gegenzug dafür einen politischen Gewinn zu erhalten wie im Falle des Camp David-Abkommens mit Ägypten.

Im Sommer 2006 sollte die Revanche für den demütigenden Abzug aus dem Libanon erfolgen. Die israelische Führung hatte die Absicht, die Gefahr auszuschalten, die von der in ihren Augen viel zu stark gewordene Guerilla an seiner nördlichen Grenze ausging. Die Planung des Krieges hatte bereits Jahre zuvor begonnen und wurde mit den USA abgesprochen.

Die israelische Eskalation im Sommer 2006 erfolgte im Rahmen des damaligen »Greater Middle East«-Projekts der US-Administration zur Neuordnung der arabischen Welt.[124] Nach der Besetzung des Irak im März 2003 war »Regime Change« in sechs weiteren Ländern der Region vorgesehen. Die außerordentliche Stärke des irakischen Widerstands hatte das Projekt allerdings ins Stocken gebracht. Syrien, der Iran und die Beseitigung des islamischen Widerstands im Libanon standen jedoch weiterhin ganz oben auf der Liste. In dieser Phase war die Kriegs-Rhetorik gegen den Iran sehr ausgeprägt, und die Ausschaltung des Widerstands im Libanon wurde als ein notwendiger erster Schritt in diese Richtung angesehen. Den Vorwand zum Krieg lieferte die Gefangennahme zweier israelischer Soldaten im israelisch-libanesischen Grenzgebiet im Juli 2006 durch die Hizbollah, die diese gegen von Israel verschleppte libanesische Gefangene austauschen wollte. Israel erklärte, die beiden gefangen genommenen Soldaten befreien und die militärischen Kapazitäten der Hizbollah zerstören zu wollen. Doch das gelang nicht. Obwohl Israel in diesem 33 Tage andauernden Krieg etwa 1.200 Menschen, größtenteils Zivilisten tötete und massive Zerstörungen an der Infrastruktur des Landes anrichtete, behielt die Hizbollah die Oberhand. Der Krieg geriet zu einem nachrichtendienstlichen,

---

124. Vgl. The Economist, The War beyond the War, 3.8.2006; Saad-Ghorayeb, Amal. Iran Attack: Too big for Israel, al-Akhbar 20.8.2012; zu den Hintergründen siehe auch: Achcar, Gilbert; Warschawski, Michael, The 33-Day War. Israel's War on Hezbollah and its Aftermath, London/San Francisco/Beirut, 2007

militärischen und politischen Fiasko für Israel und seinen engsten Verbündeten, den USA.[125] Es zeigte sich, dass Israels nachrichtendienstliche Aufklärung überaus mangelhaft war; es wusste kaum, wo sich die Raketenstellungen, Waffenarsenale, Kontroll- und Kommunikationssysteme der Organisation befanden. Die Infrastruktur der Hizbollah wurde durch die militärischen Angriffe nicht beeinträchtigt. Sie hatte ein ausgedehntes Tunnelsystem angelegt, das die Basis ihres Kampfes war, verfügte über eine gute Ausrüstung mit teilweise hochentwickelten Waffen und eine geschickte militärische Strategie und Taktik. An einigen Punkten war sie der regionalen militärischen Supermacht überlegen. Zum Beispiel gelang ihr, in das israelische Militärkommunikationssystem einzudringen und sich dadurch Vorteile zu verschaffen.[126] Die Hizbollah vermochte während der gesamten 33 Tage des Krieges den Beschuss Nordisraels aufrechtzuerhalten, auf den sie insgesamt 4.000 Raketen abfeuerte, größtenteils auf militärische Ziele. Von den 159 getöteten Israelis waren 121 Soldaten. Etwa eine halbe Million jüdische Israelis flohen aus dem Norden des Landes und die Wirtschaft der Region wurde weitgehend paralysiert. Die heftigen Bombardierungen ziviler Infrastruktur durch die israelische Luftwaffe waren nicht das geeignete Mittel, um den Raketenbeschuss des libanesischen Widerstands zu stoppen. Um die Raketenstellungen ausfindig zu machen und zu neutralisieren, war der Einsatz von Bodentruppen erforderlich. Wie das US-Militär im Irak setzte auch das israelische darauf, dass ihre »shock and awe«-Methoden die libanesische Bevölkerung und Regierung dazu veranlassen würde, gegen die Hizbollah vorzugehen. Dieses Konzept war schon im Irak gescheitert und im Libanon brachte es das Gegenteil dessen hervor, was beabsichtigt war: fast die gesamte libanesische Bevölkerung – Umfragen zufolge fast 90% – scharte sich um die Widerstandsorganisation; und die pro-westliche libanesische Regierung, die insgeheim eine Niederlage der Hizbollah wünschte und versuchte, ihren Beitrag dazu zu leisten, musste sich aufgrund des öffentlichen Drucks an ihre Seite stellen.

Die Bodenoffensive in der zweiten Kriegswoche blieb in der Konfrontation mit dem libanesischen Widerstand in den ersten Städten und Dörfern nur wenige Kilometer hinter der Grenze stecken. Während die israelische Armee im Sommer 1982 innerhalb von sechs Tagen die Hauptstadt Beirut erreicht hatte, gelang es ihr im Sommer 2006 auch nach wochenlangen Kämpfen nicht, die Grenzstädte Bint Jbeil, Aita al-Scha'ab oder Maroun al-Ras einzunehmen.[127]

Die siegesgewissen israelischen Generäle hatten zu Beginn des Krieges versichert,

125. Crooke, Alastair; Perry, Mark, How Hezbollah defeated Israel. Part 1: Winning the Intelligence War, Asia Times Online 12.10.2006; dieselben, How Hezbollah defeated Israel. Part 2: Winning the ground War, Asia Times Online 13.10.2006; dieselben, How Hezbollah defeated Israel. Part 3: The Political War, Asia Times Online 14.10.2006
126. Crooke, Alastair; Perry, Mark, How Hezbollah defeated Israel. Part 1: Winning the Intelligence War, Asia Times Online 12.10.2006
127. Crooke, Alastair; Perry, Mark, How Hezbollah defeated Israel. Part 2: Winning the Ground War, Asia Times Online 13.10.2006

dass die Kriegsziele innerhalb von wenigen Tagen zu erreichen seien, doch sehr bald zeigte sich, wie sehr sie ihren Feind unterschätzt hatten. Die militärische Kompetenz, die gute Ausbildung, Ausrüstung und Disziplin der libanesischen Kämpfer verunsicherten die israelischen Soldaten und deren politische und militärische Führung, die chaotische Entscheidungen traf und nicht in der Lage war, die Einsätze der verschiedenen Teile des Militärs zu koordinieren und die Versorgung der Soldaten mit Nachschub sicherzustellen. Die Kriegsziele wurden fortlaufend relativiert und minimiert. Während zu Beginn des Krieges noch von der Zerstörung der Raketen und einer signifikanten Schwächung der Hizbollah die Rede gewesen war, sprach man in der zweiten Kriegswoche nicht mehr davon. Markige Sprüche wie der des israelischen Botschafters in den USA – »Wir werden nicht auf halber Strecke stehenbleiben und wieder zu Geiseln werden. Wir müssen der Sache ein Ende bereiten – die Hizbollah neutralisieren« – wurden ersetzt durch schwammige Formulierungen der Kriegsziele, zum Beispiel, dass es um die Ausschaltung der vordersten Hizbollah-Stellungen und die Stationierung einer internationalen Truppe im Libanon zum Schutze Israels vor den Angriffen der libanesischen Widerstandsorganisation gehe.[128] Zu den spektakulärsten Aktionen des Widerstands im Verlauf des Krieges gehörte, dass erstmals seit den 1970er Jahren ein israelisches Kriegsschiff in Brand geschossen wurde – das geschah in öffentlichkeitswirksamer Weise während Hassan Nasrallah, der Generalsekretär der Hizbollah, im Fernsehen seine erste Rede zum Krieg hielt. In der letzten Kriegswoche versuchte die israelische Armee doch noch einen Coup zu landen, um sich eine stärkere Position in den bereits laufenden Waffenstillstandsverhandlungen im UN-Sicherheitsrat zu verschaffen. Da die Bodenoffensive im Süden nicht voran kam, weil die israelische Armee in den Kämpfen aufgerieben wurde und ihre Panzer zerstört wurden, versuchte sie es mit Luftlandetruppen, die sie von Hubschraubern hinter dem Litani-Fluss ein gutes Stück in Richtung der Hauptstadt absetzte. Aber auch diese Aktion scheiterte, da die abgesetzten israelischen Truppen sofort vom libanesischen Widerstand umzingelt wurden. Zu Israels Glück trat dann der Waffenstillstand in Kraft. Außerdem warf Israel in den letzten Kriegstagen noch mindestens eine Millionen Splitterbomben auf den Südlibanon, was darauf hindeutete, dass es das Gebiet zumindest teilweise unbewohnbar machen wollte. Die von Israel hinterlassenen Splitterbomben töteten allein im ersten Jahr nach Kriegsende weitere 30 Menschen und verletzten 189.

Die USA und andere NATO-Staaten warfen ihr ganzes Gewicht in die Waagschale, um den desaströsen Verlauf den Krieges für Israel durch ihre Diplomatie etwas auszugleichen. Am 11. August 2006 wurde die UNO-Resolution 1701 verabschiedet, die den Abzug Israels aus dem Libanon und die Entwaffnung der Hizbollah forderte. Die libanesische Armee wurde in den Süden des Landes geschickt

---

128. Mearsheimer, John J., Walt, Stephen M., The Israel-Lobby and U.S. Foreign Policy, New York 2007, S. 313ff.

und die dort bereits anwesenden UNIFIL-Truppen wurden verstärkt und erhielten ein erweitertes Mandat. Die Gewässer vor der libanesischen Küste werden seitdem von NATO-Staaten kontrolliert, um Waffenlieferungen an die Hizbollah zu unterbinden. Die ebenfalls angestrebte Stationierung von NATO-Truppen an der libanesisch-syrischen Grenze stieß auf den Widerstand der Hizbollah und war daher nicht durchsetzbar. Israel vermochte durch dieses Kriegsende sein Gesicht zu wahren, aber die Entwaffnung der Hizbollah konnte aufgrund von deren politischer und militärischer Stärke nicht durchgeführt werden. Israel musste sich auf indirekte Verhandlungen mit der Organisation einlassen, um die beiden gefangen genommenen Soldaten zurückzubekommen. Im Juli 2008 ließ es die fünf libanesischen Gefangenen, deren Freilassung die Hizbollah gefordert hatte, frei und bekam im Gegenzug die Leichname der beiden Soldaten zurück.

Israelische Militärs räumten ein, dass der Krieg mit einer Niederlage für Israel geendet hatte. So erklärte der Kommandant der israelischen Infanterie und Fallschirmspringer, Brigadegeneral Yossi Hyman, während einer offiziellen Zeremonie im August 2008 »wir haben alle das Gefühl des Scheiterns und einer verpassten Möglichkeit ... Manchmal haben wir uns der Sünde der Arroganz schuldig gemacht.« Er ergänzte:»Es ist in dieser Zeit nicht leicht, Teil des Systems zu sein. Ein Teil der Öffentlichkeit, und vielleicht auch Teile der Führung, bringt einen Mangel an Vertrauen in uns zum Ausdruck.«[129]

Unter den Druck der Bevölkerung und der zurückkehrenden Soldaten setzte die israelische Regierung unter der Leitung des ehemaligen Richters Eliyahu Winograd eine Kommission zur Untersuchung des Desasters im Libanon ein. Die Ergebnisse dieser Untersuchung wurden Anfang 2008 vorgelegt. Der Winograd-Bericht stellte erhebliche Mängel auf Seiten des israelischen Militärs und der Regierung fest und bezeichnete den Juli-Krieg als eine verpasste Gelegenheit und einen gravierenden Fehlschlag für den zionistischen Staat. Er erkannte an, dass der Krieg ohne einen militärischen Sieg für Israel geendet hatte und stellte fest, dass eine Miliz von einigen tausend Kämpfern einige Wochen lang der stärksten Armee im Nahen Osten standgehalten hatte, die über eine volle Überlegenheit im Luftkrieg und technologische Vorteile verfügte. Die Kommission führte Israels Scheitern auf Fehler in den Entscheidungsprozessen, der Koordination zwischen politischer und militärischer Führung und der strategischen Planung sowie einer Schwäche im strategischen Denken zurück.[130]

Israels militärische Niederlage im Libanon hatte weitreichende Folgen. Sie markiert einen historischen Wendepunkt, denn sie kehrte die Tendenz von 1967 um. Diesmal war es Israel, das in Niedergeschlagenheit verfiel und von nagenden

129. Harel, Amos, Outgoing Infantry Chief says Military »guilty of Arrogance«, Haaretz 21.8.2006
130. Alam, Shahid M., The Meaning of Hizbollah's big Win, Counterpunch 14.4.2008 . Mearsheimer, John J., Walt, Stephen M., The Israel-Lobby and U.S. Foreign Policy, New York 2007, S.313

Fragen und Zweifeln geplagt wurde, während die Bevölkerung der arabischen Welt voller Euphorie war. Die Schlagzeilen der israelischen Tageszeitungen spiegelten die Bestürzung im Land wider. »Vom rechten Weg abgekommen,« titelte *Haaretz* und die auflagenstärkste Zeitung *Yedioth Ahronot* brachte in Fettdruck die Schlagzeile »Warum wir nicht gewonnen haben.« Der ehemalige Vorsitzende des parlamentarischen Verteidigungskomitees, Yuval Steinitz, erklärte: »Vier Wochen lang gelang es uns nicht, uns gegen den täglichen Beschuss unserer Städte zu verteidigen. Das ist ein Misserfolg, wie es ihn niemals zuvor gegeben hat.«[131]

Der einflussreiche israelische Journalist Ari Shavit, der für *Haaretz* schreibt, widmete dem Juli-Krieg unter der Überschrift »Realitätsschock« ein ganzes Kapitel in seinem Buch »My Promised Land.« Darin schreibt er: »Israels Unfähigkeit, die Hizbollah am Abschuss von Raketen auf seine nördlichen Städte zu hindern, war schockierend. Seine Verletzlichkeit und Ohnmacht waren schockierend. ... Die Nation war hilflos und gedemütigt. Dann kam der Augenblick, Rechenschaft ablegen zu müssen. Die Frage, die im ganzen Land widerhallte, war: Was ist mit uns geschehen? Hatten wir es verwirkt?«[132]

Die Zerstörung des Mythos von der unbesiegbaren Armee und der damit einhergehende Verlust der israelischen Abschreckungsmacht führten zu ausgesprochen großer Beunruhigung in der israelischen Führung und Bevölkerung. Sie befürchteten, dass dies auf israelische Schwäche hinweise und zu neuen Angriffen auf das Land einlade. »Der Fehlschlag der Israelischen Verteidigungsstreitkräfte (IDF) untergräbt den wichtigsten Aktivposten unserer nationalen Sicherheit – das kriegerische Image dieses Landes, das von einer gewaltigen, starken und hochentwickelten Armee geführt wird, die fähig ist, unseren Feinden einen entscheidenden Schlag zu versetzen, wenn sie auch nur versuchen sollten, uns zu behelligen«, schrieb Reuven Pedatzur in *Haaretz*. »Auch in Damaskus, Gaza, Teheran und Kairo schauen die Menschen mit Verwunderung auf die IDF, die eine winzige Guerillaorganisation über einen Monat lang nicht in die Knie zwingen konnte.«[133]

Der Militärexperte Zeev Maoz bezeichnete den Krieg als »Fiasko.« Die meisten der IDF-Kommandierenden, die dafür verantwortlich waren, wurden noch während des Krieges oder danach ersetzt.[134] Ministerpräsident Netanjahu erklärte die strategische und historische Bedeutung der israelischen Niederlage im Libanon ein Jahr später während einer Rede in der Bar Ilan-Universität: »Der Krieg von 1967 bedeutete [für Israel] den Übergang von einem Staat, dessen Existenz in Frage gestellt wurde zu einem Staat, der unbesiegbar ist.« Das sei die Voraussetzung für die Kapi-

---

131. Struck, Doug; Zipper, Tal, War stirs Worry in Israel over State of the Military, Washington Post 19.8.2006
132. Zitiert nach Slater, Jerome, Unforgivable: Ari Shavit's My Promised Land and its Acclaim in the United States, 19.12.2013 unter: www.jeromeslater.com/2013/12/unforgivable-ari-shavits-my-promised.html
133. Struck, Doug; Zipper, Tal, War stirs Worry in Israel over State of the Military, Washington Post 19.8.2006
134. Maoz, Zeev, Defending the Holy Land. A Critical Analysis of Israel's Security and Foreign Policy, Michigan 2006, S. 622, S.625

tulation arabischer Länder gewesen: »Israels Sieg und Abschreckungsmacht waren ein entscheidender Faktor für das Verständnis der arabischen Länder, die Existenz Israels anzuerkennen und Frieden mit ihm zu schließen.« Doch mittlerweile habe sich die Tendenz von 1967 umgekehrt: »Angefangen mit dem unilateralen Abzug aus dem Libanon [im Jahr 2000] über den unilateralen Rückzug aus dem Gaza-Streifen und infolge des zweiten Libanon-Krieges (2006) wurde diese Tendenz umgekehrt und Israel scheint jetzt nicht mehr unbesiegbar zu sein. Die Frage seiner Existenz ist wieder am Horizont, nicht nur für Israels Feinde, sondern auch für seine Freunde.«[135]

Washington war gleichermaßen beunruhigt. Die Ausschaltung der Hizbollah war als Voraussetzung für den geplanten Krieg gegen den Iran angesehen worden. Der Krieg gegen den libanesischen Widerstand sollte nur der Auftakt sein, auch die syrischen militärischen Kapazitäten wollte man im Vorfeld des Iran-Krieges neutralisieren. Israels Scheitern hatte auch für die USA weitreichende Folgen, ihre Pläne waren nicht mehr durchsetzbar. Das führte bei den Neokonservativen, die die US-Politik zu diesem Zeitpunkt wesentlich bestimmten, zu Verärgerung. Der *Forward* berichtete, dass dem Weißen Haus und dem Pentagon nahestehende Quellen Enttäuschung und Frustration über Israels Unfähigkeit, der Hizbollah einen entscheidenden Schlag zu versetzen, äußerten.[136] Meyrav Wurmser erklärte in einem Interview mit der Online-Ausgabe von *Yediot Ahronoth* im Dezember 2006 »Hizbollah hat Israel in dem Krieg besiegt. Das ist der erste Krieg, den Israel verloren hat«, und sie ergänzte: »Es gibt eine große Verärgerung über Israel.« Sie beklagte, dass Israel statt gegen die Hizbollah vorzugehen, Syrien hätte angreifen sollen.[137] Dieser öffentlich geäußerte Ärger über Israel nährte israelische Befürchtungen, dass die militärische Niederlage perspektivisch zu einem Abrücken der USA führen könnte, wenn Israel nicht länger imstande ist, deren Interessen in der Region durchzusetzen. Auch das Pentagon betrachtete den Krieg als ein »Desaster« für das israelische Militär. Wie die *Washington Post* berichtete, waren US-Militärexperten besonders überrascht über das Ausmaß an Zerstörung, das die Hizbollah israelischen Panzern und Panzerfahrzeugen mit Hilfe von hochentwickelter Anti-Panzer-Waffen beizubringen vermochte. Der 2006er-Krieg wurde zu einem Gegenstand intensiver Debatten im Pentagon. Die US-Armee schickte im Verlauf der folgenden drei Jahre ein Dutzend Teams nach Israel, um israelische Offiziere zu befragen, die gegen die Hizbollah gekämpft hatten, um aus der israelischen Niederlage zu lernen. Darüber hinaus veranstalteten US-Armee und US-Marine eine Reihe von War Games, um zu simulieren, wie die US-Streitkräfte im Kampf gegen einen ähnlichen Gegner abschneiden würden.[138]

135. Haydar, Ali, Israel's next War: beyond the Lebanon Front, al-Akhbar 14.8.2012; siehe auch, Crooke, Alastair; Perry Mark, How Hezbollah defeated Israel, Part 3: The Political War, Asia Times Online
136. Mearsheimer, John J.; Walt, Stephen M, The Israel-Lobby and U.S. Foreign Policy, New York 2007, S. 315
137. Benhorin, Yitzhak, Neocons: We expected Israel to attack Syria, Ynet 16.12.2006
138. Ynet, Pentagon learning from IDF Disaster, 4.6.2009

Für die von einem tief sitzenden kolonialen Trauma und der verheerenden Niederlage arabischer Armeen im Juni-Krieg 1967 geplagte arabische Bevölkerung hingegen kam dieser Sieg des libanesischen Widerstands einer Erlösung gleich. Zum ersten Mal gelang Arabern der Sieg über die so lange als übermächtig erschienene israelische Armee, deren Schatten über die gesamte Region fiel. Die Hizbollah bewies, dass beharrlicher Widerstand zum Erfolg führte. Die arabische Bevölkerung witterte Morgenluft.

Während des Krieges im Sommer 2006 kam es in der gesamten arabischen Welt zu Demonstrationen gegen Israel, die USA und die einheimischen Regime, die sich so deutlich wie noch niemals zuvor auf die Seite Israels gestellt hatten. Saudi-Arabien, Ägypten, Jordanien und die Palästinensische Autonomiebehörde hatten die Hizbollah verurteilt und für den Beginn des Krieges verantwortlich gemacht. Darüber hinaus versuchten sie ein anti-schiitisches Klima zu schaffen und durch eine konstruierte sunnitisch-schiitische Spaltung von den wahren Konflikten in der Region abzulenken und die passende Stimmung für den geplanten Krieg gegen den Iran zu schaffen. Statt sich gegen die Hizbollah zu stellen, nur weil sie schiitisch ist, stellten sich die arabischen Bevölkerungen aber gegen ihre Regime. Die Kluft zwischen Herrschenden und Beherrschten vertiefte sich. »Die Beziehungen zwischen den arabischen Führern und ihren Bevölkerungen sind jetzt am Rande der totalen Entfremdung«, erklärte der ägyptische Abgeordnete Mustafa Bakri und Chefredakteur der Wochenzeitung *al-Usbu'a* gegenüber *Aljazeera*. »Die arabischen Regime wurden vor ihren Bevölkerungen als der Inbegriff von Unterwürfigkeit und als Gefolgsmänner ihrer amerikanischen Herren bloßgestellt.« Die arabische Bevölkerung machte ihre Regime für den israelischen Krieg und die vielen Toten auf libanesischer Seite mit verantwortlich. Nach dem Massaker in Qana, bei dem 28 Zivilisten getötet wurden, ließ der ägyptische Journalist Magdy Mehana seine Kolumnenspalte in der Tageszeitung *Al-Masry al-youm* bis auf einen kurzen Kommentar leer: »Was werden die arabischen Verräter jetzt nach dem Massaker von Qana sagen?«[139]

Die mit den USA verbündeten Regime mussten zurückrudern. Im Verlaufe der 33 Kriegstage wurde deren Kritik an der Hizbollah unter dem Druck der Straße leiser und die an Israel immer lauter. Diese Regime – einschließlich der Palästinensischen Autonomiebehörde – wurden durch den Krieg massiv geschwächt, während die aus Hizbollah, Syrien und dem Iran bestehende Widerstandsachse gestärkt wurde. Die Hoffnungslosigkeit und der Defätismus, die die Region so lange geprägt hatten, begannen zu schwinden. Seit Ende der 1970er Jahre hatten die pro-westlichen Regime ihren Bevölkerungen unablässig in die Kämpfe gehämmert, dass die Araber schwach seien, dass Israel unbesiegbar sei, dass die USA alle Karten in der Region in der Hand hätten, dass die Befreiung Palästinas und der arabischen

---

139. Al Zohairy, Doha, Arab Street rallies behind Hezbollah, Aljazeera 1.8.2006

Welt illusorisch sei und dass nur auf dem Wege des Realismus und Pragmatismus etwas zu erreichen sei. Damit begonnen hatte das Sadat-Regime in Ägypten Mitte der 1970er Jahre und wie viele andere arabische Regime orientierte sich auch die PLO-Führung daran, gab die palästinensischen Rechte auf und schloss in den 1990er Jahren »Frieden« mit Israel. Diese defätistische Linie fand mit dem Sieg des libanesischen Widerstands ihr – vorläufiges – Ende. »Die Stärke der Hizbollah und ihre Fähigkeit, israelische Städte zu beschießen und Israels Angriff zum ersten Mal im arabisch-israelischen Konflikt standzuhalten, brachte die arabische Bevölkerung dazu, sich um ihre Sache zu scharen, während sie ihren Regierungen den Laufpass gab«, erklärte der politische Analytiker Mahmoud Khalil. Der Journalist Salah Essa ergänzte: »Während die arabischen Führungen an Status in der Bevölkerung verlieren, scheint Hizbollah einen bestimmten Hunger auf der Straße gestillt zu haben.« In den Straßen Kairos riefen Demonstranten: »Sag [Generalsekretär Hassan] Nasrallah: Wir sind alle Hizbollah.«[140] Nasrallahs Foto tauchte überall auf: in Taxis und Buchläden, in Cafés und an den Karren der Obst- und Gemüsehändler. Die Namen Hassan und Nasrallah wurden zu den beliebtesten Namen für Neugeborene. Aus der Hafenstadt Alexandria wurde von Zwillingen berichtet, die Hassan und Nasrallah genannt wurden.

In einer Studie über die beliebtesten regionalen Politiker in Ägypten, die vom liberalen Ibn-Khaldun-Zentrum zu dieser Zeit durchgeführt wurde, stand Hassan Nasrallah auf dem ersten Platz. An zweiter Stelle kam der iranische Präsident Mahmoud Ahmadinejad, dessen hartnäckiges Festhalten am iranischen Atomprogramm trotz der Kriegsdrohungen von Seiten der USA und Israels in der Bevölkerung in der gesamten arabischen Welt Respekt und Bewunderung erweckte. Sogar die dezidiert anti-schiitische Al-Qaeda musste sich angesichts der Begeisterung der arabischen Bevölkerung auf die Seite der Hizbollah stellen. Das war ein schlechtes Omen für den zu dieser Zeit beabsichtigten Krieg gegen den Iran.[141]

Die US-Außenministerin Condolezza Rice hatte den Krieg zu Beginn als »Geburtswehen eines neuen Nahen Ostens« bezeichnet. Sie sollte Recht behalten, allerdings war er der Vorschein eines ganz anderen »neuen Nahen Ostens« als der, den die USA und ihre Verbündeten angestrebt hatten. Der palästinensische Intellektuelle Azmi Bischara stellte fest, dass nach dem Juli-Krieg von 2006 der Gedanke des Widerstands in der arabischen Welt so stark war wie niemals zuvor. Der Begriff von der neuen arabischen »Kultur des Widerstands« machte die Runde.[142]

Ashraf Fahim schrieb über die Folgen des Krieges aus Kairo: »Aber jetzt, da die USA sich im Irak festgefahren haben und Israel im Südlibanon überwältigt ist, gibt es das Gefühl, dass etwas jenseits der Befolgung der Diktate der USA möglich sein

140. Al Zohairy, Doha, Arab Street rallies behind Hezbollah, Aljazeera 1.8.2006
141. Crooke, Alastair; Perry, Mark, How Hezbollah defeated Israel. Part3: The Political War, Asia Times Online 14.10.2006
142. Bishara, Azmi, Al-Muqawama wa an-Nuhudh al-'arabi, Arabs 48 27.7.2008

kann. Sogar Baschar al-Assad von Syrien spricht jetzt über die Befreiung des Golan durch einen Guerillakrieg, was sein Vater niemals gewagt hat. Die USA und Israel sind nicht Zeus, der Blitze auf hilflose Sterbliche schleudert, so kommt es vielen vor, sondern der erdgebundene Achilles, furchterregend, aber verletzlich.

Diese Ereignisse kündigen keine islamische Revolution, kein Kommen eines neuen Kalifats und keinen Krieg der Zivilisationen an. Aber sie werden die Art von Umwälzung erzeugen und erzeugen sie [bereits], die höchstwahrscheinlich nicht zu Gunsten der USA sein wird.«[143] Es war dieses neue Klima in der arabischen Welt, das den Weg bereitete für die Aufstände von 2010 und 2011.

Der israelische Journalist Ari Shavit befürchtete für die Zukunft das Allerschlimmste: »Diesmal haben wir überlebt. Das war nur eine Vorschau auf das, was in den kommenden Jahren geschehen kann … Was wird passieren, … wenn einige unserer wirklich mächtigen Rivalen beschließen, anzugreifen?«[144]

Israels Furcht vor der Hizbollah

Die israelische Niederlage im Libanon 2006 hat das regionale Kräfteverhältnis grundlegend verändert. Da Israel den Libanon nicht mehr anzugreifen wagt, hat es sich zur Einschüchterung der Region und zum Beweis seiner Militärmacht stattdessen auf sporadische Bombardements Syriens, das als weniger riskanter Gegner eingeschätzt wird, verlegt. Israel hat nur wenig unternommen um die weitere Aufrüstung der Hizbollah zu verhindern. Alle dagegen gerichteten militärischen Angriffe fanden außerhalb des Libanon statt. Der zionistische Staat reagierte nicht einmal, als die Hizbollah im Oktober 2012 die Souveränität seines Territoriums durch den Einsatz einer Aufklärungsdrohne über Israel verletzte. Diese Drohne drang am 7. Oktober 2012 vom Libanon aus in den israelischen Luftraum ein und vermochte fast das gesamte Land bis in die Nähe des Nuklearreaktors Dimona im Süden des Landes zu überfliegen, darunter sensible militärische Einrichtungen, bevor sie vom israelischen Radar entdeckt und dann abgeschossen wurde.[145]

Zwar ergeht sich das israelische Establishment immer wieder in martialischen Kriegsdrohungen gegen den Libanon und den Iran, aber diese werden mit ebenso martialischen Drohungen beantwortet. So warnte der Generalsekretär der Hizbollah, Hassan Nasrallah, im Herbst 2012, nachdem Israel gedroht hatte, Teile des Libanon in Schutt und Asche zu legen, dass jeder Angriff auf den Libanon mit Tausenden von Raketen auf Israel beantwortet würde und dass anders als 2006 nicht nur der Norden des Landes unter Beschuss liegen würde, sondern das gesamte israelische

---

143. Fahim, Ashraf, Bush's Hezbollah Hangover, Asia Times Online 6.9.2009; siehe auch Baroud, Ramzy, Gaza: A new Middle East indeed, Countercurrents 16.1.2009
144. Slater, Jerome, Unforgivable: Ari Shavit's My promised Land and its Acclaim in the United States, 19.12.2013 unter: www.jeromeslater.com/2013/12/unforgivable-ari-shavits-my-promised-html
145. Dbouk, Yahya, The Ayoub Drone and Sparking War, Al-Akhbar 16.10.2012

Staatsgebiet.[146] Der Iran, die Hizbollah und auch Israel wissen, dass der zionistische Staat zu einem größeren militärischen Angriff auf sie nicht in der Lage ist.[147] Der ehemalige Richter und Vorsitzende der Winograd-Kommission, Eliyahu Winograd, warnte im September 2012 vor dem Hintergrund intensiver Kriegstreiberei der israelischen Regierung davor, dass ein Angriff auf den Iran »die Zukunft des Landes gefährden kann«[148] Während Teile der israelischen politischen Führung, allen voran Ministerpräsident Benjamin Netanjahu und Verteidigungsminister Ehud Barak, nachdrücklich auf einen Krieg gegen den Iran drangen, stellte sich das Militär- und Geheimdienstestablishment gegen sie. Der Konflikt wurde in einer Weise öffentlich ausgetragen wie niemals zuvor. Ehud Barak warf der Armee vor, durch den Krieg von 2006 eingeschüchtert worden zu sein. Im August 2012 erklärte er in der israelischen Tageszeitung *Yedioth Ahronoth*: »Der Schock des Krieges von 2006 war der Grund dafür, dass die Armeeführung gegen einen Angriff auf Irans Atomanlagen ist.«[149] 2013 kamen israelische Experten zu der Einschätzung, dass jeder künftige Konflikt mit dem Libanon gravierende Folgen für Israel haben würde. Sie gehen von einem möglichen Beschuss der israelischen Infrastruktur, einschließlich der Telekommunikation, des Transportwesen und der Elektrizitätswerke aus. 2013 warnte der Leiter des »Israeli Technological and Logistics Directorate« (Atal), Brigadegeneral Kobi Barak, dass die Hizbollah über militärische Kapazitäten verfügt, die den Boden unter Israels Füssen ins Wanken bringen könnten. Militärstrategen rechnen mit einem Raketenhagel von 1200 Stück pro Tag im nächsten Krieg mit der Hizbollah.[150] Sie schließen auch ein Überschwappen des Krieges auf israelisches Territorium nicht aus. Bereits Anfang 2011 hatte Hassan Nasrallah in einer öffentlichen Rede die Einschätzung geäußert, der nächste Krieg könnte sich so entwickeln, dass die Hizbollah Galiläa im Norden des Landes befreit. Diese Drohung wird von israelischen Militärstrategen sehr ernst genommen. Immer wieder beschäftigen sie sich damit. So warnte ein israelischer Offizier im Juni 2014 davor, dass der kommende Krieg tatsächlich Galiläa zum Schauplatz haben könnte.[151]

Der Krieg gegen den Iran, der von Israel als überragende strategische Notwendigkeit angesehen wurde, fand jedenfalls nicht statt. Nach dem Libanon-Krieg 2006 war klar, dass Israel dem nicht gewachsen ist. Auch die USA nahmen Abstand von einem Angriff. Sie setzten in der Folgezeit auf Verhandlungen und akzeptierten notgedrungen den Aufstieg des Iran zur Regionalmacht. Im Herbst 2011 schätzte

146. Mrammel, Imad, Hezbollah learns Lessons from Gaza Conflict, Al-Monitor 28.11.2012; Al-Akhbar, Israeli Official warns Hezbollah against aiding Iran, 14.8.2012
147. Saad-Ghorayab, Amal, Iran Attack: Too big for Israel, al-Akhbar 20.8.2012; Cook, Jonathan, Striking Iran, Israel's War Wager, al-Akhbar 11.11.2011
148. Haaretz, Former Supreme Court Justice: Strike on Iran may endanger Future od Israel, 2.9.2012
149. Haydar, Ali, Israel's next War: beyond the Lebanon Front, al-akhbar 14.8.2012
150. Dbouk, Yahya, Israeli Media assess Hezbollah's Arms. Al-Akhbar 5.4.2013
151. Al-Mayadeen, limatha qarara Hizbullah al-tahdid bi-ihtilal al-jalil ? Isra'il tas'al wa tahawal al-ijaba, 5.6.2014; siehe auch Middle East Eye, Hezbollah capable of invading Israel says Israeli Official, 15.9.2014

Hassan Nasrallah die Möglichkeit eines Krieges gegen den Iran auf 10% ein, während die Möglichkeit vor dem Juli-Krieg von 2006 bei 90% gelegen habe. Die Hizbollah schätzt, dass jeder neue Krieg zu einer weiteren strategischen Schwächung Israels führen wird. Im Herbst 2011 erklärte Hassan Nasrallah, nachdem er angekündigt hatte, dass der Widerstand seine Raketenangriffe bei der nächsten militärischen Auseinandersetzung auf Tel Aviv konzentrieren werde, dass der Widerstand fähig ist, eine völlig neue Realität in der Region zu schaffen. »Ich spreche zu euch als jemand, der sich über die Fähigkeiten des Widerstands voll bewusst ist, und ich verspreche, das nächst Mal werden wir uns nicht damit begnügen, der israelischen Armee ›die Knochen zu brechen‹, wir werden ›ihre Knochen pulverisieren, bis nichts mehr übrig ist.‹ Er betonte, dass der Widerstand ›viele, viele Überraschungen‹ für Israel bereit halte, die ›die politische Landkarte des Nahen Ostens verändern werden‹.«[152]

Der israelische Oberbefehlshaber Benny Gantz zeichnete auf der jährlichen Strategiekonferenz in Herzliya 2014 ein ausgesprochen düsteres Bild von der strategischen Lage des Landes. Als besonders große Bedrohung bezeichnete er die Hizbollah, der er eine größere militärische Macht zuschrieb als den meisten staatlichen Armeen weltweit. Die unter anderem durch das Engagement von Hizbollah-Kämpfern in Syrien gewachsene militärische Erfahrung sah er als »schlechte Nachricht« an, da Israel eines Tages damit konfrontiert sein werde. Auch die Entwicklungen in Syrien verhießen für Israel »kein gutes Ende« und es sei nach wie vor notwendig, den Iran daran zu hindern, Atomwaffen zu entwickeln.«[153]

152. Illeik, Hassan, Nasrallah: Tel Aviv will be first Target in future War, al-Akhbar 21.10.2011
153. Ahram Online, Hezbollah is stronger than most World Armies: Israel's Military Chief, 9.6.2014; siehe auch Ynet

6. Die Gaza-Kriege: Taktische Siege, strategische Niederlagen

»Gaza, das Sharpeville, das Guernica von Palästina, wird unser Saigon werden! Wir können uns keine Verzweiflung leisten!«(Haidar Eid)[154]

»Israel hat die Hauptlektion asymmetrischer Kriege nicht gelernt, dass nämlich der Starke dazu verurteilt ist, schwach zu werden, wenn er die Schwachen zu lange bekämpft.« (Marwan Bishara)[155]

Nach dem Juli-Krieg führte Israel drei weitere Kriege, jedes Mal gegen den belagerten Gaza-Streifen. Auch diese Kriege vermochte es nicht zu gewinnen und damit setzt sich die Tendenz von 2006 fort. Israel kann keine Kriege mehr führen, ohne selbst in einer Weise in Mitleidenschaft gezogen zu werden, wie es niemals zuvor der Fall war. Die Widerstandsorganisationen haben sich nach vielen Jahrzehnten der Konfrontation zu ernstzunehmenden militärischen Gegnern entwickelt. Unaufhörlich verbessern sie ihre Ausbildung, Ausrüstung und ihr militärisches Know-How. Dadurch konnten sie Israels Abschreckungsmacht untergraben. Hinzu kommt, dass jeder neue Krieg weltweit immer mehr Menschen aus Protest auf die Straßen bringt, die arabischen Länder destabilisiert und die internationale »Boykott-Desinvestment-Sanktionen (BDS)«-Kampagne verstärkt. Israel ist in eine Lage geraten, in der es, egal was es tut, immer verliert. Wenn es die Widerstandsorganisationen in seiner Nachbarschaft nicht angreift, lässt es zu, dass diese militärisch stärker und ihre Waffenarsenale immer größer werden. Greift es sie an, muss es neue Niederlagen, eine Verstärkung der internationalen Boykottbewegung und Aufruhr in der arabischen Welt befürchten.

Der Gaza-Krieg 2008/09

Israel konnte den Verlust seiner Abschreckungsmacht, die der Libanonkrieg bewirkt hatte, nicht hinnehmen. Zudem hatte die Niederlage im Libanon die Moral der israelischen Armee sehr stark beeinträchtigt sowie die aus dem Iran, Syrien und der Hizbollah bestehende »Achse des Widerstands« in gefährlicher Weise gestärkt. Da Israel gegen keine dieser drei Kräfte militärisch vorzugehen wagte, versuchte es das regionale Kräfteverhältnis wieder zu seinen Gunsten zu verschieben, indem es die

154. Eid, Haidar, Diary of an Israeli War, Aljazeera 21.7.2014
155. Bishara, Marwan, Netanyahu's Miscalculation: Bullish or foolish, Aljazeera 28.8.2014

schwächste Widerstandskraft in der Region angriff: den Widerstand im Gaza-Streifen. Am 27. Dezember 2008 begann der Krieg gegen den hermetisch abgeriegelten Streifen, in dem auch die neuen Taktiken und Waffensysteme, die infolge der Niederlage von 2006 entwickelt und eingeübt worden waren, getestet werden sollten.[156] 22 Tage lang wurde die eingesperrte und durch Jahre der Blockade geschwächte Bevölkerung einem erbarmungslosen Beschuss aus der Luft, von See und von Land ausgesetzt. Wie zuvor im Libanon wurden große Teile der zivilen Infrastruktur zerstört, inklusive Wohnhäuser, Krankenhäuser, Schulen und Fabriken. In diesem Krieg starben noch mehr Menschen als während des Libanon-Kriegs, obwohl er 10 Tage kürzer war: 1400, größtenteils Zivilisten, ein Drittel davon Kinder. Es gab über 5000 Verletzte.[157] Da der Widerstand im Gaza-Streifen nicht über die Fähigkeiten und Mittel des libanesischen Widerstands verfügte, musste Israel auf militärischer Ebene so gut wie keinen Preis zahlen. Dennoch verlor es auch diesen Krieg, da es ihm nicht gelang, seine erklärten und unerklärten Kriegsziele – die Unterbindung des Raketenbeschusses aus dem Streifen sowie den Sturz der Hamas-Regierung und ihre Ersetzung durch die servile Autonomiebehörde von Mahmoud Abbas – zu erreichen.[158] Stattdessen zahlte der zionistische Staat einen hohen politischen Preis für diesen Krieg, der schwerer wog als alle kurzfristigen taktischen militärischen Gewinne, die er bestenfalls erreichte. Sherine Tadros und Aiman Muhi-Eddin, die für den arabischen Fernsehsender *Aljazeera* in Gaza waren, vermittelten der Weltöffentlichkeit einen Eindruck von der Hölle, die die Bevölkerung durchlebte und durchbrachen so die von Israel verhängte Informationssperre. Die anhaltende und massive Bombardierung der Zivilbevölkerung in einem der am dichtest besiedelten Gebiet der Welt führte weltweit zu einem Aufschrei. Die internationale Solidaritätsbewegung mit Palästina machte einen großen Sprung und Israels Isolierung nahm spürbar zu. Das war wahrscheinlich der Grund dafür, warum Israel die letzte Phase des Krieges – die Invasion von Bodentruppen in die Städte des Gaza-Streifens – aussetzte. In allen fünf Kontinenten gingen Menschen in größerer Zahl als jemals zuvor auf die Straße, um gegen den Krieg zu protestieren und ihre Solidarität mit den Palästinensern zu bekunden. Am stärksten war die Mobilisierung in Europa und der arabischen Welt, aber auch in den USA, Lateinamerika, Asien und Afrika gab es große Demonstrationen mit über 100.000 Teilnehmern. In der Türkei ging sogar eine Million Menschen auf die Straße. In den arabischen Ländern führte der Krieg gegen den Gaza-Streifen zu einem solchen Aufruhr, dass er als Teil der direkten

---

156. Zu den Hintergründen siehe Rabbani, Mouin, Birth Pangs of a New Palestine, Middle East Report Online 7.1.2009

157. Vgl. Amnesty International. Israel/Gaza. Operation »Cast Lead«: 22 Days of Death and Destruction, London 2009; Human Rights Council, Report of the United Nations Fact-Finding Mission on the Gaza Conflict, 2009 (Goldstone-Report) unter: unispal.un.org/pdfs/AHRC1248.pdf; Palestinian Center for Human Rights, Targeted Civilians, A PCHR Report on the Israeli Military Offensive against the Gaza Strip (27 December – 18 January 2009), Gaza 2009

158. Rogers, Paul, After Gaza: Israel's Last Chance, Open Democracy 17.1.2009

Vorgeschichte der arabischen Aufstände von 2010 und 2011 betrachtet werden muss. Die Proteste beschränkten sich nicht auf Demonstrationen. In Kanada und den USA besetzten jüdische antizionistische Aktivisten mehrere israelische Konsulate, im Vereinigten Königreich (UK) besetzten Studenten zahlreiche Universitäten. Die Bewegung gegen den Gaza-Krieg entwickelte sich im UK zur größten Protestbewegung seit den 1970er Jahren. In Norwegen organisierten die Gewerkschaften einen Streik und es entstand eine Kampagne, die den Abzug der staatlichen Investitionen aus Israel forderte. 31% der norwegischen Bevölkerung äußerten Unterstützung für einen totalen Boykott Israels.[159] Auf Demonstrationen in Malaysia sprach der ehemalige Präsident Mahatir Muhammad und forderte zum Boykott israelischer und US-amerikanischer Waren auf. In Afghanistan und Indonesien trugen sich Hunderte von Freiwilligen in Listen für den »Jihad« in Palästina ein. Weltweit griffen Hacker die offizielle israelische Internetstruktur an und konzentrierten sich dabei, wie *Haaretz* berichtete, auf die Webseiten der Regierung. An diesen Hackerangriffen war mindestens eine halbe Million Computer beteiligt, unter anderem konnte die Seite des israelischen Heimatfront-Kommandos für drei Stunden lahm gelegt werden.[160] Venezuela, Bolivien, Qatar und Mauretanien brachen ihre diplomatischen oder ökonomischen Beziehungen zu Israel ab oder setzten sie vorübergehend aus. Die EU setzte die Verhandlungen über die Aufwertung der Beziehungen mit Israel im Rahmen des EU-Assoziierungsabkommens aus.

Diese globale Mobilisierung der Solidarität mit Palästina war einmalig und markierte einen Wendepunkt. Der US-Historiker und Vietnam-Experte Gabriel Kolko verglich sie mit den weltweiten Protesten gegen den Vietnam-Krieg in den 1970er Jahren. Der palästinensische Theoretiker Munir Schafiq war sprachlos: »So etwas ist bisher [noch] keiner Revolution, nationalen Befreiungsbewegung, antirassistischen oder Antiglobalisierungs-Bewegung passiert, und es war bis jetzt auch nicht die Erfahrung der Palästinenser. Die Fahne Palästinas und die palästinensische Kuffiya als Symbol haben die fünf Kontinente überschwemmt. Hamas, der palästinensische Widerstand und die Palästina-Frage sind zu internationalen Symbolen geworden … Daraus lässt sich schließen, dass die Aggressoren die Medien-, Moral- und Meinungsschlacht verloren haben, nicht nur auf palästinensischer, arabischer und islamischer Ebene, sondern auch im Westen, im Osten, im Norden und im Süden.«[161]

Nur wenige Jahre zuvor hatte Edward Said noch beklagt, dass die Palästina-Frage nicht in der gleichen Weise wie der südafrikanische Anti-Apartheidkampf von der Weltöffentlichkeit als gerechte Sache aufgegriffen und Israels Politik nicht als Kolonialpolitik identifiziert wurde.[162] Doch jetzt zeigte sich, dass sich der Blick

159. Tariq Ali/Stop the Gaza Massacre Rally in London/8 January 2009, Youtube eingestellt am 9.1.2009
160. Pfeffer, Anshel, Israel suffered massive Cyber-Attack during Gaza Offensive, Haaretz 15.6.2009 unter: www.haaretz.com/hasen/spages/1093052.html
161. Shafiq, Munir, Al-harb 'ala Gaza watadaiyatiha, Aljazeera Studienzentrum, Doha, o.J.
162. Vgl. Said, Edward, Thinking about Israel, Al-Ahram Weekly Issue No.532 3-9 Mai 2001;

auf Israel seit dem Beginn der zweiten Intifada in einem langsamen aber stetigen Prozess, der über weite Strecken unbemerkt verlief, verändert hatte. Mit dem Krieg gegen den Gaza-Streifen setzte sich in Bezug auf Israel international auch ein neues Vokabular durch: Apartheid, Ethnokratie, Siedlerkolonialismus. Der Krieg führte zum Durchbruch der internationalen Boykott-Desinvestment-Sanktionen-Kampagne, die 2005 initiiert worden war und von 170 palästinensischen Organisationen unterstützt wird. In Frankreich und dem UK organisierten Aktivisten Go-ins in Supermärkten, in denen sie, Parolen rufend, israelische Waren aus den Regalen entfernten und in kurzen Reden an die Konsumenten die Notwendigkeit eines Boykotts erklärten. Besonders in Frankreich griff diese Art von Aktionen wie ein Lauffeuer um sich. Ali Abunimah, einer der Betreiber der *Electronic Intifada* schrieb nach dem Krieg einen Artikel mit dem Titel »Warum Israel nicht überleben wird«, in dem er ausführte: »Israel begann sein Massaker mit der vollen Unterstützung seiner westlichen ›Freunde‹. Dann passierte etwas Erstaunliches. Trotz der offiziellen Unterstützungserklärungen, trotz der Zensur in den Medien, trotz der geölten israelischen Hasbara/Propaganda-Kampagne gab es eine massive, beispiellose öffentliche Mobilisierung in Europa und sogar in Nordamerika, die Empörung ausdrückte. Gaza wird wahrscheinlich als der Wendepunkt angesehen werden, an dem die israelische Propaganda ihre Macht verloren hat, zu täuschen, zum Schweigen zu bringen und einzuschüchtern, wie sie es so lange getan hat. Sogar der Nazi-Holocaust, der schon lange von Zionisten eingesetzt wird, um Israels Kritiker zum Schweigen zu bringen, wird zu einer Belastung; einst unvorstellbare Vergleiche sind nun täglich zu hören. Jüdische und palästinensische Akademiker verglichen Israels Aktionen in Gaza mit dem Nazimassaker im Warschauer Getto. Ein Kardinal aus dem Vatikan sprach von Gaza als einem ›riesigen Konzentrationslager‹. Das Mitglied des UK-Parlaments, Gerald Kaufmann, einst ein überzeugter Zionist, erzählte dem House of Commons: ›Meine Großmutter lag krank im Bett, als die Nazis in ihre Heimatstadt Staszow [Polen] kamen. Ein deutscher Soldat erschoss sie in ihrem Bett‹, und er fügte hinzu: Meine Großmutter ist nicht gestorben, um israelischen Soldaten, die palästinensische Großmütter in Gaza ermorden, einen Deckmantel zu liefern.«[163]

Am stärksten waren die Proteste in der arabischen Welt. Seit dem Beginn des Krieges am 27. Dezember 2008 demonstrierten dort Millionen von Menschen. Wie bereits während des Libanon-Krieges richteten sich die Araber nicht nur gegen Israel und die USA, sondern auch gegen ihre kollaborierenden einheimischen Regime. In Jordanien, Algerien, Ägypten und dem Libanon kam es wiederholt zu Auseinandersetzungen mit der Polizei, weil diese die Demonstranten nicht bis zur israelischen oder US-amerikanischen Botschaft gehen lassen oder die Demonstrationen ganz verhindern wollte. Jordanien und Kuwait erlebten die größten Demonstrationen ihrer Geschichte. Die Mobilisierung in den arabischen Ländern umfasste alle Teile

163. Abunimah, Ali, Why Israel won't survive, Electronic Intifada 19.1.2009

der Gesellschaft und die gesamte Opposition. Es beteiligten sich Berufs- und Studentenverbände, Arbeiterorganisationen, Künstler und Intellektuelle und – speziell in den Golfstaaten – ausländische Arbeitskräfte. Das politische Spektrum reichte von Islamisten über Nasseristen bis zur Linken und überschritt die konfessionellen Grenzen, die seit dem Krieg gegen den Irak die arabischen Gesellschaften teilweise gespalten hatten. Dem irakischen Intellektuellen Baschir Musa Naf'a zufolge war sich die irakische Bevölkerung erstmals seit der Besetzung ihres Landes wieder in einer Sache einig: der Solidarität mit den Palästinensern und der Ablehnung der zionistischen Kriegs- und Kolonialpolitik. Ironischerweise fand der mit Hilfe der USA an die Macht gekommene irakische Präsident Nuri al-Maliki deutlichere Worte gegen den Gaza-Krieg als die meisten seiner arabischen Kollegen. Fünf irakische Widerstandsorganisationen kündigten am 8. Januar 2009 in einer Erklärung eine »Gaza-Kampagne« an. Der irakische schiitische Geistliche Muqtada Sadr rief dazu auf, den Angriff auf den Gaza-Streifen mit einer Intensivierung des Kampfes gegen die USA im Irak zu beantworten. Auch der afghanische Widerstand kündigte eine Verstärkung der Angriffe auf die US-Truppen im Land an. Al-Qaeda reagierte gleichfalls auf den Zorn der arabischen Bevölkerung, indem sie zu Angriffen auf israelische und US-amerikanische Ziele aufrief.

Das ägyptische Regime, das sich an der Blockade des Gaza-Streifens beteiligte, geriet besonders stark unter Druck. Im Libanon wurde die ägyptische Botschaft angegriffen und im Jemen sogar gestürmt. In Ägypten, wo das innenpolitische Klima ohnehin sehr angespannt war, waren die Proteste besonders stark und heizten die Lage weiter an. Das Regime verhängte faktisch einen Belagerungszustand über Kairo, wo jede Demonstration sofort von der Polizei angegriffen wurde und deswegen nur selten aus mehr als wenigen Tausend Menschen bestand. In der Provinz jedoch waren Demonstrationen mit mehreren Hunderttausend Teilnehmern keine Seltenheit. Die US-Botschaft in Kairo wies darauf hin, dass dies die größten Demonstrationen seit dem Irak-Krieg 2003 waren: »Im ägyptischen Kontext, wo Demonstrationen selten über 10.000 Teilnehmer hinausgehen, waren die anhaltenden großen Demonstration in den letzten Wochen höchst ungewöhnlich.« Besonders beunruhigend fanden die US-Diplomaten, dass der Gaza-Krieg vor allem unter jungen Ägyptern und in den unteren Klassen zu einer extrem anti-israelischen Stimmung führte, die sich in den enteigneten und brutal unterdrückten Palästinensern wiederfanden. Das Vorgehen der ägyptischen Polizei wurde mit dem der israelischen Armee verglichen, die verachtete ägyptische Regierung mit dem Staat Israel gleichgesetzt. Die Kluft zwischen Bevölkerung und Regime, die sich in den vorangegangenen Jahren nicht zuletzt aufgrund von dessen Außenpolitik stets weiter vertieft hatte, wurde nun unüberbrückbar. Mubarak und sein Regime wurden als »westliche Marionette,« »Handlanger« und als »moralisch bankrott« bezeichnet. Als leuchtendes Gegenbeispiel wurde die Hamas gesehen, nicht so sehr, weil sie islamistisch ist, sondern weil sie die Widerstandsoption verkörperte. Widerstand war der einzig gangbare Weg, das bestätigte sich – in ihren Augen – im Sieg der Hamas. Ein führendes Mitglied der herrschenden Nationaldemokratischen Partei klagte US-Diplomaten gegenüber über die Folgen dieser Stimmung: »Wenn die Hamas als Sieger betrachtet wird, wird das extrem schädlich für Gemäßigte hier sein … es gibt so viel Respekt für die Hamas, weil sie gegen Israels Kriegsmaschinerie aufgestanden ist und es ist schwierig für uns, damit zu konkurrieren.«[164] Die israelische Außenministerin Zipi Livni hatte zu Beginn des Krieges das Ziel formuliert, die Spielregeln in der Region ändern zu wollen. Das ist in der Tat gelungen – nur nicht in der Weise, die Israel und die USA sich vorgestellt hatten. Der Krieg gegen den Gaza-Streifen zur Jahreswende 2008/09 erzeugte in der Region eine Dynamik, die weitreichende Konsequenzen hatte. Die Aufstände von 2010 und 2011 waren unter anderem auch eine Spätfolge der israelischen und US-amerikanischen Kriegspolitik in der Region.

Der Gaza-Krieg von 2008/09 markierte auch in einer anderen Hinsicht einen historischen Wendepunkt: erstmals konnte eine von der UNO entsandte Kommission israelische Verbrechen untersuchen. Der Bericht der UN-Untersuchungskommission, der nach dem Leiter der Kommission Goldstone-Report genannt wird, wies nach, dass Israel zahlreiche Kriegsverbrechen und wahrscheinlich auch Verbrechen gegen die Menschlichkeit beging.[165] Das hatte nicht nur zur Folge, dass die israelischen Verbrechen der internationalen Öffentlichkeit in einem detaillierten Bericht zur Kenntnis gebracht wurden, sondern darüber hinaus viele hochrangige israelische Militärs nicht mehr selbstverständlich nach Europa reisen konnten, wo Aktivisten Haftbefehle gegen sie erwirkt hatten. In der Folgezeit mussten einige von ihnen, darunter der Verteidigungsminister Moshe Yaalon und die Justizministerin Zipi Livni Reisen insbesondere ins Vereinigte Königreich absagen, wenn sie nicht im Gefängnis landen wollten.

Der zweite Gaza-Krieg 2012: Raketen auf Tel Aviv

Die Gewalt gegen den Gaza-Streifen hörte nach dem Krieg von 2008/2209 nicht auf. Israel bombardierte Gaza regelmäßig, manchmal mehrere Tage hintereinander. Allein zwischen Januar 2012 bis zum Beginn der zweiten Militäroffensive im November tötete Israel dort 78 Palästinenser. Die Lehre, die die israelische Militärführung aus dem Krieg von 2008/2009 gezogen hatte, war, dass der palästinensische Widerstand militärisch nicht zu besiegen war, sondern nur durch regelmäßige Angriffe eingedämmt werden konnte. Der ehemalige Direktor für

---

164. Al-Akhbar, Gaza: Reverberations within Egypt, Embassy Cairo -1/20/2009, unter: www.english.al-akhbar. com/node/641

165. Goldstone-Report, unter: http://www2.ohchr.org/english/bodies/hrcouncil/docs/12session/A-HRC-12-48.pdf

strategische Planung im israelischen Militär, Shlomo Brom, der nach seinem Ausscheiden aus dem Militär zum »Institute for National Security Studies«, einem der wichtigsten israelischen Think Tanks ging, erklärte die neue Militärdoktrin folgendermaßen: »Letztlich gelangen Waffen nach Gaza und deswegen denke ich, die Lösung liegt nicht darin, Hamas daran zu hindern, diese Waffen zu haben – das ist nicht möglich.«

Die einzige Lösung sei »Abschreckung«: »Was ich mit Abschreckung meine, ist, der Hamas und anderen bewaffneten Gruppen klarzumachen, dass der Preis, den sie zahlen werden, den Nutzen, den sie aus dem Abschuss dieser Raketen ziehen, bei weitem übertreffen wird. Deswegen braucht man von Zeit zu Zeit eine Cast Lead-Operation.«[166] Umgangssprachlich wurde das als »mowing the lawn« – Rasenmähen – bezeichnet.

In den acht Kriegstagen von November 2012 tötete Israel fast 160 Palästinenser, während nur 5 Israelis ums Leben kamen. Die Lehren aus den vergangenen Kriegen ziehend, enthielt sich Israel der Verkündung konkreter Kriegsziele, um nicht am Ende wieder als Verlierer dazustehen. Relativ unkonkret wurde »Abschreckung« und die Durchsetzung von Frieden und Sicherheit für Israel zum Kriegsziel erklärt.[167] Offensichtlich ging es auch darum, die Waffenstillstandsverhandlungen mit der Hamas, die kurz vor dem Abschluss standen, zu sabotieren.[168] Wieder zerstörte Israel große Teile der zivilen Infrastruktur. Doch mittlerweile verfügte der Widerstand über Raketen größerer Reichweite, die er schon nach wenigen Tagen gegen das israelische Bevölkerungszentrum Tel Aviv sowie gegen Siedlungen im Großraum Jerusalem einsetzte. Der Raketenbeschuss Tel Avivs war ein Tabubruch. Abgesehen von vereinzelten Geschossen 1967 und vereinzelten irakischen Raketen, die während des 1. Golfkriegs auf die Stadt abgefeuert worden waren, war Tel Aviv noch nie in einen Krieg hineingezogen worden. Da Tel Aviv all die Jahrzehnte jenseits des Konflikts zu existieren schien, wird es als »Blase« bezeichnet. Die Raketen aus dem Gaza-Streifen brachten die Blase zum Platzen.[169] Während der acht Kriegstage feuerte der Widerstand aus dem Gaza-Streifen 1.500 Raketen auf Israel ab und ein Teil davon traf kontinuierlich Tel Aviv. Im Vergleich dazu hatte der palästinensische Widerstand während der 22 Tage andauernden »Operation Cast Lead« 2008/09 nur 600 Raketen abgefeuert und die meisten davon mit sehr kurzer Reichweite.[170] Das nach dem Libanon-Krieg installierte und mit US-Geldern finanzierte Raketenab-

166. Kenner, David, How Hamas is winning the Rocket War, Foreign Policy 16.11.2012
167. International Crisis Group, Israel and Hamas: Fire and Ceasefire in the New Middle East, Middle East Report No 133, 22.11.2012, S. 2
168. Knell, Yolande, Gaza: What is Israel's military Strategy, BBC 19.11.2012; Shatz, Adam, Why Israel didn't win, London Review of Books Vol. 34 No. 23, 6.12 2012
169. Vgl. Martin, Patrick, Rocket warnings the new normal on Tel Aviv's Beaches, The Globe and Mail 17.11.2012; Zonszein, Mairav, The Tel Aviv Bubble has burst – the Status quo should go too, + 972 Magazine 18.11.2012
170. Kenner, David, How Hamas is winning the Rocket War, Foreign Policy 16.11.2012

wehrsystem vermochte nur etwa ein Drittel der abgefeuerten Raketen abzufangen.[171] Die jüdisch-israelische Bevölkerung war schockiert und ebenso die israelische Führung, die sich bereits nach acht Tagen auf einen Waffenstillstand einließ, ohne irgend etwas erreicht zu haben.[172]

Der zweite Gaza-Krieg zeigte das neue Klima, das nach den Aufständen in der arabischen Welt entstanden war. Die neuen Machthaber in Tunesien und Ägypten solidarisierten sich mit den Palästinensern. Hochrangige Mitglieder der tunesischen und ägyptischen Regierung besuchten den Gaza-Streifen und Hunderte von ägyptischen Bürgern kamen, um ihre Solidarität zu bekunden. Auch die Libyer zeigten Unterstützung. In der gesamten Region fanden Solidaritätsdemonstrationen statt. Der arabische Antizionismus war nicht nur ein Problem für Israel und die USA, sondern auch für die Autonomiebehörde, die von den Bevölkerungen der arabischen Welt nicht mehr als Repräsentant der Palästinenser, sondern als Israels Kapo angesehen wird. Die Sympathien galten der Hamas, als der Kraft, die die Widerstandsoption verkörperte. Die Autonomiebehörde war wie Israel klarer Verlierer des arabischen Aufbruchs. Der Krieg stärkte den islamistischen Rivalen der Autonomiebehörde auf lokaler, regionaler und internationaler Ebene. Unter dem Druck der Bevölkerung musste Präsident Mahmoud Abbas nach dem Krieg der Hamas telefonisch zu ihrem »Sieg« gratulieren. Die Palästinenser waren überzeugt, dass es nur aufgrund des Widerstands keine Bodeninvasion gegeben hatte und dass es die israelische Regierung war, die auf einen schnellen Waffenstillstand drang und nicht der Widerstand. Die Bestimmungen des Waffenstillstands, der unter Einbeziehung der USA von Ägypten vermittelt wurde, zeigten das neue Kräfteverhältnis: Israel wurde verpflichtet, die extra-legalen Tötungen einzustellen, die den Krieg eingeleitet hatten und die Blockade des Gaza-Streifens schrittweise zu lockern. Die Hamas musste sich im Gegenzug dazu verpflichten, den Raketenbeschuss zu beenden bzw. zu unterbinden. Der zweite Gaza-Krieg beendete die internationale Isolation der Hamas. Die Besuche des ägyptischen Ministerpräsidenten sowie der tunesischen und türkischen Außenminister während des Krieges zeigten, dass eine neue Ära angebrochen war. Die USA und Israel akzeptierten – indirekt – die Hamas als Verhandlungspartner. Von den drei Bedingungen, die nach dem Wahlsieg der Hamas 2006 aufgestellt worden waren, bevor es Gespräche mit der Hamas geben könne, war keine Rede mehr.[173] Die jüdisch-israelische Bevölkerung war nicht sehr zufrieden mit dem Ausgang des Krieges: 70% waren gegen das Waffenstillstandsabkommen. Shaul Mofaz von der Kadima-Partei brachte auf den Punkt, was wohl

---

171. Rudoren, Jodi, Israel broadens its Bombing in Gaza to include Government Sites, New York Times 17.11.2012
172. Malka, Haim, Hollow Victory, Center for Strategic and International Studies, Washington D.C. December 2012
173. McGReal, Chris, Hamas emerges stronger from Gaza war after Israel-Ceasefire Deal, The Guardian 22.11.2012; Shatz, Adam, Why Israel didn't win. London Review of Books Vol. 34, No.23, 6.12.2012

viele Israelis dachten: »Die Ziele wurden nicht erreicht. ... Die Abschreckung wurde nicht wieder hergestellt. Es hat keine Lösung gegeben. Hamas hat genau das erreicht, was sie wollte.«[174]

Anders als nach dem ersten Gaza-Krieg unternahm der zionistische Staat in den folgenden Monaten so gut wie keine Bombardements. Ron Elmer zufolge war 2013 das für den Gaza-Streifen am wenigsten tödliche Jahr seit dem Beginn der ersten Intifada 1987.[175] Auch Israel erlebte, was den Raketenbeschuss angeht, das ruhigste Jahr in einem Jahrzehnt.[176]

Der dritte Gaza-Krieg im Juli/August 2014

Trotz des neuen Gefahrenpotenzials im Gaza-Streifen entschied sich Israel im Sommer 2014 zu einer neuen Militäroffensive gegen den belagerten Streifen. Nach den Erfolgen der arabischen Konterrevolution im Jahr zuvor und der damit verbundenen deutlichen Schwächung der Hamas glaubte Israel, leichtes Spiel zu haben. Die islamische Widerstandsorganisation hatte in den regionalen Kämpfen offensichtlich auf das falsche Pferd gesetzt, als sie sich von der »Achse des Widerstands« – dem Iran, Syrien und der libanesischen Hizbollah – trennte und sich statt dessen mit dem Emirat Qatar und der Muslimbruderschaft in Ägypten verbündete. Dieses Lager, das mit dem Segen der USA auf Befriedung und Kanalisierung der durch die Aufstände freigesetzten revolutionären Energie setzte, erhielt durch den Sturz des ägyptischen Präsidenten Mursi, der aus der Muslimbruderschaft kam und dem folgenden repressiven Militärregime einen schweren Schlag. Die Hamas verlor nicht nur ihren wichtigsten Verbündeten, sondern hatte auch unter der ausgesprochenen Feindseligkeit des neuen Regimes zu leiden, die sich in einer nahezu lückenlosen Zerstörung der Tunnel, die von Ägypten in den Gaza-Streifen führten, ausdrückte. Das Ausbleiben der Güter, die dem Gaza-Streifen unter den Bedingungen der Blockade das Überleben ermöglichten und der Ausfall der darauf erhobenen Steuern, mit denen die Hamas die Verwaltung finanzierte, hatten die Organisation in eine extrem schwierige Lage gebracht. Sie »versöhnte« sich im April 2014 mit der Autonomiebehörde in Ramallah und schickte sich an, ihr den Gaza-Streifen zu übergeben. Israel ging davon aus, dass es der geschwächten Hamas in dieser Situation einen entscheidenden Schlag versetzen könnte. Doch das israelische Kalkül erwies sich als falsch.[177]

Der Krieg begann nach Wochen eskalierender Auseinandersetzungen in der Westbank am 8. Juli 2014. Die »Operation Fels in der Brandung« sollte anfangs nur

174. Sherwood, Harriet, Israeli Government claims Mission accomplished – but Public sceptical, The Guardian 22.11.2012

175. New Left Project, A State of Play in Palestine: A Roundtable 23.12.2013

176. Rabbani, Mouin, Israel's »Operation Status Quo«: Preliminary Assessement, Jadaliyya 26.8.2014

177. Thrall, Nathan, Hamas' Chances, London Review of Books Vol. 36. No.16, 21.8.2014

eine begrenzte Militäroperation sein.[178] Schon nach einer Woche legte die ägyptische Regierung einen mit Israel abgesprochenen Vorschlag zu einem Waffenstillstand vor, der auf der von Israel verkündeten Formel »Friede gegen Friede« basierte. Doch der Widerstand im Gaza-Streifen lehnte ab und machte seinerseits einen Waffenstillstand von der Aufhebung der Blockade abhängig.[179] »Wir haben nur die Wahl zwischen einem langsamen Tod aufgrund der Blockade und einem schnellen Tod im Krieg«, charakterisierten die Bewohner des Küstenstreifens ihre Lage. Die Aufhebung der Blockade war für sie eine Frage des Überlebens und daher waren sie bereit, den blutigen Preis für den Versuch zu bezahlen, sie auf militärischem Weg zu erreichen[180].

Der Krieg wurde zu Israels blutigstem Krieg gegen Gaza. Mehr als 2.100 Menschen, größtenteils Zivilisten, wurden getötet, über 11.000 Menschen verletzt. Die Feuerkraft, die über dem Streifen niederging, war sehr viel größer als während »Operation Cast Lead« und die Zerstörungen waren verheerend. Ganze Stadtviertel wurden in Schutt und Asche gelegt.[181]

Gleichzeitig hielt der dritte Krieg gegen den Gaza-Streifen für Israel viele böse Überraschungen bereit und geriet zu einem Fiasko.[182] Wie während des Libanon-Krieges 2006 existierte keine Kenntnis über die neuen militärischen Fähigkeiten und Waffenarsenale des Widerstands. Nur wenige Wochen vor Beginn der Militäroffensive hatte Brigadegeneral Itai Brun vom militärischen Geheimdienst die Einschätzung präsentiert, dass die Hamas nur einige tausend Raketen mit einer Reichweite von 45 Kilometern und einige hundert Raketen mit der doppelten Reichweite in ihrem Besitz habe.[183] Nach dem Beginn der Operation zeigte sich jedoch sehr schnell, dass die Waffenarsenale sehr viel größer und besser waren, als Israel erwartet hatte. Israels Unkenntnis über den tatsächlichen Stand der militärischen Kapazitäten des Widerstand war eine nachrichtendienstliche Pleite, umso mehr, als der Gaza-Streifen eines der am besten überwachten Gebiete der Welt ist. Israel wusste auch über das Tunnelsystem in Gaza kaum etwas und auch nicht über den Aufenthaltsort der politischen und militärischen Führung der Widerstandsorganisationen.[184] Während

178. Auf Hebräisch wurde die Operation »Zuk Eitan – Fels in der Brandung« genannt. Für die internationale Öffentlichkeit bekam sie den englischen Namen »Protective Edge – Schutzrand«.

179. Albanese, Francesca, The deafening Silence around the Hamas Proposal for a 10-year Truce, Mondo Weiss 22.7.2014

180. Vgl. Electronic Intifada, No Ceasefire without Justice for Gaza, 22.7.2014

181. Zu den israelischen Kriegsverbrechen: Euro-Mid Observer for Human Rights, Indiscriminate Attacks and Deliberate Killing: Israel takes Revenge on Gaza by Killing Civilians, 30.10.2014 unter: euromid. org/en/article/625; Human Rights Watch, Israel: In-Depth Look at Gaza School Attacks 11.9.2014; Amnesty International, Families under the Rubble. Israeli Attacks on inhabited Homes, November 2014

182. Roth, Ariel Ilan, How Hamas Won. Israel's Tactical Success and strategic Failure, Foreign Affairs 20.7.1014; Rabbani, Mouin, Israel's »Operation Status Quo«: Preliminary Assessment, Jadaliyya 26.8.2014 Sharon, Assaf, Failure in Gaza, The New York Review of Books, 28.8.2014; Hussain, Jahanzeb, The Nature of Israel's Defeat, Middle East Eye 31.7.2014

183. Lake, Eli, Hamas has already won its Rocket War, The Daily Beast 16.7.2014

184. Eldar, Shlomi, Gaza Tunnels take IDF by Surprise, Al-Monitor, 20.7.2014; Editorial, IDF's worrisome Shortcomings revealed, Haaretz 1.8.2014

es ihm in den beiden vorher gegangenen Militäroperationen noch gelungen war, eine beträchtliche Anzahl dieser Führer zu ermorden, scheiterte dieses Vorhaben diesmal weitgehend. Offensichtlich war es dem Widerstand im Vorfeld des Krieges gelungen, die israelischen Spionageringe in Gaza größtenteils auszuschalten. Überrascht wurde Israel auch von den neu erworbenen militärischen Fähigkeiten und der hohen Kampfbereitschaft des Widerstands. Dieser hatte offensichtlich die Erfahrungen der Hizbollah im Juli-Krieg 2006 ausgewertet und auf Gaza angewendet. Als die israelische Armee in der zweiten Kriegswoche mit der Bodeninvasion begann, traf sie auf einen gut vorbereiteten und taktisch teilweise überlegenen Gegner. Der Vormarsch der israelischen Armee kam bereits in Schuja'iya, dem ersten Ort hinter der Grenze, den sie im Osten von Gaza erreichte, ins Stocken. Die israelische Armee geriet in einen Hinterhalt, bei dem mindestens 13 Soldaten der Eliteeinheit »Golani« getötet wurden und ein Soldat gefangen genommen wurde. Einer der beteiligten Offiziere berichtete hinterher in der *Haaretz* von seinen Erfahrungen: »Ich war vorher schon in Shuja'iyeh, aber ich habe es – oder die Hamas – noch nie so erlebt. Ihre Taktiken und Ausrüstung sind wie die der Hizbollah. Überall Raketenfallen und Sprengfallen - und sie bleiben da und kämpfen statt zu verschwinden wie in der Vergangenheit.«[185] Die Heftigkeit der Schlacht und die Höhe der Verluste schockierten Israels politische und militärische Führung. Von israelischen Militärexperten und arabischen und internationalen Kommentatoren wurden Vergleiche zum Libanon-Krieg von 2006 gezogen. Während des dritten Gaza-Krieges wurden nach israelischen Angaben insgesamt 66 Soldaten und 7 Zivilisten getötet und mehr als 1.600 Soldaten verletzt. Im Vergleich dazu gab es während der »Operation Cast Lead« nur zehn Tote, darunter sieben Soldaten.[186] Im Pentagon, das zwei Mal täglich Berichte über den Verlauf der Operation machte, gab es eine Reihe von Militärs, die den Taktiken des israelischen Militärs während der Bodeninvasion sehr skeptisch gegenüberstanden.[187] Zbigniew Brzeziński warf Netanjahu sogar vor, durch den Krieg die Zukunft Israels zu gefährden.[188] Wie in den Militäroperationen zuvor gelang es Israel nicht, den Raketenbeschuss zu unterbinden. 50 Tage lang beschoss der Widerstand, unterbrochen nur von einem mehrtägigen Waffenstillstand, kontinuierlich israelisches Territorium. Die Raketen erreichten Hadera und Haifa im Norden des Landes, die über 100 Kilometer vom Gaza-Streifen entfernt sind und Bir Sab'a/Beersheva und Dimona im Süden des Landes. Der größte Teil des Beschusses richtete sich gegen die direkt an Gaza angrenzenden Orte wie Sderot, Asdod und Aschkelon. Jeden Tag gingen 70-120 Raketen auf Israel nieder, von denen etwa ein Drittel vom Raketenabwehrsystem

185. Abunimah, Ali, Israel is being defeated in Gaza as it was in Lebanon, Electronic Intifada 22.7.2014
186. Sabra, Adam, Gaza: A turning Point? Aljazeera 25.7.2014
187. Perry, Mark, Why Israel's Bombardement of Gaza Neighborhoods left US Officers »stunned«, Aljazeera 27.8.2014
188. CNN, Brzezinski: Netanjahu »making a very serious Mistake«, 21.7.2014

»Iron Dome« abgefangen wurde.[189] Die Bewohner der Grenzgebiete zum Gaza-Streifen verließen ihre Wohnorte in großer Zahl, schon in der ersten Kriegswoche mussten 300 Familien aufgrund von physischem und psychologischem Schock aus dem Gebiete weggebracht werden und in den folgenden Wochen flohen 70% der Bewohner.[190] Auch Tel Aviv wurde aus seiner Normalität gerissen. Die Raketen richteten dort zwar nur geringen Schaden an, aber die tägliche Routine wurde mehrmals am Tag durch Luftalarm unterbrochen und die israelische Bevölkerung musste sich in Schutzräume flüchten. Zu den größten Erfolgen des Widerstands gehörte, dass es ihm gelang, den Flughafen von Tel Aviv, über den 90% von Israels internationalem Flugverkehr abgewickelt werden, eineinhalb Tage lang lahmzulegen und zwei Soldaten gefangen zu nehmen. Der Widerstand behielt während des gesamtes Krieges die Initiative. Er trug den Krieg mittels der angelegten Tunnel auf israelisches Staatsgebiet, drang in militärische Stützpunkte und tötete Soldaten oder beschoss Militärjeeps.[191] Angesichts des für sie nicht besonders gut verlaufenden Krieges definierte die israelische Führung die Kriegsziele immer wieder neu. Dieses Hin-und Her-Springen erinnerte an den Libanon-Krieg von 2006 und auch die Tatsache, dass Israel fortlaufend größere Mengen an Reservisten einzog, so dass die Zahl der gegen Gaza eingesetzten Soldaten schließlich 80.000 betrug. Zu diesem Zickzack-Kurs der Regierung trugen nicht zuletzt die heftigen Widersprüche innerhalb der Regierungskoalition bei, die sich während des Krieges zeigten. Während Ministerpräsident Netanjahu und Verteidigungsminister Moshe Yaalon nur begrenzte Ziele erreichen wollten, drangen die Minister der extremen Rechten, Avigdor Lieberman und Naftali Bennett, auf die Zerschlagung der Hamas bzw. die Entwaffnung des Streifens, auch wenn das seine Wiederbesetzung bedeuten würde. Diese Option wurde tatsächlich in Betracht gezogen. Doch das israelische Militär erklärte dem Kabinett, dass die Wiederbesetzung von Gaza Hunderten von israelischen Soldaten und Tausenden von palästinensischen Zivilisten das Leben kosten würde. Zudem würde es fünf Jahre dauern, den Streifen von der »terroristischen Bedrohung« zu »säubern«.[192] Avigdor Liebermans »Israel Beitenu«-Partei zog sich während des Krieges wegen der Konflikte aus der Koalition mit Netanjahus Likud-Partei zurück, Ministerpräsident Netanjahu entließ den stellvertretenden Verteidigungsminister

---

189. Vgl. Erlanger, Steve; Kershner, Isabel, Israel and Hamas trade Attacks as Tensions rise, New York Times 8.7.2014; Ynet, Heavy Gaza Rocket Barrage: Direct Hit on Vehicle in Ashdod, 10.7.2014; Raghavan, Sudarsan; Booth, William; Eglash, Ruth, Israel concentrates Incursion along Gaza Border as Netanyahu warns of »Expansion«, Washington Post 18.7.2014; siehe auch Talbot, David, Israeli Rocket System is failing at crucial Task, MIT Technology Review 10.7.2014

190. Shuttleworth, Kate, Israel Fear Levels rise as Rockets fall, Deutsche Welle 13.7.2014; Hasson, Nir, Gaza Border Towns all but abandoned with 70% of Residents relocating, Haaretz 25.8.2014

191. Abunimah, Ali, Daring and lethal Palestinian Raids from Gaza sap Israeli Morale, Electronic Intifada 30.7.2014

192. Der Standard, Geheimdienstminister: Israel erwog Wiederbesetzung von Gaza, 27.8.2014; Sharon, Itamar, Cabinet told purging of Gaza and Terror would take 5 Years, cost hundreds of Soldiers' Lives, Times of Israel 6.8.2014

Danny Ayalon. Ein weiterer früher Hinweis darauf, dass der Krieg für Israel nicht besonders gut verlief, war die Tatsache, dass sich erstmals Reservisten in größerer Zahl weigerten, der Einberufung Folge zu leisten.[193]

Wahrscheinlich wäre der Schock in Israel über den Kriegsverlauf und die vielen offenbar werdenden Mängel des israelischen Militärs noch größer gewesen, wenn Israel nicht bereits 2006 im Libanon eine ähnliche Erfahrung gemacht hätte.[194] Die Bedeutung der Misserfolge und Mängel des israelischen Militärs in diesem Krieg war indessen noch größer als 2006. Denn der Krieg von 2014 wurde gegen einen sehr viel schwächeren Gegner als die Hizbollah geführt. Die Hamas musste zudem auf einem ungünstigen Terrain unter schlechten Bedingungen operieren. Das israelische Militär hatte nach der Niederlage von 2006 über eine Milliarde Schekel in das Training ihrer Soldaten gesteckt, ohne deren Fähigkeiten wesentlich zu verbessern.[195]

Israel konnte keines seiner Kriegsziele erreichen. Im Gegenteil wurde seine Abschreckungsmacht noch stärker untergraben als während des Libanon-Kriegs von 2006. Eine anonyme Quelle aus dem israelischen Militär erklärte gegenüber dem Journalisten Ben Caspit Mitte August: »Strategisch betrachtet erlitt der Staat großen Schaden. Israels Verteidigungsdoktrin, die von Israels erstem Ministerpräsident David Ben-Gurion formuliert wurde, basiert auf einfachen Prinzipien: ein entscheidendes Ergebnis, schnelle Verlagerung des Kampfes auf das Territorium des Feindes und Abschreckung.« Von diesen Prinzipien sei fast nichts übrig geblieben. Am schwerwiegendsten sei, dass die Operation geendet habe, ohne die Abschreckungsmacht wiederhergestellt und die Hamas besiegt zu haben. Es sei nicht einmal zu einer wirklichen militärischen Konfrontation zwischen der israelischen Armee und der Hamas gekommen. »Israel ließ sich auf Gefechte mit der Hamas in Gebieten ein, die äußerst günstig für die Organisation waren. Es entschied sich, eine wirkliche Bodenoperation ... tief in den Gaza-Streifen hinein, die dem Kern der Hamas-Hochburgen einen Schlag versetzt hätte, aufzugeben.«

Statt dessen habe sich die Regierung für Verhandlungen entschieden und damit ein weiteres »heiliges Prinzip« Israels verletzt, nämlich nicht mit »Terroristen« zu verhandeln.[196]

Die Tatsache, dass ein relativ schlecht ausgerüsteter und unter ungünstigen Bedingungen operierender Widerstand der regionalen militärischen Supermacht 50 Tage standzuhalten vermochte, erschütterte die jüdisch-israelische Bevölkerung. Der liberale Zionist MJ Rosenberg aus den USA erklärte: »Israelis erwachen mit der Erkenntnis, dass Israels Sicherheit eine Illusion ist, wenn es der Hamas gelingt, nach sieben Wochen immer noch zurückzuschlagen. Das ist ein unglaublicher Sieg

---

193. Even Or, Yael, We are Israeli Reservists and we refuse to serve, Washington Post 23.7.2014
194. Crowley, Michael, Israelis unhappy to see world-class Military »surprised« again, Time 6.8.2014
195. Zitun, Yoav, IDF spent NIS 1,3 billion in Training leading up to Protective Edge, Ynet News 20.7.2014
196. Caspit, Ben, Israel lost on all Fronts of the Gaza War, Al-Monitor 19.8.2014

für die Hamas. Indem sie demonstriert, dass sie das israelische Leben unterbrechen kann, wann immer sie will, erschüttert sie Israel bis ins Innerste.«

Weiter meinte er: »In der Geschichte Israels ... war nichts so desaströs für Israel wie dieser Krieg. Hamas hat schon jetzt erreicht, was keine arabische Armee jemals tat. Sie zerstörte die Illusion, dass die Israelis in Tel Aviv weiterhin Party machen können ohne einen Gedanken an die Menschen, die einige Kilometer entfernt zermalmt werden. Die Party ist vorbei.«[197]

International führte der Krieg wieder zu einer sehr starken Mobilisierung gegen Israel, die das Ausmaß der Proteste während der »Operation Cast Lead« (»Gegossenes Blei«) noch übertraf. Hunderttausende von Menschen gingen kontinuierlich auf die Straße, besetzten Regierungsgebäude, im Ausland produzierende israelische Rüstungskonzerne und Supermärkte, die israelische Waren verkauften.

Im südafrikanischen Cape Town fand mit 200.000 Teilnehmern die größte Demonstration seit dem Ende der Apartheid 1994 statt. In London demonstrierten 150.000 Menschen. Der Stadtrat von Dublin forderte Sanktionen gegen Israel. In Belfast und anderen irischen Städten wurde es beliebt, palästinensische Flaggen auf Wohnhäusern zu hissen, die Rollos von Läden oder Privathäusern in den palästinensischen Farben oder mit palästinensischen Motiven zu bemalen. In Schottland hissten viele Städte und Kommunen die palästinensische Flagge auf dem Rathaus, unter anderem in Glasgow. Riesige Demonstrationen fanden auch im Jemen, in Jordanien, Malaysia, Pakistan und Bangladesch statt. In Frankreich wurden Solidaritätsdemonstrationen nach Zusammenstößen zwischen Zionisten und Antizionisten verboten, aber weiterhin gingen Menschen landesweit auf die Straßen. In Kaschmir gab es tägliche Demonstrationen, die sich zu Straßenschlachten entwickelten, in deren Verlauf mindestens ein Mensch getötet wurde. Die *New York Times* berichtete, dass bis zum 21. Juli der hashtag #Gaza under attack in fast 4 Millionen Twitter-Beiträgen erwähnt wurde, während der Hashtag #Israel under fire mit 170.000 Erwähnungen weit dahinter zurück blieb.[198] In einem Maß wie niemals zuvor äußerten sich weltweit Künstler, Intellektuelle und Politiker kritisch gegenüber Israel und bekundeten ihre Solidarität mit den Palästinensern. Der italienische Philosoph Gianni Vattini rief zu einer Spendenkampagne für die Hamas auf, damit diese bessere Raketen kaufen könne. Der britische liberale Abgeordnete David Ward schrieb am 22. Juli auf Twitter: »Die große Frage ist: Würde ich eine Rakete abfeuern, wenn ich in Gaza lebte? Wahrscheinlich Ja« und handelte sich damit ein Disziplinarverfahren ein.[199] Besonders auffällig war diese neue Solidarität mit den Palästinensern in den USA, wo ein Damm gebrochen schien. Der populäre US-Komödiant Jon Stewart behandelte den Gaza-Krieg in seiner Show und

197. MJ Rosenberg, The Hamas Victory, 26.8.2014, unter: mjrosenberg.net/2014/08/26/the-hamas-victory/
198. Abu Khalil, As'ad, Western Standards of Palestinian Resistance. Al-Akhbar 22.7.2014
199. Haaretz, Tepid Apology by British MP for Tweet condoning Gaza Rockets, 23.7.2014

richtete sich dabei gegen Israel. Zu den Stars, die Solidarität mit Gaza bekundeten und Israel kritisierten gehörten unter anderem Jonathan Demme, Tori Amos, Rob Schneider, Kim Kardashian, Mark Ruffalo, Anthony Bourdain, Roger Waters, die NBA-Stars Dwight Howard und Amare Stoudemire, Italiens Torwart Gianluigi Buffon, D.C. Hughley, Mia Farrow, Whoopi Goldberg und Annie Lennox. Dieser Stimmungsumschwung ist nicht nur eine Reaktion auf die wiederholten israelischen Blutbäder im Gaza-Streifen, er markiert auch einen Generationenwechsel, der mit einem Verblassen der Erinnerungen an den Zweiten Weltkrieg verbunden ist.[200] In Spanien verurteilten 100 Künstler, darunter Penelope Cruz, Javier Barmea und Pedro Almodovar, das israelische Blutbad in Gaza, dass sie als »Genozid« bezeichneten. Der türkische Ministerpräsident erhob denselben Vorwurf. Die brasilianische Präsidentin Dilma Roussef und das französische Außenministerium bezeichneten den Krieg als »Massaker.«[201] Innerhalb weniger Wochen unterzeichneten 1,6 Millionen Menschen weltweit eine Petition des internationalen Online-Netzwerks Avaaz, die den niederländischen Pensionsfund ABP, die britische Barclays Bank, den weltweit operierenden Sicherheitskonzern G4S, den französischen Infrastrukturkonzern Veolia und die US-Konzerne Hewlett-Packard und Caterpillar aufforderten, die Zusammenarbeit mit der israelischen Besatzung bzw. ihre Beteiligung an den Verstößen gegen die Menschenrechte der Palästinenser zu beenden.[202] Auch der ehemalige stellvertretende britische Premierminister John Prescott und der ehemalige französische Ministerpräsident Dominique de Villepin äußerten sich Israel gegenüber sehr kritisch.[203] Israels ehemaliger Botschafter in den USA, Michael Oren, bezeichnete die mangelnde internationale Unterstützung für Israel und dessen negatives Image als Hauptgrund für die Unmöglichkeit, die Militäroperation in dem Maße zu eskalieren, die nötig sei, um die Hamas zu entwaffnen.[204]

Eine weitere durch den Gaza-Krieg angestoßene wichtige Entwicklung war die Wiederbelebung des Widerstands in der Westbank. Dort fanden die größten Demonstrationen seit dem Beginn der zweiten Intifada statt. Darüber hinaus markierte der dritte Gaza-Krieg die Wiederbelebung des bewaffneten Kampfes in der Westbank. Die Unterstützung der Hamas erreichte neue Dimensionen. Die Autonomiebehörde geriet in eine äußerst kritische Lage. An Kundgebungen zur

200. Kennedy, Dana, Why young Hollywood is more willing to question Israel's Policies, The Hollywood Reporter 26.7.2014; siehe auch Bennis, Phyllis, Why opposing the Israel Lobby is no longer political Suicide, The Nation 15.7.2014
201. BDS Movement, Round-up: ; Marusek, Sarah, Breaking a Culture of Silence, Public figures increasingly voice Support for Palestinian Rights, Middle East Monitor 1.8.2014; JTA, 100 Spanish Celebrities accuse Israel of Genocide in Gaza, 29.7.2014
202. Tutu, Desmond, My Plea to the People of Israel: Liberate Yourselves by Liberating Palestine, Haaretz, 14.8.2014
203. Prescott, John, Israel' Bombardement of Gaza is a War crime – and it must end, Mirror 26.7.2014; De Villepin; Dominique, Lever la voix au face du massacre perpétué à Gaza, Le Figaro 31.7.2014
204. Shinkman, Paul E., Diplomat; Israel Bankrupt of World Support, US News 11.8.2014

Unterstützung des Widerstands beteiligten sich Tausende, während es bei Kundgebungen zur Unterstützung der Autonomiebehörde nur einige Dutzend waren. Sogar innerhalb der al-Fatah nahmen die Stimmen zu, die eine Rückkehr zum bewaffneten Kampf forderten. Mahmoud Abbas, der zu Beginn des Krieges den Raketenbeschuss noch kritisiert hatte, wurde erst ganz still und machte dann zusammen mit den anderen Mitgliedern der »Oslo-Fraktion« eine Kehrtwendung um 180 Grad. Er begann den Widerstand zu preisen.[205] »Der Widerstandsdiskurs – al-Muqawama – ist jetzt der dominante in Palästina und er überschreitet die Spaltung der Parteien oder die müde Diskussion über nutzlose ›Friedensgespräche‹, die für die Palästinenser nichts erreicht haben außer Gebietsverlusten, politische Spaltung und viele Demütigungen. Diese Stimmung hallt in der Westbank nach,« schrieb der Journalist Ramzy Baroud Ende August 2014.[206] Eine Umfrage des »Palestine Center for Policy and Survey Research (PCPSR)« nach dem Ende des Krieges ergab, dass 61% der Palästinenser Ismail Haniyeh von der Hamas wählen würden und nur 32% Mahmoud Abbas. 94% waren zufrieden mit der militärischen Leistung des Widerstands und 79% sagten, dass die Hamas den Konflikt gewonnen habe. 72% würden die Ausweitung des bewaffneten Kampfes auf die Westbank unterstützen und 53% hielten diesen für den effektivsten Weg, um einen palästinensischen Staat zu erlangen.[207]

In Israel hingegen brach nach dem Ende des Krieges der Katzenjammer aus. Eine Umfrage der *Jerusalem Post* kurz nach der Verkündung des Waffenstillstands ergab, dass 54% der jüdischen Israelis glaubten, Israel habe den Krieg verloren.[208] Ende August mussten Kürzungen im Staatshaushalt beschlossen werden, um die hohen Kosten der Militäroperation von 50 Millionen Dollar am Tag zu decken. Die Budgets aller Ministerien außer dem Verteidigungsministerium wurden um 2% reduziert. Das könnte die sozialen Spannungen in Israel, die sich im Sommer 2011 in großen Demonstrationen ausgedrückt hatten, weiter verschärfen. Der Krieg schädigte Israels Wirtschaft in großem Maße. Die Einnahmen aus dem Tourismus, einem der Pfeiler der israelischen Ökonomie, der etwa 110.000 Menschen beschäftigt und 5 Milliarden Dollar im Jahr einbringt, gingen drastisch zurück. Die Anzahl der ausländischen Touristen sank verglichen mit dem Vorjahr im Juli 2014 um 600.000. Im August kamen 36% weniger Touristen nach Israel als 2013. Die Hotels hatten 24% weniger Gäste, so dass der Hotelsektor von der größten Krise seit einem

205. Vgl. Abukhater, Jalal, The Palestinian Authority stands in the Way of the Palestinian Struggle, Electronic Intifada 12.7.2014; Othman, Orouba, Fatah's sudden volte-face, al-Akhbar 23.7.2014; Hearst, David, Mahmoud Abbas' Epiphany over Gaza, Middle East Eye 25.7.2014
206. Baroud, Ramzy, Netanyahu versus Abu Ubaydah: On Victory and false Victory, Middle East Eye 28.8.2014; Baskin, Gershon, The West Bank may be on the Verge of exploding, +972 Magazine 18.8.2014; Deger, Allison, The West Bank Insurrection, Mondo Weiss 10.8.2014
207. Global Research News, Special Gaza War Poll, September 2014 unter: www.globalresearch.ca/special-gaza-war-poll/5404857
208. Baroud, Ramzy, Losing the Plot: Israel's Premier to face new Gaza Reality, Middle East Eye 8.9. 2014

Jahrzehnt sprach. Das israelische Tourismusministerium schätzte die Verluste auf über 544 Millionen Dollar. Auch die Industrieproduktion, die Konsumausgaben und die ausländischen Direktinvestitionen wurden durch den 50-tägigen Krieg in Mitleidenschaft gezogen. 3000 israelische Unternehmen und Landwirtschaftsbetriebe forderten von der Regierung Entschädigung für die Kriegsschäden.[209] Hinzu kommen die Kosten, die der sprunghafte Anstieg des internationalen Boykotts verursachte. Die israelische Zentralbankchefin schätzte im August 2014, dass der Krieg Israel einen halben Prozentpunkt des Wirtschaftswachstums kosten würde und sprach von einem »definitiven Konjunkturabschwung.« Die Zentralbank senkte ihren Leitzins auf ein Rekordtief von 0,25%, um mit einer Politik des billigen Geldes die Wirtschaft wieder anzukurbeln. Außerdem hatte der Krieg zur Folge, dass Israel die geplante Begrenzung der Neuverschuldung auf 3% für das Jahr 2014 und 2,5% für 2015 nicht einhalten konnte. Stattdessen wurde für 2014 mit einer Neuverschuldung von 3% und für 2015 sogar von 4% gerechnet. Damit kann auch das Ziel, den Schuldenberg von 67,4% der Wirtschaftsleistung bis zum Ende des Jahrzehnts auf 60% zu reduzieren nicht mehr erreicht werden.[210] Die israelischen Machthaber kamen zu dem Ergebnis, dass sie sich weitere Kriege dieser Art nicht leisten können und begannen ihre Strategie verändern. Die nach dem Gaza-Krieg von 2008/09 entwickelte Strategie der regelmäßigen Kriege gegen Gaza war offensichtlich gescheitert. Die Konsequenz daraus war, dass Israel den Widerstand gegen die »Versöhnung« zwischen Fatah und Hamas aufgab und die Wiederannäherung an die Autonomiebehörde suchte, die sie zuvor über alle Maßen dämonisiert hatte. Es wurde klar, dass Israel die Autonomiebehörde braucht, um den Küstenstreifen durch eine Lockerung der Blockade zu befrieden. Die Bewegungsfreiheit seiner Bewohner und die Einfuhr von Gütern soll unter strenger israelischer und internationaler Überwachung erhöht werden. Die Details wurden zwischen Israel, Ägypten, der Autonomiebehörde und der UNO ausgehandelt.[211] Gleichzeitig versuchte Israel um jeden Preis, das nicht als Sieg des Widerstands erscheinen zu lassen, obwohl es einer war.

Jeff Halper vom »Israelischen Komitee gegen die Häuserzerstörungen« fasste die Ergebnisse des Krieges folgendermaßen zusammen: »Vielleicht wird Israel die Botschaft niemals bekommen, dessen Hybris es blind macht für die tektonischen Verschiebungen in der geopolitischen Landschaft, besonders unter der Bevölkerung der Welt. Aber der Zusammenbruch findet stand. Vielleicht langsamer als in

209. Bior, Haim; Rozenberg, Rina, Hotel stays drop sharply in July, Haaretz 31.8.2014; Rapoport, Meron, The Price of War, Middle East Eye 5.9.2014; Associated Press, Gaza War deals Blow to Israel's Tourism Industry, Ynet 28.9.2014; Peries, Sharmini, Israel Facing Major Economic Consequences for 50 Days War on Gaza, Real News Network 17.9.2014
210. Handelsblatt, Gaza-Krieg dämpft israelische Wirtschaft, 28.8.2014
211. Reider, Dimi, Gaza Reconstruction: The new Israeli Strategy, Middle East Eye 11.10.2014; Ben-Yishai, Gaza Failure opened Door to unprecedented Opportunity, Ynet 28.9.2014

Apartheid-Südafrika, der Sowjetunion, dem Iran des Schah oder Mubaraks Ägypten, aber er findet nichtsdestoweniger statt. Da es die Abschreckungsmacht verloren hat, wird Israel entweder gerecht mit den Palästinensern umgehen oder tatsächlich verschwinden müssen.«[212]

Die »Eiserne Mauer« aus Gewalt, die Zeev Jabotinsky als notwendige Voraussetzung für das koloniale Projekt in Palästina angesehen hatte, beginnt zu bröckeln. Die israelischen Grenzen sind nicht mehr sicher und die israelischen Städte sind es auch nicht. Israel hat sich in den letzten Jahren darauf verlegt, Mauern an all seinen Außengrenzen außer der jordanischen zu bauen. Das zeigt seine Defensive. Es hat sich von einem expandierenden Kolonialstaat in eine belagerte Festung verwandelt.

212. Halper, Jeff, The Palestinian Message to Israel: Deal with us justly. Or Disappear, Mondo Weiss 28.8.2014

7. Die demographische Krise: Der Verlust der jüdisch-israelischen Bevölkerungsmehrheit auf dem Boden des historischen Palästinas

»Während unsere Vorväter von einem israelischen Pass träumten, gibt es jetzt jene unter uns, die von einem ausländischen Pass träumen.« (Gideon Levy)[213]

»Aus welchem Grund auch immer [das Land] zu verlassen, ist das Äquivalent zu einer Abstimmung mit den Füssen.« (Lawrence Davidson)[214]

Die Unfähigkeit, seine Kriege weiterhin zu gewinnen, schwächt Israel in mehr als nur in einer Hinsicht. Die Unmöglichkeit, der jüdisch-israelischen Bevölkerung weiterhin die Ruhe zu garantieren, die so kennzeichnend war für die ersten 55 Jahre des zionistischen Projekts, hat zu Erosionsprozessen in der israelischen Gesellschaft geführt. Jüdische Israelis wandern seit Jahren in größerer Zahl aus, während gleichzeitig nur wenige Juden einwandern. Dieser Trend hält seit der zweiten Intifada ungebrochen an und scheint sogar zuzunehmen.

»Das ist jetzt DIE israelische Sache: packen, weg fliegen, woanders neu beginnen. Dieses Phänomen ist nicht neu, aber es ist kürzlich unmöglich geworden, es zu ignorieren« schrieb die israelische Zionistin Noga Gur-Arieh im Oktober 2013. »Es greift um sich wie Feuer in einem Heuhaufen. Jeden Tag triffst du jemanden, der sagt, dass er/sie [das Land] verlässt, und wo immer du im Ausland hingehst, triffst du eine kleine Gemeinschaft früherer Israelis, die jede Gelegenheit nutzt, um zu erklären, warum das Leben ›hier‹ so viel besser ist – kein Krieg, kein Krach, keine Hitze, kein Hass.«[215] Im selben Monat strahlte der israelische Fernsehsender »Channel 10« eine Serie mit dem Titel » Die neuen Emigranten« aus, die auf die Dimension der jüdischen Auswanderung aus Israel aufmerksam machte.

Wie jeder Siedlerstaat hat Israel eine fluktuierende Bevölkerung, Juden wandern ein und wieder aus. Ökonomische Schwierigkeiten und der Mangel an Sicherheit führten auch in der Vergangenheit immer wieder zu Phasen stärkerer Auswanderung. Diese wechselten sich mit Phasen massiver Einwanderung ab, wie zuletzt Anfang der 1990er Jahre, als fast 900.000 sowjetische Juden nach Israel kamen, von denen sich

213. Levy, Gideon, Fear is driving Israelis to obtain foreign Passports, Haaretz 2.6.2011
214. Davidson, Lawrence, Israel's Jewish Exodus, Consortium News 15.6.2011
215. Gur- Arieh, Noga, Leaving Israel is becoming a Trend, so why do I chose to stay, Jewish Journal 23.10.2013

jedoch etwa ein Drittel als Nicht-Juden herausstellte. Seit dem Beginn der zweiten Intifada gibt es nur noch einen Trend: die zunehmende Auswanderung und die abnehmende Einwanderung von Juden nach Israel. Das Thema jüdische Emigration ist für einen Staat, der es sich zur Aufgabe gemacht hat, Juden aus aller Welt auf seinem Staatsterritorium zu sammeln, ein heikles Thema. Die Immigration von Juden nach Israel ist dem eigenen Anspruch nach schließlich die Raison d'être des Zionismus. Jede israelische Regierung verpflichtete sich bei ihrem Amtsantritt dazu, die Immigration zu erhöhen. Obwohl das Thema jüdische Emigration seit Beginn der 2000er Jahre eine immer wichtigere Rolle in Israel spielt, ist es schwierig, verlässliche Zahlen dazu zu bekommen. Israel hat selbstredend kein Interesse daran, dass das wahre Ausmaß der Auswanderung bekannt wird. Das israelische Zentrale Statistikbüro (»Central Bureau of Statistics«, CBS) liefert zwar sehr viele Informationen über Immigration und Immigranten, aber kaum über Emigration und die Migrationsbalance. Zudem sind die Zahlen und Berechnungen des Statistikbüros in vielen Fällen nicht präzise, sondern beruhen auf Schätzungen. Einzelne Wissenschaftler wie Ian Lustick von der Universität Pennsylvania und Journalisten wie Joseph Chamie und Barry Mirkin von *Foreign Policy* haben sich jedoch die Mühe gemacht, das Phänomen zu untersuchen und Zahlen und Fakten zusammenzutragen. Vereinzelt finden sich auch Informationen in der Tagespresse sowie reichlich indirekte Hinweise auf eine starke Emigrationsbewegung aus Israel bei gleichzeitig geringer Einwanderung. *Foreign Policy* zufolge lebte 2011 schätzungsweise eine Million jüdische Israelis dauerhaft im Ausland, ein mit 13% für ein OECD-Land ungewöhnlich hoher Anteil der Bevölkerung.[216]

Die Bindung an das Land und die Bereitschaft, auch unter schwierigen Umständen zu bleiben, ist nicht bei allen jüdischen Israelis gleich stark. Unter Neueinwanderern ist sie weniger ausgeprägt als unter länger ansässigen Israelis, unter jungen Israelis schwächer als unter älteren, und unter säkularen und liberalen Israelis schwächer als unter religiösen und rechten Israelis. Zwischen 2001 und 2004 kehrten bereits bis zu 100.000 aus der ehemaligen Sowjetunion stammende Juden nach Russland zurück. Die Juden aus der ehemaligen Sowjetunion stellten auch in den folgenden Jahren einen großen Teil der Auswanderer, bis 2008 waren es 48%.[217]

Die Möglichkeit, den Wunsch nach Emigration in die Tat umzusetzen, haben vor allem gut ausgebildete europäische Juden aus der Mittel- oder Oberschicht, die bevorzugt in die USA und nach Deutschland abwandern. 500.000 jüdische Israelis haben einen US-amerikanischen Pass, 250.000 weitere Anträge liegen in den USA vor. 100.000 jüdische Israelis haben einen deutschen Pass und jedes Jahr kommen

216. Chamie, Joseph; Mirkin, Barry, The million missing Israelis, Foreign Policy 5.7.2011
217. CBC News, Changing fortunes lead Soviet Jews from Israel to Russia, 20.6.2004; Lustick, Ian S., The Sons traveled from here in Ships and in Planes. Emigration from Israel. How Come? How Much? How Important?, Vortrag auf der Jahreskonferenz der Association for Israel-Studies, Toronto, Canada May 10-12, 2010, S. 27

7.000 neue hinzu.[218] Es wird geschätzt, dass 70% der Aschkenasi – der europäischen Juden – einen Zweitpass haben.[219] Viele jüdische Israelis versuchten in den letzten Jahren, aschkenasische Juden in ihrem Stammbaum zu finden, um ebenfalls Zugang zu einem europäischen Pass zu bekommen. Spanien eröffnete im Februar 2014 erstmals auch für sephardische Juden diese Möglichkeit, als die Regierung ein Gesetz vorlegte, das Juden, die im 15. Jahrhundert aus Spanien vertrieben worden waren, die spanische Staatsbürgerschaft anbietet. Bereits in der ersten Woche, nachdem die spanische Regierung dieses Gesetz eingebracht hatte, gingen bei der israelischen Rechtsanwältin Maya Weiss-Tamir, die auf Staatsbürgerschaftsanträge in europäischen Ländern spezialisiert ist, 700 bis 800 Email-Anfragen dazu ein. In einem Interview mit der *New York Times* erklärte sie: »Es hört nicht auf, die Reaktion ist verrückt.« Jüdische Israelis scheinen es kaum abwarten zu können, spanische Staatsbürger zu werden.[220] Es wird geschätzt, dass bis zu 3,5 Millionen Juden ein Anrecht darauf haben werden.[221]

Das israelische Establishment versucht beständig, die hohen Auswanderungszahlen und den Erwerb von Zweitpässen herunterzuspielen. So wird das Phänomen meist damit erklärt, dass es dabei primär um ökonomische Interessen geht oder dass israelische Juden gerne »Weltbürger« sein wollten und es in Zeiten der Globalisierung nichts Ungewöhnliches sei, Zweitpässe zu haben.[222] Unter anderem wird auch der Niedergang des israelischen Bildungssystems als Begründung angeführt. In der Tat ist der israelische »Brain drain« im Vergleich zu anderen westlichen Ländern extrem hoch. »Israel hat den größten Brain drain im Westen«, titelte *Haaretz* unter Bezug auf eine Studie des »Taub Center for Social Policy Studies« von 2013. Aus dieser Studie geht hervor, dass die Abwanderung israelischer Akademiker in die USA unvergleichlich hoch ist: 2008 (die aktuellsten verfügbaren Zahlen) kamen auf 100 Wissenschaftler, die in Israel bleiben, 29 israelische Wissenschaftler in den USA, 2004 waren es erst 25.[223]

Die Verschlechterung des Bildungssystems aufgrund des Neoliberalismus trifft jedoch nicht nur auf Israel zu, sondern auch auf viele andere Länder. Die Abwanderung von Akademikern hat sehr viel tiefer gehende Ursachen. Es sind deswegen so viele Akademiker unter den Auswanderern, weil sie bessere Chance als andere haben, sich woanders niederzulassen. Eynat Guez, der eine Firma zur Vermittlung von Stellen im Ausland leitet, erklärt: »Es ist ein wenig traurig, aber in diesen Tagen erleben wir eine größere Risikobereitschaft als in der Vergangenheit, vor allem

218. Davidson, Lawrence, Israel's Jewish Exodus, Consortium News 15.6.2011
219. Lustick, , a.a.O., S. 16
220. Samuel, Sigal, How Spain's sephardic Law makes Israel look bad, Forward 15.2.2014
221. Margalit, Michal, The pursuit of European passports: There is somewhere to escape to, Ynet 10.2.2014
222. Vgl. Margalit, Ruth, The real Reason for Israel's Brain Drain. The New Yorker, 10.101.2013; : Alpher, Yossi, Proudly Israeli, even with a second Passport, Forward 5.6.2008
223. Lendman, Stephen, Promised Land Disenchantment, 9.1.2014 unter: sjlendman.blogspot.de/2014/01/promised-land-disenchantment.html

aufgrund eines Gefühls der Verzweiflung und des Pessimismus über das, was in Israel geschieht.«[224]

Die Hauptgründe für diese Entwicklung sind der extreme Neoliberalismus, den Israel praktiziert, und die Veränderung des militärischen Kräfteverhältnisses zuungunsten Israels.

Israel ist eines der Länder mit der tiefsten Kluft zwischen Arm und Reich. Es hat unter den 34 OECD-Staaten die höchste Armutsrate. 87% der jüdischen Israelis über 25 Jahren sind, selbst wenn sie Jobs haben, auf die finanzielle Unterstützung ihrer Eltern angewiesen, da ihr Gehalt wegen der hohen Preise nicht ausreicht.[225] 10% der israelischen Staatsbürger mussten 2011 aufgrund von Armut auf Mahlzeiten verzichten.[226] Nach Angaben des israelischen »National Insurance Bureau« und des »Central Bureau of Statistics« lebten Ende 2013 20% der israelischen Bevölkerung unterhalb der Armutsgrenze – das sind 1,7 Millionen Menschen, wobei die Palästinenser in Israel am stärksten betroffen sind.[227] Der ehemalige Präsident der Bank of Israel, Stanley Fischer, bezeichnete die soziale Kluft in Israel im Juni 2013 als eine Schlüsselbedrohung für die Existenz des Staates, die noch größer sei als die Sicherheitsbedrohung.[228] Der mit dem Neoliberalismus verbundene Rückzug des Staates hat für eine Gesellschaft, die auf Kolonialismus und Krieg aufgebaut ist, noch fatalere Folgen als für jede andere. Wenn im Kriegsfall nicht sichergestellt ist, dass sich um Kriegsopfer gekümmert wird, untergräbt das die Moral der Gesellschaft. Das war besonders offensichtlich während des Krieges von 2006, als fast die gesamte jüdisch-israelische Bevölkerung vor dem Raketenbeschuss aus dem Norden des Landes floh. Niemand kümmerte sich um die Flüchtlinge oder die Geisterstädte im Norden. Darüber hinaus war der gesellschaftliche Zusammenhalt sehr schwach. Der Journalist Ari Shavit beklagte die mangelnde Solidarität zwischen Norden, Süden und der Mitte des Landes. Der vom Neoliberalismus geförderte Egoismus steht in diametralem Gegensatz zu den Anforderungen an eine Siedlergesellschaft, wenn sie auf die Dauer in einer feindlichen Umgebung überleben will. Ari Shavit diagnostizierte nach den Erfahrungen des Libanon-Krieges: »Plötzlich zeigte sich, dass der politisch-konsumeristische Ethos, den wir entwickelt hatten, der historischen Realität, in der wir leben, nicht gerecht wird. Wenn der Tag kommt, wird unser sagenhafter Markt uns nicht schützen und uns als Gesellschaft und Land nicht tragen.« Während die Ökonomie boomt, verschwand die Gesellschaft allmählich.[229]

Ian Lustick hat erkannt, dass die Frage der Sicherheit mehr als ökonomische

224. Ebenda
225. Margalit, Ruth, The real Reason for Israel's Brain Drain, The New Yorker 10.10.2013
226. Iran German Radio, Zehn Prozent aller Israelis können sich nicht sattessen, 11.4.2014
227. Gravé-Lazi, Lidar; Cashman, Greer Fay, Annual Report shows 1.7 million Israelis living below Poverty Line, Jerusalem Post 17.12.2013
228. Ben Simon, Daniel, Israel faces Crisis of growing Poverty, Al-Monitor 31.1.2014
229. Shavit, Ari, Israel failed to learn Lessons from second Lebanon War. Haaretz 14.7.2011; siehe auch Sternhell, Zeev, A Society falling apart, Haaretz 9.7.2012

Gründe die Hauptrolle bei der Auswanderung spielt. Schon während der ersten Intifada wuchs unter jüdischen Israelis der Wunsch, Israel zu verlassen. Eine israelische Studie von 2009 zeigt, dass die Anzahl der Juden, die sich sicher waren, in Israel bleiben zu wollen, 1990 während der ersten Intifada 74% betragen hat. Nach den Oslo-Abkommen 1995 war sie auf 83% angestiegen, um zum Beginn der zweiten Intifada auf 60% abzufallen. In den Jahren der intensivsten Gewalt während der zweiten Intifada 2001-2003 gab es einen bedeutenden Anstieg der Auswanderung aus Israel bei gleichzeitig deutlichem Absinken der Einwanderung und Rückkehr von im Ausland lebenden Israelis.[230]

Neueinwanderer, die Israel wieder verließen, gaben zu 88% Sicherheitsgründe und zu 78% ökonomische Gründe an. Von den Juden, die länger in Israel gelebt hatten, gaben 60% Sicherheitsgründe und 65% ökonomische Gründe an.[231]

Nach dem Juli-Krieg von 2006 meinten 25% der jüdischen Israelis, auswandern zu wollen.[232]

Nach dem zweiten Krieg gegen Gaza, der zum wiederholten Beschuss Tel Avivs und des Großraums Jerusalem führte, meldete die Tageszeitung *Haaretz* im Dezember 2012, dass fast 40% der jüdisch-israelischen Bevölkerung an Auswanderung denken.[233] Eine Umfrage der »Geocartography Knowledge Group« unter 500 Israels von 2013 ergab, dass 48% lieber woanders geboren worden wären und leben würden als in Israel. Dieselbe Umfrage hatte 2007 ähnliche Werte ergeben. Als Gründe für diesen Wunsch, lieber kein Israeli zu sein, wurden die Sicherheitslage, das Wetter und die physische Umgebung angegeben.[234] Die Onlinezeitung *Ynet News* schrieb 2011: »Es gibt das Gefühl einer zunehmenden Erosion der Unterstützung im Ausland für Israel, auch in den wohlgesonnenen USA, und ein konstantes und unnachgiebiges Klima der Spannung, das quälende Gefühl, irgendwie vom Weg abgekommen zu sein, trotz der großen Leistungen.«[235]

Dem kritischen Journalisten Gideon Levy zufolge liegt dem Run auf ausländische Pässe, unabhängig davon welche Gründe die einzelnen Israelis selber dafür anführen, eine allgemeine Angst zugrunde. In der Tageszeitung *Haaretz* schrieb er, »Die Rechtfertigungen sind befremdlich und unterschiedlich, aber es liegen ihnen allen Unbehagen und Angst zugrunde, sowohl persönlicher als auch nationaler Art. Der ausländische Pass ist zu einer Versicherungspolice für einen Regentag geworden.

230. Lustick, Ian S., The Sons traveled from here in Ships and in Planes; Emigration from Israel. How Come? How Much? How Important?, Vortrag bei der Jahreskonferenz der Association for Israel-Studies, Toronto, Canada May 10-12, 2010, S. 10f.
231. Ebd., S. 12,
232. Lustick, Ian S., Leaving the Middle East. Israel and Habotz HaMizrach-Tichoni, Vortrag auf der Jahreskonferenz der Association for Israel-Studies, The Open University, Israel June 11-13, 2007, S. 15
233. Klingball, Sivan; Shiloh, Shanee, Bye, the beloved Country – why almost 40% of Israelis are thinking of emigrating, Haaretz 15.12.2012
234. Editorial, Brain Drain, Jerusalem Post 15.10.2013
235. Meotti, Gulio, Can Israel be defeated? Ynet News 14.9.2011

Es stellt sich heraus, dass es mehr und mehr Israelis gibt, die denken, dass dieser Tag irgendwann kommen kann.« Gideon Levy zufolge ist der Run auf die ausländischen Pässe eine Antwort auf die ständigen Bedrohungsszenarien, mit denen die israelische Bevölkerung von ihrer Führung manipuliert wird. »Die Angstkampagnen waren effektiv und diejenigen, die einen Pass beantragen, reagieren auf intelligente und vernünftige Weise«, schreibt er. »Es zeigt sich, dass sie sehr viel rationaler sind als ihre Führer: Wenn die Führer uns so sehr Angst machen wollen vor der iranischen Bombe, den Muslimbrüdern in Ägypten und den Hooligans in Gaza, dann ist es wirklich sinnvoll, sich mit angemessenen Schutzmitteln auszustatten. Einem zusätzlichen Pass zum Beispiel.«[236] Angstmache ist eine der ältesten Herrschaftstechniken, um die Bevölkerung hinter ihrer politischen Führung zu sammeln und zusammenzuschweißen. Das geht jedoch nur solange gut, wie der Staat die manipulierte Bevölkerung im Zweifelsfall auch zu schützen vermag. Sobald das nicht mehr der Fall ist, verkehrt sich die Manipulation durch Angst ins Gegenteil. Sie sammelt die Bevölkerung nicht länger hinter ihrer Führung, sondern führt zum Verlust des Vertrauens in sie. Seit dem Beginn der zweiten Intifada ist die jüdisch-israelische Bevölkerung aufgrund der fortgesetzten Kolonialpolitik in einem Maß mit Gewalt konfrontiert wie kaum jemals zuvor. Zuerst waren es die Selbstmordattentäter und dann der Raketenbeschuss infolge der Belagerung des Gaza-Streifens und der wiederholten Kriege gegen arabische Widerstandsorganisationen. Der Staat Israel vermag die wichtigste Bedingung für einen erfolgreichen Siedlerkolonialismus nicht mehr zu erfüllen, nämlich der Siedlerbevölkerung Sicherheit zu garantieren.

Der Historiker Lawrence Davidson hat eine ähnliche Einschätzung: »Wenn man die Zunahme der Emigration mit dem Wunsch nach ausländischen Pässen kombiniert, bekommt man eine andere Botschaft. Zu planen, mit einem ausländischen Pass möglicherweise zu emigrieren, impliziert, dass es eine Anzahl von Israelis gibt, die den Untergang des Staates voraussehen.«[237] Dazu passt, dass es in Israel die weitverbreitete Redensart gibt, »wenn dies und jenes passiert, überlebt Israel das nicht,« oder anders herum »wenn dies und jenes nicht passiert, überlebt Israel das nicht.«[238] Die israelische Tageszeitung *Yedioth Ahronoth* veröffentlichte vor einigen Jahren eine Umfrage, der zufolge 47% der jüdischen Israelis sich sorgen, dass es 2048 – zum 100. Jahrestag der Staatsgründung – keinen Staat Israel mehr geben wird.[239]

Auch die allgemeine Verrohung und Brutalisierung der jüdisch-israelischen Bevölkerung, die sich unter anderem in einem zunehmende Rassismus ausdrückt, bewegt israelische Juden, das Land zu verlassen bzw. nicht-israelische Juden nach Erkundungstouren in Israel von einer geplanten Einwanderung abzusehen. Der Journalist Uri Misgav beschrieb stellvertretend für progressivere Teile der jüdisch-israelischen

236. Levy, Gideon, Fear is driving Israelis to obtain foreign Passports, Haaretz 2.6.2011
237. Davidson, Lawrence, Israel's Jewish Exodus, Consortiumnews.com 15.6.2011
238. Lustick, Ian, Two-State Illusion, The New York Times, 14.9.2013
239. Meotti, Giulio, Can Israel be defeated ?, Ynet News 14.9.2011

Bevölkerung die Stimmung in der israelischen Tageszeitung *Haaretz* im März 2014 folgendermaßen: »Ich möchte nicht länger im rassistischsten Staat der freien Welt leben. Dieses Frühjahr werde ich 40 und das Land 66 Jahre. Seit meiner Kindheit habe ich geschworen, hier für eine bessere Zukunft zu kämpfen, aber in Bezug auf Rassentheorie hat sich alles verschlechtert. Minister des Kabinetts und Abgeordnete der Knesset fördern, garantieren und definieren für immer jüdische Identität, jüdisches Bewusstsein und jüdische Tradition. *Haaretz* prangerte es letzte Woche matt als ›Ultranationalismus‹ an, aber es ist kein Ultranationalismus, es ist Rassismus. Die hebräische Ausgabe von *Haaretz* hat auch angefangen, Meinungsartikel des Direktors des Instituts für Psychologie im Judaismus in Tel Aviv, Yair Caspi, zu veröffentlichen. Würden wir nicht über das auserwählte Volk und die Herrenrasse sprechen, gäbe es so etwas wie jüdische Psychologie nicht. Es gibt höchstens eine jüdische Psychose. Ministerpräsident Benjamin Netanjahu und diejenigen, die an seinen Rockschößen hängen, hören niemals auf, zu fordern, dass die Palästinenser Israel als jüdischen Staat anerkennen. Mich haben sie niemals gefragt. Ich möchte nicht in einem jüdischen Staat leben. Ich möchte in einem Staat von Menschen leben.«[240] Die Tatsache, dass sich der Anteil der Haredim (Ultra-Orthodoxe) aufgrund der Demographie fortwährend erhöht, Rassismus und Chauvinismus kontinuierlich zunehmen und vor allem liberale Israelis in größerer Zahl auswandern, macht es für die zurückbleibenden säkularen und liberalen Israelis immer schwieriger, im Land zu bleiben.

Hinzu kommt die Verschlechterung des Images Israels. Der Linkszionist Uri Avnery ist der Meinung, dass jeder Mensch das Bedürfnis habe, stolz auf sein Land zu sein. Für einen jüdischen Israeli sei das jedoch kaum mehr möglich. Die Bewunderung, die Israel einst – vielfach auf der Basis von Unkenntnis, wie hinzugefügt werden muss – in der Welt genossen habe, sei einer Assoziation Israels mit Kriegsverbrechen gewichen. »In den Jahren, als ›Absteiger‹ [Auswanderer im zionistischen Sprachgebrauch] als Müll bezeichnet wurden, waren wir stolz darauf, Israelis zu sein. In den 1950er- und 1960er Jahren fühlte ich mich, wann immer ich meinen israelischen Pass bei einer Grenzkontrolle präsentierte, gut. Israel wurde weltweit mit Bewunderung betrachtet, nicht zuletzt von unseren Feinden,« schrieb er im Herbst 2013. »Heute fühlt ein Israeli, wenn er seinen Pass präsentiert, keinen solchen Stolz. Vielleicht hat er ein Gefühl der Widerborstigkeit (Wir gegen die ganze Welt), aber er oder sie ist sich bewusst, dass sein Land als Apartheidstaat angesehen wird. … Nichts, worauf man stolz sein kann.«[241]

Für jüdische Israelis ist es sehr wichtig, zu Europa zu gehören. Sie sehen sich selbst als Teil der »aufgeklärten und zivilisierten« westlichen Welt, der sie humane Werte und demokratische Traditionen zuschreiben. Die europäischen Juden wurden Jahrhunderte lang diskriminiert und ausgeschlossen und sehnten sich danach,

240. Misgav, Uri, The Jewish Pychosis of making a racist State, Haaretz 3.3.2014
241. Avnery, Uri, Why are so many Jews leaving Israel, Counterpunch 18-20.10.2013

akzeptiert zu werden. Von Europa wurden sie als Europäer erst anerkannt als die den Kontinent verließen, um im Orient europäische Kolonialpolitik zu machen. Dass sich das bewunderte Europa jetzt von ihnen abzuwenden droht, setzt vielen Israelis zu. Nach dem Gaza-Krieg 2008/09 verleugnete, einer Umfrage der israelischen Tageszeitung *Maariv* zufolge, mehr als die Hälfte der jüdischen Israelis, die ins Ausland reisten, ihre israelische Identität und sprach nur mit leiser Stimme Hebräisch, um ihre Identität zu verschleiern. Aus der Umfrage ging ebenfalls hervor, dass 59% von ihnen Angst vor einer kommenden Verfolgung und Vernichtung von Juden haben.[242]

Es gibt außerdem eine ganze Reihe von jüdischen Israelis, die nichts mit den von Israel begangenen Verbrechen zu tun haben wollen und daher auswandern. Auf der Höhe des Gaza-Krieges vom Sommer 2014 schrieb ein jüdischer Israeli an einen der bekanntesten Blogger des Gaza-Streifens, der kurz zuvor Stellung gegen Antisemiten bezogen und betont hatte, dass Palästinenser immer mit Juden zusammengelebt haben, um ihm folgendes mitzuteilen: »Ich habe meine Sache gepackt und Israel Richtung Bulgarien verlassen. … Nicht jeder von uns ist ein Blutsauger, und ich weigere mich, Teil von dieser ganzen Scheiße zu sein. … Euer Blut ist mir wichtig und Danke für Deine Worte zu den Juden. … Ich schätze sie.«[243]

In der *Haaretz* erschien am 31.8.2014 nach dem Ende des dritten Gaza-Krieges, unter der Überschrift »Israel ist meine Heimat, aber ich kann nicht länger hier leben«, ein Artikel von Roger Alpher, in dem er seine Entscheidung mitteilte, von seinem Zweitpass Gebrauch zu machen und auszuwandern. »Israel ist den Preis nicht wert, den es uns abverlangt,« meinte er.[244]

Die Folge dieser negativen Einwanderungs-Auswanderungsbalance ist, dass Juden auf dem Boden des historischen Palästinas seit einigen Jahren wieder in der Minderheit sind.[245] Dieser Trend hält an. 2013 lebten dort, nach Angaben des »CIA World Factbook« insgesamt 6,106.927 Palästinenser – 2,676.740 in der Westbank, 1,763.387 im Gaza-Streifen und 1,666.800 Palästinenser innerhalb der Grünen Linie –, während es 6,056.100 jüdische Israelis waren. Auch innerhalb der Grünen Linie geht der Anteil der Juden an der Gesamtbevölkerung kontinuierlich zurück. In den 1950er Jahren stellten sie noch 90% der Bevölkerung, heute sind es noch 75%. David Ben-Gurion hatte gegenüber den Mitgliedern seiner Mapai-Partei nicht lange nach der Gründung des Staates Israel noch erklärt, dass nur ein Staat mit mindestens 80% Juden ein lebensfähiger und stabiler Staat sei.[246] Der Demograph Sergio Della Pergola sagte 2002 bis 2050 einen Rückgang des jüdischen Bevölkerungsanteils

242. Aljazeera, 14.4.2009
243. Twitter, Gaza Youth Breaks Out 4.8.2014
244. Alpher, Roger, Israel is my Home, but I can no longer live here, Haaretz 31.8.2014
245. Barakat, Amiram, For first time, Jews are no longer a majority between the Jordan, the Sea, Haaretz 11.8.2005
246. D'Amato, Paul, Israel and the Nakba, International Socialist Review, Issue 60, July-August 2008; Soffer, Arnon, Jewish Population in Israel is declining, Haaretz 27.4.2010

innerhalb der Grünen Linie auf 65%-69% und auf dem Boden des historischen Palästinas auf 26-35% voraus.[247]

Diese Bevölkerungsentwicklung hat auch zur Folge, dass es in einigen Teilen des Kernstaates Israels bereits eine palästinensische Bevölkerungsmehrheit gibt. Die Konzentration jüdischer Israelis in der Westbank führt zur Ausdünnung der jüdischen Bevölkerung innerhalb der Grünen Linie. Seit Jahrzehnten scheitern die Judaisierungsprojekte in Galiläa im Norden des Landes und im Naqab/Negev im Süden des Landes, weil es die dafür erforderliche Anzahl an Siedlern nicht gibt. Der israelische Geograph Arnon Soffer bezeichnete kürzlich die »jüdische Zukunft« Galiläas als ungewiss, da dort der Anteil der jüdisch-israelischen Bevölkerung abnimmt und derjenige der palästinensischen Bevölkerung zunimmt. 2012 lebten, Soffer zufolge, 640.000 Palästinenser und 570.000 jüdische Israelis in Galiläa.[248] Der permanente latente Kriegszustand, in dem Israel lebt, führt dazu, dass sich die jüdisch-israelische Bevölkerung in immer kleineren Territorien des Landes sammelt. Während der zweiten Intifada verließen viele Israelis die Gebiete an der Grenze zur Westbank. Im Gefolge des Libanon-Krieges von 2006 verließen viele Israelis den Norden des Landes. Auch aus den gemischten Städten, in denen sowohl Palästinenser als auch jüdische Israelis leben, wanderten sie verstärkt ab.[249] Sogar in einigen Zentren der Kolonisierung in der Westbank nimmt die Anzahl der Siedler ab. Im Jordantal, das ein Drittel der Westbank ausmacht und dem von Israelis eine herausragende strategische Bedeutung zugeschrieben wird, sank die Zahl der Siedler zwischen 2009 und Mai 2014 von über 9.000 auf 4.509. Der Jordantal-Regionalrat der Siedler gab deswegen im Mai 2014 einen neuen Plan bekannt, die Anzahl der Siedler in der kommenden Dekade auf 15.000 erhöhen zu wollen.[250] Auch in Jerusalem gelingt es trotz intensiver Bemühungen nicht, eine stabile jüdische Mehrheit zu schaffen. Während immer mehr zionistische Siedler in das palästinensische Ost-Jerusalem gebracht werden, das das Zentrum der israelischen Siedlungspolitik ist, wandern gleichzeitig immer mehr jüdische Israelis aus dem Westteil der Stadt ab, weil dort die Infrastruktur verrottet und weil säkulare Israelis durch die starke Präsenz verschiedener jüdischer fundamentalistischer oder nationalreligiöser Strömungen abgeschreckt werden.

Die Auswanderungswelle ist für Israel so bedrohlich, dass israelische Politiker dazu übergegangen sind, die Auswanderer zu beschimpfen. Sie werden als »neue Yordim« bezeichnet. Das hebräische Wort »Yordim« bedeutet: Gefallener - den Gegensatz dazu bildet der »Olim«, der Aufsteigende bzw. Neueinwanderer. Die Denunziation

247. Ghanem, As'ad, Israel and the »danger of demography« in: Hillal, Jamil (Ed.), Where now for Palestine?; The Demise of the Two-State Solution, London/New York 2007, S.50
248. Middle East Monitor, Jewish Migration from Israel to Europe on the Rise, 21.9.2012
249. Ynet Study, Jews leaving mixed cities, Ynet 4.5.2011
250. Save the Children UK, Fact Sheet: Jordan Valley, October 2009 unter: www.savethechildren.org.uk/sites/default/files/docs/English-Jordan_Valley_Fact_Sheet_and_Citations.pdf; Alray, Israel plans to triple Settler Population in Jordan Valley, 12.5.2014 unter: alray.ps/en/index.php?act=post&id=4316#U3BwgqJ6SzQ

all derjenigen, die dem zionistischen Projekt buchstäblich den Rücken zukehren, ist nicht neu. Auch in der Vergangenheit wurden sie häufig als »Verräter« bezeichnet. »Vor der Gründung unseres Staates und in seinen ersten Jahrzehnten sahen wir uns als eine heroische Gesellschaft,« erklärt Uri Avery, der sich selbst als israelischen Patrioten bezeichnet, »gegen große Widrigkeiten kämpfend, mehrere Kriege führend. Leute, die uns verlassen, wurden als Deserteure angesehen, wie Soldaten, die während einer Schlacht von ihrer Einheit weglaufen. Rabin nannte sie ›Müll‹.«[251]

Israelische Politiker versuchen, alte Ängste vor dem europäischen Antisemitismus zu schüren und die Auswanderer moralisch unter Druck zu setzen. So wandte sich Außenminister Yair Lapid im Oktober 2013 auf seiner Facebook-Seite ausdrücklich an die Auswanderer, um ihnen von der tragischen Geschichte seiner Familie während des Holocausts zu berichten und sie zu kritisieren: »Verzeiht mir, wenn ich etwas ungeduldig bin mit denjenigen, die bereit sind, das einzige Land, das die Juden haben, wegzuwerfen, nur weil es einfacher ist, in Berlin zu leben.«

Aber das vermag nicht mehr zu überzeugen. »Bei allem Respekt«, schrieb die Kolumnistin der *Jerusalem Post*, Susan Hatis Rolef, »ich denke, es ist für einen Juden in diesen Tagen physisch sicherer in Berlin zu leben als in Jerusalem.« In einem Interview mit dem Journalisten Doug Saunders erklärte eine in Deutschland lebende israelische Historikerin, dass für junge Israelis die Vergangenheit keine große Rolle mehr spielt: »Meine Freunde sind alle bloß neidisch, dass ich ein Visum bekommen kann, um hier zu leben. Jeder israelische Akademiker meiner Generation möchte nach Europa gehen.«[252] Die Beurteilung von Emigration hat sich in der jüdisch-israelischen Bevölkerung insgesamt verändert. Bis in die 1990er Jahre hinein wurden Auswanderer als unpatriotisch angesehen, seit den 2000er Jahren gilt Emigration als legitim.

Da diese Entwicklung die Fundamente des zionistischen Staates, der auf eine stabile jüdische Bevölkerungsmehrheit angewiesen ist, untergräbt, versucht die israelische Regierung mit verschiedenen Mittel, sie umzukehren. Immer wieder werden Programme aufgelegt, mit denen die im Ausland lebenden Israelis durch versprochene Vergünstigungen zurück gelockt werden sollen. Jede politische Instabilität, egal in welchem Land wird genutzt, um auf die dort lebenden Juden einzuwirken, nach Israel auszuwandern, zum Beispiel der Sturz Ben Alis in Tunesien 2010 und die Krise in der Ukraine 2014. Nach dem Angriff auf eine jüdische Schule in Toulouse 2012 entwickelten der Staat Israel und die parastaatlichen zionistischen Organisationen spezielle Pläne, um die Einwanderung französischer Juden zu intensivieren.

Ein Problem ist für die zionistische Bewegung auch, dass sich immer mehr Juden weltweit aus dem engen und exklusiven Stammesbewusstsein, das der Zionismus fördert und verlangt, lösen. Die meisten Juden außerhalb Israels assimilieren sich

251. Avnery, Uri, Why are so many Jews leaving Israel? Counterpunch 18-20/10.2013
252. Saunders, Doug, Why Jews flee to Europe (or at least half of it), The Globe and Mail 16.11.2013

und heiraten Nicht-Juden.[253] Da der Zustrom von Juden aus der westlichen Welt sehr begrenzt ist und auf die Dauer nicht ausreicht, um einen hohen jüdischen Bevölkerungsanteil sicherzustellen, haben sich zionistische Organisationen schon vor Jahren darauf verlegt, weltweit nach »verlorenen jüdischen Stämmen« zu suchen. Fündig wurden sie in den 1990er Jahren unter anderem im indisch-burmesischen Hochland, bei dem abgelegen lebenden Kuki-Mizo-Stamm. Er wurde in »Bnei Menashe« umbenannt und in den 1990er Jahren kamen etwa 900 seiner Angehörigen nach Israel. 2003 wurde die weitere Einwanderung der Kuki-Mizo gestoppt, wenig später angesichts der prekären Bevölkerungsbalance wieder aufgenommen. Bis 2013 siedelten insgesamt 2000 Kuki-Mizo nach Israel um. Weitere 7000 leben noch in Indien und bereiten sich auf ihre Konvertierung zum Judentum und die Auswanderung nach Israel vor. Um die Suche nach »verlorenen jüdischen Stämmen« effektiver zu machen, gründete einer von Benjamin Netanjahus Beratern zu diesem Zweck 2004 die Organisation »Shavei.«[254]

Parallel dazu wurde gemeinsam von zionistischen Organisationen und der israelischen Regierung das »Birthright Israel«-Programm initiiert, das jungen US-amerikanischen Juden auf kostenlose Kurzreisen nach Israel schickt, auf denen sie ein Event nach dem anderen erleben, das ihnen das Leben in Israel in den leuchtendsten Farben schildern und sie zur Einwanderung bewegen soll. Doch all diese Versuche sind nur von mäßigem Erfolg gekrönt. Daher setzt Israel zur Stabilisierung der Demographie vor allem auf die Reduzierung des Anteils der palästinensischen Bevölkerung.

Da die demographische Balance es unmöglich macht, dass Israel gleichzeitig jüdisch und demokratisch sein kann, drängt eine Fraktion der jüdisch-israelischen Elite zum Rückzug aus zumindest einem Teil der 1967 besetzten Gebiete. Die Demographie war 2005 der Hauptgrund für das von Ariel Scharon initiierte »Disengagement« aus dem bevölkerungsreichen Gaza-Streifen. Doch sie brachte nur kurzfristige Entspannung. Finanzminister Yair Lapid drängte im Februar 2014 darauf, dass die zu dieser Zeit stattfindenden Bemühungen von US-Außenminister Kerry, ein Abkommen zwischen Israel und der Autonomiebehörde zu erreichen, unbedingt gelingen müssten. Auch John Kerry warnte, dass, falls kein Abkommen mit der Autonomiebehörde zustande komme, Israel keine Zukunft als »demokratischer jüdischer Staat« habe, da es sich in einen binationalen Staat verwandeln würde.[255]

Das rechte Lager, das kein Territorium aufgeben will, setzt auf die Abwanderung von Palästinensern in großer Zahl. Siedlergruppen in der Westbank behaupten, dass dort nur 1,5 Millionen Palästinenser leben – dabei sind es 2,7 Millionen. Sie versuchen damit, den demographischen Befürchtungen, die mit einer weiteren Besetzung der

253. Meotti, Giulio, Can Israel be defetated?, Ynet News 14.9.2011
254. Green, David B., This Day in Jewish History, Sephardic Rabbi recognizes »lost« Tribe of Indian Jews, Haaretz 30.3.2014; JTA »Lost« Indian Jews come to Israel despite Scepticism over ties to faith, Haaretz 20.10.2013; Churachandpur, Manipur's »lost tribe« dreams of Israel, Hindustan Times 29.3.2012
255. AP, Arab emography Balance takes Center Stage as Kerry pushes Partition Deal, Fox News 18.2.2014

Westbank bzw. der beabsichtigten Annexion zumindest eines Teils davon verbunden sind, den Wind aus den Segeln zu nehmen. Eine private amerikanisch-israelische Studiengruppe, die von Yoram Ettinger, einem ehemaligen israelischen Konsul in Texas geleitet wird, unterstellt der Autonomiebehörde, dass sie die Bevölkerungszahlen manipuliere. Yacov Faitelson aus der Ettinger-Gruppe setzt außerdem darauf, dass die palästinensische Geburtenrate sinken und die jüdisch-israelische steigen werde.[256]

Ian Lustick von der Universität Pennsylvania stellt angesichts der anhaltenden negativen Migrationsbalance Israels die Frage, ob der zionistische Staat auf die Dauer halten kann. Interessanterweise weist die Dynamik der israelischen Migration auffällige Parallelen zu der Südafrikas in den Jahren vor der Abschaffung des Apartheidsystems auf. Der fortgesetzte Kampf der einheimischen Bevölkerung und die zunehmende internationale Isolation ließen unter weißen Südafrikanern in den 1980er Jahren Zweifel aufkommen, ob der Status quo in ihrem Land zu halten sei und sie begannen, Möglichkeiten zur Auswanderung zu prüfen, sodass Südafrika mit Ausnahme des Jahres 1987 in den Jahren vor 1994 eine konstant negative Migrationsbilanz hatte. Ian Lustick schloss daraus: »Die Tatsache, dass Israel in der Migrationsbalance Raten aufweist, die ungefähr denen südafrikanischer Weißer sechs, sieben Jahre vor der massiven politischen Transformation des Landes entsprechen, verleiht der Ansicht eine gewisse Glaubwürdigkeit, dass unter den gegenwärtigen Bedingungen jüdische Emigration aus Israel als bedeutend verstanden werden muss, nicht nur im Sinne der Demographie und nicht nur im Kontext von Polemiken über die israelische Politik in den besetzten Gebieten …, sondern als ein möglicher Vorbote dafür, dass sich in Israel potenziell die Art von dramatischer Veränderung zeigt, die Gesellschaften erleben, wenn sie sich der Grenze ihrer sozio-politischen Belastbarkeit nähern.«[257]

Vielleicht hat Yitzhak Laor, den Ian Lustick in seiner Analyse zitiert, mit der typischen Hellsichtigkeit des Künstlers in seinem Gedicht von 1982, das er während des Libanon-Krieges schrieb, kommende Entwicklungen vorweg genommen.

»Im Lexikon wird geschrieben stehen
Israel. Ein Staat. Errichtet gegen Ende des vergangenen Jahrhunderts.
Ein altes Volk von Hirten kam in seinen Wanderungen durch Palästina.
Es gebar Söhne und diese sammelten sich um ihre Väter.
Die Söhne reisten von dort ab in Schiffen und Flugzeugen.
Nach einem Festival des Blutes.«[258]

256. AP, Israeli-Arab mographic Balance takes Center Stage as Kerry pushes Partition Deal, Fox News 10.2.2014
257. Lustick, Ian S., The Sons traveled from here in Ships and in Planes. Emigration from Israel, How Come? How Much? How Important?, Vortrag bei der Jahreskonferenz der Association for Israel-Studies, Toronto,Canada May 10-12, 2010 S.18
258. Lustick, Ian, The Sons traveled from here in Ships and in Planes, Emigration from Israel How Come? How Much? How Important?, Vortrag bei der Jahreskonferenz der Association for Israel-Studies Toronto,

8. Die zunehmende Abkehr US-amerikanischer und europäischer Juden von Israel

>*»Ebenso wie man sich gegen die hegemoniale Kontrolle des Judentums durch den Zionismus wehren muss, muss man sich auch gegen die koloniale Unterdrückung wehren, die der Zionismus dem palästinensischen Volk gebracht hat.«* (Judith Butler)[259]

>*»Jüdische Kritik am Zionismus ist weiter verbreitet und lauter als zu jeder anderen Zeit seit der Gründung Israels 1948.«* (Rosza Lang/Levitsky)[260]

Die zunehmende Abwendung israelischer Juden von Israel findet seine Entsprechung in der Abkehr nicht-israelischer Juden vom zionistischen Projekt. Im Gefolge der zweiten Intifada (2000-2005), des zweiten Libanon-Krieges (2006), des Überfalls auf die Gaza-Hilfsflotte 2010 und der drei Gaza-Kriege (2008/2009, 2012 und 2014) ist Bewegung in die jüdischen Gemeinschaften der USA, Europas und der ganzen Welt gekommen. Den Anfang machten die Südafrikaner Ronnie Kasrils und Max Ozinsky, die einen jüdischen Hintergrund haben und gegen die Apartheid kämpften. 2001 veröffentlichten sie während der internationalen UN-Konferenz gegen Rassismus in Durban in einer südafrikanischen Zeitung die Erklärung »Not in our Name«, in der sie die israelische Kolonialpolitik mit der südafrikanischen Apartheid verglichen. Hunderte von südafrikanischen Juden unterzeichneten die Erklärung und die Formulierung »Not in our Name« wurde in der Folge von vielen jüdischen Gruppen in Europa und den USA aufgegriffen, um sich von der israelischen Politik zu distanzieren. Die zweite Intifada rüttelte viele der jüdischen Progressiven auf, die zuvor einer Auseinandersetzung mit der israelischen Politik aus dem Weg gegangen waren. Die Heftigkeit der zweiten Intifada zwang sie, hinzuschauen. Einige fuhren nach Palästina, um sich selbst ein Bild zu machen und kamen schockiert zurück. Dorothy Zellner, die aus der Bürgerrechtsbewegung der 1960er Jahre kommt, beschreibt den Schock ihres Lebens, den sie dort erlebte, folgendermaßen: »Das Ereignis, das meine emotionale Reaktion versinnbildlicht, geschah während meiner ersten Reise im Winter 2002/2003 nach der fürchterlichen israelischen Invasion während der zweiten Intifada. Ich war im Flüchtlingslager Deheisheh ... und sprach

---

Canada May 10-12, 2010, S.4.

259. Butler, Judith, Am Scheideweg. Judentum und die Kritik am Zionismus, Frankfurt/New York 2013, S. 13

260. Rosza Lang/Levitsky, Daniel, Jews confront Zionism, Monthly Review Volume 61, Issue 02, June 2009

mit Leuten und über der Straße konnte ich die Mauer sehen, den Stacheldraht auf der Mauer und den Wachturm oben auf der Mauer, und all diese Bilder aus dem Zweiten Weltkrieg überfluteten mich. Und ich dachte an meinen Vater, wie erleichtert ich war, dass er tot war und das nicht sehen musste, denn über dem Wachturm wehte die Fahne mit dem jüdischen Stern darauf, und ich brach zusammen. Ich schluchzte nur und während dieser Reise weinte ich jeden Tag.«[261]

Das Scheitern des Friedensprozesses und die Zuspitzung der israelischen Kolonial- und Kriegspolitik in den letzten zehn Jahren macht die jüdische Opposition kontinuierlich stärker. Der inhaltliche Schwerpunkt hat sich von »Frieden« auf »Gerechtigkeit« verlagert. In den USA verschwanden die alten linkszionistischen Friedensgruppen mehr oder weniger in der Versenkung. Das Wesen des Zionismus ist deutlicher sichtbar geworden als jemals zuvor, sodass sich die Unterstützung Israels in Verbindung mit liberalen Positionen, wie sie viele Juden vertreten, kaum mehr aufrechterhalten lässt. Das hat insbesondere in den USA, wo die weltweit meisten Juden leben, zu einer Krise innerhalb der jüdischen Bevölkerungsgruppe geführt, für deren Selbstverständnis und Identität der Staat Israel von zentraler Bedeutung war. Um ihr positives Israel-Bild aufrechterhalten zu können, haben sie sich schon immer eine falsche Vorstellung vom Zionismus gemacht und vieles notwendigerweise ausgeblendet, zum Beispiel die Unterdrückung der Palästinenser innerhalb der Grünen Linie, die zwischen 1948 und 1966 demselben System der Militärverwaltung unterworfen waren wie ab 1967 die Palästinenser in der Westbank und dem Gaza-Streifen.

Derart konnte der typisch linkszionistische Mythos, dass alle Probleme mit der Besatzung von 1967 und dem Siedlungsbau in den besetzten Gebieten angefangen hätten, aufrechterhalten werden. »Das ist eine bekannte Falle, die der liberalen-zionistischen DNA eingeschrieben ist«, schreibt der Zionismus-Kritiker Alex Kane. »Wenn die Siedlungen schlecht sind und Israel gut ist, dann müssen wir nur die Siedlungen entfernen, uns zurückziehen und alles ist gut. Dadurch wird ignoriert, dass Expansion ein Teil der Raison d'être des Zionismus ist, und dass das koloniale Projekt in der Westbank eine Fortsetzung des kolonialen Projekts Tel Aviv war. Vor allem ignoriert es die Tatsache, dass die Siedlungen ein Projekt des israelischen Staats sind.« Nach der Einschätzung von Alex Kane hat der liberale Zionismus keine Zukunft. Er bezeichnete ihn als »eine dem Untergang geweihte Ideologie, die mit dem Widerspruch zwischen Liberalismus und Zionismus ringt und nicht einmal realisiert, dass es keine Möglichkeit gibt, sie zu versöhnen.«[262]

Durch den immer weniger zu übersehenden oder zu verleugnenden kolonialen Charakter des Zionismus, müssen sich liberale Juden unangenehmen Fragen und

261. Weiss Philip, From Mississippi to Gaza – Dorothy Zellner reflects on 50 Years of Struggle. Mondo Weiss 24.6.2014
262. Kane, Alex, Liberal Schizophrenia and moral Myopia: On Ari Shavit's »My promised Land,« Mondo Weiss 3.4.2014

Wahrheiten stellen. Israels Weigerung, eine Zwei-Staaten-Lösung umzusetzen, um so den ethnokratischen jüdischen Staat mit einer stabilen jüdischen Bevölkerungsmehrheit und einem nach außen demokratischen Antlitz zu garantieren, bringt liberale Juden in eine schwierige Situation, da sie sich entscheiden müssen zwischen liberalen und zionistischen Positionen. Beides geht – trotz aller Verdrängungs- und Rationalisierungsversuche – nicht mehr zusammen. Heute kann kaum mehr übersehen werden, dass das israelische Herrschaftssystem den Kriterien der Apartheid entspricht und für viele liberale Juden ist die Unterstützung eines solchen Systems der reinste Horror.

2012 schrieb der US-amerikanische liberale Zionist Peter Beinart ein Buch mit dem Titel »Die Krise des Zionismus,« in dem er aus einem geschönten Verständnis des Zionismus, das so typisch für den Linkszionismus ist, die »Fehlentwicklungen« in Israel aufzeigt, indem er sich gegen den Rechtszionismus richtet. Dieses Buch machte Furore in den USA und war ein deutlicher Ausdruck der Krise des Linkszionismus und der liberalen Juden und ihrem Verhältnis zu Israel. Linkszionistische Zeitungen, Zeitschriften und Blogs reflektieren endlos über die Frage, wie mit der fortdauernden Besatzung umzugehen sei, welche Zukunft Israel habe und was das alles für die US-amerikanischen Juden bedeute. Der jüdische Antizionist Philip Weiss, der die viel gelesene Webseite »Mondo Weiss« betreibt, beschrieb das Dilemma der amerikanischen Juden folgendermaßen: »Für über eine Generation hat Israel die amerikanischen Juden jetzt mit ihrer Identität versorgt. Israels Dasein, seine Modernität, seine Demokratie, seine Armee, seine Hochtechnologie, sein Jüdisch-sein – diese Qualitäten haben uns mit unserem Verständnis darüber versorgt, was es heißt, jüdisch zu sein. Israel beantwortete die Jahrhunderte alte europäische jüdische Frage – wie geht die moderne Gesellschaft mit unserer einzigartigen Minderheit um? – mit einem neu errichteten Ghetto im Nahen Osten. Wir konnten den Kuchen haben und gleichzeitig essen. Wir konnten erfolgreiche Kollegen von Nicht-Juden in den USA werden und unsere Verschiedenheit behalten, weil wir das lebende, atmende jüdische Ghetto hatten ... All das ist jetzt in Gefahr. Jeder, der etwas Gespür hat, weiß, dass die Besatzung Israels Zukunft gefährdet. Sogar die Times von Israel warnte vor einem ›gescheiterten Staat‹ Israel. Das ist etwas, wovor bisher nur die Linke zu warnen pflegte. Und mit ihm [mit Israel] geht die amerikanische jüdische Identität. Wie werden wir Juden bleiben, wenn Israel und Palästina zu einer weiteren gemischten Gesellschaft im Nahen Osten werden?«[263]

Liberale Zionisten haben angesichts der zunehmende Polarisierung des kolonialen Konflikts zwei Möglichkeiten: entweder sie hören auf, liberal zu sein und bekennen sich offen zu Apartheid und ethnischer Säuberung, wie es zum Beispiel der israelische Historiker Benny Morris und der Journalist Ari Shavit getan haben, oder sie hören auf, Zionisten zu sein. Ari Shavit legitimierte in seinem Buch »My

---

263. Weiss, Philip, The Crisis of Jewish Identity, Mondo Weiss 17.7.2012

promised Land«, das in den USA große Aufmerksamkeit erhielt und von liberalen Zionisten intensiv diskutiert wurde, die ethnische Säuberung Palästinas und die damit einhergehenden Massaker und Gräueltaten. Detailliert beschreibt er das Massaker an der einheimischen Bevölkerung in der Küstenstadt al-Lid (englisch: Lydda), das seiner Ansicht nach notwendig war, denn »von Anfang an gab es einen substantiellen Widerspruch zwischen dem Zionismus und Lydda. Wenn der Zionismus sein sollte, konnte Lydda nicht sein.« In schonungsloser Offenheit legt er dar, dass der Zionismus ohne Massaker und Vertreibung nicht zu haben ist: »Und wenn ich versuche, ehrlich (darüber) zu sein, sehe ich nur eine Wahlmöglichkeit: Entweder den Zionismus wegen Lydda abzulehnen oder den Zionismus mitsamt Lydda zu akzeptieren.«

Liberale Zionisten wie Jerome Slater, die diese Position ablehnen, suchen nach Auswegen, wollen eine Bestätigung dafür finden, dass der Zionismus auch ohne Massaker und ethnische Säuberung hätte auskommen können. Sollten allerdings Shavit und Morris Recht haben, so reflektiert Slater, »dass der Zionismus wirklich keine andere Wahl hatte als ethnische Säuberung, dann war meiner Ansicht nach das zionistische Ziel, einen jüdischen Staat zu schaffen in einem Land, das größtenteils von einer anderen Bevölkerung bewohnt wurde, nicht gerechtfertigt.«[264]

Viele aus der »schweigenden Mehrheit« der US-amerikanischen Juden haben sich in zunehmendem Maße für eine Abkehr vom Zionismus entschieden und suchen nach einer Neubestimmung ihrer jüdischen Identität ohne Israel. Ein Anzeichen dafür ist die Flut von Schriften jüdischer Autoren, die in den letzten Jahren nicht nur in den USA erschienen ist, in denen sich kritisch mit dem Zionismus auseinandergesetzt und Judentum vom Zionismus abgegrenzt wird.[265]

Für zionistische Juden, die in vielen Fällen seit ihrer Kindheit auf die Unterstützung Israels eingeschworen wurden, die sich aber gleichzeitig als liberal oder progressiv betrachten, ist die Abwendung vom Zionismus sehr schwer und mit quälenden inneren Kämpfen verbunden. David Harris-Gershon ist ein Beispiel für einen aufrichtigen progressiven Juden, der zugleich Zionist ist, und weiß, dass er es nicht bleiben kann, ohne seine progressiven Positionen aufzugeben. Wie viele andere versuchte er zunächst, einen Kompromiss zwischen seiner Fortschrittlichkeit und seinem Zionismus, der darauf hinaus lief, dass er, um Israel weiter unterstützen zu können, Abstriche bei seinen progressiven Positionen machte. Aber jede neue Gräueltat im »jüdischen Staat« aktualisiert und verstärkt den inneren Konflikt. Nach der grausamen Ermordung des 16jährigen Muhammad Abu Khdeir in Jerusalem, der von Siedlern entführt und bei lebendigen Leib verbrannt worden war, und der großen Gewalt, mit der die israelische Polizei auf die Proteste der Palästinenser reagierte, begleitet

264. Slater, Jerome, Unforgivable: Ari Shavit's My Promised Land and its Acclaim in the United States, 19.12.2013 unter: www.jeromeslater.com/2013/12/unforgivable-ar-shavits-my-promised.html
265. Zum Beispiel: Butler, Judith, a.a.O.

von regelmäßigen »Tod-den-Arabern«-Demonstrationen und offenen Aufrufen zum Völkermord von Seiten israelischer Abgeordneter, erklärte David Harris-Gershon Anfang Juli 2014, dass er sich zum ersten Mal frage, ob er diesen Kompromiss noch länger aufrechterhalten kann. Zum ersten Mal dachte er ernsthaft über ein Ende des »jüdischen Staats« in Gestalt einer Ein-Staat-Lösung nach.[266]

Der Gaza-Krieg von 2014, der auf die Ereignisse folgte, die David Harris-Gershon so verstört hatten, erschütterte den aufrechten Teil der liberalen Zionisten noch mehr. All das Unbehagen über die israelische Politik, das ausgesprochen oder unausgesprochen unter Juden präsent war, akkumulierte sich und schlug in eine neue Qualität um. Zeitungen und Blogs waren voll von Artikeln wie »Alptraum Israel«, und »Das Ende des liberalen Zionismus«, in denen Juden ihre Hinterfragung des Zionismus oder ihre Abkehr von ihm formulierten.[267] In einem Maß wie niemals zuvor sprachen sich Juden in verschiedenen Ländern in öffentlichen Erklärungen gegen Israels Politik aus. So unterzeichneten 500 Juden in Südafrika eine Erklärung, in der es heißt: »Genauso wie wir Widerstand gegen Antisemitismus leisten, lehnen wir es ab, die Palästinenser zu entmenschlichen, um ihren Tod leicht für unser kollektives Gewissen zu machen. Wir unterzeichnen diese Stellungnahme, um ihre Humanität zu bekräftigen und unsere eigene [auch].« Des Weiteren distanzierten sie sich von der »blinden« Israel-Unterstützung der offiziellen jüdischen Organisationen in Südafrika.[268] Auch mehr als 300 Überlebende des Holocausts oder ihre Nachkommen verurteilten den israelischen Angriff auf Gaza.[269]

Henry Siegman, der ehemalige Vorsitzende des »American Jewish Congress«, war einer derjenigen, die den Zionismus am radikalsten hinterfragten. Auf der Höhe des Gaza-Krieges 2014 sagte er in einem Interview mit »Democracy Now«: »Wenn man bedenkt, dass das nötig ist, damit Israel überleben kann, dass der zionistische Traum auf wiederholter Metzelei von Unschuldigen in einem Maß basiert, das wir dieser Tage im Fernsehen sehen – das ist wirklich eine tiefe, tiefe Krise und sollte eine tiefe Krise im Denken von uns allen sein, die wir der Errichtung und dem Erfolg des Staates [Israel] verpflichtet waren. Das führt einen eigentlich zu einem kompletten Überdenken dieses historischen Phänomens.«[270]

Nicht nur die israelische Politik gegenüber den Palästinensern sondern auch

266. Harris-Gershon, David, As a Jew living in America the last week has changed me forever, Tikkun Daily 5.7.2014
267. Maté, Gabor, beautiful Dream of Israel has become a Nightmare, The Star 22.7.2014; Lerman, Antony, The End of Liberal Zionism, The New York Times 22.8.2014
268. Loewenstein, Antony, Diaspoa Dissent against Israel's Occupation is viral – and risky, The Guardian 21.8.2014
269. International Jewish Antizionist Network , Jüdische Überlebende und Nachkommen von Überlebenden und Opfern des Nazi-Genozids verurteilen unmissverständlich das Massaker an den Palästinensern in Gaza, ohne Datum unter: ijsn.net/gaza/survivors-and-descendents-german/,
270. Democracy Now, Henry Siegman. leading Voice of U.S. Jewry on Gaza: »A Slaughter of Innocents«, 30.7.2014 unter: www.democracynow.org/2014/7/30/henry_siegman_leading_voice_of_us

die Politik US-amerikanischer zionistischer Organisationen und deren Umgang mit kritischen Juden tragen zur Abkehr vom Zionismus bei. Deren Kesseltreiben gegen Kritiker der israelischen Kolonialpolitik, ihren Auftrittsverboten, schwarzen Listen und Denunziationen führten zu Widerstand in der kritischen jüdischen Öffentlichkeit und zur Gründung von alternativen Organisationen wie der Studentenorganisation »Open Hillel«, die sich aus Ablehnung der Politik des offiziellen jüdischen Studentenverbands »Hillel International« als Graswurzel-Organisation bildete. Als Reaktion gegen die zunehmenden Redeverbote kritischer Juden gab sie im Mai 2014 bekannt, im Oktober 2014 eine Konferenz an der Harvard-Universität ausrichten zu wollen, in der unter Einbeziehung des gesamten Spektrums jüdischer Positionen auch über Israel und Palästina diskutiert werden sollte. Die Organisatoren legten besonderen Wert darauf, denjenigen ein Forum zu bieten, die zuvor mit Auftrittsverboten belegt worden waren, zum Beispiel Judith Butler, Raschid Khalidi und David Harris-Gershon.[271] Der jüdischen Aktivistin Dorothy Zellner zufolge kommt diese Initiative einem Erdbeben gleich. Sie signalisiert, dass Israel nicht mehr auf die Unterstützung der Juden zählen kann. Obwohl Zionismus-kritische jüdische Gruppen noch immer heftigen Anfeindungen ausgesetzt sind, haben sie gleichzeitig eine größere Unterstützung als jemals zuvor. In die Liste von »Jews for a just Peace« haben sich 140.000 Menschen eingetragen. In einzelnen Synagogen, wie zum Beispiel in Westchester im Südosten des Bundesstaates New York, organisieren kritische Juden Veranstaltungen mit Palästinensern. Dorothy Zellner kommentiert diese Entwicklung als den »Anfang vom Ende der Hand an unserer Kehle, die uns daran hindert, zu sprechen oder zu denken.«[272]

Die Abwendung vieler Juden von Israel ist verbunden mit einem Revival der jüdischen Diaspora-Kulturen, die sich auf die Vielfalt jüdischen Lebens vor der Gründung des Staates Israel zurückbesinnt. Dieses Revival ist in den USA besonders ausgeprägt und findet seinen Ausdruck zum Beispiel in einem neuen Interesse am Jiddischen. Es sind primär junge amerikanische Juden, die mit der Reduzierung der jüdischen Geschichte auf Herzl und Hitler unzufrieden sind, wie sie der zionistische jüdische Mainstream vermittelt. Damit einher geht auch ein gestiegenes Interesse an den politischen Organisationen der jüdischen Diaspora-Kulturen. Kritische aschkenasische Juden beziehen sich beispielsweise auf den jüdischen, sozialistischen »Bund« aus der Phase vor der Revolution in Russland und verbinden kulturelle Eigenheit mit interethnischer bzw. interreligiöser Solidarität auf der Basis eines gemeinsamen Klasseninteresses. Beispiele dafür sind die Gruppen »Jews for Racial and Economic Justice« in New York und die »Progressive Jewish Alliance« in Los Angeles. Obwohl der Bund antizionistisch war, schrecken

271. Horowitz, Adam, It's Time to build the Future of the American Jewish Community: Open Hillel announces first National Conference, Mondo Weiss 15.5.2014
272. Weiss, Philip, From Mississippi to Gaza – Dorothy Zellner reflects on 50 years of Struggle, Mondo Weiss 24.5.2014

diese die Frage der sozialen Gerechtigkeit betonenden jüdischen Gruppen vor einer eindeutigen Positionierung zurück. Sie sind allgemein für den »Frieden« oder vertreten eine »Art not Politics«-Position. Auch ohne klare antizionistische Positionierung steht die Wiederbelebung der Diaspora-Kultur dem Interesse der zionistischen Bewegung diametral entgegen. Diese hat nichts als Verachtung für die Diaspora übrig und trachtet danach, sie durch die Sammlung der Juden in Israel oder um Israel herum zu ersetzen. »Das Projekt, den Staat Israel ins Zentrum jüdischen Lebens zu stellen, ist abhängig von der Abwertung und Auslöschung der Diaspora-Kulturen und Diaspora-Geschichten, und der Reduzierung von 2000 Jahren jüdischen Lebens auf einen Hohlraum, in dem es nur Massenmord und Erlösungsnationalismus gibt. Genauso zentral wie jüdische Kontrolle über das Land zwischen dem Jordanfluss und dem Mittelmeer ist für die zionistische Bewegung der Imperativ des Shlilat hagalut, der Negation oder Liquidierung der Diaspora, was bedeutet, dass die ›degenerierten‹ jüdischen Diaspora-Kulturen … eliminiert und durch eine neue, militarisierte und nationalistische hebräische Kultur ersetzt werden sollen.«[273]

Das hat zur Folge, dass Juden die die Vielfalt der Diaspora-Kulturen schätzen und stärken wollen, direkt in Widerspruch zum Zionismus geraten. Ein Teil von ihnen vertritt offensiv antizionistische Positionen, zum Beispiel die aschkenasische Dichterin und Aktivistin Irena Klepfisz und die arabische Jüdin Ella Schohat. Viele von diesen Aktivisten solidarisieren sich mit den Palästinensern, nicht nur, weil diese eine gerechte Sache vertreten, sondern auch, weil sie im Zionismus den gemeinsamen Feind sehen. Es gibt in den USA und einigen europäischen Ländern eine Strömung des »radikalen Diasporismus,« die zwar nicht sehr groß aber relativ einflussreich ist, da ihr viele Künstler angehören, zum Beispiel die neo-Klezmer Band Black Ox Orkestar aus Montreal, die in Jiddisch singt; Dan Kahn aus Berlin, der das zionistische Projekt in seinem »post-dialektischen Kabarett« aus historischer Sicht hinterfragt und die Hip-Hoperin »Invincible« aus Detroit, die mehrere antizionistische Songs gemacht hat, darunter während des Gaza-Krieges von 2008/2009 den Song »Emperor's Clothes«, in dem sie zum Boykott Israels auffordert.

Die Distanzierung vieler Juden vom Zionismus schlug sich deutlich im »Bronfman Philanthropies' Report« von 2007 nieder, der unter dem Titel »Beyond Distancing« erschien. Er zeigte, dass junge US-amerikanische Juden eine sehr viel weniger starke Bindung an Israel haben als die älteren – kaum 20% gaben an, eine »starke Bindung« zu Israel zu haben. Der Anteil derer, die sich Israel aktiv »entfremdet« fühlten, war mindestens genauso groß: 11% der zur Linken tendierenden befragten Juden unter 35 Jahren und 21% der zur Rechten tendierenden; insgesamt fühlten sich zwischen 19% und 26% der Juden unter 49 Jahren von Israel »entfremdet«. Der aufschlussreichste Teil des Berichts war vielleicht, dass sich unter den Juden

---

273. Rosza Lang/Levitsky, a.a.O.

unter 35 Jahren keine Mehrheit fand, für die die Zerstörung des Staates Israel »eine persönliche Tragödie wäre.«[274]

Ein im Frühjahr 2014 erschienener Bricht des »Jewish People Policy Institute« in Jerusalem zeigte, dass dieser kritische Trend ungebrochen anhält. Viele Juden finden nicht nur Israels »Realisierung des Jüdisch-Seins« fragwürdig, sondern stellen auch in Frage, ob ein als jüdisch definierter Staat zugleich demokratisch sein kann. Viele Teilnehmer an der Studie sagten, dass die Besetzung der Westbank, der Siedlungsbau und die Behandlung von Minderheiten kaum mit dem Verhalten, das von einer Demokratie erwartet wird, übereinstimmen.[275]

Die größten und bekanntesten kritischen jüdischen Gruppen sind heute die Organisation »European Jews for a Just Peace«, die 2002 gegründet wurde und das »International Jewish Anti-Zionist Network (IJAN)«, das 2007 gegründet wurde und vor allem in den USA aktiv ist. Die »Jüdische Stimme für einen gerechten Frieden«, die in Deutschland seit 2003 besteht, gehört zum Netzwerk der »European Jews for a Just Peace.« Diese Gruppe ist der israelischen Politik gegenüber kritisch, aber nicht antizionistisch. Sie bezieht sich auf zionistische Friedensgruppen und richtet sich primär gegen die Besetzung der 1967 besetzten Gebiete. Sie protestierte gegen die israelischen Kriege 2006 und 2008/2009 und gegen die Trennmauer. Sie unterstützt den gewaltfreien Widerstand in Bil'in und versucht durch Briefe auf EU-Parlamentarier einzuwirken. Sie unterstützt ferner den Boykott israelischer Siedlungen in der Westbank sowie »eine differenzierte Teilnahme am kulturellen-akademischen Boykott derjenigen israelischen Institutionen, die eine diskriminierende Politik verfolgen.«[276]

IJAN, das auch Sektionen in Frankreich und dem Vereinigten Königreich hat, ist inhaltlich sehr viel radikaler. Dieses Netzwerk betrachtet den Zionismus als Siedlerkolonialismus und sieht den Kampf der Palästinenser als Bestandteil des internationalen Kampfes um Befreiung und Emanzipation. In seiner Charta erklärt IJAN: »Das Internationale Jüdische Antizionistische Netzwerk ist ein internationales Netzwerk von Juden, das sich kompromisslos in Kämpfen für menschliche Emanzipation engagiert, zu denen die Befreiung des palästinensischen Volkes und Landes untrennbar gehört. Unser Engagement gilt dem Recht auf Rückkehr der palästinensischen Flüchtlinge, der Beendigung der israelischen Kolonisierung des historischen Palästinas und der ökonomischen und militärischen Dominanz der USA in der Region, in der Israel eine entscheidende Rolle spielt.«[277] Das Netzwerk geht davon aus, dass kritische Juden eine wichtige und einzigartige Rolle in der Ausein-

274. Rosza Lang/Levitsky, Daniel, Jews Confront Zionism, Monthly Review Volume 61, Issue 02, June 2009
275. Duffill, Paul, Skoff, Gabriella, Growing Jewish Support for Boycott and the Changing Landscape of the BDS Debate, Mondo Weiss 17.6.2014
276. Fruchtman, Ruth, Nicht in unserem Namen. Zur jüdischen Stimme für gerechten Frieden im Nahen Osten e.V., Palästina-Israel Zeitung Nr. 5, Juni 2014, S.1f.
277. www.ijsn.net/who-we-are, abgerufen am 29.11.2014

andersetzung zu spielen haben. Sie stellen sich gegen die zionistische Dominanz und den Anspruch, dass Israel alle Juden vertrete. »Die Zionisten haben die Menschen auch überzeugt, dass alle Juden das Gleiche denken und der zionistischen Ideologie zustimmen. Am schädlichsten war ihre Fähigkeit, Leute davon zu überzeugen, dass Widerspruch zur zionistischen Philosophie ein Indiz für anti-jüdischen Hass sei. Deswegen denken wir, dass wir die Pflicht haben, die Stimme zu erheben und diesen Behauptungen etwas entgegenzusetzen.«[278] Da den Positionen jüdischer Menschen in Debatten über Israel in der westlichen Welt eine ausgesprochen große Bedeutung eingeräumt wird, spielen die antizionistischen Juden tatsächlich eine wichtige Rolle. Wegen der automatischen Diffamierung von Israelkritik und Antizionismus als Antisemitismus waren sie die ersten, die es wagten, mit radikal antizionistischen Positionen an die Öffentlichkeit zu gehen. Damit haben sie den Weg bereitet für eine ernsthafte Debatte über das Wesen des Zionismus, die nicht von vorne herein durch die pro-zionistische »Gedankenpolizei« erstickt werden konnte. Die antizionistischen Juden in den USA sind sich durchaus der privilegierten Position, die sie verglichen mit den Palästinensern einnehmen, bewusst, brechen aber – wie die neue antizionistische Linke in Israel - mit dem Paternalismus der alten linkszionistischen Friedenskräfte und verzichten auf Profilierung. Sie arbeiten mit Palästinensern zusammen und sind sich bewusst, dass sie weder im Zentrum des Kampfes stehen noch ihn anführen.

IJAN beteiligt sich an der BDS-Kampagne, unterstützte in den letzten Jahren die »Stop the JNF«-Kampagne, die versuchte, den privilegierten steuerbefreiten Status des »Jewish National Fund« in den USA aufzuheben und die »Never Again!«-Rundreisen des Holocaust-Überlebenden Hajo Meyer. Außerdem erarbeitete das »Internationale jüdisch-antizionistische Netzwerk« (IJAN) eine Broschüre über die Rolle Israels in der internationalen Aufstandsbekämpfung.[279]

In Kanada gibt es unter dem Namen »Not in our Name« ebenfalls ein jüdisches antizionistisches Netzwerk. Hinzu kommt eine zunehmende Anzahl von international bekannten jüdischen Persönlichkeiten, wie zum Beispiel Judith Butler und Naomi Klein, die sich in der Öffentlichkeit kontinuierlich kritisch über die israelische Politik und den Zionismus äußern. Viele der aktivsten Mitglieder der internationalen Solidaritätsbewegung haben einen jüdischen Hintergrund. Einige jüdische Gruppen wie »Jews say No« in den USA sind gezielt innerhalb der jüdischen Bevölkerung aktiv, um sie aufzuklären und ihre Positionen zu Israel und der Palästina-Frage zu verändern.

Israel kann heute nicht mehr glaubwürdig behaupten, die Mehrheit der Juden stünde hinter dem Staat. Damit wird auch das von Israel gerne angeführte

---

278. Americans for Middle East Understanding (AMEU), Interview with Sylvia Schwarz, Member of the International Jewish Antizionist Network, ohne Datum unter: www.ameu.org/Related-Articles/Interview-with-Sylvia-Schwarz-Member-of-the-Inter.aspx

279. IJAN, Israel's Worldwide Role in Repression, Download unter: Israelglobalrepression.wordpress.com

Antisemitismus-Argument hinfällig. Omar Barghouthi erklärt: »Zu behaupten, dass Israel zu boykottieren an sich antisemitisch sei, ist nicht nur falsch, sondern unterstellt auch, dass Israel und ›die Juden‹ ein und dasselbe seien. Das ist so absurd und bigott wie die Behauptung, dass der Boykott eines laut Selbstdefinition islamischen Staates wie Saudi-Arabien, sagen wir wegen seiner erschreckenden Menschenrechtsbilanz, notwendigerweise islamophob wäre.«[280]

---

280. Barghouthi, Omar, Why Israel fears the Boycott, The New York Times, 31.1.2014

9. Die internationale Boykott-Desinvestment-Sanktionen-Kampagne gegen Israel

»Es ist nicht wichtig, was die Goyim sagen, es ist wichtig, was die Juden tun.«
(David Ben-Gurion)[281]

»Unterstützung für palästinensische Menschenrechte ist zur emblematischen Solidaritätsbewegung unserer Zeit geworden.« (Gagi Bhattacharya)[282]

Boykottaufrufe gegen Israel sind nichts Neues. Diese hatte es bereits während der ersten und zweiten Intifada gegeben, zum Beispiel 2002 den Aufruf zum »europäischen akademischen und kulturellen Boykott«, der von 700 europäischen Akademikern und einigen jüdischen Israelis unterzeichnet wurde.[283] Doch der Durchbruch kam erst 2005.

Ein Jahr nach dem Urteil des Internationales Gerichtshofs von 2004, das die Illegalität des Mauerbaus in der Westbank feststellte und die internationale Gemeinschaft zu Maßnahmen dagegen aufforderte, initiierten palästinensische Aktivisten eine Kampagne des zivilen Ungehorsams: die Boykott-Desinvestment-Sanktionen-Kampagne (BDS) gegen Israel. Da keine Regierung der Welt der Aufforderung des Internationalen Gerichtshof Folge geleistet hatte, wandten sie sich direkt an die Bevölkerung der Welt. Der BDS-Aufruf bezieht sich auf internationales Recht und die Menschenrechte und zielt auf die Aufhebung der dreifachen Unterdrückung, von der die Palästinenser betroffen sind: 1. Die Beseitigung der Apartheidstruktur, unter der die palästinensischen Staatsbürger Israels innerhalb der Grünen Linie leiden; 2. Die Beendigung der militärischen Besetzung und Kolonialpolitik in den 1967 besetzten Gebieten einschließlich des Abbaus der Apartheidinfrastruktur wie der Mauer; 3. die Verwirklichung des Rechts auf Rückkehr und Entschädigung der vertriebenen Palästinenser und ihrer Nachkommen.[284]

Die Kampagne orientiert sich an dem Vorbild der südafrikanischen Boykottkampagne gegen die Apartheid und wird von über 170 palästinensischen Organisationen,

---

281. Laor, Yitzhak, Turning off the Lights, Haaretz 6.10.2009
282. Bakan, Abigail B.; Abu Laban, Yasmeen, Palestinian Resistance and International Solidarity: the BDS Campaign. Race & Class Vol.51 (1) 2009, S. 38
283. Duffin, Paul; Skoff, Gabriella, Growing Jewish support for Boycott and the changing Landscape of the BDS Debate, Mondo Weiss 17.6.2014
284. BDS-Movement, Palestinian Civil Society Call for BDS, 9.7.2005 unter: www.bdsmovement.net/call

darunter politische Parteien, Gewerkschaften, Bauernverbände, Frauen- und Studentenorganisationen innerhalb und außerhalb Palästinas unterstützt. Damit ist sie diejenige politische Initiative, die den breitesten Konsens innerhalb der palästinensischen Bevölkerung widerspiegelt.

Die Entstehung der BDS-Kampagne markierte einen Bruch mit der Oslo-Linie der Autonomiebehörde, die an den fruchtlosen Verhandlungen mit Israel festhält, obgleich ihr das Land, über das verhandelt wurden, in zunehmendem Maße unter den Füßen weggezogen wird. Die Kampagne entfaltete in den folgenden Jahren, besonders in den westlichen Ländern, eine bemerkenswerte Dynamik und gab der palästinensischen Bevölkerung, die durch den Oslo-Prozess gespalten und fragmentiert worden war, erstmals wieder eine gemeinsame Plattform. Sie vermochte die versprengten Teile der palästinensischen Gesamtbevölkerung – die Palästinenser in den 1967 besetzten Gebiete, die Palästinenser innerhalb der Grünen Linie und die Palästinenser in der Diaspora – politisch wieder zusammenzuführen.[285] 2009 gründete sich das Nationale palästinensisches BDS-Komitee, in dem alle relevanten politischen und gesellschaftlichen Kräfte vertreten sind und Ende Dezember desselben Jahres riefen auch die palästinensischen Kirchen zum Boykott auf.[286] 2011 bildeten die palästinensischen Gewerkschaften eine BDS-Koalition.[287]

Die Entstehung der BDS-Kampagne markierte die Wiederaufnahme des Kampfes um die palästinensischen Rechte – primär das Recht auf Rückkehr und das Recht auf Selbstbestimmung, die die PLO-Führung während des Oslo-Prozesses aufgegeben hatte. Es war eine Rückkehr zu den alten palästinensischen Zielen, wie sie bereits in der PLO-Charta von 1968 festgelegt worden waren, aber doch war es auch eine neue Art des Kampfes. Seine hauptsächlichen Träger waren nicht mehr wie früher die traditionellen politischen Organisationen der PLO, auch wenn sie den Aufruf unterschrieben, sondern unabhängige Aktivisten, Künstler und Basisorganisationen der Bauern, Flüchtlinge, Frauen und andere. Dieser Übergang des Kampfes von repräsentativen politischen Organisationen an die Basis und deren Organisationen und Netzwerken ist keine palästinensische Besonderheit, sondern Ausdruck einer globalen Tendenz.

Die BDS-Kampagne fällt in eine Zeit, die weltweit von einem erhöhten Aktivismus von unten sowie einer deutlichen Tendenz zur Globalisierung der Kämpfe gekennzeichnet ist. Die Kluft zwischen Herrschenden und Beherrschten hat sich in den vergangenen Jahren aufgrund der neoliberalen Politik fast überall vertieft. Als die Kampagne 2005 begann, war die internationale Lage noch sehr stark von der

285. Bakan, Abigail B.; Abu Laban, Yasmeen, Palestinian Resistance and International Solidarity: The BDS Campaign, Race and Class Vol. 51 (1), 2009, S. 46f.
286. BNC, Christian Palestinian Leader call for Church Boycott in Kairos Document, Electronic Intifada 11.12.2009
287. Murphy, Maureen Clare, Palestinian Trade Union Movement forms historic BDS Coalition, Electronic Intifada 5.5.2011

US-Kriegspolitik in der arabischen Welt geprägt. US-Truppen standen im Irak, wo sie mit starkem Widerstand konfrontiert waren. Diese Kriegspolitik hatte in den westlichen kapitalistischen Ländern zu breiten Protesten geführt. Wichtige Theoretiker der internationalen Bewegung gegen neoliberale Globalisierung und Krieg wie Naomi Klein und Walden Bello bezogen sich in ihren Schriften kontinuierlich auf Palästina. Es entwickelte sich eine enge Verbindung zwischen der globalen Bewegung für soziale Gerechtigkeit und Palästina, was nicht zuletzt auf dem Weltsozialforum (WSF) im brasilianischen Belém 2008 deutlich wurde, als deren 100.000 Teilnehmer zu BDS und einem internationalen BDS-Aktionstag am 30. März 2009 aufriefen. Das Weltsozialforum von 2012 hatte den Schwerpunkt Palästina.

Die Palästina-Frage ist in den vergangenen Jahren zu einem Symbol für eine ungerechte Weltordnung geworden, deren Veränderung viele Menschen wünschen, ohne recht zu wissen, wie. Die BDS-Bewegung mobilisiert die Bürger der Welt von unten gegen die Mächtigen. Wie der palästinensische Aktivist Omar Barghouthi erklärt, können die Palästinenser nicht alleine gegen Israel und das mächtige Bündnis, von dem es unterstützt wird, ankommen und sind daher auf internationale Solidarität angewiesen: »Mit überwältigender israelischer Unterdrückung konfrontiert, haben Palästinenser unter Besatzung, in den Flüchtlingslagern und im Herzen von Israels spezifischer Form von Apartheid auf der Suche nach Verständnis, Mitgefühl und, noch wichtiger, Solidarität ihre Hände zunehmend nach der Welt ausgestreckt. Die Palästinenser betteln nicht um Sympathie. Wir sind längst keine Nation von unglücklichen Opfern mehr. Wir leisten Widerstand gegen rassistische und koloniale Unterdrückung und streben nach Gerechtigkeit und einem wahren Frieden. Vor allem kämpfen wir für das universale Prinzip von *gleicher Humanität*. Aber wir können das nicht alleine tun ... angesichts der unbestrittenen militärischen Überlegenheit, der unhinterfragten und allumfassenden Unterstützung, die Israel vom einzigen Empire der Welt bekommt und dem fehlenden politischen Willen arabischer und europäischer Staaten, es in Zaum zu halten. Israel verstößt mit dreister Straflosigkeit erheblich gegen internationales Recht und nimmt wenig Rücksicht auf die UNO oder die weltweite öffentliche Meinung. Nur beständiger, systematischer und breiter internationaler Druck kann helfen, Israels Unterdrückung und Ungerechtigkeit zu beenden, indem es ihm den Status eines Pariastaates gibt.«[288] Die zionistische kulturelle Hegemonie in den westlichen Staaten und die heftigen Angriffe der Unterstützer Israels machten die Durchsetzung der Kampagne jedoch zunächst sehr viel schwieriger als es bei der Anti-Apartheid-Kampagne in den 1970er- und 1980er Jahren der Fall war. Wer zum Boykott aufrief, wurde als »Antisemit« oder »selbsthassender Jude« denunziert, jede Petition, die zu Desinvestment aufforderte, wurde mit einer Gegen-Petition beantwortet. In den ersten Jahren der

---

288. Bakan, Abigail B.; Abu Laban, Yasmeen, Palestinian Resistance and International Solidarity: the BDS Campaign, Race & Class Vol. 51 (1), 2009, S. 48

Kampagne wurde jede Demonstration gegen die israelische Kolonialpolitik begleitet von einer – meist genauso großen oder größeren – pro-israelischen Demonstration. Akademikerverbände und Gewerkschaften, die BDS diskutierten, wurden extrem unter Druck gesetzt. Als britische Akademiker im September 2007 Schritte zu einem akademischen Boykott Israels unternahmen, verurteilten das 450 Präsidenten US-amerikanischer Universitäten und Colleges in einem offenen Brief. Als die »Canadian Union of Public Employees (CUPE)« auf ihrer Regionalkonferenz in Ontario im Mai 2006 eine Resolution verabschiedete, die BDS unterstützte, brach die Hölle über sie herein. Sid Ryan, der Vorsitzende von CUPE Ontario beschrieb seine Erfahrungen wie folgt: »Ich habe als Gewerkschaftsführer gekämpft und ich komme aus der Republik Irland. Ich habe Rassismus und Reaktionäre gesehen. Aber niemals habe ich die Art von Angriffen erlebt, mit denen wir konfrontiert waren, nachdem unsere Delegierten als Antwort auf den Aufruf der Palästinenser die Resolution 50 einstimmig verabschiedet hatten. Diese Angriffe kamen nicht von unseren Mitgliedern. In der CUPE mit ihren 225.000 Mitgliedern erhoben nur zwei Ortsansässige, 5 E-Mails und zwei Telefonanrufe Einwände. Von außerhalb der Gewerkschaft gab es mehr als 30.000 E-Mails, Morddrohungen, Angriffe auf meine Familie und auf das Andenken meines Vaters und meiner Mutter. Aber wir blieben standhaft und wir bleiben standhaft.« Die Einschüchterungsversuche pro-zionistischer Kreise gingen jedoch nach hinten los. Die »Kirche von Kanada« erklärte auf einer Pressekonferenz im Juni 2006 in Toronto ihre Unterstützung der BDS-Position der CUPE. Im April 2008 verabschiedete die »Kanadische Gewerkschaft der Postangestellten« als erste Gewerkschaft auf nationaler Ebene eine Resolution, die der Resolution von CUPE Ontario nachgebildet war.[289]

Der BDS-Kampagne gelang es allen Widerständen zum Trotz Fuß zu fassen. Sie vermochte nicht nur die zionistische Propaganda abzuwehren, sondern darüber hinaus auch die orientalistischen und islamophoben Stereotypen, die die Auseinandersetzung mit der arabischen Welt in den westlichen kapitalistischen Ländern in dieser Zeit maßgeblich bestimmten, zurückzudrängen. Sie brachte eine neue Sprache und neue Bilder in die Auseinandersetzung und trug so dazu bei, schrittweise den Blick auf Palästina, Israel und die gesamte Region zu verändern. Die auf den universalen Menschenrechten basierende Argumentation der Aktivisten und die Hervorhebung des Apartheid-Charakters der israelischen Politik gegenüber den Palästinensern überzeugte. Die Glaubwürdigkeit der Kampagne wurde noch erhöht durch das Engagement bekannter südafrikanischer Anti-Apartheid-Aktivisten wie Desmond Tutus, der von Anfang an einer der wichtigsten und aktivsten Unterstützer von BDS war. Jeder neue israelische Krieg führte zu einer Ausweitung der Kampagne. Nach dem Krieg gegen den Libanon 2006 schlug der bekannte

289. Bakan, Abigail B; Abu Laban, Yasmeen, Palestinian Resistance and International Solidarity: The BDS-Campaign, Race & Class Vol. 51(1) 2009. S. 45ff.

britische Filmemacher Ken Loach eine Einladung zum Filmfestival in Haifa aus und bekannte sich zu BDS. Zum definitiven internationalen Durchbruch kam die BDS-Kampagne mit dem Gaza-Krieg von 2008/2009 und seither hat sie sich rasant weiter entwickelt. Omar Barghouthi sprach von Palästinas »Südafrika-Moment.«[290] Trotz der großen Schwierigkeiten, mit denen die palästinensische BDS-Kampagne besonders in den ersten Jahren konfrontiert war, vermochte sie in fünf Jahren bereits mehr zu erreichen als die südafrikanische in 20 Jahren.

Jeder neue militärische Angriff Israels, wie der Überfall auf die Gaza-Hilfsflotte 2010 und der zweite und dritte Gaza-Krieg 2012 und 2014, führten zu ihrer Verbreitung und Intensivierung.[291] Die BDS-Kampagne vermochte es mit der Zeit, eine emanzipatorische Gegen-Hegemonie zur zionistischen kulturellen Hegemonie zu entfalten. Die mit der Kampagne verbundene Aufklärung und Bewusstseinsveränderung trugen entscheidend zu einem neuen Verständnis des palästinensisch-zionistischen Konflikts bei. Auch die seit 2004 weltweit im März stattfindende »Israeli Apartheid Week« spielt eine wichtige Rolle bei der Aufklärung. 2012 wurde die achte »Israeli Apartheid Week« in 202 Städten organisiert.[292]

Die hauptsächlichen Träger der Kampagne sind weltweit Kirchen, Gewerkschaften und Studentenverbände sowie Aktivistengruppen. Zahlreiche Künstler und Wissenschaftler haben sich der Kampagne ebenfalls angeschlossen, einige stillschweigend, andere mit offensiven Stellungnahmen. Zu den bekanntesten gehören Arundati Roy, Ken Loach, Roger Waters, Tariq Ali, Alice Walker, Naomi Klein, Judith Butler, Angela Davis, Etienne Balibar, Mina Nair, Stephen Hawking sowie der verstorbene Stéphane Hessel. In Kanada, den USA, Irland und Norwegen veröffentlichten Künstler und Persönlichkeiten des öffentlichen Lebens in den letzten Jahren Kollektiverklärungen, die jeweils von Hunderten unterzeichnet wurden, in denen sie sich zu BDS bekannten. Zu den Gewerkschaften, die BDS unterstützen, gehören unter anderem der größte afrikanische Gewerkschaftsverband – ITUC-Afrika —, der 15 Millionen Arbeiter aus 56 afrikanischen Gewerkschaften vertritt und die größte britische Gewerkschaft »Unite«, die zu den Unterstützern der Labour-Partei gehört.[293] Auch einzelne europäische Kommunen und Regionen haben sich der Kampagne angeschlossen, so zum Beispiel die Region Sör-Tröndelag, in der Norwegens drittgrößte Stadt Trondheim liegt, die baskische Ortschaft Arbizu

---

290. Barghouthi, Omar, Our South Africa Moment has arrived, Palestine Chronicle 18.3.2009; Beckerman, Gal, Palestinian-led Movement ro boycott Israel is gaining Support, Forward 16.9.2009; Eid, Haidar, Sharpeville 1960, Gaza 2009, Electronic Intifada 22.1.2009; Wild, Petra, Boykott, Desinvestment, Sanktionen, Telepolis 10.10.2009;
291. Vgl. Wolf, Sherry, What's behind the Rise of BDS?, International Viewpoint 8.8.2014
292. BDS-Movement, BDS at 7! - Celebrating, reflecting and further mainstreaming, 9.7.2012 unter: www.bds.movement.net/2012/bds-at-7-9206
293. Middle East Monitor, Britain's biggest Trade Union slams Israeli Apartheid, commits to BDS Campaigning, 4.7.2014; BDS-Movement, BDS at 7!, a.a.O.

sowie mehrere Orte in Schottland.[294] Die stärkste Hochburg des Boykotts ist Südafrika. Dort unterstützen alle relevanten politischen und gesellschaftlichen Kräfte des Landes inklusive der Regierungspartei ANC den Boykott. Die Universität Johannesburg war 2011 die weltweit erste Universität, die ihre Beziehungen zu einer israelischen Universität wegen deren Verstrickung in die Kolonialpolitik abbrach.

Ein Teil des Erfolges von BDS gründet im Konzept der Kampagne. Sie ist dezentral organisiert, Graswurzel-orientiert und so flexibel angelegt, dass in ihr Minimalisten und Maximalisten Platz haben. Die BDS-Kampagne ermöglicht allen Beteiligten, ihre Schwerpunkte selbst zu setzen. Wie im Falle Südafrikas umfasst die Kampagne alle Ebenen – den kulturellen und akademischen Boykott ebenso wie den ökonomischen.

Ökonomischer Boykott und Desinvestment

Viele Gruppen konzentrieren sich auf bestimmte Firmen, wie zum Beispiel den Trinkwassersprudelerzeuger »SodaStream« oder den Kosmetikhersteller »Ahava«, die ihre Fabriken in der Westbank haben. Über Monate belagerten die britischen Aktivisten das Geschäft von Ahava in der Londoner Innenstadt in Form von wöchentlichen Kundgebungen, die ziemlich viel Aufsehen erregten, vor allem deshalb, weil sie von zionistischen Gegenkundgebungen am selben Ort begleitet wurden, die teilweise von der faschistischen »English Defense League« unterstützt wurden. Im Frühjahr 2011 musste »Ahava« das Geschäft schließen. In Norwegen, Kanada und Japan nahmen Einzelhandelsketten 2011 und Anfang 2012 Ahava-Produkte aus dem Sortiment. Ein von SodaStream betriebenes Geschäft in Brighton musste im Juni 2014 nach zwei Jahren kontinuierlicher Kundgebungen ebenfalls schließen und parallel dazu nahm eine große britische Einzelhandelskette das Produkt aus seinem Sortiment.[295] Anfang 2014 sorgte Scarlett Johanssons Werbespot für SodaStream weltweit für eine intensive Berichterstattung über die BDS-Kampagne. Dieser Werbespot für eine Firma, die im besetzten Westjordanland produziert, führte zum Bruch mit der britischen NGO Oxfam, als deren »Botschafterin« Johansson aktiv war. Der Tenor der westlichen Berichterstattung war: Hollywood-Schauspielerin ist gezwungen, sich zwischen einer israelischen Firma und einer international respektierten karitativen Organisation zu entscheiden, in anderen Worten: Israel versus Menschenrechte.[296] Einen Tag nachdem Oxfam sich von der Schauspielerin getrennt hatte, verurteilten über 100 Comic-Künstler in Frankreich in einem offenen Brief, dass die Organisatoren des Comic-Festivals in Angouleme (30.1.-2.2.2014) ebenfalls

294. Bakan, Abigail B.; Abu Laban, Yasmin, Palestinian Resistance and International Solidarity: the BDS Campaign, Race & Class Vol.51 (1), 2009, S. 44
295. Palestinian Solidarity Center Brighton and Hove, unter: www.brightonplestinecampaign.org/local-new-reports/ecostream-store-closes-following-two-years-of-street-protests
296. White, Ben, Spring in the Step of BDS, as a worried Israel plans pushback, Middle East Monitor 6.3.2014

mit SodaStream zusammenarbeiteten und forderten den Abbruch der Zusammenarbeit mit dem »beschämenden Unternehmen«.[297]

Der größte israelische Exporteur landwirtschaftlicher Produkte, Agrexco, der ebenfalls ein Schwerpunkt der Boykottkampagne war, musste Ende 2011 Konkurs anmelden. Obwohl der internationale Boykott nicht der einzige Grund dafür war, war er doch ein wesentlicher Faktor dafür, dass die Investoren davon absahen, Agrexco zu retten. In demselben Zeitraum beschloss die größte Kooperative Europas und der fünftgrößte Supermarkt in Großbritannien, Produkte aus Siedlungen in den 1967 besetzten Gebieten zu boykottieren. Der norwegische Pensionsfond und zwölf weitere europäische Finanzinstitutionen schlossen den israelischen Rüstungskonzern »Elbit Systems« aus, der am Bau der Mauer in der Westbank beteiligt ist.[298] Parallel dazu gab es eine internationale Kampagne gegen den »Jüdischen Nationalfond« (JNF), der eine zentrale Rolle bei der Enteignung und fortgesetzten Vertreibung der Palästinenser spielt, die den britischen Premierminister David Cameron dazu zwang, seine Schirmherrschaft über die Organisation zu beenden sowie die Stadt Genf dazu bewegte, ihre Verbindung mit dem JNF zu beenden.[299] 2013 machte die Kampagne einen großen Sprung nach vorne. Um nur zwei Beispiele zu nennen: Anfang September 2013 zog sich der niederländische Royal Haskoning DHV-Konzern, der im Bereich der Infrastruktur tätig ist, aus einem geplanten Projekt mit der Stadtverwaltung Jerusalem zurück, da das geplante Projekte jenseits der Grünen Linie liegen sollte.[300] Im Dezember zog sich der niederländische Wasserkonzern Vitens wegen dessen Operationen in der Westbank aus den joint ventures mit dem israelischen Wasserkonzern Mekorot zurück.[301]

Auch internationale Konzerne, die sich an der Fortsetzung der israelischen Kolonialpolitik beteiligen und davon profitieren, werden ins Visier genommen. So verlor der französische Infrastruktur-Konzern Veolia bis zum Sommer 2014 wegen seiner Verstrickung in die israelische Kolonialpolitk im Vereinigten Königreich, Irland, Schweden, den USA und Australien Aufträge im Wert von 20 Milliarden Dollar. Das Europaparlament beendete 2012 seinen Vertrag mit dem britisch-dänischen Sicherheitskonzern Group4Security (G4S), der in 125 Ländern aktiv ist, weil er in israelischen Gefängnissen aktiv ist, in denen palästinensische Gefangene, darunter auch Kinder, regulär misshandelt werden. Reihenweise kündigten britische Universitäten aus demselben Grund ihre Verträge mit der Firma G4S. Im Frühjahr 2014 zog die Gates-Stiftung ihre Investitionen aus dem Konzern ab und im Sommer

297. Salingue, Julien, Auf der schwarzen Liste, Le Monde diplomatique, 13.6. 2014
298. BDS-Movement, BDS at 7! - Celebrating, reflecting and further mainstreaming, 9.7.2012 unter www.bdesmovement.net/2012/bds-at-7-9206
299. BDS-Movement, BDS at 7! - Celebrating, reflecting and further mainstreaming, 9.7.2012 unter: www.bdsmovement.net/2012/bds-at-7-9206;
300. Ravid, Barak, Dutch engineering Giant cancels East Jerusalem Project, Haaretz 6.9.2013
301. Kaufmann, Ami, Israel crosses the tipping point, becomes an economic Liability, +972 Magazine 18.2.2014

desselben Jahres gab dieser bekannt, über einen Rückzug aus seinen Projekten in Israel nachdenken zu wollen.[302]

Akademischer Boykott

Im April und Mai 2013 erklärten mit der »Association for Arab American Studies« und der »Association for Asian American Studies« die ersten Akademiker-Verbände der USA die Beteiligung am akademischen und kulturellen Boykott Israels.[303] Im selben Monat bezeichnete die irische Lehrergewerkschaft Israel als Apartheidstaat und rief zum Boykott auf.[304] Im Oktober schloss sich die »Association for Humanist Sociology« dem Boykott an und im Dezember desselben Jahres brach die »Association for American Studies«, in der 5000 Akademiker organisiert sind, ihre Beziehungen zu israelischen Universitäten ab.[305] In den folgenden Wochen traten dem Verband 700 neue Mitglieder bei. Während des dritten Gaza-Krieges im Juli 2014 beschlossen auch die »Critical Ethnic Studies Association« und die »African Literature Association«, sich dem Boykott anzuschließen.[306]

Im Dezember 2013 bekam die »International Oral History Conference«, die von der Hebräischen Universität in Jerusalem organisiert wurde und die erste Konferenz dieser Art war, große Probleme, als palästinensische, israelischen und internationale Wissenschaftlern aus Europa, Südafrika, Ozeanien, Asien und Amerika zu deren Boykott aufrief und die beiden als Hauptredner vorgesehenen Wissenschaftler dem Aufruf Folge leisteten.

Desinvestment von Finanzinstituten

Das Jahr 2014 begann mit weiteren BDS-Erfolgen: Anfang Januar beschloss der zweitgrößte Pensionsfond der Niederlande, PGGM, der etwa 150 Milliarden Euro verwaltet, sein Kapital in zweistelliger Millionenhöhe aus den fünf größten israelischen Banken abzuziehen, da diese Filialen in der Westbank unterhalten und an der Finanzierung von Bauprojekten in Siedlungen beteiligt sind. Die Tageszeitung *Haaretz* schrieb, dass diese Entscheidung dem Image der Bank schaden und dazu

302. Soliman, Alia, Boycotting Israel: BDS Movement reaches Tipping Point, Ahram Online 16.8.2014; BDS Movement, BDS Pressure forces G4S to distance itself from Israel's Prison System, 17.6.2014 unter: www.bdsmovement.net/2014/bds-pressure-forces-G4S-distance-itself-prison-system-12166; BDS Movement, Victories, ohne Datum unter: www.bdsmovement.net/victories
303. JTA, U.S. Academic nonprofit votes in favor of boycotting Israeli Academia, Haaretz, 26.4.2013
304. JTA, Ireland Teachers Union brands Israel »Apartheid State«, calls for Boycott, Haaretz 7.4.2013
305. Kane, Alex, American Studies Association national Council endorses academic Boycott of Israel, Mondow Weiss 4.12.2013; Pèrez-Pena, Richard; Rudoren, Jodi, Boycott by Academic Group is a symbolic Sting to Israel, New York Times 16.12.2013
306. USACBI, USACBI congratulates and thanks the Critical Ethnic Studies Association and the African Literature Association for endorsing the academic Boycott of Israel, 22.7.2014

führen könnte, dass andere Unternehmen es dem Fond gleichtun. Omar Barghouthi bezeichnete diesen Schritt von PGGM als einen Meilenstein, da der Pensionsgigant sein Kapital insgesamt aus den israelischen Banken abzog und nicht bloß aus deren Projekten in der Westbank.[307] Ende Januar 2014 gab das norwegische Finanzministerium den Beschluss bekannt, die israelische Firma »Africa Israel Investments« und deren Tochterunternehmen »Danya Cebus« aus dem staatlichen Pensionsfond, der 629 Milliarden Euro verwaltet und damit der weltweit größte Pensionsfonds ist, auszuschließen. Die größte Bank Dänemarks, »Danske Bank«, setzte die israelische Bank Hapoalim auf die schwarze Liste, während die skandinavischen Investoren »Nordea Investment Management« und DNB Assets Management bekanntgaben, ihre Anteile in israelischen Banken überprüfen zu wollen. Ende Februar wurde bekannt, dass der luxemburgische staatliche Pensionsfonds neun große israelische Banken und Unternehmen sowie den US-Konzern Motorola wegen Verstößen gegen internationales Recht ausschließt.[308]

Die Entwicklung nach dem dritten Gaza-Krieg 2014

Israels dritter Krieg gegen den Gaza-Streifen im Juli/August 2014 führte zu einem spürbaren Anwachsen der BDS- Bewegung. Noch im Juli riefen in der Türkei mindestens zwölf Kommunen, mehrere große Unternehmerverbände und eine große Gewerkschaft zum Boykott von israelischen Produkten auf. Die »Kashmir Manufacturers and Traders Association« und andere Organisationen sowie der Verband der Hoteliers im indischen Mumbai taten es ihnen gleich.[309] In der Westbank ging der Verkauf israelischer Waren um 50% zurück.[310] Im Vereinigten Königreich und in Irland war die Boykottbewegung besonders stark. Umfragen ergaben, dass 62% der britischen Bevölkerung der Ansicht war, dass Israel im Gaza-Streifen Kriegsverbrechen begeht.[311] In Irland riefen nationale Gewerkschaftsverbände, Lokalräte, die Sinn Fein und Sportstars wie der Rugbyspieler Gordon Dary zum Boykott auf. Reihenweise wurden Supermärkte besetzt, um sie zu einem Verzicht auf israelische Waren zu bewegen. Anfang August wies »SuperValu«, die größte Supermarktkette Irlands, seine 232 Filialen an, israelische Waren aus den Regalen zu nehmen. Die britische Supermarktkette »Tesco«, die bereits seit dem Gaza-Krieg von 2008/2009

307. Abunimah, Ali, Israel Boycott growing much faster than South African Campaign, says Omar Barghouthi, Electronic Intifada 10.1.2014
308. Ben White, Spring in the Step of BDS, as a worried Israel plans pushback, Middle East Monitor 6.3.2014; Ravid, Barak, Largest Dutch Pension Fund boycotts Banks over Settlement ties, Haaretz 8.1.2014; Ravid, Barak, Norway drops Israeli Companies from Pension Fund over East Jerusalem Construction, Haaretz 30.1.2014; Salingue, Julien, Auf der schwarzen Liste, Le Monde diplomatique, 13.6.2014
309. BDS Movement, Round-up: Israel's Massacre in Gaza prompts international Sanctions and Boycott Action, 1.8.2014
310. Melhem, Ahmad, Sales of Israeli Goods in West Bank down 50% due to Boycott, Al-Monitor 21.8.2014
311. Jantti, Bruno, It's Time for the Eu to impose Sanctions on Israel, Aljazeera 24.8.2014

unter ständigem Druck der Aktivisten stand, entschied im Sommer 2014, keine Waren aus israelischen Siedlungen in den 1967 besetzten Gebieten mehr zu verkaufen. Eine Filiale der irischen Spielzeugladenkette »Smyths« in Dublin warb mit der Information, dass sie keine in Israel produzierten Waren mehr verkauft.[312]

Der Export israelischer Nahrungsmittel nach Europa brach massiv ein. Die Exporteure von israelischem Obst und Gemüse erhielten zahlreiche Stornierungen aus Skandinavien, Großbritannien, Frankreich, Belgien und Irland. Ein Sprecher von EDOM, einem der größten Fruchterzeuger und Fruchtexporteure, der in der Westbank operierte, berichtete der israelischen Business-Zeitung *The Marker* Mitte August 2014: »Importeure aus Europa sagen uns, dass sie keine israelischen Waren verkaufen können. Ein europäischer Käufer hat mit erzählt, dass es Blockaden gegen ihn in mehreren Ketten in Dänemark und Schweden gab. Letztes Wochenende erzählte er mir, dass Mangos, die wie immer in den Niederlanden verpackt und nach Irland verschifft worden waren, mit der Begründung zurückgegeben wurden, dass israelische Produkte nicht akzeptiert würden. … Ich habe von großen Exporteuren gehört, von denen Ketten in Südfrankreich nicht mehr kaufen. Es gibt keinen offiziellen Boykott, aber jeder hat Angst, israelische Früchte zu verkaufen. Wir können nur hoffen, dass es nicht schlimmer wird.«[313]

Der »Soros Fund« verkaufte seine Anteile an SodaStream im Wert von 24,4 Millionen Dollar.[314] Die Gewinne von SodaStream brachen im dritten Quartal massiv ein und ihre Aktien verloren 2014 insgesamt zwei Drittel ihres Wertes, so dass sie Ende Oktober 2014 mitteilte, die Produktion von der Westbank in den Naqab/Negey verlegen zu wollen.[315] Auch US-amerikanische Konzerne, denen Unterstützung für Israel nachgesagt wird, wie Coca Cola, McDonalds und Starbucks wurden während des Gaza-Krieges in vielen Ländern boykottiert. Einige Staaten verhängten Sanktionen gegen Israel. Brasilien, Ecuador, Peru, Chile und El Salvador zogen ihre Botschafter aus Israel ab. Bolivien und Venezuela hatten die diplomatischen Beziehungen zum zionistischen Staat bereits während der »Operation Cast Lead« 2008/2009 abgebrochen und Nicaragua war dem nach dem Blutbad auf der Mavi Marmara 2010 gefolgt. Chile setzte darüber hinaus die Gespräche über ein Handelsabkommen aus. Bolivien, das unter israelischen Rucksacktouristen sehr beliebt war, setzte Israel auf die offizielle Liste terroristischer Staaten und hob die Visafreiheit für Israelis auf. Der Abzug des brasilianischen Botschafters warf Fragen über die Zukunft der israelisch-brasilianischen Waffengeschäfte auf. Brasilien ist nach den

312. Deas, Michael, Ireland's biggest Food Retailer drops Israeli Produce, as European Boycotts surge, Electronic Intifada 15.8.2014
313. Deas, Michael, Ireland's biggest Food Retailer drops Israeli Produce, as European Boycotts surge, Electronic Intifada 15.8.2014
314. Kassem, Mahmoud, Soros fund drops shares in Israel's SodaStream. The National (AE) 3.8.2014.
315. Robbins, Aannie, The Titanic of the Occupation – Soda Stream, Mondo Weiss 7.10.2014; Farrell, Maureen, SodaStream Losing a lot of its pop, Wall Street Journal 7.10.2014; AP, Sodastream to move its West Bank Factory in 2015, Ynet News 29.10.2014

USA und Indien der drittgrößte Kunde der israelischen Rüstungsindustrie, die die sechstgrößte der Welt ist. Die Sanktionen gegen Israel, die nirgendwo so geballt waren wie in Lateinamerika, stellten auch Außenminister Liebermans Projekt, die Beziehungen zu Lateinamerika zu verbessern, in Frage. Spanien verhängte Anfang August ein Waffenembargo und auch das Vereinigte Königreich versprach unter dem Druck der Öffentlichkeit, seine Rüstungsabkommen mit Israel zu überprüfen.[316] Die Malediven kündigten drei Abkommen mit Israel und gaben bekannt, die Möglichkeit eines Verbots der Einfuhr israelischer Waren zu prüfen.[317]

Der Einbruch der Realität ins israelische Bewusstsein

Seit Mitte 2013 ist der Einbruch der Realität ins Bewusstsein der jüdisch-israelischen Bevölkerung kaum mehr zu verkennen. Die Boykott-Kampagne zwingt sie, das positive Selbstbild, das sie von sich selbst, ihrer Gesellschaft und ihrem Staat hat, zu überdenken. Im Sommer 2013 schrieb Daniella Peled in der Tageszeitung *Haaretz* einen Artikel mit der Überschrift: »Vergesst ›Start-up Nation‹, Israels Markenidentität ist Besatzung.« Darin stellte sie fest: »Boykott, Desinvestment und Sanktionen, BDS, entfaltet seine Wirkung bereits. Nicht indem es Israels Ökonomie niederschmettert – das ist immer noch eine entfernte Aussicht – aber es tut etwas, was genauso effektiv ist: Sein globales Ansehen zerstören.«[318] In der israelischen Presse häufen sich die Artikel, die vor der möglichen weiteren Entwicklung des Boykotts warnen. Auch israelische Politiker und israelische Unternehmer zeigten sich höchst beunruhigt. Finanzminister Yair Lapid warnte Anfang 2014 davor, dass Israel dabei sei, denselben »Wendepunkt« zu erreichen wie Südafrika am Ende der Apartheid. Lapid, der die Zwei-Staaten-Lösung unterstützt, warnte vor den Folgen der Boykottkampagne für die israelische Wirtschaft: »Wenn die Verhandlungen mit den Palästinensern sich festfahren oder platzen und es zu einem europäischen Boykott kommt, und sei es auch nur einem partiellen«, erklärte er, würden unmittelbar 10.000 Arbeitsplätze verloren und der Handel um 5,7 Milliarden Dollar zurück gehen.[319] US-Außenminister John Kerry warnte Israel im Februar 2014 angesichts des drohenden Scheiterns der neuen Runde von Friedensverhandlungen. »Die Risiken für Israel sind sehr hoch«, erklärte er. »Die Leute reden über Boykott. Das wird sich im Falle des Scheiterns intensivieren.«[320] Philip Gordon, der in der US-Administration für den Nahen Osten verantwortlich ist, versicherte Anfang Juli 2014 auf

316. Schindler, Max, Boycotts and browbeating at Israel: What changed since the last Gaza War? CS Monitor 7.8.2014
317. BDS Movement, Round-up: Israel's Massacre in Gaza prompts international Sanctions and Boycott Action, 1.8.2014 unter: www.bdsmovement.net/2014/gaza-sanctions-and-boycott-action-12410
318. Peled, Daniella, »Forget Startup Nation,« Israel's Brand Identity is Occupation, Haaretz 18.7.2013
319. The Economist, A Campaign that is gathering Weight, 8.2.2014
320. Tait, Robert, John Kerry labelled »anti-Semite« for warning of possible Boycott, The Telegraph 2.2.2014

einer Konferenz, die von der Tageszeitung *Haaretz* veranstaltet wurde, dass die USA alles in ihrer Macht stehende tun werde, um den Boykott und andere »Delegitimierungsversuche« zu bekämpfen, aber dass ihre Möglichkeiten dazu begrenzt seien.[321]

Die EU begann angesichts des zunehmenden Drucks von unten zögerlich, ebenfalls Maßnahmen zu ergreifen. Anfang 2014 traten neue EU-Richtlinien in Kraft, nach denen israelische Einrichtungen in den 1967 besetzten Gebieten keine EU-Fördergelder mehr erhalten sollen. Im April desselben Jahres warnten 17 europäische Länder Firmen davor, mit israelischen Firmen in den 1967 besetzen Gebieten Geschäfte zu machen. Diese Warnungen sind zwar rechtlich nicht bindend, aber dennoch wird davon ausgegangen, dass sie zu einer Verstärkung des Boykotts führen werden.[322] Ein Bericht des israelischen Finanzministeriums über die möglichen Folgen der BDS-Kampagne wurde unter Verschluss gehalten. Um einer möglichen Reduzierung des Handels mit Europa vorzubeugen, versucht Israel, die Beziehungen mit Indien und China zu verstärken.[323] Der Handel mit der EU macht ein Drittel des israelischen Gesamthandelsvolumens aus. Die Siedler im Jordantal der Westbank bekamen den Boykott deutlich zu spüren. 2013 ging ihr Einkommen, das im Wesentlichen auf exportorientierter Landwirtschaft basiert, um 14% – 29 Millionen Dollar – zurück. »Der Schaden ist enorm«, erklärte David Elhayani vom Regionalrat des Jordantals Anfang 2014 gegenüber der westlichen Presse. »Eigentlich verkaufen wir heute fast nichts mehr auf dem westeuropäischen Markt.«[324] Im Januar 2014 berichtete ein Rechtsanwalt aus Tel Aviv in einer israelischen Fernsehsendung, dass sich immer mehr Unternehmen wegen annullierter Verträge mit internationalen Partnern, verlorenen Investitionen und allen Arten von Boykottdruck an ihn wandten. Mittlerweile bemühen sich israelische Abgeordnete um finanzielle Entschädigung für israelische Unternehmen in der Westbank, die durch die internationale Boykottkampagne geschädigt wurden. »Wir leben in einer Blase«, warnte Justizministerin Zipi Livni, »Der Boykott geht weiter und er breitet sich exponentiell aus. Und wer das jetzt nicht wahrhaben will, wird es früher oder später schon noch spüren.«[325]

Um ihre Märkte zu behalten, drängten israelische Unternehmer im Januar 2014 die israelische Regierung, ein Abkommen mit den Palästinensern zu schließen. *Yediot Ahronoth* berichtete, dass einige Mitglieder der »Breaking the Impasse«-Gruppe, die kurz zuvor von israelischen und palästinensischen Kapitalisten gegründet worden war, Ministerpräsident Netanjahu in einem Treffen im Vorfeld des World

321. Weiss, Philip, White House says U.S can't stop »Tsunami« of Boycott and international Isolation if Israel won't end »Occupations,« Mondo Weiss 9.7.2014
322. Mezzofiore, Gianluca, BDS scores another Victory with Italy and Spain warning against Business in Israeli Settlements, International Business Times 27.6.2014
323. The Economist, A Campaign that is gathering Weight, 8.2.2014
324. Laub, Karin, Settlements feeling Boycott Bite, The Tennessean 11.1.2014
325. Salingue, Julien, Auf der Schwarzen Liste, Le Monde diplomatique, 13.6.2014

Economic Forum in Davos ihre Warnung mitgeteilt hatten. »Israel muss dringend eine diplomatische Lösung erreichen«, hieß es in der Erklärung der Gruppe, die von High-Tech-Unternehmer Yossi Vardi und dem palästinensischen Unternehmer Munib al-Masri angeführt wird.[326]

Israel gibt sich gerne stark, bisweilen geriert es sich gar als Großmacht. Es tut so, als ob es alles immer aus eigener Kraft geschafft und noch immer allen Widrigkeiten getrotzt habe. Die Wahrheit ist: Israel ist nicht nur politisch, sondern auch ökonomisch von den westlichen Staaten extrem abhängig. Es ist der größte Empfänger von US-Auslandshilfen, nicht nur im Vergleich zu anderen Staaten heute, sondern in der gesamten Geschichte der USA. Hinzu kommen umfangreiche Handelsprivilegien mit den westlichen Staaten wie das Assoziierungsabkommen mit der EU und Zuwendungen und Geschenke verschiedener Art, zum Beispiel von Deutschland in Gestalt von U-Booten. »Israel ist der einzige Staat auf der Welt, der seit Jahren Millionen von Dollar für jeden jüdischen Bürger erhält. Niemals hat es einen anderen Staat gegeben, dessen Lebensstandard in so hohem Maße auf externe Finanzierung aufbaute«, schreibt der israelische Schriftsteller Yitzhak Laor.[327] Diese große Abhängigkeit macht Israel sehr verwundbar.

Israelische Gegenmaßnahmen

Der israelische Botschafter in den USA, Michael Oren, bezeichnete die BDS-Kampagne bereits nach dem Gaza-Krieg 2009 als »existenzielle Bedrohung.«[328] Als Ministerpräsident Netanjahu im März 2014 seine jährliche Ansprache bei der AIPAC-Konferenz hielt, widmete er ihr ein Viertel seiner Redezeit. Einerseits versuchte er die Bedeutung von BDS herunterzuspielen und drängte auf die entschlossene Bekämpfung der Kampagne. Israelische Politiker ergehen sich regelmäßig in unflätigen Äußerungen über den Boykott und alle diejenigen, die sich daran beteiligen. Wie nicht anders zu erwarten, versuchen Israel und seine Unterstützer, BDS als antisemitisch zu denunzieren. Ministerpräsident Benjamin Netanjahu zum Beispiel erklärte: »Ich denke, es ist das Unheimlichste, das Schändlichste, dass Leute auf dem Boden Europas über den Boykott von Juden sprechen. In der Vergangenheit boykottierten Antisemiten jüdische Unternehmen und heute rufen sie zum Boykott des jüdischen Staates auf. ... Die Boykotteure müssen als das bloßgestellt werden, was sie sind. Sie sind klassische Antisemiten in modernem Gewand.«[329] Doch der inflationäre Einsatz des Antisemitismusvorwurfs hat dazu geführt, dass

326. Derfner, Larry, The Writing on the Wall: Boycott is Top Story in Israel's No.1 Paper, +972 Magazine 20.1.2014
327. Laor, Yitzhak, Which Chapter from the Book of Joshua, Haaretz 19.5.2011
328. Oren, Michael B., Seven Existential Threats, Commentary Magazine May 2009
329. Sherwood, Harriet, A Boycott can jolt Israelis from their Somnolence on Palestine, The Guardian 4.4.2014

er vielerorts kaum mehr ernst genommen wird. Da die BDS-Kampagne eine Initiative von unten ist und primär auf die Mobilisierung von unten zielt, steht ihr die zionistische Bewegung einigermaßen machtlos gegenüber. Die Instrumente und Mechanismen, die sie in vielen Jahrzehnten zur Sicherung der Unterstützung Israels durch die westlichen Staaten entwickelt hatte, basierten mehr oder weniger auf einem top-down-Ansatz, guten Beziehungen zu den Eliten in den politischen und ideologischen Apparaten des Establishments.

Israel setzt zur Bekämpfung der BDS-Kampagne auf eine Mischung aus Propaganda, Denunziation und Repression. Seit vielen Jahren versucht der Staat Israel mit Public relations-Kampagnen das ramponierte Image des Landes aufzupolieren. Der stellvertretende Generaldirektor für kulturelle Angelegenheiten im israelischen Außenministerium Arye Merkel erklärte 2009: »Wir werden bekannte Schriftsteller und Autoren, Theatergruppen und Ausstellungen ins Ausland schicken. ... Auf diese Weise zeigt man Israels schöneres Gesicht, so dass nicht nur im Kontext von Krieg an uns gedacht wird.«[330] Angesichts des immer deutlicher zutage tretenden Charakters der zionistischen Kolonialpolitik mit all ihren grauenhaften Folgen für die Palästinenser greifen die üblichen propagandistische Versatzstücke immer weniger und wirken zudem immer grotesker. Seit Jahren verschlechtert sich Israels Ansehen in der Weltöffentlichkeit. Der zionistische Staat rangiert neben Nordkorea auf den untersten Plätzen der Beliebtheitsskala. Kriege und die fortgesetzte Blockade des Gaza-Streifens führen vielerorts zu einer Radikalisierung der Position gegenüber dem zionistischen Staat. 2012 zeigte eine Meinungsumfrage in Norwegen, dass 38% der Bevölkerung denken, Israel behandle die Palästinenser so wie früher die Nazis die Juden.[331] Eine Umfrage der BBC im Mai 2013 ergab, dass von den 26.000 Teilnehmern in 25 Ländern nur 21% Israel positiv gegenüberstanden, während 52% es negativ sahen.[332]

Da die Propaganda-Kampagnen immer weniger greifen und zudem das Ziel der Boykott-Aktivisten sind, wurden andere Maßnahmen notwendig. Mitte Juni 2013 beauftragte Ministerpräsident Netanjahu das Ministerium für Strategische und Nachrichtendienstliche Angelegenheiten, einen Plan zur Bekämpfung von BDS auszuarbeiten. Das von Yuval Steinitz geführte Ministerium empfahl eine public relations-Gegenoffensive gepaart mit juristischen Schritten.[333] Bereits im Februar desselben Jahres war während eines Ministertreffens hinter verschlossenen Türen ein ähnlicher Plan vorgelegt worden. Neben Propagandainitiativen in den westlichen Ländern wurde diskutiert, auf eine Anti-Boykott-Gesetzgebung in befreundeten Hauptstädten hinzuwirken, Spione einzusetzen, um an Informationen her-

330. Bronner, Ethan, After Gaza Israel grapples with Crisis of Isolation, The New York Times 18.3.2009
331. JTA, In Norway, 38% believe Israel treats Palestinians like how Nazis treated Jews, Survey shows, Haaretz 14.6.2012
332. BBC Poll, Israel among world's least popular Nations, Haaretz 25.5.2013
333. Ravid, Barak, Minister split on strategic Plan over how to counter Boycott Threats, Haaretz 31.1.2014

anzukommen, über die sich die BDS-Unterstützer mit Terroristen in Verbindung bringen lassen, sowie allgemein mit Hilfe des Armeegeheimdienstes, des Shin Bet und des Mossad Informationen über die Organisationen zu sammeln, die BDS unterstützen. Vertreter des Shin Bet und des Mossad waren während des Treffens anwesend. Im Februar 2014 gab Außenminister Liebermann die Gründung eines neuen interministeriellen Teams bekannt, das gegen BDS aktiv werden soll.[334] Eine wichtige Rolle spielen auch die pro-zionistischen Pressure-groups in den westlichen kapitalistischen Ländern, die sich vor allem repressiver Methoden bedienen. In den USA wurde 2010 zur Bekämpfung von BDS das »Israel Action Network« mit einem Budget von sechs Millionen Dollar gegründet. Pro-zionistische Kreise üben dort großen Druck auf die Universitäten aus, die Hochburgen der Kampagne sind, um sie dazu zu bringen, diese zu unterbinden.[335] Die Taktiken dieser Gruppen in Deutschland umfassen sorgfältig inszenierte »Antisemitismusverdacht«-Kampagnen gegen politische Kräfte und Einzelpersonen, mit deren Hilfe eine Dynamik erzeugt wird, die diese schließlich zu einem unbedingten Bekenntnis zu Israel und der Verurteilung von BDS bringt, wie es in der Linkspartei geschah; die Verhinderung von Veranstaltungen durch kurzfristige Kündigung von bereits zugesagten Veranstaltungsräumen; Rufmord; regelmäßig in der Öffentlichkeit lancierte Berichte und Sendungen über Antisemitismus, in denen auch der Antizionismus in Übereinstimmung mit der zionistischen Position als Antisemitismus denunziert wird und somit auch die BDS-Kampagne. In einigen Ländern gibt es auch Versuche zur Kriminalisierung von BDS und Drohungen mit langwierigen und teuren juristischen Auseinandersetzungen.

Die Beteiligung jüdischer Gruppen innerhalb und außerhalb Israels an der Boykottbewegung

Für die Entwicklung der BDS-Kampagne war es von großer Bedeutung, dass sich auch jüdische Israelis daran beteiligen, wozu sie im BDS-Aufruf von 2005 aufgefordert worden waren. Anfangs versuchten linkzionistische Gruppen wie »Peace Now,« Gush Shalom« und »Meretz« die Boykottbewegung zu vereinnahmen und auf israelische Siedlungen in der Westbank zu umzulenken. Liberale Zionisten in den USA wie Peter Beinart riefen zum Boykott der Siedlungen in der Westbank auf, um »Israel zu retten.«[336] Das widerspricht jedoch den Zielen des BDS-Aufrufs und konnte von der Bewegung abgeschlagen werden. »Die Unterscheidung zwischen Produkten der Besatzung und israelischen Produkten ist eine künstliche Kreation«,

334. White, Ben, Spring in the Step of BDS, as a worried Israel plans pushback, Middle East Monitor 6.3.2014
335. Wolf, Sherry, What is behind the Rise of BDS?, International Viewpoint 8.8.2014; Abunimah, Ali, The Battle for Justice in Palestine, Chicago 2014, S. 169-225
336. Duffill, Paul; Skoff, Gabriella, Growing Jewish Support for Boycott and the changing Landscape of the BDS Debate, Mondo Weiss 17.6.2014

erklärt der kritische israelische Journalist Gideon Levy. »Es sind nicht die Siedler, die die Hauptverantwortlichen sind, sondern vielmehr diejenigen, die deren Existenz kultivieren. Das gesamte Israel ist eingetaucht in das Siedlungsunternehmen, so dass das gesamte Israel dafür Verantwortung übernehmen und den Preis zahlen muss«, schrieb er.[337]

2009 bildete sich die Gruppe »Boycott! Supporting the Palestinian BDS Call from within« (oder abgekürzt: »Boykott from within«), in der sich verschiedene antizionistische und Zionismus-kritische Kräfte wie die »Anarchists against the Wall« und die »Women's Coalition for Peace« zusammenschlossen. Auch das »Alternative Information Center« in Jerusalem und das »Israelische Komitee gegen die Häuserzerstörungen (ICAHD) unterstützen BDS.

In dem Projekt »Who profits?« der »Koalition der Frauen für den Frieden« werden in einer Datenbank Informationen über die Profiteure der israelischen Kolonialpolitik zusammengetragen und im Internet einer breiten Öffentlichkeit zugänglich macht. Viele Künstler, die ihre Auftritte in Israel absagten, taten dies nach Kontakten mit »Boykott from within.« Auch Kirchen in den USA trafen ihre Entscheidungen für BDS primär aufgrund von Beratungen mit dieser Gruppe. »Als Israelis haben wir eine ganz bestimmte Rolle im BDS-Kampf zu spielen«, erklärt Lehee Rothschild im Februar 2014 in einem Interview. »Wir betonen, dass BDS nicht antisemitisch ist. BDS ist nicht anti-jüdisch … Es ist anti-Besatzung, anti-Apartheid. Es ist anti-Kolonialismus. Wenn Israelis das sagen, findet es einen viel stärkeren Widerhall, als wenn Amerikaner, Briten oder Franzosen das sagen.«[338]

Auch auf individueller Ebene bekennen sich kritische Israelis zur Unterstützung von BDS, 2002 zum Beispiel der Antizionist Uri Davis, der sich selbst als Palästinenser betrachtet und 2009 der Wissenschaftler Neve Gordon. Im Juli 2013 erklärte auch der kritische Journalist Gideon Levy, der noch 2006 die Boykottaktivisten der »Doppelmoral« beschuldigt hatte, in der *Haaretz* seine Unterstützung für den ökonomischen Boykott.[339] Die Verzweiflung, die Gideon Levy in dieser Erklärung zum Ausdruck bringt, wird von vielen progressiven Israelis geteilt. Sie glauben nicht an eine Veränderung der jüdisch-israelischen Gesellschaft aus sich selbst heraus und sehen daher die Notwendigkeit, diese von außen unter Druck zu setzen, damit sie sich bewegt. Auch in den USA unterstützen viele jüdische Gruppen und Individuen BDS, unter anderem »Jewish Voice for Peace«, »Jews say No!« aus New York, die Gruppe »Breaking the Law of Return« und das »Committe for open Discussion of Zionism«, die Rabbis Lynn Gottlieb und Brian Walt sowie die

337. Levy, Gideon, The Israeli Patriot's last Refuge: Boycott, Znet 16.7.2013
338. Kane, Alex, Boycotting the Land you love: Israeli activist Lehee Rothschild on BDS and the Struggle for Palestinian Rights, Mondo Weiss 26.2.2014, siehe auch Barghouthi, Omar, Lighting a Torch from Within: Anti-Colonial Israeli Support for BDS in: Lim, Audrea (ed), The Case for Sanctions against Israel, London/New York 2012
339. Weiss, Philip, Only Sanctions against Israel will end Occupation – Gideon Levy, Mondo Weiss 1.12.2013

Akademikerin und LBGT-Aktivistin Sarah Schulman. In Kanada unterstützt die Gruppe »Independent Jewish Voices« die Kampagne, im Vereinigten Königreich war es unter anderem »Jews for Boycotting Israeli Goods« und in Australien »Jews against the Occupation.[340]

340. Duffill, Paul; Skoff, Gabriella, Growing Jewish Support for Boycott and the changing Landscape of the BDS Debate, Mondo Weiss 17.6.2014

10. Die Entwicklung der Ein-Staat-Bewegung

»Wir müssen anfangen, darüber nachzudenken, wie wir zusammen leben können, anstatt darauf zu bestehen, getrennt voneinander zu sterben.« (Jonathan Kuttab)[341]

Das Scheitern der Zwei-Staaten-Lösung und die Erosion des Zionismus werfen Fragen über die Zukunft Israels auf. In den vergangenen Jahren ist eine Flut von Büchern mit so dramatischen Titeln wie »Israel schafft sich ab«, »Wer rettet Israel« und »Israels Schicksal« erschienen.[342] Sie behandeln die Frage, warum Israel die Zwei-Staaten-Lösung nicht umsetzt, die es braucht, um ein exklusiv jüdischer Staat mit demokratischem Anstrich bleiben zu können. Die Alternativen dazu, Apartheid oder »binationaler Staat«, werden gleichermaßen als Schreckgespenst bzw. als nicht anstrebenswert angesehen.

Während Linkszionisten sich an den verpassten Chancen der Vergangenheit abarbeiten, sind antizionistische Israelis gemeinsam mit den Palästinensern längst zu neuen Ufern aufgebrochen.

In den vergangenen zehn Jahren hat sich zwischen Palästinensern und antizionistischen Israelis eine Debatte über einen demokratischen säkularen Staat auf dem Boden des historischen Palästinas entwickelt, in dem Christen, Juden und Muslime auf der Basis von gleichen Rechten und gemeinsamer Staatsbürgerschaft zusammenleben.

Die frühesten Ein-Staat-Gruppen entstanden bereits direkt nach der Unterzeichnung der Oslo-Abkommen unter Palästinensern in der europäischen Diaspora. Der erste Prominente, der diese Option in die Debatte brachte, war der amerikanisch-palästinensische Literaturwissenschaftler Edward Said, der in den 1970er Jahren einer der stärksten Unterstützer der Zwei-Staaten-Lösung und in den 1990er Jahren einer der schärfsten Kritiker der Oslo-Abkommen gewesen war. 1999 legte Said in einem Artikel in der *New York Times*[343] dar, dass ein gemeinsamer Staat auf dem Boden des historischen Palästinas der einzig konstruktive Ausweg aus dem seit über 100 Jahren andauernden blutigen Konflikt sei. Die Zwei-Staaten-Lösung habe in die Apartheid geführt und in dem winzig kleinen Land Palästina lebten jüdische Israelis und Palästinenser räumlich so eng beieinander, dass der Versuch,

---

341. Kuttab, Jonathan, Steps to create an Israel-Palestine, Los Angeles Times 20.12.2009
342. Gorenberg, Gershom, Israel schafft sich ab, Frankfurt/New York 2012; Strohmeyer, Arn, Wer rettet Israel. Ein Staat am Scheideweg, Bremen 2012; Zuckermann, Moshe, Israels Schicksal. Wie der Zionismus seinen Untergang betreibt, Wien 2014
343. Said, Edward, The One-State Solution, The New York Times 10.1.1999

die beiden Bevölkerungen komplett voneinander zu trennen, kaum realisierbar sei. Anstatt darüber nachzudenken, wie die Segregation effektiver erreicht werden könne, sollte über ein Zusammenleben in einer Demokratie nachgedacht werden: Ein Mann/eine Frau – eine Stimme, wie in Südafrika.

Diese Überlegungen wurden in der Folgezeit aufgriffen und weiterentwickelt. Die blutige Niederschlagung der zweiten Intifada im Frühjahr 2002, die das Ende des Oslo-Prozesses markierte, auch wenn die USA in der Folgezeit mehrere Anläufe zu seiner Wiederbelebung machten, gab der Debatte weiteren Auftrieb. Zunächst waren es vor allem Palästinenser in der Diaspora, die sich für die Ein-Staat-Option aussprachen. Dann kam die beginnende kritische Auseinandersetzung kritischer Juden in der westlichen Welt mit dem Staat Israel und dem Zionismus hinzu. 2003 veröffentlichte der jüdische Autor Tony Judt eine vielbeachtete Kritik am ethnokratischen und kolonialen Charakter des Staates Israel. Dessen Struktur und Ideologie stamme aus dem 19. Jahrhundert und mache Israel zu einem »Anachronismus« und einem »dysfunktionalen« Staat. Die Lösung liege in der Umwandlung des Staates Israel in einen binationalen Staat mit gleichen Rechten für alle seine Bürger.[344] Tony Judt wurde, wie bereits Edward Said, scharf angegriffen, regte aber viele Menschen zu einer anderen Sichtweise des Konflikt und dessen möglicher Lösung an. Parallel dazu gab es im Gefolge der zweiten Intifada auch unter kritischen israelischen Intellektuellen eine Wiederbelebung der Ein-Staat-Diskussion. 2003 legten Haim Hanegbi und Meron Benvenisti, zwei prominente Vertreter des Friedenslagers, die lange für eine zwei-Staaten-Lösung eingetreten waren, in einem Interview mit der israelischen Tageszeitung *Haaretz* dar, dass diese Option aufgrund des fortgesetzten Siedlungsbaus und Landraubs nicht mehr möglich sei und sprachen sich für einen gemeinsamen Staat mit den Palästinensern aus.[345] 2004 und 2005 hielten palästinensische Akademiker in der Westbank mehrere Konferenzen zum Thema Ein-Staat-Lösung ab. Dann kamen die ersten Bücher zu diesem Thema heraus: 2005 legte die britische Akademikerin Virginia Tilley das Buch »The One-State Solution« vor, 2006 erschien Ali Abunimahs »One Country. A Bold Proposal« und 2007 »Overcoming Zionism« von Joel Kovel.[346] Seitdem ist eine ganze Reihe weiterer Bücher zum Thema von unterschiedlichen Autoren erschienen.

344. Judt, Tony, Israel: The Alternative, The New York Review of Books Volume 50, Number 16, 23.10.2003
345. Ghanem, As'ad, Israel and the »Danger of Demography« in Hillal, Jamil (Ed.), Where now for Palestine: The Demise of the Two-State Solution, London/New York 2007, S. 66
346. Virginia, Tilley, The One State Solution: A Breaktrough for Peace in the Israeli-Palestinian Deadlock, Michigan 2005; Ali Abunimah, One Country. A Bold Proposal to end the israeli-Palestinian Impasse, New York 2006; Kovel, Joel, Overcoming Zionism. Creating a Singular Democratic State in Israel/Palestine, London 2007

Die Internationalen Ein-Staat-Konferenzen

Eine neue Qualität erreichte die Entwicklung 2007, als die verstreuten Debatten erstmals auf internationalen Konferenzen in Madrid und London zusammengeführt wurden. Zu diesem Zeitpunkt war die Lage in den 1967 besetzten Gebieten höchst bedrückend – es war die Zeit nach der israelischen Militäroffensive gegen den Gaza-Streifen, die fast die gesamte zweite Hälfte des Jahres 2006 geprägt hatte; die Spaltung zwischen Hamas und Fatah hatte ihren Höhepunkt erreicht und äußerte sich in blutigen Auseinandersetzungen. Es war dringend notwendig, einen Ausweg aus der verfahrenen Lage zu finden und neue politische Perspektiven aufzuzeigen. So kamen im Juli 2007 erstmals antizionistische Israelis und Palästinenser in Madrid in einem öffentlichen Forum zusammen, um gemeinsam die Konturen einer Alternative zur Zwei-Staaten-Lösung zu zeichnen. Unter dem Motto »Israel-Palästina: Ein Land, ein Staat« trafen sich 22 Palästinenser und Israelis, größtenteils Akademiker, um nach neuen Wegen zu suchen. Die Themen der Redebeiträge reichten von »Überdenken der Geographie und der Nation« und »Israel und das internationale Recht« über »Zukunftswege« bis hin zu »Ideen in Aktion übersetzen.« Von den Teilnehmern wurde die Konferenz als »eine tiefgehende politische Übung« und »Aktionsprogramm« verstanden und sie waren sich in der Ablehnung weiterer Verhandlungen einig, da diese einzig und allein Israel nützten. Es wurde vorgeschlagen, die Flüchtlingsfrage ins Zentrum des Ein-Staat-Projekts zu stellen, als dessen stärkstes Argument sie seine Moralität ansahen.

Im November 2007 fand unter dem Titel »Die Grenzen überschreiten: Ein Einziger Staat in Palästina/Israel« die zweite internationale Konferenz in London statt, die anderes als die Konferenz in Madrid auch Basisaktivisten und Vertreter von NGOs einschloss.[347] Aktivisten, die an beiden Konferenzen teilgenommen hatten, zogen die Essenz aus den Diskussionen und legten sie in der »Ein-Staat-Erklärung« dar, die am 29. November 2007, zum Jahrestag der UNO-Teilungsresolution von 1947 erschien. Diese Erklärung kann als das eigentliche Gründungsdokument der Ein-Staat-Bewegung betrachtet werden. Sie brach mit den historischen, rechtlichen, politischen und moralischen Grundlagen des Zwei-Staaten-Paradigmas und zeigte mit der Ein-Staat-Lösung eine alternative Perspektive auf, die auf Gerechtigkeit und Versöhnung basiert und dadurch das Potenzial in sich trägt, den Konflikt tatsächlich lösen zu können. In der Erklärung, die von der südafrikanischen Freiheitscharta und dem Belfast-Abkommen inspiriert ist, heißt es: »Das historische Land Palästina gehört allen, die dort leben und denen, die seit 1948 daraus vertrieben wurden, ohne Ansehen der Religion, ethnischen Zuge-

---

347. Faris, Hani A. (ed), The Failure of the Two-State-Solution: The Prospects of one State in the Israel-Palestine Conflict, London/New York 2007, S. 1-16; zur Entwicklung der Debatte siehe auch Karmi, Ghada, Married to another Man. Israel's Dilemma in Palestine, London/New York 2013, S.246f.

hörigkeit, nationalen Herkunft oder des gegenwärtigen Staatsbürgerschaftsstatus. Jedes Regierungssystem muss gegründet sein auf den Prinzipien der Gleichheit in bürgerlichen, politischen, sozialen und kulturellen Rechten aller Bürger. Macht muss mit strikter Unparteilichkeit im Interesse aller Menschen in der Vielfalt ihrer Identitäten ausgeübt werden.«[348]

2008 gab es auch in Palästina – sowohl innerhalb der Grünen Linie als auch in der Westbank – Konferenzen zur Ein-Staat-Lösung. Die palästinensische Bevölkerung hatte begriffen, dass sie durch die fortlaufenden Verhandlungen über eine Zwei-Staaten-Lösung keinen eigenen Staat, sondern bestenfalls abhängige und kontrollierte Bantustans bekommen würde. Am internationalen Nakba-Tag am 15. Mai 2008 veröffentlichte ein »Forum für eine neue politische Perspektive« in der Westbank eine Erklärung, die die Wiederaufnahme des Kampfes um die palästinensischen Rechte signalisierte und sich für einen demokratischen säkularen Staat auf dem Boden des historischen Palästinas aussprach. Im Juni 2007 debattierten der Befürworter des demokratischen, säkularen Staates Ilan Pappe und der Befürworter der Zwei-Staaten-Lösung Uri Avnery auf einer öffentlichen Veranstaltung in Tel Aviv die beiden Optionen.[349]

Mit dem Gaza-Krieg von 2008/09 erreichte die Debatte den internationalen Durchbruch. Von einem relativ marginalen Phänomen verwandelte sie sich in eine zunehmend wahrgenommene und unterstützte Tendenz. Die Boston-Konferenz, die 2009 zu diesem Thema stattfand, stieß auf ein breites Medienecho. Auch der arabische Fernsehsender *Aljazeera* machte eine Sendung zur Ein-Staat-Lösung und die libanesische Zeitschrift *Al-Adab* widmete ihr eine ganze Ausgabe. Auch bekannte internationale Persönlichkeiten wie Tariq Ali und Richard Falk sprachen sich in der Folgezeit dafür aus. 2010 und 2011 verbreiteten sich die Ein-Staat-Konferenzen weiter. So wurde unter anderem im US-amerikanischen Dallas eine abgehalten und 2011 eine in Stuttgart. Auf all diesen Konferenzen wurden Erklärungen verabschiedet, die sich aufeinander beziehen und die Debatte teilweise weiter entwickeln, teilweise aber auch nur den Stand der Debatte in den jeweiligen Städten oder Ländern widerspiegeln. Außerdem gehen israelische, palästinensische und internationale Aktivisten und kritische Wissenschaftler kontinuierlich mit verschiedenen Vorschlägen für diese Option an die Öffentlichkeit.

Zu den bekanntesten Vordenkern des demokratischen säkularen Staates gehören die Diaspora-Palästinenser Ali Abunimah, Joseph Massad und Samir Abded-Rabbo, die antizionistischen Israelis Ilan Pappe und Yoav Bar sowie Omar Barghouthi aus der Westbank und Haidar Eid aus dem Gaza-Streifen. Auf palästinensischer Seite wird das Projekt von den linken Organisationen »Volksfront zur Befreiung

---

348. Various Undersigned, The One State Declaration, Electronic Intifada 29.11.2007

349. Avnery, Uri; Pappe, Ilan, Two States or One State?. Countercurrents 11.6.2007 unter: www.countercurrents.org/pappe110607.htm

Palästinas« (PFLP) und Abna al-Balad, autonomen Flüchtlingsorganisationen wie der al-Awda-Koalition in den USA, autonomen Aktivistengruppen und vielen Intellektuellen unterstützt.

Die Beteiligung jüdischer Israelis an der Debatte

Auf israelischer Seite wird das Projekt von der Nichtregierungsorganisation »Zochrot«, dem »Israelischen Komitee gegen die Häuserzerstörungen (ICAHD)«, der neuen israelischen antizionistischen Linken sowie einer ganzen Reihe von Intellektuellen unterstützt, zum Beispiel der Philosophin Ariella Azoulay und dem Soziologen Yehouda Shenav. 2011 organisierte »The Public Sphere«, die Zeitschrift des Fachbereichs für politische Wissenschaft an der Universität Tel Aviv, eine Konferenz zu diesem Thema; und der antizionistische Filmemacher Eyal Sivan warb 2012 in einem Kurzfilm dafür.[350]

Die Beteiligung jüdischer Israelis an der Debatte ist ein historisches Novum und wäre ohne die gewaltigen Veränderungen, die es in der jüdisch-israelischen Gesellschaft und allgemeiner in den jüdischen Religionsgemeinschaften weltweit seit der zweiten Intifada gegeben hat, nicht möglich gewesen. Kritische Israelis werden in ihrem Engagement oft von einer großen Sorge über die Zukunft Israels und die Folgen der israelischen Politik für die Juden auf aller Welt angetrieben. Der Historiker Ilan Pappe brachte diese 2007 während des bereits erwähnten Streitgesprächs mit dem Linkszionisten Uri Avnery am deutlichsten zum Ausdruck: »Wenn uns in den nächsten 20 Jahren keine alternative Lösung einfällt und das Kräfteverhältnis zugunsten Israels eine Situation stabilisieren wird, in der die Hälfte der Westbank annektiert wird und die Menschen in der anderen Hälfte sich selbst nicht mehr erhalten können, dann ist es durchaus möglich, dass wir die Palästinenser aus der Geschichte tilgen werden. Es ist möglich, dass wir sie aus jedem Bewusstsein tilgen – aber dann werden uns die arabische und muslimische Welt tilgen, selbst wenn es 100 oder 200 Jahre dauert. Wir müssen über eine langfristige Lösung nachdenken, nicht nur um die Besatzung zu beenden, nicht nur um eine Lösung für Juden und Araber in diesem Land zu finden, sondern weil die gesamte Zukunft der Juden in Gefahr sein wird, wenn es dem zionistischen Projekt gelingt, sich zu vollenden.«[351]

350. Kapshuk, Yoav, Why it's Time to discuss the one-State Solution, Mondo Weiss 18.9.2012
351. Avnery, Uri; Pappe, Ilan, Two States or One State, Countercurrents 11.6.2007 unter: www.countercurrents. org/pappe110607.htm

Paradigmenwechsel vom algerischen Modell des nationalen Befreiungskampfes zum südafrikanischen Modell des Anti-Apartheidkampfes

Für Palästinenser ist das Ein-Staat-Projekt nicht neu, auch die PLO strebte bis 1974 einen demokratischen säkularen Staat auf dem Boden des historischen Palästinas an. 1970 legte al-Fatah ein Programm für einen demokratischen, nicht-konfessionalistischen Staat vor, in den die in Palästina lebenden Juden integriert werden sollten.[352] Darin ist schon vieles von dem enthalten, was heute wieder diskutiert wird. Trotzdem ist die neue Ein-Staat-Debatte nicht einfach nur eine Rückkehr zu den »alten« Ein-Staat-Konzepten der PLO, auch wenn sie darauf aufbaut. Sie unterscheidet sich, weil erstmals Palästinenser und jüdische Israelis als direkt Betroffene das Projekt gemeinsam von unten entwickeln, wesentlich von den vorhergehenden. Die Beteiligung antizionistischer Israelis verleiht dem Projekt ein tragfähiges Fundament und das Potenzial zu seiner Realisierbarkeit.

Auf Seiten der Palästinenser spiegelt die Debatte den Paradigmenwechsel wider, den es in der palästinensischen Bewegung seit den Oslo-Abkommen gegeben hat. Die Orientierung am algerischen Modell des nationalen Befreiungskampfs unter der Führung der nationalen Bourgeoisie hatte in die Katastrophe geführt. Damit wurde ein neues Modell des Kampfes erforderlich, das im südafrikanischen Modell des Anti-Apartheidkampfes gefunden wurde.

Der ANC in Südafrika, der den Kampf unterschiedlicher einheimischer Ethnien gegen eine weiße Siedlerbevölkerung angeführt hatte, die ebenfalls nicht einheitlich war, hatte seinen Kampf von Anfang an nicht als nationalen Befreiungskampf, sondern als Kampf um politische und bürgerliche Rechte geführt und trennte zwischen Siedlerstaat und Siedlerbevölkerung. Mahmoud Mamdani beschrieb die Herangehensweise des ANC folgendermaßen: »Das Problem war nicht der Siedler, sondern der Siedlerstaat, das legale Set-up, das das Privileg der Siedler garantierte. Ohne einen Staat, der rechtlich die Einheimischem gegenüber den Siedlern diskriminierte, gäbe es kein Siedlerprivileg und somit auch keine Siedler, denn die Siedler würden zu Immigranten, deren historische Ursprünge ihre Bedeutung verlören. Aus dieser Perspektive war jeder ein Feind, der die Macht des Siedlerstaates verteidigte.«[353]

Die Ein-Staat-Bewegung ist eine Reaktion auf das Scheitern der Zwei-Staaten-Lösung und markiert die Wiederaufnahme des palästinensischen Befreiungsprojekts. Auf palästinensischer Seite sammeln sich darin sowohl diejenigen, die den Oslo-Prozess jahrelang unterstützt als auch diejenigen, die die Zwei-Staaten-Lösung

---

352. General Union of Palestine Students, Kuwaiti Graduate Society, Towards a Democratic State in Palestine, 2nd International Symposium on Palestine Part II, Kuwait 13-17 February 1971 unter: www.palestinianconference.org/wp-content/uploads/2013/02/DemocraticStatePal-Fateh-1970.pdf

353. Zitiert nach Abunimah, Ali, One Country. A bold Proposal to end the Israeli-Palestinian Impasse, New York 2006, S. 148

von Anfang an abgelehnt hatten, weil sie die palästinensischen Rechte aufgibt. Viele Palästinenser in den verschiedenen PLO-Organisationen waren trotz ihrer persönlichen Ablehnung der Oslo-Abkommen aufgrund der Politik ihrer Führung gezwungen gewesen, diese mitzutragen. Aber je deutlicher sich das Scheitern dieses Weges zeigte, desto mehr kehrten sie zu ihrer ursprünglichen Opposition zurück. Die Bewegung verkörpert zugleich eine neue Art von Befreiungsprojekt, in dem jüdische Israelis zum ersten Mal ein integraler Bestandteil sind, nachdem das alte Befreiungsprojekt durch den Oslo-Prozess weitgehend überholt worden ist. Sie knüpft inhaltlich an die internationale Boykott-Desinvestment-Sanktionen (BDS)-Kampagne an, die die ganze politische, historische und geographische Dimension der Palästina-Frage wieder hergestellt und die Rechte der palästinensischen Gesamt-bevölkerung auf die Agenda gesetzt hat. Wie die BDS-Bewegung argumentiert sie auf der Basis internationalen Rechts.

Die Bewegung sieht es als gegeben an, dass auf dem Boden des historischen Palästinas aufgrund der fortschreitenden israelischen Kolonialpolitik bereits EIN einheitlicher Staat entstanden ist, in dem nicht nur die Infrastruktur und die Ver-kehrsverbindungen zwischen dem Kernstaat Israel und den 1967 besetzten Gebie-ten integriert sind, sondern Palästinenser und jüdische Israelis sich darüber hinaus auf engstem Raum mischen. Innerhalb der Grünen Linie ist jeder fünfte israelische Staatsbürger Palästinenser und jeder fünfte Bewohner der Westbank ist ein jüdisch-israelischer Siedler. Die Versuche der israelischen Regierung, beide Bevölkerungen durch Mauerbau und getrennte Wohngebiete voneinander zu separieren, können schon allein wegen der Winzigkeit des Territoriums nicht gelingen – das historische Palästina ist ungefähr so groß wie das Bundesland Hessen. Die komplette Tren-nung beider Bevölkerungen, wie sie die Zwei-Staaten-Lösung vorsieht, ist kaum mehr möglich. Die Zwei-Staaten-Lösung erfordern nicht nur die Räumung von mindestens 600.000 Siedlern aus der Westbank und Ostjerusalem, sondern würde auch die etwa 1,6 Millionen Palästinenser innerhalb der Grünen Linie der Gefahr einer ethnischen Säuberung aussetzen. Israelische Politiker haben wiederholt erklärt, dass eine Zwei-Staaten Lösung nur dann sinnvoll sei, wenn dadurch zwei ethnisch reine Staaten entstünden. Es ist geplant, Teile der palästinensischen Bevölkerung innerhalb der Grünen Linie abzustoßen und zwangsweise dem unter der Kontrol-le der Palästinensischen Autonomiebehörde stehenden Gebiet anzuschließen. Die Umsetzung dieser Pläne wurde bereits in Manövern der israelischen Armee und Polizei simuliert.[354] Die Ein-Staat-Lösung ist für alle Beteiligten der einzige huma-ne Ausweg aus der verfahrenen Situation und die einzige Option, die die Rechte der einheimischen palästinensischen und der jüdisch-israelischen Bevölkerung zu wahren vermag. In der Ein-Staat-Debatte werden neue Grundlagen gelegt, die De-mographie wird von der Geographie getrennt, ein säkulares Staatsverständnis an die

---

354. Cook, Jonathan, Israeli Forces train for Arab Transfer Riots, The National 14.10.2010

Stelle eines ethnischen oder religiösen gesetzt. Indem die Kategorien der Demokratie und Staatsbürgerschaft in den Vordergrund gestellt.werden, wird der Nationalismus beider Seiten transzendiert. Darin wurde die neue Ein-Staat-Debatte wesentlich beeinflusst von den Vorschlägen Edward Saids. In seinem Plädoyer für eine Ein-Staat-Lösung in der *New York Times* vom Januar 1999 schrieb er: »Es beginnt mit etwas, das heute wohl in der israelischen als auch in der palästinensischen Realität vollkommen fehlt: der Idee und Praxis von Staatsbürgerschaft, nicht von ethnischen ... Gemeinschaften, als dem Hauptvehikel für Koexistenz. In einem modernen Staat sind alle dessen Angehörigen kraft ihrer Präsenz Staatsbürger mit geteilten Rechten und Verantwortlichkeiten. Staatsbürgerschaft berechtigt einen israelischen Juden und einen palästinensischen Araber zu denselben Privilegien und Ressourcen. Eine Verfassung und Grundrechte werden nötig sein, um über den Ausgangspunkt des Konflikts hinauszukommen, und damit jede Gruppe dasselbe Recht auf Selbstbestimmung haben würde. Das heißt: das Recht, kommunales Leben und seine eigene (jüdische oder palästinensische) Art zu praktizieren, vielleicht in föderalen Kantonen mit einer gemeinsamen Hauptstadt Jerusalem, gleicher Zugang zu Land und unveräußerliche säkulare und juristische Rechte.«[355]

Das Ziel: Die Beendigung der dreifachen Unterdrückung der Palästinenser

Gleichwohl geht es bei der Ein-Staat-Lösung primär um die Wiederherstellung der Gerechtigkeit für die kolonisierten Palästinenser. Der demokratische Staat auf dem Boden des historischen Palästinas ist die einzige Möglichkeit, um die dreifache Unterdrückung, unter der die Palästinenser seit der Gründung des Staates Israel leiden, zu beenden, die Omar Barghouti wie folgt definiert: »Die Besetzung und Kolonisierung palästinensischen – und anderen arabischen – Territoriums durch Israel seit 1967; das System der institutionalisierten und legalisierten rassistischen Diskriminierung oder Apartheid, dem die einheimischen palästinensischen Bürger Israels unterworfen sind, weil sie Nicht-Juden sind und die hartnäckige Negation der von der UNO sanktionierten Rechte der palästinensischen Flüchtlinge, vor allem ihr Recht auf Rückkehr zu ihren Herkunftsorten sowie Entschädigung.«[356] Omar Barghouthi sieht in der Ein-Staat-Lösung den moralischsten Weg für die Verwirklichung eines gerechten und dauerhaften Friedens in der Region, da sie auf gleicher Humanität und gleichen Rechten basiert: »Die Ein-Staat-Lösung ... bietet eine wirkliche Chance für die Entkolonisierung Palästinas, ohne die Palästinenser zu Unterdrückern ihrer früheren Unterdrücker zu machen. Der Teufelskreis, der

355. Said, Edward, The One-State Solution, The New York Times 10.1.1999
356. Barghouthi, Omar, Re-Imagining Palestine. Self-Determination, Ethical Decolonization and Equality, Znet 29.7.2009

mit dem Holocaust begann, muss ein für allemal beendet werden«, erklärte er 2003 und benannte die drei Aufgaben, die das neue Palästina haben würde: Es muss 1. die Rückkehr und Entschädigung der palästinensischen Flüchtlinge organisieren; 2. gleiche Rechte und eine einheitliche Staatsbürgerschaft für alle Bürger garantieren und 3. kulturelle, religiöse und ethnische Besonderheiten und Traditionen jeder Bevölkerungsgruppe anerkennen, legitimieren und fördern. »Israelis sollten diese palästinensische moralische Herausforderung ihrer kolonialen Existenz nicht als existentielle Bedrohung verstehen, sondern als eine großzügige Einladung, den kolonialen Charakter des Staates abzubauen und den Juden in Palästina endlich zu erlauben, ein normales Leben als gleichberechtigte Bürger eines säkularen, demokratischen Staates zu führen … [in] einem wahrhaft verheißungsvolles Land statt einem falschem gelobten Land.«[357]

Ein historischer Kompromiss

Die neue Ein-Staat-Bewegung ist Ausdruck der Bereitschaft der Palästinenser zu einem historischen Kompromiss. Dieser besteht darin, dass sie bereit sind, das Land mit den jüdischen Israelis zu teilen, die als Eroberer und koloniale Siedler gekommen sind. Die Palästinenser bekunden ihre Bereitschaft, ihnen zu verzeihen und mit ihnen in einem gemeinsamen Staat zusammenzuleben, unter der Voraussetzung, dass die Siedler ihre kolonialen Privilegien aufgegeben und der einheimischen Bevölkerung Gerechtigkeit widerfährt. Jamil Hillal formuliert folgendermaßen, was von jüdischen Israelis erwartet wird: »Der historische Kompromiss, Palästina auf der Basis von Demokratie und Gleichheit mit israelischen Juden zu teilen, ist abhängig von Israels Anerkennung des palästinensischen Rechts auf Selbstbestimmung, ihres Rechts auf Rückkehr und ebenso von Israels Aufgabe seiner kolonialistischen und rassistischen Politik.«[358]

Ali Abunimah, einer der Vordenker der Ein-Staat-Lösung führt pragmatische Gründe an. Wie im Falle Nordirlands und Südafrikas sei die »politische Heirat« zwischen den Unterdrückten und ihren ehemaligen Unterdrückern auch in Palästina eine Notwendigkeit. Er geht davon aus, dass sie nur durch Druck von außen auf die Unterdrückerseite zustande kommen wird. Die Versöhnung zwischen beiden Bevölkerungen könne erst die Folge dieser Art von »politischer Heirat« sein, nicht ihre Voraussetzung.[359]

Die Siedlerbevölkerung als gleichberechtigte Partner in einem neuen Staat zu akzeptieren, ist für Palästinenser ein Zugeständnis, das jedoch nicht nur die Schwäche

---

357. Barghouthi, Omar, Relative Humanity: The fundamental Obstacle to a One State Solution in Historic Palestine, Electronic Intifada 6.1.2004
358. Hillal, Jamil, Reclaiming the Palestinian Narrative, Al-Shabaka, 7.1.2013
359. Abunimah, Ali, A political Marriage of Necessity: a single State of Israel-Palestine, Christian Science Monitor 14.5.2007

der palästinensischen Befreiungsbewegung widerspiegelt, sondern ebenso sehr in der Tatsache gründet, dass es seit der zweiten Intifada mehr antizionistische Israelis gibt als jemals zuvor, die an der Seite der Palästinenser kämpfen. Die neuen Erfahrungen, die ein Teil der Palästinenser mittlerweile mit antizionistischen Israelis macht, die an ihrer Seite kämpfen, verändern die Beziehungen und schaffen die Grundlage für ein Zusammenleben in einem gemeinsamen Staat.

Yoav Bar von »Abna al-Balad« erklärt, dass der Vorschlag zu einem gemeinsamen Staat ein Zugeständnis der Palästinenser ist, bezeichnet es zugleich aber als unverzichtbar, um den zionistischen Konsens in der jüdisch-israelischen Bevölkerung aufbrechen zu können. Nur indem den jüdischen Israelis ein Angebot gemacht wird, könnten sie dazu gebracht werden, sich vom zionistischen Kolonialprojekt abzuwenden. Nur wenn ihnen die Angst genommen wird, im Falle der Beendigung des kolonialen Projekts vertrieben zu werden, können sie sich dagegen stellen. Da die israelische Regierung wie alle kolonialen Regierungen die Angst gezielt schürt, um die Siedlerbevölkerung bei der Stange zu halten, dient die Untergrabung dieser fortgesetzten Manipulation durch Angst auch der Untergrabung des kolonialen Systems. Alle Anhänger der Ein-Staat-Lösung sind sich darüber im Klaren, dass das Projekt nur verwirklicht werden kann, wenn zumindest ein Teil der jüdischen Israelis mitzieht. Die Notwendigkeit eines gemeinsamen Kampfes wurde auf den verschiedenen Ein-Staat-Konferenzen immer wieder thematisiert. Damit das Projekt eine gewisse Anziehungskraft auf jüdische Israelis ausüben kann, ist es notwendig, parallel zur Dekonstruktion des Zionismus eine positive, einschließende Vision zu entwerfen. Ali Abunimah erklärt: »Viele Israelis und ihre amerikanisch-jüdischen Unterstützer werden von einer tief sitzenden Angst getrieben. ... Palästinenser müssen ihre Bemühungen neu darauf konzentrieren, eine breite auf universalen Prinzipien basierende Kampagne aufzubauen. Sie müssen ihre Hände mit einer einschließenden Vision von zukünftiger Versöhnung, die auf echter Gleichheit basiert, zu den Israelis ausstrecken.« Es gehe um die Entwicklung »einer Alternative, die aus der Sackgasse herausführt und die Ängste und Bedürfnisse jüdischer Israelis anspricht, ihre Identität bewahrt und ihrer Gemeinschaft erlaubt, zu florieren, während sie die palästinensischen Rechte wiederherstellt.«[360]

Zunehmende Unterstützung für die Ein-Staat-Lösung

In dem Maße wie die Zwei-Staaten-Lösung durch fortgesetzten Siedlungsbau, faktische Annexion und die Integration der Infrastruktur der Westbank in den Kernstaat Israel von der Realität überholt wird, wird auch der Kreis derer, die für eine Ein-Staat-Lösung eintreten, immer größer. Eine Umfrage von 2012 zeigte,

---

360. Zitiert nach: One Democracy, When will Israelis come to love the One Democrarcy, 30.5.2010 unter: onedemocracy.co.uk/digessions/how-will-israel-come-to-love-one-democracy/more-185

dass sowohl Palästinenser in den 1967 besetzten Gebieten als auch jüdische Israelis von einem Scheitern der Zwei-Staaten-Lösung ausgehen. Auf beiden Seiten gaben 70% der Befragten an, dass die Chancen für die Errichtung eines unabhängigen palästinensischen Staates in den 1967 besetzten Gebieten in den kommenden fünf Jahren »gering« oder »nicht existent« seien.[361] 2011 zeigte eine gemeinsame Umfrage von Stanley Greenberg und dem »Palestinian Center for Public Opinion«, dass 61% der Palästinenser [in den 1967 besetzten Gebieten] die Zwei-Staaten-Lösung ablehnen, während 34% sie noch immer befürworten. In einer Umfrage von »Near East Consulting« von 2007 sprachen sich 70% der Palästinenser für die Ein-Staat-Lösung aus, wenn sie direkt gefragt werden, ob sie für oder gegen »eine Ein-Staat-Lösung im historischen Palästina« seien, »wo Muslime, Christen und Juden gleiche Rechte und Verantwortlichkeiten haben.« Eine Umfrage des »Israel Democracy Institute« von 2010 ergab, dass 15% der jüdisch-israelischen Rechten und 16% der jüdisch-israelischen Linken eine Ein-Staat-Lösung unterstützen. Das ist zweifellos eine Minderheit, aber keine so kleine wie allgemein angenommen wird. Der Prozentsatz der israelischen Staatsbürger, die eine Ein-Staat-Lösung befürworten, wäre noch höher, wenn die palästinensischen Staatsbürger Israels in die Befragungen einbezogen würden.[362] Eine gemeinsame Umfrage der Konrad-Adenauer-Stiftung und der Ford-Foundation fand 2012 heraus, dass 36% der Israelis (28% der jüdischen Israelis) und 31% der Palästinenser dem Argument zustimmten, dass »eine Notwendigkeit besteht, zu beginnen über einen Staat für zwei Völker nachzudenken, in dem Araber und Juden Gleichberechtigung genießen.« Wie Ali Abunimah anmerkte, sind dies angesichts der Tatsache, dass keine führende politische Partei oder internationale Persönlichkeit für diese Option eintritt und im Gegenteil in der offiziellen Politik alles getan wird, um diese zu denunzieren, sehr hohe Prozentsätze in beiden Bevölkerungen. Noch bemerkenswerter sind diese Umfrageergebnisse angesichts der Tatsache, dass die Unterstützung der weißen Siedlerbevölkerung in Südafrika für das Prinzip »eine Person – eine Stimme« bis in die frühen 1990er Jahre hinein kaum je über 10% kam.[363] Angesichts der israelischen Verweigerungspolitik sehen sich auch Unterstützer der Zwei-Staaten-Lösung zunehmend gezwungen, andere Optionen in Erwägung zu ziehen. So erklärte der palästinensische Politiker und Gründer der »Nationalen Initiative« Mustafa Barghouthi: »Wenn die Zwei-Staaten-Lösung nicht während Obamas Amtszeit zustande kommt, bleibt uns die Apartheid. Der aufkeimende gewaltfreie palästinensische Kampf gegen die Mauer und die Besatzung, den ich und meine Kollegen organisieren, könnte sich in einen Kampf um Bürgerrechte verwandeln, der es mit Bewegungen aufnehmen kann, die zuletzt im »Jim-

361. Abunimah, Ali, When the Facts change, the Solution should too, New Statesman 18.7.2012
362. Nashashibi, Sharif, Israel/Palestine: Time to endorse one State, Al-Arabiya 24.3.2014
363. Abunimah, Ali, When the Facts change, the Solution should too, New Statesman 18.7.2012

Crow-Süden«[364] der USA und in Apartheid-Südafrika gesehen wurden. ... Die palästinensische Standhaftigkeit und die globale Solidarität zwingen Israel, sich zu entscheiden: zwei Staaten, Apartheid oder Demokratie in einem ungeteilten Staat. Obwohl ich die Zwei-Staaten-Lösung weiterhin unterstütze, glaube ich, dass die große Mehrheit der Palästinenser gleiche Rechte und eine Person, eine Stimme in einem Staat bereitwillig akzeptieren würde. Ich würde es bestimmt, wenn es soweit kommt.«[365]

Die Gründung der »Bewegung für den demokratischen Staat«

Im Mai 2013 gründeten Palästinenser und antizionistische Israeli parallel in Jaffa innerhalb der Grünen Linie und in Ramallah in der Westbank die »Bewegung für den demokratischen Staat.« Sie bezieht sich auf alle vorangegangenen Ein-Staat-Erklärungen. Einer ihrer Gründer, Yoav Bar, gehörte zu den Organisatoren der Ein-Staat-Konferenzen in Haifa von 2008 und 2010. Auf palästinensischer Seite ging die Initiative von zum Teil hochrangigen Fatah-Funktionären aus. Die Verhandlungsführer der Autonomiebehörde hatten in der Vergangenheit angesichts der israelischen Unnachgiebigkeit wiederholt mit einer Ein-Staat-Lösung gedroht. Schon 2009 erklärte der Chefunterhändler der Autonomiebehörde Saeb Erakat: »Mit der Fortsetzung der Siedlungsaktivität ist die Zwei-Staaten-Lösung keine Option mehr.« Daher hätten die Palästinenser keine andere Möglichkeit als »ihre Aufmerksamkeit erneut auf die Ein-Staat-Lösung zu konzentrieren, in der Muslime, Christen und Juden als Gleiche leben können.« Das hinderte ihn jedoch nicht daran, stets weiter mit Israel zu verhandeln und dabei den größten Teil der palästinensischen Rechte aufzugeben. Der ehemalige palästinensische Ministerpräsident Ahmed Qurei schrieb 2012, dass ein binationaler Staat »eine der Lösungen ist, die wir in einem internen Dialog in Erwägung ziehen sollten.«[366]

Es wurde jedoch davon ausgegangen, dass dieses öffentliche Nachdenken über eine Ein-Staat-Lösung die Funktion hatte, den Druck auf Israel zu erhöhen, damit es sich doch noch auf eine Zwei-Staaten-Lösung einlässt. Gleichwohl ist die Fatah eine heterogene Bewegung, in der es verschiedene Strömungen gibt und an der Basis der Unmut über die Fruchtlosigkeit der Verhandlungen kontinuierlich wächst. Immer mehr Unterstützer der Zwei-Staaten-Lösung wenden sich frustriert vom Oslo-Prozess ab. So erklärte Nasser Laham, der Chefredakteur der Ma'an-Nachrichtenagentur und Vertrauter von Mahmoud Abbas im Frühjahr 2013: »Wir sind gescheitert. [...] Die PLO hat einen Fehler gemacht. Die Verhandlungen mit

---

364. Jim Crow, der tanzende, als dümmlich karikierte Schwarze, ist das Stereotyp der US-amerikanischen Rassendiskriminierung.
365. One Democrary, When will Israelis come to love one Democracy ?, 30.5.2010unter: onedemocracy. co.uk/digressions/how-will-israel-come-to-love-one-democracy/more-185.«)
366. Nashashibi, Sharif, Israel/Palestine: Time to endorse One State, Al-Arabiya 24.3.2014

Israel sind gescheitert. Arafat glaubte an den Frieden, unterschrieb mit Rabin, sie töteten Rabin, sie töteten Arafat. Sie haben gewonnen und ich glaube, dass wir den Preis dafür zahlen müssen.« Er entschuldigte sich bei der palästinensischen Bevölkerung und erklärte, dass er für die Zukunft weiteres Blutvergießen sowie ein absehbares Ende des Staates Israel erwarte: »Wir sagen zu unserer Bevölkerung, es tut uns leid! … Vergebt uns. Ich kann das sagen, weil ich ein Journalist und Autor bin: Es tut mir leid, dass ich 20 Jahre meines Lebens mit der Bemühung um Frieden in diesem Gebiet an Leute wie [Avigdor] Lieberman und seine Freunde vergeudet habe. Ich bin trotzdem nicht traurig und ich bin nicht wütend. Aber ich bete, dass Amerika eingreift, denn ich kenne das Ergebnis, wenn wir weiter kämpfen. Neues Blutvergießen. Und Israel wird von hier fliehen müssen, auf dem Luftweg, auf dem Seeweg, zu Kamel und man wird nach dem Arabischen Frühling einen neuen Nahen Osten sehen.«[367]

Die Ein-Staat-Lösung steht für die Verwirklichung all der Rechte, die die Autonomiebehörde so bereitwillig aufgegeben hatte – primär des Rechts auf Rückkehr. Es ist unklar, inwieweit die Fatah Mitglieder, die die Ein-Staat-Bewegung gründeten, dies in Absprache mit der Autonomiebehörde taten, ob diese ein Teil der Strategie der palästinensischen politischen Führung ist oder ob sie gegen diese steht. Radi Jarai von der al-Fatah, der den palästinensischen Zweig der Ein-Staat-Bewegung in Ramallah mit gründete, versichert, dass es der Bewegung ernst sei mit dem demokratischen Staat. Die Bewegung für den demokratischen Staat sei ein strategischer Plan, dem man sich auch noch verpflichtet fühle, wenn eine Zwei-Staaten-Lösung umgesetzt würde«, erklärte er im Mai 2013 in einem Interview.[368] In jedem Fall markiert die Gründung einer »Bewegung für den demokratischen Staat« eine neue Phase des Kampfes. Den Schwerpunkt ihrer Aktivität legen die Gründer der Bewegung zunächst auf die Bekanntmachung des Ein-Staat-Projekts innerhalb der palästinensischen und jüdisch-israelischen Bevölkerungen, um die Unterstützung dafür zu verbreitern. In Jaffa organisierte sie zum Beispiel eine sehr gut besuchte Veranstaltung mit Ilan Pappe, die vom kritischen israelischen *Social Media TV* übertragen wurde.

Einschätzungen der USA und der EU

Auch auf den höchsten Ebenen der US- und EU-Politik wird in den vergangenen Jahren zunehmend davon ausgegangen, dass der »Point of no return« erreicht und keine Zwei-Staaten-Lösung mehr möglich sei. So warnte US-Außenminister John Kerry im April 2013, bevor er eine neue Runde von erfolglosen Verhandlungen zwischen Israelis und Palästinensern einleitete: »Ich denke, wir haben noch etwas

367. Blumenthal, Max, Top Abbas confident: I give up … We failed, Mondo Weiss 29.5.2013
368. Kuttab, Daoud, New Palestinian Movement calls for One-State Solution, Al-Monitor 22.5.2013

Zeit – ein bis eineinhalb Jahre bis zu zwei Jahren, oder es ist vorbei.« Die US-amerikanische Bevölkerung würde im Falle eines Scheiterns der Zwei-Staaten-Option überwiegend für einen demokratischen säkularen Staat mit gleichen Rechten für Palästinenser und jüdische Israelis eintreten. Einer Umfrage von Shibley Telhami von 2014 zufolge würden dem zwei Drittel der US-Bürger zustimmen, während weniger als ein Viertel dagegen wäre. Sogar unter den Befragten, die wünschten, dass die US-Diplomatie pro-israelisch sei, unterstützten 52% einen Staat mit gleicher Staatsbürgerschaft.[369]

Im Juni 2013 schloss sich der britische Außenminister William Hague der Einschätzung John Kerrys an, als er im britischen Unterhaus davor warnte, dass die Zeit für eine Zwei-Staaten-Lösung ablaufe. Interne Papiere der EU warnen bereits seit einigen Jahren davor. Anfang 2012 wurde ein interner EU-Bericht über die Situation in Zone C der Westbank an die israelische Presse geleakt, aus dem klar hervorgeht, dass die Möglichkeit zu einer Zwei-Staaten-Lösung sehr schnell schwindet.

Im November 2013 organisierten sozialdemokratische und sozialistische Abgeordnete des Europaparlaments zusammen mit dem Bruno-Kreisky-Forum aus Wien in Brüssel eine Konferenz zum Thema »Neue Paradigmen für Israel/Palästina«. Diese Konferenz wurde von Parlamentariern für Parlamentarier gemacht und von über 150 Menschen besucht. Obwohl die Abgeordneten in ihren Stellungnahmen formelhaft stets weiter das Zwei-Staaten-Mantra aufsagten, war vielen von ihnen zugleich bewusst, dass diese gescheitert ist und neue Paradigmen gebraucht werden.[370]

Mittlerweile gibt es die ersten europäischen Parlamentarier, die vorsichtig über eine Ein-Staat-Lösung nachzudenken beginnen. Peter Hain von der britischen Labour-Partei, der zwischen 1999 und 2001 in der britischen Regierung für den Nahen Osten zuständig war, sprach Anfang 2014 während eines öffentlichen Vortrags an der Swansea-Universität darüber, dass angesichts des Scheiterns der Zwei-Staaten-Lösung ein binationaler Staat mit gleichen Rechten für Israelis und Palästinenser ernsthaft in Erwägung gezogen werden müsse: »Wenn Israels erbarmungslose Expansion auf palästinensischem Gebiet nicht gestoppt werden kann, dann müssen wir uns einer von zwei möglichen Konsequenzen stellen. Die erste ist, dass die palästinensische Präsenz in der Westbank und Ostjerusalem in ihrer Gesamtheit in einem permanenten und zunehmend formalisierten ›Bantustan-Status‹ verbleibt, Inseln mit minimaler Selbstverwaltung und der kontinuierlichen Verweigerung von grundlegenden Rechten, die mit fortgesetztem Druck, ständiger Unsicherheit und einer möglichen zukünftigen physischen Entfernung konfrontiert sind. Die zweite [mögliche Folge] ist, dass sie in einen gemeinsamen israelisch-palästinensischen

369. Nashashibi, Sharif, Israel/Palestine: Time to endorse One State, Al-Arabiya 24.3.2014
370. Le Mur a des Oreilles, New Paradigms for Israel/Palestine – Conversation with Leila Farsakh und Noura Erakat, 7.11.2013

Staat absorbiert werden mit einer Chance für Pluralismus und Verbesserung der Menschenrechte.«[371]

Die Ein-Staat-Lösung zwischen vorgestelltem Elitenkompromiss, Groß-Israel und palästinensischem Befreiungsprojekt

Da sich unterschiedliche Kräfte an der Debatte über die Ein-Staat-Lösung beteiligen, sind auch die Vorstellungen darüber, wie sie aussehen soll und wie sie zustande kommen wird, höchst unterschiedlich. Einige Befürworter dieser Option stellen sich vor, dass es so ausgehen wird wie in Südafrika: Wenn genügend internationaler Druck entwickelt ist, kommen die Repräsentanten beider Seiten zusammen und vereinbaren eine Reform des Systems, die der unterdrückten einheimischen Bevölkerung politische und Bürgerrechte einräumt. In dieser Vorstellung sind es die israelische Regierung und die Autonomiebehörde, die den Kompromiss aushandeln. Es wäre ein Elitenkompromiss, in dem die schlimmsten Auswüchse beseitigt würden, nicht aber das System selbst. Der jüdisch-israelische Schriftsteller Daniel Gavron zum Beispiel, der eine Ein-Staat-Lösung prinzipiell unterstützt, stellt sich vor, dass die israelische Armee bestehen bleibt und der palästinensische Sicherheitsapparat in sie integriert würde.[372] Andere, wie der Gründer der Ein-Staat-Bewegung Radi Jarai, wollen zionistische Gesetze, wie das berüchtigte »Rückkehrgesetz«, das ein Grundpfeiler von Israels ethnokratischen System ist, bestehen lassen und diese mit den palästinensischen Rechten ausbalancieren. Auch Jeff Halper vom israelischen »Komitee gegen die Häuserzerstörungen« (ICAHD) stellt sich eine Ein-Staat-Lösung als Kompromiss vor, in dem die kolonialen Herrschaftsstrukturen unangetastet bleiben. In seinem Buch »Ein Israeli in Palästina« beschrieb 2010 er eins der »ernste[n] Probleme,« die durch die Ein-Staat-Lösung aufgeworfen würden folgendermaßen: »Und die Tatsache, dass Israel ökonomisch und institutionell so viel stärker als die palästinensische Gesellschaft ist, birgt die Gefahr in sich, dass die Palästinenser, selbst als Mehrheitsbevölkerung, dauerhaft zur Unterschicht würden, so wie die Schwarzen in Südafrika nach der Apartheid.«[373] Das gilt jedoch nur, wenn die Herrschaftsstruktur, zu der auch die Ökonomie gehört, unangetastet bleibt. In einer emanzipatorischen Ein-Staat-Lösung würde der gesamte Staat Israel mitsamt seiner ökonomischen Basis umgebaut.

---

371. Eaton, George, Peter Hain: One-State Solution to Israeli-Palestinian Conflict must be Considered, New Statesman 30.1.2014
372. Satin, Mark, The One-State Solution is the most visionary AND the most sensible, Radical Middle Newsletter Issue No. 106, April 2007, S.5 unter: www.radicalmiddle.com/x_onestate.htm
373. Halper, Jeff, Eine auf dem Recht basierende Lösung des Konflikts, Auszug aus; Ein Israeli in Palästina. Israel vom Kolonialismus erlösen, Berlin 2010 unter: www.salamshalom-ev.de/Docs/halper_20forum. doc

Die Ein-Staat-Vorstellungen der zionistischen Rechten: Die Vollendung des zionistischen Projekts in Palästina

Es treten auch einige israelische Rechte für eine Ein-Staat-Lösung ein. Obwohl sie oberflächlich und rein äußerlich betrachtet dasselbe Ziel wie die fortschrittlich gedachte Ein-Staat-Bewegung haben – einen gemeinsamen Staat – sind ihre Projekte inhaltlich jeweils das Gegenteil voneinander. In dem einen Fall wäre die Ein-Staat-Lösung die Vollendung des zionistischen Kolonialprojekts und in dem anderen seine Aufhebung.

Den Erkenntnissen der Siedlerkolonialismus-Forschung zufolge streben siedlerkolonialistische Gebilde danach, sich selbst aufzuheben. Siedlerkolonialismus ist erst dann am Ziel angelangt, wenn er aufhört, einer zu sein, das heißt, wenn er sich normalisiert hat. Das setzt voraus, dass die einheimische Bevölkerung soweit reduziert, marginalisiert oder/und assimiliert worden ist, dass sie sich dem Projekt einfügt, statt es zu bekämpfen. Die Vorschläge rechter Zionisten wie des Knesset-Sprechers Reuven Rivlin, des ehemalige Verteidigungsministers Moshe Arens und Netanjahus ehemaligem Stabschef und Siedlervertreter Uri Elitzur gehen in diese Richtung. Sie schlagen die graduelle Annexion der Westbank und die Gewährung von Bürgerrechten für die dort lebende palästinensische Bevölkerung vor. Nach einem Sicherheitscheck und möglicherweise auch einem Loyalitätseid soll sie die israelische Staatsbürgerschaft erhalten. Um trotz dieses großen Anteils an Nicht-Juden, der innerhalb kürzester Zeit von einer sehr großen Minderheit zur Bevölkerungsmehrheit innerhalb Israel werden würde, einen jüdischen Staat zu gewährleisten, werden parallel dazu die entsprechenden Garantien geschaffen , unter anderem in Form eines »Basic Law«, das Israel zum jüdischen Staat erklärt. Es wurde bereits von Ministerpräsident Netanjahu auf den Weg gebracht.[374] Die Palästinenser im Gaza-Streifen und die palästinensischen Flüchtlinge werden ausgeklammert, da unter allen Umständen eine jüdische Bevölkerungsmehrheit aufrechterhalten werden soll. Sie gehen davon aus, dass dies auch nach der Annexion der Westbank möglich wäre, weil sie sich auf die falschen Berechnungen der Ettinger-Gruppe, die aus Siedlern besteht, beziehen. Diese setzt die einheimische Bevölkerung in der Westbank bei 1,5 Millionen Menschen an, obwohl sie tatsächlich aus 2,7 Millionen besteht. Auch einige Palästinenser unterstützen das Projekt. Es ist naheliegend, dass sie aus dem Umfeld der Autonomiebehörde stammen, wie deren ehemaliger Repräsentant in al-Quds/Jerusalem, Sari Nusseibah. In einem Interview mit dem *Deutschlandfunk* erklärte er.: »Ich schlage vor, dass Israel die besetzten Gebiete annektiert, die Palästinenser in dem so vergrößerten Israel akzeptieren, dass dieser Staat jüdisch bleibt und sie im Gegenzug sämtliche bürgerlichen, wenn auch nicht politischen Rechte erhalten. Damit wäre der Staat jüdisch, das Land hingegen wirklich binational, und es würde

---

374. Da Israel keine Verfassung hat, bilden die »Basic Laws« zusammen genommen eine Art Grundgesetz.

für das Wohl aller Araber in diesem Land gesorgt.«[375] Von einem ähnlichen Geist scheint auch der Sohn Mahmoud Abbas beseelt zu sein, als er seine Unterstützung für die Ein-Staat-Lösung bekundete. »Wenn ihr mir keine Unabhängigkeit geben wollt, gebt mir wenigstens Bürgerrechte«, erklärte er im März 2014 gegenüber der *New York Times*. »Das ist ein einfacherer Weg, ein friedlicher Weg. Ich will nicht werfen, ich will niemanden hassen, ich will niemanden erschießen. Ich will unter dem Gesetz stehen.«[376]

Nachdem der kritische israelische Journalist Noam Sheizaf in der *Haaretz* einen Artikel über die Ein-Staat-Vorstellungen der zionistischen Rechten veröffentlicht hatte, bildete sich ein Forum, in dem prominente israelische Siedler und radikale linke Intellektuelle sowie einige Vertreter der Palästinenser innerhalb der Grünen Linie die Ein-Staat-Lösung diskutierten. Nach kurzer Zeit löste es sich wieder auf, zu verschieden waren wohl die Vorstellungen und Ansätze.

Die emanzipatorische Ein-Staat-Lösung: Die Befreiung Palästinas und seiner palästinensischen und jüdisch-israelischen Bewohner vom Siedlerkolonialismus

Die Beteiligten an der emanzipatorischen Bewegung verstehen eine Ein-Staat-Lösung nicht als Streben nach einem Elitenkompromiss und auch nicht als Kapitulation vor Israel, sondern als Wiederaufnahme des palästinensischen Befreiungsprojekts. Das Ziel des demokratischen säkularen Staates dient dabei als strategische Orientierung für die Reorganisierung des palästinensischen Kampfes. Gleichzeitig bietet das Ziel eines demokratischen säkularen Staates die Möglichkeit, antizionistische Israelis in diesen Kampf einzubeziehen. Drei Minimalvoraussetzungen müssen gegeben sein, um die Ein-Staat-Lösung zu einer progressiven Lösung zu machen, die die Rechte der Palästinenser verwirklicht und somit den Konflikt tatsächlich zu lösen vermag: ein unitarischer demokratischer Staat statt eines formal binationalen Staates, die Rückkehr der 1948 und 1967 vertriebenen Flüchtlinge und die Entzionisierung Israels.

In der Jaffa-Erklärung, die von der Ein-Staat-Konferenz in Haifa 2008 verabschiedet wurde, heißt es: »Die Errichtung des demokratischen, säkularen Staates in ganz Palästina ist die positive Lösung, die Gerechtigkeit erreichen und den Kampf auf palästinensischem Land beenden wird, da sie 1. die Einheit des palästinensischen Volkes und seine historische Verbindung zum Land Palästina wahren wird; 2. die Ziele des Befreiungskampfes des gesamten palästinensischen Volkes erreichen wird: die Rückkehr der Flüchtlinge, Freiheit, Gleichheit und das Recht auf Selbstbestimmung, 3. der jüdischen Präsenz in Palästina ihren kolonialistische Charakter

---

375. Himmelrath, Armin, Nachdenken statt Resignieren. Deutschlandfunk 26.3.2012
376. Rudoren, Jodi, A Divide among Palestinians on a two-state Solution, New York Times 18.3.2014

nehmen wird, der mit dem rassistischen zionistischen Projekt verbunden ist, das ein Instrument des Imperialismus und globalen Kapitalismus ist.«[377] Dass die Haifa-Erklärung von allen verabschiedeten Ein-Staat-Erklärungen die radikalste ist, liegt daran, dass sie von Palästinensern und antizionistischen Israelis in Palästina selbst verabschiedet wurde, die anders als die Akademiker und Aktivisten in der Diaspora in der täglichen Konfrontation mit der zionistischen Unterdrückungsstruktur stehen.

Über die Rolle, die die Autonomiebehörde und die Hamas zu spielen haben, sind sich die Beteiligten uneinig. Größtenteils gehen sie davon aus, dass der Kampf um den demokratischen säkularen Staat nicht mit, sondern gegen die Autonomiebehörde geführt werden muss. Auch in den islamistischen Kräften sehen sie einen eher hinderlichen Faktor, obwohl die Hamas dem Projekt des demokratischen Staates mittlerweile zustimmen würde.[378]

Im Vorgriff auf den angestrebten gemeinsamen Staat weisen sowohl Palästinenser als auch jüdische Israelis in verstärktem Maße auf die lange Geschichte der Koexistenz in Palästina hin.[379] Palästina war aufgrund seiner besonderen geographischen Lage immer ein Land, in dem sich verschiedene Kulturen, Ethnien und Religionen mischten. Die zionistische Bewegung hat diese lange Geschichte der Vielfalt und Koexistenz unterbrochen und das Land und dessen Geschichte für sich monopolisiert. Die Ein-Staat-Bewegung sieht in der langen multireligiösen und multikulturellen Geschichte Palästinas ein Vorbild für den neuen, gemeinsamen Staat. »Kulturelle Besonderheiten und Identitäten sollten von der Gesellschaft nicht nur toleriert, sondern gepflegt und gesetzlich geschützt werden,« schrieb Omar Barghouthi 2009. »Palästina war Jahrhunderte lang der fruchtbare Treffpunkt verschiedener Zivilisationen und Kulturen, was Kommunikation, Dialog und Akkulturation zwischen ihnen förderte. Dieses Erbe, das unter der Hegemonie der zionistischen kolonialen Herrschaft fast vergessen worden ist, muss wiederbelebt, gefördert und gefeiert werden, unabhängig von einem eventuellen Machtungleichgewicht in dem neuen Staat. Wir müssen uns auch vergegenwärtigen, dass die Hälfte der jüdisch-israelischen Bevölkerung – die Mizrahi – ihre kulturellen Wurzeln in arabischen und anderen nahöstlichen Kulturen hat.«[380]

Auch Konturen der Außenpolitik des zukünftigen demokratischen Staates sind bereits gezeichnet. Er wird die noch besetzten libanesischen Territorien sowie die syrischen Golan-Höhen zurückgeben, die israelischen Atomwaffen verschrotten lassen, sich für einen atomwaffenfreien Nahen Osten einsetzen und sich international

377. Bar, Yoav, Haifa Conference, the Jaffa Declaration, Palestine Media Center 24.7.2008 unter: www. palestine-pmc.com/details.asp?cat=3&id=1473
378. Zum Beispiel Hasan, Rumy, The Unitary Democratic State and the Struggle against Apartheid in Palestine-Israel, Holy Land Studies 7.1., 2008, S.92ff.
379. Siehe zum Beispiel: Qatamesh, Ahmad, Approach to the Single Democratic State. Two Separate and Interlocked Communities, Munif Barghouthi Cultural Center August 2007, S.21ff.
380. Barghouthi, Omar, Reimagening Palestine. Self Determination, ethical Decolonisation and Equality, Znet 29.7.2009

im Kampf gegen den Rassismus engagieren. In diesem Zusammenhang will das demokratische Palästina auch Verfolgten großzügig Asyl gewähren.

Noch ungeklärt sind die Fragen, wie mit den Siedlungen in der Westbank zu verfahren sei, welche sozio-ökonomische Struktur es geben soll und ob es eine juristische Aufarbeitung des zionistischen Siedlerkolonialismus geben wird bzw. wie diese aussehen soll. All diese Punkte wurden bereits von einzelnen Aktivisten behandelt oder in einzelnen Erklärungen thematisiert, aber es gibt noch keine eindeutige Linie dazu. Klar ist indessen, dass es eine Phase der Aufarbeitung, Versöhnung und Heilung geben muss, ehe Kolonisierte und Kolonialisten als Gleiche zusammenleben können.

Der palästinensische Historiker Salman Abu Sitta hat bereits dargelegt, was darüber hinaus an Veränderungen nötig sein wird: »Wenn die Rechte wieder hergestellt und die Apartheid aufgehoben ist, gibt es natürlich eine Menge vorbereitender Arbeit zu tun. 60 Jahre Krieg, Besatzung, Kriegsverbrechen, Zerstörung und Leiden können nicht leicht beseitigt werden. Palästina war in der Geschichte jedoch immer bekannt für seine Toleranz und die Absorption verschiedener Gemeinschaften. Die erste Aufgabe ist es, Palästina zu sanieren. Wir müssen Palästina, das jetzt zubetoniert, verschmutzt und verwüstet ist, zu einem normalen Leben zurückbringen. Privates und öffentliches Eigentum der Palästinenser sollte wiederhergestellt werden. Insbesondere die wichtige Ressource Wasser, die jetzt für cash crops, die nur 1,5% von Israels GDP produzieren, verschwendet wird, muss wieder in angemessener Weise genutzt werden. Religiöse, archäologische und kulturelle arabische und islamische Stätten sollen wiederhergestellt oder repariert werden. Wo immer es möglich ist, muss auch die Landschaft in ihren früheren ursprünglichen Zustand versetzt werden. Auch Land, Luft und Wasser, die in dem verrückten Drang, zu bauen, stark verschmutzt worden sind, müssen gereinigt werden. Palästina kann eine saubere Umwelt für Millionen von Menschen bieten.[381]

Die Frage der Siedlungen in der Westbank

Eine ganze Reihe von Ein-Staat-Befürwortern bezeichnet es als einen der Vorteile dieser Option, dass sowohl jüdische Israelis wie Palästinenser in allen Teilen des Landes leben könnten und dass keine Siedlungen geräumt werden müssten. Auch antizionistische jüdische Israelis, die für einen gemeinsamen Staat sind und zum Teil in Siedlungen leben, gehen davon aus, dass diese bestehen bleiben.[382]

381. Abu Sitta, Salman, The Geogrphic and Demographic Imperatives of a Single State in: Faris, Hani (ed), The Failure of the Two-State Solution: Prospects of One State in the Israel-Palestine Conflict, London/ New York 2013, S.185-206

382. Siehe zum Beispiel: Karmi, Ghada, Married to another Man. Israel's Dilemma in Palestine, London/ New York 2007, S.230; Le Mur a des Oreilles, You cannot talk about the Nakba in Israel – Conversation with Lia Tarachansky, 11.11.2013

In der Gründungserklärung der »Bewegung für *einen* demokratischen Staat auf dem Boden des historischen Palästinas«, die im Mai 2013 veröffentlicht wurde, heißt es jedoch: »Das Prinzip des Erwerbs von Territorium durch Gewalt wird absolut abgelehnt. Es kann keine Basis für den Erwerb von kollektiven oder individuellen Rechten sein. Die zionistische koloniale Siedlung in Palästina ist daher eine illegale Siedlung und kann nicht als Fait accompli akzeptiert werden. Diese Siedlung zu konfrontieren, wird zentral sein für das Widerstandsprogramm der Volksbewegung.«[383]

Nach internationalem Recht besteht kein Zweifel daran, dass die Siedlungen in den 1967 besetzten Gebieten illegal sind und geräumt werden müssen. Wenn Palästinenser sich dazu entscheiden, ihr Weiterbestehen ganz oder teilweise zu akzeptieren, so ist das eine politische Entscheidung, die in dem Bemühen gründet, auf die jüdischen Israelis zuzugehen und ihnen ein großzügiges Angebot zu machen, um ein gemeinsames Zusammenleben zu ermöglichen. Bei den Siedlungen muss unterschieden werden zwischen der bebauten Fläche und den riesigen Flächen an Land, die sie kontrollieren. Ihre bebauten Flächen machen nur etwa ein Prozent der Westbank aus, aber sie kontrollieren etwa 50% von deren Territorium. Der mit den Siedlungen verbundene Land- und Ressourcenraub hat wesentlich dazu beigetragen, die einheimische Landwirtschaft zu zerstören und die einheimische Bevölkerung um ihren Lebensunterhalt zu bringen. Diese Situation muss im Rahmen einer Ein-Staat-Lösung aufgehoben werden, sonst hat sie keinen Sinn. Palästinenser deuten an, dass einige der Siedlungen – verstanden nur als bebaute Flächen ohne all das Land, das sie bisher kontrollieren – in ganz normale Städte oder Dörfer umgewandelt werden könnten. Die dort ansässigen Siedler verlören ihre Privilegien in Form der hohen staatlichen Zuschüsse, die ihnen bisher gewährt werden und des exklusiven Zugriffs auf Land, Wasser und andere Ressourcen. Radi Jarai von der al-Fatah und Gründer der Ein-Staat-Bewegung in Ramallah äußerte sich in einem Interview zum Thema Siedlungen wie folgt: »Während wir meinen, dass sie nicht legitim sind, unterscheiden wir zwischen den Häusern, die auf Land gebaut wurden, das in korrekter Weise erworben wurde und denjenigen, die sich auf konfisziertem Land befinden.« Er wies darauf hin, dass auch für einige der Siedlungen, die auf konfisziertem öffentlichen oder privaten Land gebaut wurden, ein Arrangement gefunden werden könne, so dass diese nicht notwendigerweise geräumt oder zerstört werden müssten.[384] Omar Barghouthi weist im Zusammenhang mit der Restitution des 1948 beschlagnahmten Landes darauf hin, dass ein Unterschied zwischen öffentlichem und Privatland gemacht werden und letzteres in jedem Fall zurückgegeben werden müsse.[385] Dasselbe würde möglicherweise auch auf die Westbank

---

383. Free Haifa, The Founding Statement : The Popular Movement for One Democratic State on the Land of Historical Palestine, 30.8.2013 unter: http://freehaifa.wordpress.com/2013/08/30/the-founding-statement-the-popular-movement-for-one-democratic-state-on-the-land-of-historical-palestine/
384. Kuttab, Daoud, New Palestinian Movement calls for One-State Solution, Al-Monitor 22.5.2013
385. Barghouthi, Omar, Reimagening Palestine, a.a.O.

zutreffen, wo ein Drittel der Siedlungen auf palästinensischem Privatland errichtet wurde. Ein Sonderfall sind die zahlreichen von Siedlern besetzten palästinensischen Häuser in al-Khalil/Hebron und al-Quds/Jerusalem, die auf jeden Fall zurückgegeben werden müssen. Wie das bewerkstelligt werden kann, ohne neues Unrecht zu erzeugen, lässt sich an der Lösung von internationalen Konflikten, zum Beispiel in Bosnien, sehen, wo den Zweitbesetzern eine lange Übergangfrist eingeräumt wurde, bevor sie die Häuser verlassen mussten. Alle Beteiligten an der Ein-Staat-Bewegung betonen, dass es keine Vertreibung geben soll.

11. Unitarischer Staat versus binationaler Staat

Wenn hierzulande von der Ein-Staat-Lösung gesprochen wird, wird sie in der Regel automatisch mit einem »binationalen Staat« gleichgesetzt. Das liegt daran, dass sich Medien, Politiker, Wissenschaftler und auch die kritische Öffentlichkeit primär an jüdischen Israelis orientieren und wenig mit den Prozessen und Auseinandersetzungen unter Palästinensern oder antizionistischen Israelis beschäftigen. Der »binationale Staat« ist nur eine mögliche Variante des gemeinsamen Staates, eine andere ist der unitarische Einheitsstaat. Das Modell des binationalen Staates basiert auf der Annahme, dass es zwei nationale Gruppen gebe, die dasselbe Recht auf das Land Palästina hätten. In einem binationalen Staat hätte jede der beiden Gruppen ihr eigenes Territorium, das mit dem der anderen Gruppe in Form einer Föderation oder Konföderation verbunden wäre. Ein unitarischer demokratischer Staat hingegen gründet sich nicht auf nationale, ethnische oder religiöse Zugehörigkeiten, sondern auf die Zugehörigkeit zu einem Territorium. In diesem Modell sind alle auf dem Boden des historischen Palästinas lebenden Menschen aufgrund der Tatsache, dass sie dort leben, Staatsbürger mit gleichen Rechten und Pflichten. Das Konzept des binationalen Staates definiert Staatsbürgerschaft qua ethnischer, religiöser oder nationaler Identität, der unitarische Einheitsstaat qua Territorialität. Ein binationaler Staat ließe die aus dem Zionismus hervorgegangene ethnisch-religiöse Grundlage des Staates intakt, der unitarische Staat würde sie aufheben.[386] Teilweise wird nur aus Ungenauigkeit oder Unachtsamkeit von einem »binationalen Staat« gesprochen. damit ist lediglich gemeint, dass beide Bevölkerungsgruppen zusammenleben. Es kann aber auch eine formal binationale Struktur und die Anerkennung nationaler Rechte von beiden Seiten gemeint sein. Jüdische Israelis sprechen in der Tendenz von einem binationalen Staat, wenn sie einen gemeinsamen Staat meinen und Palästinenser von einem demokratischen säkularen Staat. Das liegt unter anderem an den historischen Vorläufern für eine Ein-Staat-Lösung, die es sowohl auf jüdischer als auch auf palästinensischer Seite gegeben hat. Das Projekt binationaler Staat stammt aus der zionistischen Bewegung. In den 1930er- und 1940er Jahren schlugen es die Splittergruppen »Brit Schalom« und »Ihud« um Judah Magnus und Martin Buber vor. Das Projekt wurde sowohl von der zionistischen Mehrheit wie von den Palästinensern abgelehnt und verschwand daher schnell in

---

386. Vgl. Ghanem, As'ad, The Bi-National Idea in Palestine/Israel: Conceptual Framework and the contemporary Debate, PASSIA, Jerusalem 23.3.2004; Karmi, Ghada, Married to another Man, London/New York 2007, S.232ff.

der Versenkung. In der westlichen Welt wird es in der Regel als frühe progressive und vorausschauende Option angesehen und auch von israelischen und manchen palästinensischen Befürwortern eines gemeinsamen Staates bisweilen als positiver Vorläufer angeführt. Es sollte jedoch nicht übersehen werden, dass auch dieser frühe Vorschlag zu einem binationalen Staat in Palästina den Palästinensern die Aufgabe eines Teils ihrer Rechte und ihres Landes abverlangte. Ilan Pappe bezeichnet das binationale Projekt daher als »weiche« Variante des zionistischen Kolonialprojekts.[387]

Die Palästinenser auf der anderen Seite strebten seit dem Beginn ihres Befreiungskampfes im frühen 20. Jahrhundert einen unitarischen demokratischen Staat ohne religiöse oder ethnische Grundlagen an. Die Ein-Staat-Bewegung war in der Frage binationaler Staate oder unitarischer Staat zunächst unentschieden. Als Modelle für einen gemeinsamen Staat wurden Belgien, die Schweiz, Kanada und Nordirland diskutiert. Auf der Haifa-Konferenz zum demokratischen säkularen Staat und das Recht auf Rückkehr untersuchte Raja Ighbariya von »Abna al-Balad« in einem Vortrag die Brauchbarkeit der verschiedenen Modelle für Palästina und kam zu dem Schluss, dass das südafrikanische Modell des demokratischen Einheitsstaates am Besten geeignet für Palästina sei.[388] Auch auf der Ein-Staat-Konferenz in Boston 2009 wurden von verschiedenen Rednern neben dem demokratischen säkularen Staat auch binationale und föderale Modelle vorgestellt. Mittlerweile tritt die Ein-Staat-Bewegung, deren Entwicklung sich an den fortlaufenden Erklärungen der Ein-Staat-Konferenzen ablesen lässt, eindeutiger für einen unitarischen demokratischen Staat ein. Auch die Hamas unterstützt mittlerweile das Projekt eines gemeinsamen Staates nach dem Vorbild Südafrikas.[389]

Der binationale Staat

Einen binationalen Staat schlägt zum Beispiel Jeff Halper vom »Israelischen Komitee gegen die Häuserzerstörungen« vor, der sich 2003 noch für einen unitarischen demokratischen Staat ausgesprochen hatte. 2012 machte er eine Kehrtwende und verfasste zusammen mit Itay Epstein ein Papier mit dem Titel »Im Namen der Gerechtigkeit: Kernpunkte für eine Ein-Staat-Lösung«, in dem ein formal binationaler Staat empfohlen wird. Die Autoren gehen von der zionistischen Prämisse aus, dass die Juden eine Nation seien und nehmen das Selbstbestimmungsrecht der Völker in Anspruch. In dem Papier heißt es: »Ein gerechter Friede muss umfassend sein. Zwei Völker leben in Palästina-Israel und die kollektiven wie auch die individuellen

387. Pappe, Ilan, Blueprint for a One-State-Movement: A Troubled History in: Chomsky, Noam; Pappe, Ilan, Gaza in Crisis. Reflections on Israel's War on the Palestinians, Chicago 2010

388. Ighbariya, Raja, Hawl al-dawla al-dimuqratiya ka-maschru'a siasi nidhali, Vortrag auf der Haifa-Konferenz für das Recht auf Rückkehr und den säkularen, demokratischen Staat, Ajras al-'Awda 5.6.2010

389. Tamimi, Azzam, After Hamas's Hudna, what?; Just World News 13.5.2009 unter: hustworldnews. org/?p=3040

Rechte von beiden müssen respektiert und geschützt werden. Da beide nach nationaler Selbstbestimmung streben, ein Recht, das im internationalen Recht verankert ist, muss Nationalität für beide, sowohl für die Palästinenser als auch für die Israelis gegeben sein. Die beiden Völker sind nicht einfach ethnische Gruppen innerhalb einer größeren Nationalgesellschaft, oder nur eine Ansammlung von Individuen, sondern selbständige nationale Einheiten.«[390]

Auch Jonathan Kuttab, einer der Gründer der palästinensischen Menschenrechtsorganisation »Al-Haq« in Ramallah, formulierte einen Vorschlag für einen gemeinsamen Staat, in dem binationale Elemente enthalten sind. In einem Artikel in der *Los Angeles Times* sprach er von der Notwendigkeit »starker institutionalisierter Mechanismen«, um die »Tyrannei der 51%« zu verhindern, zum Beispiel, indem ein Oberhaus und ein Unterhaus des Parlaments eingerichtet werden, »in dem das Unterhaus mit proportionaler Repräsentation gewählt wird, während das Oberhaus eine Zusammensetzung hat, die beide Bevölkerungen in gleicher Weise absichert, ungeachtet ihres Anteils an der Bevölkerung.« Denkbar sei auch eine rotierende Präsidentschaft. Die Rechte von Minderheiten sollten durch die Verfassung geschützt werden, sowohl Hebräisch als auch Arabisch zu offiziellen Sprachen erklärt und Regierungsbehörden an jüdischen, muslimischen und christlichen Feiertagen geschlossen werden. Neue Gesetze sollen die Zivilgerichte in Personenstandsfragen stärken, während gleichzeitig allen religiösen Gemeinschaften ein gewisser Spielraum in diesen Fragen gelassen wird, einschließlich den reformorientierten und konservativen jüdischen Strömungen, die heute dem orthodoxen Monopol über jüdische Personenstandsangelegenheiten untergeordnet sind. Starke Verfassungsbestimmungen sollen Diskriminierung in allen Lebensbereichen unterbinden, und unabhängige Gerichte diese Bestimmungen durchsetzen.[391]

Der Vordenker des Ein-Staat-Projekts, Omar Barghouthi, legt dar, welche Probleme mit einem binationalen Staat verbunden sind: »Binationalismus geht von zwei problematischen Annahmen aus: dass Juden eine Nation sind, und dass eine solche Nation das Recht hat, als solche in Palästina zu existieren. Es ist klar, dass Binationalismus zwischen den Palästinensern auf der einen Seite und den Juden der Welt auf der anderen Seite nicht funktionieren kann. Aber werden israelische Juden sich selbst als Nation definieren? Höchstwahrscheinlich nicht, denn das würde der fundamentalen Prämisse des Zionismus widersprechen. Betrachten sich denn Israelis als Nation? Bestimmt nicht, denn abgesehen von einer Trennung vom Zionismus, würde dies den Einschluss der 20-prozentigen palästinensischen Minderheit bedeuten.«[392]

390. Halper, Jeff; Epstain, Itay, In the Name of Justice – Im Namen der Gerechtigkeit: Kernpunkte für eine Ein-Staat-Lösung, ICAHD 13.9.2012 unter: icahd.de/?p=349
391. Kuttab. Jonathan, Steps to create an Israel-Palestine, Los Angeles Times 20.12.2009
392. Barghouthi, Omar, Relative Humanity: The fundamental Obstacle to a One-State Solution in Historic Palestine (2/2), Electronic Intifada 6.1.2004

Omar Barghouthi weist darauf hin, dass eine Anerkennung nationaler Rechte der Siedlerbevölkerung in Palästina im Widerspruch zu den Rechten der einheimischen Bevölkerung steht: »Nationale Rechte jüdischer Siedler anzuerkennen kann nur beinhalten, deren Recht auf Selbstbestimmung zu akzeptieren.« Und das würde »Buchstaben, Geist und Zweck des universalen Prinzips der Selbstbestimmung« widersprechen, das primär ein Mittel für »Völker unter kolonialer oder Fremdherrschaft oder ausländischer Besatzung« ist, ihre Rechte zu verwirklichen. Die Anerkennung nationaler Rechte der Siedlerbevölkerung »kann im Extremfall zu Forderungen nach Abtrennung oder jüdischer nationaler Souveränität in einem Teil des Landes Palästina führen.« Barghouthi zufolge gibt es kein »inhärentes oder erworbenes jüdisches Recht auf Selbstbestimmung in Palästina, das dem palästinensischen Recht auf Selbstbestimmung entspricht oder gar moralisch symmetrisch ist.« Beiden Seiten die gleichen nationalen Rechte zuzusprechen würde »den essenziellen Unterschied zwischen den unveräußerlichen Rechten der einheimischen Bevölkerung und den erworbenen Rechten der kolonialen Siedlerbevölkerung verwischen.«[393]

Zionistische Israelis berufen sich zur Untermauerung ihres Anspruchs auf »nationale Selbstbestimmung« in der Regel auf die UNO-Teilungsresolution vom November 1947. Ansprüche auf ein »jüdisches Selbstbestimmungsrecht« in Palästina auf diese Resolution zu stützen, ist aus mehreren Gründen problematisch. Mit dieser Resolution sollte ein Staat für die zu diesem Zeitpunkt in Palästina ansässigen Juden geschaffen werden, nicht ein Staat für die Juden aus aller Welt. Zudem hat Israel alle Bestimmungen der Resolution, die die Rechte der Araber in dem 1948 gegründeten Staat betreffen, missachtet, vor allem das Verbot ethnischer Säuberungen.

Spätestens seit Shlomo Sands bahnbrechendem Werk »Die Erfindung des jüdischen Volkes« ist bekannt, dass das auf biblischen Mythen basierende zionistische Narrativ von der Vertreibung der Juden aus Palästina unwahr ist.[394] Vielmehr sind die heutigen Palästinenser die Nachkommen all derer, die seit Jahrtausenden in Palästina gelebt haben.[395] Die jüdischen Zionisten kamen seit Ende des 19. Jahrhunderts als Kolonialisten ins Land und eigneten es sich mit Gewalt an, indem sie die einheimische Bevölkerung vertrieben. Die beiden Südafrikaner Naeem Jennah und Salim Vally hinterfragen in ihrem Buch »Pretending Democracy« kritisch, ob Juden eine unterdrückte Nation oder ein verfolgtes Volk darstellten. Sie sprechen sich im Folgenden gegen einen binationalen Staat aus, der von der Existenz zweier Nationen ausgeht, da er die Schaffung eines demokratischen, säkularen Staates

393. Barghouthi, Omar, Re-Imagening Palestine.Self-Determination, Ethical Decolonization and Equality, Znet

394. Sand, Shlomo, The Invention of the Jewish People, London/New York 2009

395. Vgl Pappe, Ilan, The One Palestine: Past, Present and Future Perspectives, Nebula, A Journal of Multidisciplinary Scholarship, Glebe/Australia, September 2008, S.61-77

verhindert, indem er die Teilung der in Palästina lebenden Bevölkerung aufrechterhält.[396] Dass der Konflikt zwischen Israelis und Palästinensern ein kolonialer Konflikt zwischen einer einheimischen Bevölkerung und einer von außen eingewanderten Siedlerbevölkerung ist, diese Erkenntnis setzt sich allmählich auch unter einem Teil der jüdischen Israelis durch. Der ehemalige Bürgermeister von Jerusalem zum Beispiel, Meron Benvenisti, erklärte 2003 in dem bereits erwähnten Interview mit *Haaretz*: »In den letzten zwei Jahren bin ich zu der Schlussfolgerung gelangt, dass wir es hier mit einem Konflikt zwischen einer Gesellschaft von Immigranten und einer Gesellschaft von Einheimischen zu tun haben. Wenn dem so ist, dann sprechen wir über einen völlig anderen Typ von Konflikt. Denn die zugrunde liegende Geschichte ist nicht eine von zwei Nationalbewegungen, die sich gegenseitig konfrontieren; die grundlegende Geschichte ist die von Einheimischen und Siedlern. Es ist die Geschichte von Einheimischen, die das Gefühl haben, dass Leute, die über das Meer gekommen sind, in ihren natürlichen Lebensraum eingedrungen sind und sie enteignet haben.«[397]

Ungeachtet dessen haben Juden seit der Entstehung immer als Teil der einheimischen Bevölkerung in Palästina gelebt, aber sie waren weder die einzige noch gar die dominante Bevölkerungsgruppe. Omar Barghouthi betont, dass ein gemeinsamer demokratischer Staat das »großzügigste Angebot« ist, dass eine kolonisierte Bevölkerung ihren ehemaligen Kolonialherrn machen kann.[398]

Einige kritische israelische Wissenschaftler haben einen sogenannten »consociationalen« Staat als mögliches Modell für den neuen gemeinsamen Staat in die Diskussion gebracht. Dieses Modell tendiert zum Bi-Nationalismus und wird in der Schweiz, Belgien, Kanada und Nordirland praktiziert. Eine »consociationale« Demokratie basiert demnach auf geographisch abgegrenzten Kantonen und hat vier Charakteristiken: Teilung der exekutiven Macht zwischen den verschiedenen religiösen oder ethnischen Bevölkerungsgruppen, proportionale Repräsentation der Gruppen im Staatsapparat, ethnische Autonomie (besonders in Bezug auf Religion und Sprache) und formelle oder informelle Vetorechte für die Minderheit.[399] Neve Gordon, der 2009 heftig angegriffen wurde, weil er die BDS-Kampagne unterstützte, um die Zwei-Staaten-Lösung zu retten, schlug im Oktober 2013 in der *Los Angeles Times* eine Ein-Staat-Lösung vor, die sich am Modell Nordirland orientiert. Der Konflikt in Nordirland, eine Folge des britischen Siedlerkolonialismus, wurde im »Karfreitagsabkommen« von 1998 durch einen Kompromiss beigelegt. Neve Gordon

396. Such, Rod, Roads to ending Israeli Apartheid envisioned in new Book, Electronic Intifada 28.5.2013; siehe auch Abunimah, Ali, The Battle for Justice in Palestine, Chicago 2014, S. 21-44
397. Shavit, Ari, Cry, the beloved two-state solution, Haaretz 6.8.2003
398. Barghouthi, Omar, Re-Imaganing Palestine: Self-Determination, Ethical Decolonization and Equality, Znet 29.7.2009
399. Gordon, Lora, One State. Historical Debate with renewed Relevance , Dialogue. Review for Discussion between Arab and Jewish Activists of Palestine No.30, Paris February 2012, S. 16-26

empfiehlt dieses Modell »weil es ethno-nationalen Unterschieden zwischen Bürgern Rechnung trägt.« Weiter führt er aus: »Basierend auf kollektiven und individuellen Anrechten, garantiert eine ›consociational‹ zusammengesetzte Regierung Gruppenrepräsentation, gewährleistet Machtteilung in der Exekutive und bietet Gruppenvetos. Sie könnte sowohl den Palästinensern wie auch den Israelis versichern, dass keine wichtige Entscheidung ohne den breiten Konsens der Vertreter beider Gruppen getroffen wird. Nicht weniger wichtig ist der Gedanke von gegenseitiger Achtung, einem der Kernkonzepte des Friedensprozesses in Nordirland. Er verlangt von jeder Seite, die Identität und den Ethos der anderen Seite, einschließlich sprachlicher Diversität, Kultur und Religion zu respektieren.«

Um der katholischen und protestantischen Gemeinschaft in Nordirland politische Gleichheit zu garantieren, verlieh das Karfreitagsabkommen von 1998 dem Ministerpräsidenten und dem stellvertretenden Ministerpräsidenten den gleichen Status. Jede Gruppe hat die gleiche Anzahl an Vorsitzenden in parlamentarischen Komitees und eine Balance in der Mitgliedschaft in öffentlichen Körperschaften, einschließlich der Justiz und der Polizei. Natürlich müssen Palästinenser und Israelis sich ihr eigenes Modell der »consociationalen« Demokratie schaffen, zu der, Gordon zufolge, anfangs auch die territoriale Teilung einiger Gebiete mit durchlässigen Grenzen gehören könnte. »Consociationalismus bietet einen tragfähigen Rahmen, um damit anzufangen, die Widersprüche zu behandeln, die aus Israels Wunsch entspringen, gleichzeitig seinen jüdischen Charakter zu erhalten, ein Territorium zu kontrollieren, in dem 4,5 Millionen Palästinenser leben und ein demokratisches System aufrechtzuerhalten.«[400] Gordon erwähnt jedoch das palästinensische Recht auf Rückkehr nicht, das heißt, sein Vorschlag bezieht sich – wie bereits die Zwei-Staaten-Lösung – nur auf die Lösung eines Teils der aus der Palästina-Frage resultierenden Probleme. Der israelische Wissenschaftler Yehouda Shenav schlägt in seinem Essay »Beyond the Two-State-Solution« ebenfalls einen »consociationalen« Staat vor, bezieht aber anders als Gordon das Recht auf Rückkehr – wenn auch mit Einschränkungen – mit ein. Im Gegenzug für die Akzeptanz der Rückkehr der Flüchtlinge dürften jedoch bestehende jüdisch-israelische Siedlungen nicht angetastet werden, egal wo sie sich befinden. Shenav erkennt an, dass der Konflikt in der ethnischen Säuberung von 1948 gründet und daher auch nur gelöst werden kann, wenn das daraus resultierende Unrecht zumindest teilweise beseitigt wird. Um die Rechte beider Bevölkerungen zu wahren, schlägt er eine »consociationale« Demokratie vor, als »ein Modell von Partnerschaft, das die nationalen und religiösen Rechte beider Völker zur Voraussetzung hat, die ihren Ausdruck in der Kanton/Föderation-artigen Teilung des Raumes in kleinere nationale Räume und in religiöse und säkulare Gemeinschaften finden werden.«

Einen demokratischen säkularen Staat lehnt er ab, weil dieser »die Tatsache,

---

400. Gordon, Neve, Rethinking the Two-State Solution, Los Angeles Times 1.10.2013

dass der größte Teil der Bevölkerung in dem betreffenden Gebiet sowohl religiös als auch nationalistisch ist, nicht berücksichtigt.« Zudem sei diese Bevölkerung nicht reduzierbar auf eine »homogene Öffentlichkeit mit individuellen Interessen.«[401]

Aus palästinensischer Perspektive enthält Shenavs Vorschlag gravierende Mängel, vor allem was die Beschneidung der Rechte palästinensischer Flüchtlinge angeht. Dennoch ist er ein Schritt nach vorne, ein Beitrag zu einer Debatte, in der beide Seiten die Verständigung miteinander suchen, das Terrain sondieren oder abstecken. Shenavs Buch ist mehr als nur die Darlegung seiner Gedanken und Vorstellungen. Indem er mit der Palästinenserin Lama Abu Odeh eine der bekanntesten Anhängerinnen des demokratischen säkularen Staates das Vorwort zu seinem Essay schreiben ließ, war es zugleich auch ein praktischer Ausdruck der Bereitschaft, sich auf die andere Seite einzulassen. Indem er zuließ, dass Lama Abu Odeh seinen Essay mit heftiger Kritik einführte, zeigte er seine politische und moralische Integrität.

Ali Abunimah sieht unter bestimmten Bedingungen in einem »consociationalen« Staat, wie er im Belfast-Abkommen von 1998 entworfen wurde, ein Modell zur Lösung des Konflikts. Wenn in der Westbank und dem Gaza-Streifen doch noch eine Zwei-Staaten-Lösung zustande käme, könnte dieses Modell auf Israel angewendet werden, um den derzeit bestehenden ethnokratischen Staat in einen demokratischen umzuwandeln.

Allerdings muss dem neuen Staat – welche Form er auch immer annimmt – ein Prozess der Entkolonialisierung vorausgehen. Ali Abunimah schrieb als Antwort auf Neve Gordons Vorschlag, sich am Modell Nordirland zu orientieren, in dem er die koloniale Frage nicht erwähnte: ›Consociationalismus‹ kann keine Hintertür sein, um israelische jüdische Privilegien und die Macht, die damit einhergeht, zu erhalten.«[402]

Der nicht-konfessionelle demokratische Staat

Ganz anders sind die Vorschläge zu einer unitarischen Demokratie. Das zentrale Prinzip einer solchen wären Rechtsstaatlichkeit und die absolute Gleichheit aller Bürger, ohne Ansehen von Religion, Ethnie, Geschlecht oder Hautfarbe. Alle Bürger hätten durch ihre Ansässigkeit auf dem Territorium des historischen Palästinas die gleichen Rechte und Pflichten als Staatsbürger. In der Abschlusserklärung der Dallas-Konferenz vom Oktober 2010 heißt es: »Nur ein vereinter und wahrhaft demokratischer Staat in Palästina, ohne Unterscheidung von Rasse, Religion, Ethnizität oder nationaler Herkunft kann Freiheit und Sicherheit für alle bringen.« In den Ausführungen über die Prinzipien, auf die der gemeinsame Staat gegründet

401. Abu Odeh, Lama, Beyond the Two-State-Solution, Jadaliyya 17.10.2012 (Abdruck des Vorworts); siehe auch Yehouda Shenav, Beyond the Two-State Solution: A Jewish Political Eassay, Cambridge/Malden 2012
402. Abunimah, Ali, A Northern Ireland Solution for Palestine?, Electronic Intifada 1.2.2013; Abunimah, Ali, Finkelstein, BDS and the destruction of Israel, Aljazeera 28.2.2012

werden soll, werden Demokratie, Gleichheit und Gerechtigkeit betont. Staat und Religion sollen getrennt werden. Binationalen Ansätzen wird eine klare Absage erteilt: »Keine politische Partei darf ihre Plattform auf ethnische, religiöse, kulturelle oder rassistische Segregation, Diskriminierung oder Überlegenheit gründen. Kein staatliches Organ darf geschaffen werden, um eine Gruppe separat zu verwalten oder spezielle Rechte auf der Basis von Rasse, Religion, Ethnizität oder Nationalität zu gewähren.«[403]

Wie der demokratische säkulare Staat im neuen Palästina aussehen könnte, wurde in der bisher genauesten Form in einer »Erklärung über die grundlegenden Prinzipien der künftigen Republik Palästina,« die unter dem Titel »A State for ALL its Citizens« veröffentlicht wurde, entwickelt. Verfasst wurde sie gemeinsam von palästinensischen und jüdischen Akademikern, unter denen Ghada Karmi, Nur Masalha, Haim Bresheet und Oren Ben-Or die bekanntesten sind. Sie wurde von etwa 50 Palästinensern und Israelis unterzeichnet, darunter Ali Abunimah, Samir Abed-Rabbo und Ilan Pappe. Aufgrund der Unterstützung der wichtigsten Vordenker der Ein-Staat-Lösung für dieses Dokument kann es als wegweisend betrachtet werden. Darin heißt es: »Palästinensische Selbstbestimmung wird durch volle demokratische Rechte und Gleichheit in einem unitarischen Staat verwirklicht werden.«

Unter Punkt »12. Trennung von Religion und Staat« wird ausgeführt: »Die Verfassung wird einen nicht-konfessionellen demokratischen Staat errichten, der auf der Trennung von Religion und Staat basiert, dessen Regierungsinstitutionen auf dem Prinzip ›eine Person – eine Stimme‹ basieren.« Es werden keiner ethnischen oder religiösen Gruppe oder Individuum spezifische Privilegien oder privilegierte Rechte verliehen. Ethnische, kulturelle oder nationale Minderheiten sollen durch das Gesetz geschützt werden, aber keine spezifischen Rechte zugewiesen bekommen.«

In Anerkennung der verschiedenen Bevölkerungsgruppen sollen Arabisch, Hebräisch und Englisch zu offiziellen Sprachen erklärt, mehrsprachig unterrichtet und insgesamt auf die Mehrsprachigkeit der Bevölkerung hingewirkt werden. Der Aktivist Ali Abunimah geht bereits mit gutem Beispiel voran, indem er Hebräisch lernt. An den Schulen sollen die Geschichten der verschiedenen Teile der Bevölkerung gelehrt werden. »Schulen und Curricula sollen Schüler das historische Erbe ihres Landes und ihrer Region lehren, so dass sie die Ursprünge und historischen Erfahrungen ihrer Mitbürger begreifen, respektieren und würdigen können, Rassismus und Doktrinen der Segregation aufs Stärkste zurückweisen, Menschenrechte würdigen, menschliche Freiheit beschützen und Frieden, Rechte und Sicherheit aller Menschen im Land und in der Welt schützen.«[404]

Die angedachte Verfassung ist säkularer als die der meisten westlichen Staaten.

403. Ma'an News Agency, Declaration of the Movement for One Democratic State in Palestine, 19.10.2010 unter: www.maannews.net/eng/ViewDetails.aspx?ID=325646

404. A State for ALL its Citizens. The One State Vission and Foundational Principles of a Republic in Historic Palestine, ohne Datum, unter: www.1not2.org/One_State_Palestine/English.html

Vorgesehen ist die absolute Trennung von Religion und Staat, religiöse Einrichtungen sollen weder staatliche Unterstützung erhalten noch ein Mitspracherecht in staatlichen Angelegenheiten haben. Gleichwohl werden Glaubensfreiheit und der Schutz aller Religionsgemeinschaften garantiert.

Welche Gestalt der gemeinsame Staat am Ende annehmen wird, hängt von der weiteren Dynamik des Kampfes und den Kräfteverhältnissen ab, die sich am Ende herauskristallisieren.

12. Das Recht auf Rückkehr

»Ich träume davon, dass wir nicht länger Helden oder Opfer sind, wir wollen gewöhnliche Menschen sein. Wenn ein Mensch zu einem gewöhnlichen Wesen wird und seinen normalen Aktivitäten nachgeht, kann er sein Land lieben oder es hassen, er kann emigrieren oder bleiben. Doch dafür gibt es objektive Bedingungen, die nicht gegeben sind. So lange einem palästinensischem Menschen sein Land vorenthalten wird, ist er verpflichtet, ein Sklave dieses Landes zu sein.« (Mahmoud Darwisch)[405]

»Wenn Ihr dieses Recht [auf Rückkehr] aufgebt, werden alle Chancen für eine gerechtes Leben in diesem Land verloren sein und ich werde verurteilt sein zu dem schändlichen Leben eines ewigen Besatzers, bewaffnet von meinen Fußsohlen bis in die Tiefen meiner Seele und immer in Angst, wie alle Kolonialisten.« (Eitan Bronstein)[406]

Der wichtigste Grund für die Entstehung der Ein-Staat-Bewegung ist das Recht auf Rückkehr der 1948 und 1967 vertriebenen Palästinenser. Yoav Bar von der Organisation »Abna al-Balad« erklärt: »Bei der Parole ›demokratischer Staat‹ geht es hauptsächlich um die Rückkehr der Flüchtlinge. Das Projekt des demokratischen Staates ist vor allem entstanden, um einen geeigneten politischen und ökonomischen Rahmen für die Umsetzung des Rechts auf Rückkehr zu schaffen. Die Parole ›demokratischer Staat‹ hat also keine Bedeutung ohne das Recht auf Rückkehr der palästinensischen Flüchtlinge an all die Orte, von denen sie vertrieben wurden.«[407]

Auch die Ein-Staat-Erklärung vom November 2007 und alle folgenden Ein-Staat-Konferenzen stellten die Flüchtlinge ins Zentrum und erklärten die Umsetzung des Rechts auf Rückkehr als conditio sine qua non für die Lösung des Konflikts mit Israel. Ghada Karmi, eine der frühsten Vordenkerinnen des Ein-Staat-Projekts, erklärte im Januar 2011 auf der »Ongoing Nakba«-Konferenz in London, warum das so ist: »Das grundlegende Problem, das nicht gelöst worden ist, ist die Enteignung der Palästinenser. Und das bringt man in Ordnung, indem man sie in das Land zurück bringt, aus dem sie kommen. So beendet man den Konflikt. ... Wir sprechen über *einen* Staat. Das einzige und ultimative Ziel muss sein, Palästina wieder

405. Zitiert nach Barclay, Ahmad; Qaddumi, Dena, Reframing Palestinian Return: A New Al-Shabaka Policy Circle Al-Shabaka November 2012unter: al-shabaka.org/node/536
406. Bronstein, Eitan, An Israeli on Nakba Day,: Our Humanity is bound up with your Right to Return, Mondo Weiss, 16.5.2010
407. Bar, Yoav, Über die Wirksamkeit des Slogans »Ein demokratischer Staat in Palästina« zwischen politischem Projekt und Parole (Arabisch), Al-Adab, Beirut 12.11.2009

zu dem zu machen, was es war. Palästina war ein Staat und wir wollen, dass das wieder so wird. Wir sind gegen die Teilung unseres Landes.«[408]

Durch diese eindeutige Positionierung der Ein-Staat-Bewegung werden alle Vorschläge, die von anderen Befürwortern einer Ein-Staat-Lösung unter Ausklammerung oder Reduzierung der Rechte der Flüchtlinge zuvor gemacht worden waren, hinfällig. So tritt Daniel Gavron dafür ein, das israelische »Rückkehrgesetz« und das palästinensische Recht auf Rückkehr gleichermaßen abzuschaffen. Ganz abgesehen davon, dass dies internationalem Recht widerspräche, würden Palästinenser das nicht akzeptieren.[409]

Die Nakba und ihre Bedeutung für die Palästinenser

Die palästinensischen Flüchtlinge – die Opfer der ethnischen Säuberungen von 1948 und 1967 – sind der Kern der Palästina-Frage. Sie bilden heute die weltweit größte Flüchtlingsgruppe und das palästinensische Flüchtlingsproblem ist die älteste ungelöste Flüchtlingsfrage der Welt. 1948 lebten 1,4 Millionen Palästinenser in Palästina. Das Land war mit einem dichten Netz von mehr als 1000 Dörfern überzogen und es gab einige kulturell und ökonomisch bedeutende Städte wie Jaffa, Haifa und Jerusalem, die zum Teil auf eine Geschichte von mehreren tausend Jahren zurückblicken können. Zwischen 1947 und 1949 wurden etwa 750.000 Palästinenser vertrieben und 1967 noch einmal 300.000. Nach der ethnischen Säuberung Palästinas erklärte der neu gegründete Staat Israel die Flüchtlinge zu »Abwesenden« und »Infiltranten« und verhinderte mit gesetzlichen und militärischen Mitteln ihre Rückkehr systematisch. Ihr Land eigneten sich parastaatliche zionistische Organisationen und der Staat Israel an, ihre Dörfer wurden größtenteils zerstört, die stehen gelassenen Häusern in den alten palästinensischen Städten sofort mit Neueinwanderern belegt.

Die Zahl der Flüchtlinge und ihrer Nachkommen ist mittlerweile auf über sieben Millionen Menschen angestiegen, 70% aller Palästinenser sind Flüchtlinge.[410] 40% der Bevölkerung der Westbank, 75% der Bevölkerung des Gaza-Streifens und 20% der Palästinenser innerhalb der Grünen Linie sind Flüchtlinge. Etwa die Hälfte aller Palästinenser lebt gezwungenermaßen außerhalb Palästinas, viele in Flüchtlingslagern in den arabischen Nachbarländern Jordanien, Libanon und Syrien. Für Palästinenser ist die Nakba, die Katastrophe, wie sie die systematische

408. One Democracy, »Return the Refugees and vou end the Conflict«, 24.1.2011 unter: onedemocracy.co.uk/news/end-the-exile-and-you-end-the-conflict/

409. Hirschberg, Peter, One-State Awakening, Haaretz 10.12.2003

410. Hilal, Leila, Transitional Justice Responses to Palestinian Disposession: Focus on Restitution, Brookings-LSE Project on Internal Displacment, August 2012, S.4; BADIL Resource Center for Palestinian Residency and Refugee Rights, Q & A, What you need to know about Palestinian Refugees and internally displaced Persons, Bethlehem 2008

Vertreibung aus ihrem Land nennen, das wichtigste Ereignis ihrer neueren Geschichte. Sie markierte einen schmerzhaften Einschnitt in ihr Leben, der bis heute nachwirkt. Die Nakba bedeutete auf individueller Ebene den Verlust des Heimes, des Landes, des sozialen Zusammenhangs und des Platzes in der Welt. Sie zerstörte die palästinensische Gesellschaft und versuchte, die Palästinenser als Nation aus der Geschichte zu tilgen. Lila Abu Lughod und Ahmad Sa'di beschreiben die Bedeutung der Nakba für die Palästinenser wie folgt: »Sie ist der Brennpunkt in dem, was palästinensische Zeit genannt werden kann. Die Nakba ist der Bezugspunkt für andere Ereignisse in der Vergangenheit und Zukunft. Die Balfour-Erklärung von 1917 erlangt ihre Bedeutung dadurch, dass auf sie die Nakba folgte. Bedeutende Ereignisse in der palästinensischen Geschichte wie der Schwarze September (Jordanien 1970), die Massaker von Sabra und Schatila (Libanon 1982), der Tag des Bodens (Israel 1976) und die erste und zweite Intifada (1987-1993, 2000-?) wären nicht geschehen, wenn ihnen nicht die Nakba vorausgegangen wäre, auf die sie zurückverweisen. Die Nakba ist zu einem Schlüsselereignis im palästinensischen Kalender geworden – das Basisdatum für persönliche Geschichten und die Trennung der Generationen.«[411]

Das Bewusstsein über die Nakba ist umso schmerzlicher, da Enteignung und Vertreibung der Palästinenser nie aufgehört haben. Viele Palästinenser betrachten ihre Geschichte von 1948 bis heute als fortdauernde Nakba.[412] Sie ist für die Palästinenser eine Wunde, die sich nicht schließt. Nicht nur die Generation der Palästinenser, die 1948 vertrieben wurde, ist davon geprägt, sondern auch ihre Kinder und Kindeskinder. »Für Palästinenser ist die Nakba die offene Wunde der Vergangenheit, Gegenwart und Zukunft. Es ist eine Wunde, mit der man nicht leben kann, solange sie nicht aufhört, physisch, emotional und moralisch zu bluten. Als solche wird die Nakba zu einem fortwährenden Schrei nach Heilung – ein Schrei, der uns zu persönlicher und kollektiver Aktion treibt«, schrieb der Flüchtling Anwar Ben Badis anlässlich des Nakba-Tages 2014.[413]

Die Palästinenser haben die Vorstellung, früher oder später zurückzukehren, nicht aufgegeben. Die vertriebenen Palästinenser bewahren noch immer die Schlüssel zu ihren längst zerstörten Häusern auf. Sie werden von Generation zu Generation weitergegeben. Jedes Kind, das in einem Flüchtlingslager aufwächst, antwortet auf die Frage, woher es kommt, mit dem Namen des Dorfes oder der Stadt, aus dem seine Großeltern oder Urgroßeltern vertrieben wurden. Häufig werden Kinder nach den zerstörten Dörfern benannt und zum Jahrestag der Vertreibung aus einem

411. Zitiert nach Bakan, Abigail B.; Abu Laban, Yasmeen, Palestinian Resistance and international Solidarity: the BDS Campaign, Race and Class Volume 51(1) 2009, S. 34
412. Vgl. Masalha, Nur, 60 Years after the Nakba: Historical Truth, Collective Memory and Ethical Obligation, Kyoto Bulletin of Islamic Area Studies, 3-1 (July 2009), S. 3-88; Massad, Joseph, Resisting the Nakba, Countercurrents 16.5.2008
413. Ben Badis, Anwar, Liberating Israeli Jews from the dark Legacy of the Nakba, +972 Magazine 15.5.2014)

bestimmten Dorf werden Gedenkveranstaltungen abgehalten. Üblich ist auch der regelmäßige Besuch in den zerstörten Dörfern, wozu jedoch nur die Palästinenser innerhalb Israels die Möglichkeit haben.

Said Salameh Heibi, eine 30jährige Palästinenserin, deren Familie 1948 aus dem Dorf Maghar innerhalb der Grünen Linie vertrieben wurde, formulierte auf der Zochrot-Konferenz von 2013, welche Bedeutung Vertreibung und Rückkehr für sie haben: »Sie [die Zionisten] haben immer gesagt, dass die jungen Menschen vergessen würden. Die jungen Menschen werden nicht vergessen: Hier bin ich. Ich lebe fünf Minuten von Maghar entfernt und ich bin ein Flüchtling. Jemand anderes lebt an deinem Ort und du bist ein Flüchtling. Das ist nicht leicht. Jedes Mal, wenn ich das Fenster öffne, kann ich den Berg sehen, der meiner Familie gehörte. Ich strebe nicht danach, auf das gesamte Territorium zurückzukehren – anderen steht auch etwas zu – aber das Recht auf Rückkehr ist ein Recht und kein Traum, [es ist] ein Recht, das nicht verhandelbar ist.« Sie fügte hinzu: »1948 haben sie gewonnen, aber wir werden nicht vergessen. Die Generation nach uns wird nicht vergessen. Wir besuchen es [Maghar] fast jeden Tag. Für einen Maghari ist, einen anderen Maghari zu treffen, so, als ob er einen Cousin träfe. Ich fühle mich, als wäre ich selbst vertrieben worden. Das ist unser Land und es verursachte meinem Vater großen Schmerz. Ich habe ihn oft deswegen weinen gesehen, immer wenn jemand Maghar sagte. Es ist nicht leicht. Wir sind die dritte Generation [von Flüchtlingen] und wir sagen: Es reicht.«[414]

Der Stellenwert des Rechts auf Rückkehr im internationalen Recht

Das Recht, seinen Wohnort zu verlassen und dorthin zurückzukehren ist ein elementares Menschenrecht, festgeschrieben in der Universalen Erklärung der Menschenrechte von 1948, den Genfer Konventionen von 1949 und dem »Internationalen Abkommen über bürgerliche und politische Rechte« von 1976. Sogar wenn die Palästinenser ihr Land 1948 und 1967 freiwillig verlassen hätten, wäre das keine Rechtfertigung dafür, ihnen die Rückkehr zu verweigern. In den ersten Jahren nach der Vertreibung der Palästinenser unternahm die UNO noch gewisse Bemühungen, Israel dazu zu bringen, sich an internationales Recht zu halten. So machte sie die Aufnahme Israels in die UNO davon abhängig, dass die palästinensischen Flüchtlinge zurückkehren könnten. Graf Folke Bernadotte, der von der UNO als Vermittler nach Palästina geschickt wurde, schrieb in seinem Bericht vom 16. September 1948: »Es wäre eine Beleidigung der elementarsten Prinzipien der Gerechtigkeit, wenn diesen unschuldigen Opfern des Konflikts das Recht auf Rückkehr zu ihren Häusern verweigert würde, während (gleichzeitig) jüdische Immigranten nach Palästina

---

414. zitiert in: Levy; Gideon; Levac, Alex; Drafting the Blueprint for Palestinian Refugee's Right of Return, Haaretz 5.10.2013

strömen, und tatsächlich zumindest drohen, die arabischen Flüchtlinge, die Jahrhunderte lang in diesem Land verwurzelt waren, dauerhaft zu ersetzen.«[415] Die von Graf Folke Bernadotte eingeschlagene Linie erregte den Unmut der zionistischen Rechten. Er wurde von ihr in Jerusalem erschossen. Bernadottes Empfehlungen flossen in die UNO-Resolution 194 ein, die noch im selben Jahr verabschiedet wurde in der es heißt, »dass den Flüchtlingen, die in ihre Wohnstätten zurückkehren und in Frieden mit ihren Nachbarn leben wollen, dies zum frühsten möglichen Zeitpunkt gestattet werden soll und dass für das Eigentum derjenigen, die sich entscheiden, nicht zurückzukehren und für den Verlust oder die Beschädigung von Eigentum, wofür nach den Grundsätzen des Völkerrechts oder der Billigkeit von den verantwortlichen Regierungen und Behörden Wiedergutmachung zu leisten ist, Entschädigung gezahlt werden soll.«[416]

Zwischen 1948 und 2000 wurde diese Resolution 135 Mal von der UNO bekräftigt. Das ist einmalig in der Geschichte der UNO und verleiht diesem Recht eine besondere Schwere.

Die UNO-Resolution 3089 vom 7. Dezember 1973 verband das Recht auf Rückkehr mit dem Recht auf Selbstbestimmung, das den Palästinensern zuvor bereits in mehreren Resolutionen garantiert worden war. Paragraph 3 der Resolution erklärt, dass die volle Respektierung und Verwirklichung der unveräußerlichen Rechte des Volkes von Palästina, insbesondere sein Recht auf Selbstbestimmung, unerlässlich ist, um einen gerechten und dauerhaften Friedens im Nahen Osten zu schaffen und dass das Recht auf Rückkehr der palästinensisch-arabischen Flüchtlinge zu ihren Häusern und ihrem Eigentum ... unverzichtbar ist ... für die Ausübung des Rechts auf Selbstbestimmung durch das palästinensische Volk.«[417]

Die UNO Resolution 3236 vom 22. November 1974 erkennt die Rechte der palästinensischen Flüchtlinge als unveräußerliche Rechte an. Dem UN-Juristen Thomas Mallison zufolge bedeutet das, dass sie nicht aufgegeben oder beendet werden können und im Vergleich zu anderen Rechten eine ungewöhnliche Stärke und Permanenz haben.[418]

Mallison weist darauf hin, dass die Umsetzung des Rechts auf Rückkehr die notwendige Voraussetzung für die Verwirklichung des Rechts auf Selbstbestimmung der Palästinenser ist. Die UNO hat kontinuierlich die palästinensische Bevölkerung innerhalb und außerhalb Palästinas in ihrer Gesamtheit – und nicht bloß die Palästinenser in den 1967 besetzten Gebieten - als Konfliktpartei anerkannt. Alle

415. Abu Sitta, Salman, The Palestinian Right of Return: The Unfulfilled Human Right, Mediterranean Journal of Human Rights, Faculty of Law, University of Malta, Vol.8 2004 unter: www.plands.org/articles/014.html
416. A/RES/194 (III) unter: www.un.org/Depts/german/gv-early/ar194-iii.pdf
417. Mallison, W. Thomas; Mallison, Sally V., An International Law Analysis of the Major United Nations Resolutions concerning the Palestine Question, UN Commitee on the Exercise of the Inalienable Rights of the Palestinian People, New York 1.1.1979, ST/SG/SER.F/4
418. Ebd.

Palästinenser haben – ungeachtet ihres Aufenthaltsorts – das Recht auf Selbstbestimmung. Um dieses auszuüben zu können, müssen sie sich in ihrem Land befinden. Daher kann es ohne die Umsetzung des Rechts auf Rückkehr keine Verwirklichung des Rechts auf Selbstbestimmung geben.[419] Vor allem aus diesem Grund wurden während des Oslo-Prozesses alle relevanten UNO-Resolutionen von den USA und Israel übergangen.

Der Oslo-Prozess und seine Folgen

Da für die Palästinenser innerhalb und außerhalb Palästinas das Recht auf Rückkehr einer der wichtigsten Punkte – für viele sogar der wichtigste – in ihrem Kampf ist, war die Ausklammerung der Flüchtlingsfrage während des gesamten Oslo-Prozesses der Punkt, der den größten Ärger unter den Palästinensern verursachte. »Die Flüchtlingsfrage kann nicht so behandelt werden wie viele andere Themen bis jetzt in den israelisch-palästinensischen Verhandlungen behandelt worden sind, … [wobei] die Geschichte aus dem Fenster geworfen wurde, … als ob es keine Vergangenheit gäbe, für die Rechenschaft abgelegt werden und mit der umgegangen werden muss«, erklärte der palästinensisch-amerikanische Wissenschaftler Raschid Khalidi. »In der Flüchtlingsfrage kann es keine solche Kavaliersbehandlung der Geschichte geben … Da diese Frage so zentral ist für das nationale Narrativ und das palästinensische Selbstverständnis, wird jeder Ansatz, der versucht, die Geschichte unter den Teppich zu kehren, absolut scheitern. Die Palästinenser mögen sich mit demütigenden und ungleichen Abkommen, die auf einer Ignoranz der Geschichte basieren, im ökonomischen Bereich, auf dem Gebiet der Sicherheit und anderen Gebieten abfinden. Aber es ist kaum vorstellbar, dass sie den Versuch hinnehmen, so zu tun, als ob die Flüchtlingsfrage nicht spezifische historische Wurzeln hätte und dementsprechend gelöst werden kann.«[420]

Im Verlauf des Oslo-Prozesses wurde das Recht auf Rückkehr von der palästinensischen Führung immer weiter marginalisiert und relativiert. Es war die Rede von neuen »kreativen Lösungsansätzen« und »Realpolitik«, der zufolge jede Umsetzung der Rückkehr in Übereinstimmung mit der israelischen Vorgabe, dass es ein ethnokratischer Staat mit einer stabilen jüdischen Mehrheit bleiben müsse, gebracht werden sollte. Jassir Arafat äußerte Verständnis dafür und versprach, Israel nicht in Verlegenheit zu bringen. Mahmoud Abbas erklärte gar, dass er einsehe, kein Recht zu haben, in seinen Herkunftsort Safad zurückzukehren.[421]

419. Barghouthi, Omar, Virtual Statehood or the Right of Return, Aljazeera, September 2011; Al Shabaka Roundtable, Political Agency for Palestinian Return, 3.7.2013
420. Zitiert nach Massad, Joseph A., The Persistence of the Palestinian Question. Essays on Zionism and the Palestinians, Abingdon/New York 2006, S. 122 ,«)
421. Massad, Joseph, Israel's Right to discriminate Al-Ahram Weekly 16.3.2007; Williams, Dan, Abbas hints has no »Right of Return« to Home in Israel, Reuters 1.11.2012; Barclay, Ahmad; Qaddumi, Dena,

2008 ging es in den Verhandlungen mit Israel, wie aus den geleakten Verhandlungsprotokollen, die 2011 von *Aljazeera* als »Palestine-Papers« veröffentlicht wurden, hervor geht, nur noch um eine symbolische Rückkehr. Umstritten war, ob 100.000 Flüchtlinge, wie von der Autonomiebehörde gewünscht, oder nur 5.000 wie von der israelischen Regierung maximal akzeptiert, zurückkehren könnten – beides ist nur ein Bruchteil der über sieben Millionen Flüchtlinge.[422] In der Folgezeit versuchten Israel und westliche Regierungen die Autonomiebehörde unter Druck zu setzen, das Recht auf Rückkehr ganz aufzugeben. Aber sogar wenn die Autonomiebehörde das täte – was sie nicht kann, wenn sie nicht politischen Selbstmord begehen will –, wäre das irrelevant, da das Recht auf Rückkehr nicht verhandelbar ist. Der Jurist Glen Rangwala betont: »Das Recht auf Rückkehr wird im internationalen Recht als ein Menschenrecht verstanden. In diesem Sinn ist es absolut und unveräußerlich und ... auf der politischen Ebene nicht verhandelbar. Das Recht liegt beim Individuum und nur das Individuum kann entscheiden, es zu einem beliebigen Zeitpunkt nicht auszuüben. Von diesem Standpunkt aus kann eine Regierungsbehörde oder ein internationaler Vertreter das Recht eines Individuums ebenso wenig weg verhandeln wie sie das Recht des Individuums, nicht gefoltert zu werden, preisgeben können.«[423] Von den Palästinenser zu verlangen, das Recht auf Rückkehr aufzugeben, heißt, die ethnische Säuberung von 1948 im Nachhinein zu legitimieren.

Die Flüchtlinge waren die ersten Palästinenser, die sich nach der Unterzeichnung der Oslo-Abkommen zur Verteidigung ihrer Rechte autonom zu organisieren begannen. Den Anfang machten zu Beginn der 1990er Jahre die Flüchtlinge innerhalb der Grünen Linie, gefolgt von denen in der Westbank. 1992 gründete sich innerhalb der Grünen Linie das »Komitee zur Verteidigung der Rechte der Flüchtlinge«, das im März 1995 seine erste Konferenz abhielt, bei der 300 Delegierte aus 40 ethnisch gesäuberten Dörfern anwesend waren.[424] Anfang der 2000er Jahren begannen sich die palästinensischen Flüchtlinge in der Diaspora zu organisieren. Die bekannteste Organisation ist die »al-Awda (Rückkehr)-Koalition«, die vor allem in den USA aktiv ist. Seit einigen Jahren werden regelmäßig Konferenzen und Aktionstage zum Recht auf Rückkehr veranstaltet. So riefen 2014 150 Basisorganisationen innerhalb und außerhalb Palästinas unter dem Motto »Die Rückkehr vereint uns« zum Jahrestag der Schlacht von al-Karamah, bei der palästinensische Kämpfer 1968 in Jordanien einen Angriff der israelischen Armee zurückzuschlagen vermochten, zu einem internationalen Aktionstag auf. Vom Flüchtlingslager Balata in Nablus im Norden

Reframing Palestinian Return: A New Al-Shabaka Policy Circle, Al-Shabaka, November 2012
422. Abunimah, Ali, Jordan, PLO clash on Refugee Issue, Aljazeera 24.1.2011; siehe auch http://english. aljazeera.net/palestinepapers
423. Nusaibah, Munir, Forced Displacement in the Palestinian-Israeli Conflict, International Law and Transitional Justice, School of Law, University of Westminster, April 2013, S. 272
424. Massad, Joseph, The Binational State and the Reunification of the Palestinan People, Global Dialogue Volume 4 Number 3, Summer 2002 - Al-Aqsa-Intifada

der Westbank über die Flüchtlingslager an der syrisch-türkischen Grenze und den Libanon bis nach London, Chile und Australien beteiligten sich Tausende mit unterschiedlichen Aktionen daran.[425] Innerhalb der Grünen Linie fand am Nakba-Tag 2014 mit 20.000 Menschen der größte Rückkehrmarsch der Palästinenser seit dem Beginn der Rückkehrmärsche Ende der 1990er Jahre statt.

Das Recht auf Rückkehr ist der empfindlichste Punkt im Verhältnis zwischen Israelis und Palästinenser. Die israelische Regierung lehnt es kategorisch ab, denn, so erklärte Außenministerin Zipi Livni während der Verhandlungen mit der Autonomiebehörde: »Die Basis für die Errichtung des Staates Israel ist, dass er für das jüdische Volk geschaffen wurde. Euer Staat wird die Antwort für alle Palästinenser sein, einschließlich der Flüchtlinge. Den Ansprüchen ein Ende zu setzen, bedeutet nationale Rechte für alle zu erlangen.«[426]

Die jüdisch-israelische Bevölkerung und das Recht auf Rückkehr

Diese Ablehnung gilt auch für die israelische Bevölkerung einschließlich der Linken. Bis in die 1980er Jahre hinein wurde die Vertreibung der Palästinenser von Israel – Staat und Bevölkerung – komplett geleugnet und als arabische Propaganda abgetan. Erst die bahnbrechenden Werke von Ilan Pappe, Simha Flapan, Benny Morris und anderen israelischen Historikern zeigten auf, dass die palästinensische Bevölkerung ihr Land 1948 nicht freiwillig oder auf Anweisung arabischer Regierungen verlassen hatte, sondern dass sie gewaltsam und systematisch vertrieben wurde. Die neuen israelischen Historiker konterkarierten das zionistische Narrativ und untergruben den »aktiven Memorizid sowohl an der Nakba als auch an den ethnisch gesäuberten Palästinensern.«[427]

An der Frage des Rückkehrrechts scheiden sich zionistische von antizionistischen Linken. So erklärten die beiden bekannten als liberal geltenden israelischen Schriftsteller A.B. Yehoshua und Amos Oz, die typische Vertreter des Linkszionismus sind, in der *Haaretz*: »Wir werden niemals der Rückkehr der Flüchtlinge in die Grenzen von Israel zustimmen können, denn die Bedeutung einer solchen Rückkehr wäre die Eliminierung des Staates Israel.«[428] Israelische Juristen führen an, dass es 1948 im internationalen Recht gar kein Recht auf Rückkehr gegeben habe und dass das Exil der Palästinenser als Bevölkerungsaustausch zwischen der arabischen Bevölkerung Palästinas und der jüdischen Bevölkerung der arabischen Welt zu den Akten gelegt werden solle. Ethnische Säuberung sei nach 1945 von der internationalen

425. Nabulsi, Karma, Despite the Cruelties heaped on them Palestinian Refugee's Spirit has not broken, The Guardian 21.3.2014
426. Carlstrom, Gregg, Qurei to Livni: I'd vote for you, Aljazeera 24.1.2011
427. Bakan, Abigail B.; Abu Laban, Yasmeen, Palestinian Resistance and international Solidarity: the BDS Campaign, Race and Class Volume 51 (1) 2009, S. 34
428. A.B. Yehoshua & Amos Oz, Support Barak conditionally, Haaretz 19.12.2000

Gemeinschaft akzeptiert worden, wie die Vertreibung der Sudentendeutschen aus der Tschechoslowakei zeige. Andere wie Ruth Lapidoth reagieren auf die juristischen Argumente der Palästinenser, die das Recht auf Rückkehr stützen, indem sie darauf insistieren, dass internationales Recht bei der Lösung der palästinensischen Flüchtlingsfrage keine Rolle spielen sollte. Israelische Politikwissenschaftler erkennen die systematische Vertreibung der Palästinenser 1948 mittlerweile zwar vielfach an, lehnen aber das darauf folgende Recht auf Rückkehr mehrheitlich ab. Im Juli 2004 veröffentlichte das Journal *Theoretical Inquiries in Law* eine Reihe von Aufsätzen zu dem Thema. Einige der israelischen Wissenschaftler – Chaim Gans, Jeremy Waldron, Yoav Peled und Nadim Rouhana – zeigten in ihren Aufsätzen Sympathie für die palästinensischen Flüchtlinge und gaben zu, dass ihnen großes Unrecht widerfahren sei, sprachen sich aber gleichzeitig gegen das Recht auf Rückkehr aus. Diese Autoren gestehen den Palästinensern zwar ein abstraktes Recht auf Rückkehr zu, das aber nicht konkret umgesetzt werden könne oder massiv beschränkt werden müsse, weil es den Bedürfnissen und Notwendigkeiten des Staates Israel widerspräche. Außerdem sei es schon so lange her. Die Autoren gehen selbstverständlich davon aus, dass, wann immer palästinensische und jüdisch-israelische Rechte in Konflikt miteinander geraten, die Palästinenser verzichten müssen.[429] Der linkszionistische Aktivist Uri Avnery vertritt ähnliche Positionen, er würde die Rückkehr von höchstens 500.000 Flüchtlingen akzeptieren.[430] Die Rückkehr der Flüchtlinge auszuschließen, um den jüdischen Charakter Israels nicht zu gefährden, zeugt von rassistischem Denken. Der Jurist Thomas Mallison erklärte bereits in den 1970er Jahren: »Der Ausdruck ›jüdischer Charakter‹ ist tatsächlich ein Euphemismus für die zionistischen diskriminierenden Statuten des Staates Israel, die gegen die Menschenrechtsbestimmungen der Teilungsresolution verstoßen. Die Vereinten Nationen sind juristisch nicht in höherem Maße dazu verpflichtet, den Zionismus in Israel aufrechtzuerhalten wie sie dazu verpflichtet sind, die Apartheid in der Republik Südafrika aufrechtzuerhalten.«[431]

Das Rückkehrrecht verweist auf den unauflösbaren Widerspruch, der dem zionistischen Projekt von Anfang an innewohnte: dass die Errichtung eines exklusiv jüdischen Staates in Palästina nur möglich war durch die Vertreibung der einheimischen Bevölkerung. Das anzuerkennen ist für jüdische Israelis so schwierig, weil es das zionistische Narrativ grundlegend in Frage stellt. »Dieser Grund ist eher psychologisch, aber entscheidend: [die] Identität«, erklärte der israelische Psychologe

429. Kagan, Michael, Do Israeli Rights conflict with the Right of Return? Identifying the Possible Arguments in: Rempel, Terry (ed), Rights in Principle – Rights in Practice Revisiting the Rule of International Law and crafting durable Solutions for Palestinian Refugees, BADIl Resource Center for Palestinian Residency and Refugee Right, Bethlehem December 2009, S. 353ff.

430. Avnery, Uri, Lieber Salman, Lebenshaus Alb 17.5.2014 unter: www.lebenshaus-alb.de/magazin/008502.html

431. zitiert nach Abu Sitta, Salman, The Implementation of the Right of Return in: Carey, Roane (ed), The New Intifada, London/New York 2001 unter: www.plands.org/articles/008.html

Daniel Bar-Tal 2013 in einem Interview. »Die Nakba ... wird von deren Angehörigen als die Identität einer gesamten Nation angesehen. Und das Narrativ des Anderen zu akzeptieren, annulliert meine eigene Identität. Wenn man akzeptieren muss, dass es hier 1,3 Millionen Palästinenser gab, dann beginnt das die ganze zionistische Argumentation in Zweifel zu ziehen.«[432]

Die Journalistin und Filmemacherin Lia Tarachansky weist darauf hin, dass jüdische Israelis sich deswegen so sehr gegen die Nakba sperren, weil sie befürchten, dass ihnen dasselbe angetan wird, was sie den Palästinensern angetan haben. Die Auseinandersetzung damit setzt diese verdrängten Ängste frei und wird daher abgewehrt.[433] Die Philosophin Ariella Azoulay und der Soziologe Adi Ophir wenden das Freudsche Trauma-Konzept auf den Umgang der israelischen Gesellschaft mit der Nakba an. Ihrer Erkenntnis nach wird der Konflikt mit den Palästinensern auf die Besetzung von 1967 reduziert, um sich nicht mit der Nakba beschäftigen zu müssen. »Ein Symptom des Traumas ist ein unerklärlicher Widerwille, Kontakt mit einem Objekt herzustellen, das einen aus nicht ersichtlichen Gründen zum Zittern bringt. Wir haben eine solche Reaktion nicht unter Palästinensern festgestellt, sondern vielmehr unter Israelis. Auch für die Täter kann die Verwicklung in das Verbrechen traumatisch erlebt worden sein«, erklärt der Soziologe Adi Ophir.[434]

Viele Israelis, die sich für progressiv und humanistisch halten, hatten gehofft, dass die Zwei-Staaten-Lösung sie aus dem moralischen Dilemma befreien würde. Sie gingen davon aus, dass die Palästinenser im Gegenzug für die Erlaubnis, einen Staat in den 1967 besetzten Gebieten aufbauen zu dürfen, ihnen die Absolution für die Verbrechen von 1948 erteilen würden. Doch dieser Tauschhandel kam nicht zustande. Obgleich die Autonomiebehörde zu allem bereit war, verhinderte der Druck der palästinensischen Bevölkerung, dass die Nakba aus dem Blickfeld verschwand. Durch Rückkehrmärsche und andere Gedenkveranstaltungen schoben die Palästinenser innerhalb der Grünen Linie die ethnische Säuberung von 1948 ab Ende der 1990er Jahre kontinuierlich in den Fokus. Palästinenser und die antizionistischen Israelis von »Zochrot« organisieren seit 2003 regelmäßige Konferenzen zum Recht auf Rückkehr und planen bereits, wie diese konkret umgesetzt werden kann. Jedes Jahr beteiligen sich am Nakba-Tag auch jüdische Israelis an den Rückkehrmärschen der Palästinenser innerhalb der Grünen Linie zu ihren zerstörten Dörfern. Der Versuch der israelischen Regierung, das Nakba-Gedenken 2011 zu kriminalisieren, hat erst recht dazu geführt, dass das Thema Verbreitung in der jüdisch-israelischen Gesellschaft fand.[435] Auch die Versuche zionistischer Gruppen, die alten Mythen

---

432. Scheindlin, Dahlia, The Palestinian Nakba: Are Israelis starting to get it ?, + 972 Magazine 15.5.2013 .
433. Le Mur a Des Oreilles, You cannot talk about the Nakba in Israel – Conversation with Lia Tarachansky. 11.11.2013
434. Dana, Joseph, Occupation and Nakba: Interview with Ariella Azoulay and Adi Ophir, +972 Magazine 14.5.2011
435. Vgl. Bronstein, Eitan, Nakba Law: Inside Pandora's Box, +972 Magazine 14.5.2011

wie »Palästinenser gibt es nicht,« »die Araber sind freiwillig geflohen« und »Juden wurden auch aus arabischen Ländern vertrieben« durch intensive Propagandaarbeit an die Stelle der historischen Wahrheit zu setzen, scheiterten. Die Nakba ist in der jüdisch-israelischen Gesellschaft angekommen.[436] Das arabische Wort Nakba hat mittlerweile sogar Eingang ins Hebräische gefunden. Aus einer Studie von 2008, die unter anderem von Daniel Bar-Tal, einem der bekanntesten israelischen politischen Psychologen durchgeführt wurde, geht hervor, dass nur noch 41% der jüdischen Israelis das zionistische Narrativ, dass die Palästinenser 1948 freiwillig aus Angst oder auf Aufforderung arabischer Führer geflohen seien, ungebrochen teilen. 39% führten neben der Angst und den Aufrufen arabischer Führer auch Vertreibungen durch Zionisten an. 8% der jüdischen Israelis führten ausschließlich Vertreibungen durch Zionisten als Grund für die Flucht der Palästinenser an. Die zögerliche – und oftmals widerwillige – Auseinandersetzung mit der Nakba trägt das Potenzial in sich, den gesamten Blick auf den Konflikt mit den Palästinensern und den Staat Israel zu verändern. Die alten propagandistischen Versatzstücke greifen nicht mehr, da die israelische Bevölkerung mittlerweile – trotz der intensiven Versuche der Regierung und zionistischer Gruppen, dem entgegenzuarbeiten – doch zu viel weiß. Bis in die 1990er Jahren hinein war vielen der jüngeren Israelis nur schemenhaft bekannt, dass es »irgendwie« vor der Gründung des Staates Israel Palästinenser gegeben hatte. Inzwischen geben sechs von zehn jüdischen Israelis in oben genannter Studie an, dass die Palästinenser vor der Ankunft der zionistischen Siedler Ende des 19. Jahrhunderts die Mehrheit der Bevölkerung stellten. Sie machen auch nicht mehr nur die Araber für den Konflikt verantwortlich. 46% der Befragten sagten, dass Juden und Araber in gleichen Teilen für den Konflikt verantwortlich seien. 43% machten primär Palästinenser und andere Araber verantwortlich. 4,2% machten ausschließlich Israel verantwortlich. Das gewachsene Bewusstsein über die historischen Fakten heißt jedoch nicht, dass jüdische Israelis auch die richtigen Schlüsse daraus ziehen. Israel – Staat und Bevölkerung – lehnt das Recht auf Rückkehr nach wie vor ab. In einer Umfrage von 2009 lehnten 60% der jüdischen Israelis einen Kompromiss in der Flüchtlingsfrage mit der Autonomiebehörde, der die symbolische Rückkehr einer sehr kleinen Zahl von Flüchtlingen nach Israel, die Rückkehr der Mehrheit in die Westbank oder ihre finanzielle Entschädigung sowie »die Anerkennung des Leides« der palästinensischen Flüchtlinge vorsah, ab.[437] Als Ministerpräsident Netanjahu in einer Rede an der Bar Ilan-Universität im Oktober 2013 forderte, dass die Palästinenser das Recht auf Rückkehr aufgeben müssten, damit Frieden geschlossen werden könne, stimmten ihm 63% der jüdischen Israelis zu. Aber 15% der jüdischen Israelis unterstützen eine begrenzte Rückkehr der Flücht-

436. Vgl. Sheizaf, Noam, Despite Efforts to erase, the Nakba Memory is more present than ever in Israel, +972 Magazine, 14.5.2013
437. Scheindlin, Dahlia, The Palestinian Nakba: Are Israelis starting to get it?, + 972 Magazine 15.5.2013

linge und 24% finden, dass Israel eine teilweise historische Verantwortung für das Leid der palästinensischen Flüchtlinge übernehmen sollte. Ganz anders sieht es bei den Palästinensern aus: 92% gaben in einer Umfrage vom Dezember 2013 an, dass die Anerkennung des Rechts auf Rückkehr notwendig ist, um einen Friedensvertrag mit Israel »tolerierbar« zu machen.[438]

Antizionistische Israelis und das Recht auf Rückkehr

Während die Mehrheit der jüdischen Israelis – seien es rechte, linke oder religiöse Zionisten – sich noch immer dagegen sperrt, die Verantwortung für die ethnische Säuberung Palästinas zu übernehmen und für die Wiederherstellung der Gerechtigkeit zu sorgen, gibt es an den Rändern der jüdisch-israelischen Gesellschaft immer mehr Menschen, die mit dem zionistischen Konsens brechen, dass Israel ein exklusiv jüdischer Staat bleiben müsse. Auf eine Initiative von »Zochrot« gab es 2004 erstmals Treffen von jüdischen Israelis aus dem Kibbutz Bar'am mit den Palästinensern, auf deren Land sie leben. Gemeinsam arbeiteten sie die Geschichte der Vertreibung und Enteignung der Bevölkerung des Dorfes Bir'im, die 1948 vertrieben wurde und seitdem darum kämpft, in ihr Dorf zurückkehren zu können, auf. Am Ende beschlossen die Kibbutz-Bewohner, den Palästinensern 10.000 der 12.000 dunum, die ihnen geraubt worden waren, zurückzugeben und für den Rest Kompensation zu zahlen. Palästinenser und Israelis beschlossen gemeinsam, das zerstörte Dorf Bir'im wiederaufzubauen, die Geschichte der Vertreibung und Enteignung bekannt zu machen und einen Gedenktag abzuhalten sowie sich gemeinsam gegen die weitere Konfiszierung palästinensischen Landes zu wehren. Auch die ehemaligen Bewohner von Bir'im, die sich außerhalb des Landes aufhalten »werden als Rechtsinhaber betrachtet genauso wie diejenigen, die im Land anwesend sind.«[439]

Im November 2013 organisierten antizionistische Israelis in der renommierten Cinematheque in Tel Aviv das erste »Internationale Filmfestival über die Nakba und die Rückkehr.«

Die kritischen jüdischen Israelis haben erkannt, dass die Rückkehr der Flüchtlinge auch für sie die einzige Möglichkeit ist, Frieden mit sich selber zu schließen und ihre durch den zionistischen Siedlerkolonialismus beschädigte Menschlichkeit wiederzuerlangen. Die Organisation Zochrot erklärte am Nakba-Tag am 15. Mai 2007: »Die Anerkennung und Umsetzung des Rechts auf Rückkehr wird nicht nur der Anfang der Aufgabe sein, die historische Ungerechtigkeit an

---

438. Toaldo, Mattia, The Two-State Stress Test, European Council on Foreign Relations 13.12.2013
439. Bronstein, Eitan, The Nakba – An Event that had to occur in: Rempel, Terry (Ed.), Rights in Principle – Rights in Practice. Revisiting the Role of International Law and crafting durable Solutions for Palestinian Refugees, BADIL Resource Center for Palestinian Residency and Refugee Rights, Bethlehem December 2009, S. 324ff.

der palästinensischen Bevölkerung zu korrigieren, sondern sie kann auch einen Neuanfang für Juden im Land einleiten. Das Recht auf Rückkehr kann Juden die Gelegenheit eröffnen, mit dem Land in einer neuen Weise in Berührung zu kommen, nicht länger als Besatzer, sondern als Gleiche. Eine Ungerechtigkeit kann nicht durch eine andere Ungerechtigkeit korrigiert werden und das Recht auf Rückkehr muss wie jedes andere Recht vorsichtig umgesetzt werden, so dass andere Rechte gewahrt bleiben.«[440]

Eitan Bronstein, einer der Gründer von »Zochrot«, wandte sich am Nakba-Tag 2010 direkt an die palästinensischen Flüchtlinge, um sie aufzufordern, ihr Recht auf Rückkehr niemals aufzugeben, da es auch für jüdische Israelis die einzige Chance sei, ihre beschädigte Humanität zu heilen: »Unsere Menschlichkeit ist verbunden mit eurem Recht auf Rückkehr. An dem Tag, an dem wir euch von eurem Land vertrieben, habt ihr einen Teil davon mitgenommen. Nur wenn ihr zurückkehren könnt, werden wir in der Lage sein, unsere Menschlichkeit wiederherzustellen. ... Das bedeutet nicht, dass all unsere Menschlichkeit uns verlassen hat, aber wie ihr wisst, sind uns vor allem Gemeinheit, Herablassung, Militarismus und Angst geblieben. Ja, wir haben einige schöne Dinge, aber von wahrer Menschlichkeit können Besatzer nicht einmal träumen. Davon zu träumen ist vielleicht möglich; von einem Leben hier in unserem gemeinsamen Land in Kooperation mit Euch. ... Das ist ein schöner und bewegender Traum. In meinem Traum sehe ich ein Leben in Kooperation mit meinen Freunden, den palästinensischen Flüchtlingen.«

Eitan Bronstein führt weiter aus: »Miska, Qula, Bir'im, Saffuriyya, al-Ghabisiyya, 'Ayn Ghazal, Jaffa, Haifa, Tabaria, Ijzim, Deir Yassin, Safsaf, Ijlil, Qaqun,'Innaba, al-Lajjun, al-Ghubayyat und andere – Israel zerstörte ein ganzes Leben, eine ganze Seite der Zivilisation, als es diese Orte zerstörte. Für mich haben diese Orte ein reales Gesicht, eines, das ich persönlich kennengelernt habe und es gibt viele Flüchtling, die ihr Recht auf Rückkehr einfordern. Wenn Ihr zurückkehrt, werden diese leeren Städte und Dörfer sich mit Menschen füllen, sie werden vor Leben strotzen und aufhören, nur ein Zeugnis des Todes und trauriger Erinnerungen zu sein wie sie es 62 Jahre lang waren. Diese Räume zu füllen, wird auch die leeren Stellen in meiner eigenen Menschlichkeit füllen. Euer Recht auf Rückkehr ist meine Chance und die Chance aller Israelis damit zu beginnen, unsere Menschlichkeit wiederherzustellen.«[441]

In Jaffa gibt es bereits eine gemischte jüdisch-palästinensische Gruppe, die die Rückkehr der vertriebenen Palästinenser nach Jaffa konkret plant. Progressive

440. Zochrot, Statement on the Nakba and the Right of Return, International Nakba Day, 15 May 2007 unter: www.zochrot.org/en/article/52138
441. Bronstein, Eitan, An Israeli on Nakba Day: Our Humanity is bound up with your Right of Return, Mondo Weiss 16.5.2010; siehe auch Azoulay, Ariella, The Governed must be defended: toward a civil political Agreement, Zochrot Conference, June 2008 unter: http://zochrot.org/index,php?id=674

Architekten haben Modelle für den Aufbau der zerstörten Dörfer entworfen. Am 1. Januar 2013 initiierten antizionistische Juden weltweit die Petition »Juden für das palästinensische Recht auf Rückkehr.« Darin forderten sie die uneingeschränkte Unterstützung des Rechts auf Rückkehr durch die internationale Solidaritätsbewegung sowie die Errichtung eines demokratischen, säkularen Staates auf dem Boden des historischen Palästinas. Sie kritisieren die Teile der Palästina-Solidarität, die sich mit der Begründung, es sei »unrealistisch«, gegen das Recht auf Rückkehr stellen und erklären: »›Wenn Du denkst, dass Rückkehr nicht möglich ist, dann bist Du wirklich nicht mit der palästinensischen Sache solidarisch.‹ Einige wenden ein, dass die Rückkehr der Flüchtlinge ein Ende des ›jüdischen Staates‹ bedeuten würde. Aber Unterstützer von sozialer Gerechtigkeit müssen sich fragen, wie sie einen Staat verteidigen können, dessen Existenz an sich von der strukturellen Verweigerung palästinensischer Rechte abhängt.« Darüber hinaus treten sie in ihrer Erklärung für die Ein-Staat-Lösung ein: »Als Juden mit Bewusstsein rufen wir alle Unterstützer von sozialer Gerechtigkeit dazu auf, für das palästinensische Recht auf Rückkehr und einen demokratischen Staat auf dem Boden des ganzen historischen Palästinas aufzustehen – vom Meer bis zum [Jordan-]Fluss – mit gleichen Rechten für alle. Volle Gerechtigkeit, von der die Hoffnungen der gesamten Menschheit abhängen, erfordert nicht weniger als das.« Unterzeichnet wurde die Erklärung unter anderem von Max Blumenthal, Lenni Brenner, Rabbi Lynn Gottlieb, Jeff Halper, Tikva Honig-Parnass, Anthony Löwenstein, Hajo Meyer, Ilan Pappe, Miko Peled, Fanny-Michaela Reisin und Lia Tarachansky.[442]

Die Anerkennung des Rechts auf Rückkehr durch jüdische Israelis war die wichtigste Voraussetzung dafür, dass eine gemeinsame Debatte über einen demokratischen säkularen Staat möglich wurde. Das Recht auf Rückkehr ist die Bedingung für einen gerechten und dauerhaften Frieden. »Der Preis, den Israel für permanenten Frieden zahlen muss, ist viel geringer als vorgestellt. In einem Land, das größtenteils relativ gering besiedelt ist, in dem durchschnittlich die Hälfte der Staatsbürger zu jedem beliebigen Zeitpunkt außerhalb des Landes ist und wo der Appetit seiner jungen Menschen für Krieg beträchtlich abgenommen hat, sollte Frieden – vor allem ein Friede, der die Rechte der Juden und Palästinenser gemäß des internationalen Rechts garantiert – höchst wünschenswert sein,« schreibt der palästinensische Historiker Salman Abu Sitta. »Alles, was Israel tun muss, ist, ein wahrhaft demokratisches Land für alle seine Bürger zu werden und sein Rückkehrgesetz so zu interpretieren, dass es ›Recht auf Rückkehr‹ auf einer rechtlichen und nicht auf einer rassistischen Basis bedeutet.«[443]

---

442. Horowitz, Adam, Jews for Palestinian Right of Return. Mondo Weiss 5.1.2013
443. Abu Sitta, Salman, The Implementation of the Right of Return, Palestine-Israel Journal Vol.15 No.4 & Vol.16 No. 1 08/09

Rückkehr und Restitution in der Praxis

Möglicherweise sind die israelischen Widerstände gegen die Rückkehr und Restitution der palästinensischen Flüchtlinge auch deswegen so groß, weil der Raub palästinensischen Landes und Eigentums 1948 und danach gigantische Ausmaße annahm. Fast der gesamte Staat Israel in den Waffenstillstandsgrenzen von 1949 wurde auf geraubtem palästinensischen Land aufgebaut. Vor 1948 hatte die zionistische Bewegung lediglich 1.429 km² der 26.322 km² Palästinas in ihren Besitz bringen können. Somit besaßen Juden vor der Vertreibung der einheimischen Palästinenser lediglich 5,4% des Landes, der Rest – 94, 6% - gehörte Palästinensern. 85% der Palästinenser jenes Teils von Palästina, der 1948 zum Staat Israel wurde, wurden gewaltsam vertrieben.[444] Ihre Rückkehr würde die demographische Zusammensetzung des Staates Israel grundlegend verändern. Nach der Rückkehr wäre das Verhältnis zwischen eingewanderter jüdischer Siedlerbevölkerung und einheimischer palästinensischer Bevölkerung wieder wie vor der ethnischen Säuberung Palästinas 1:2. Palästina war zum Zeitpunkt der Vertreibung der einheimischen Bevölkerung ein ökonomisch und kulturell blühendes Land, in dem es teilweise eine fortgeschrittene landwirtschaftliche und industrielle Produktion gab. Es gibt unterschiedliche Schätzungen über den Wert des geraubten palästinensischen Eigentums, eine neuere Studie geht von 300 Milliarden Dollar in heutigem Wert aus.[445]

In vielen internationalen Konflikten, die in den 1990er Jahren mehr oder weniger gelöst wurden, spielte die Rückkehr und Restitution der Flüchtlinge eine große Rolle, unter anderem in Afghanistan, Burundi, Bosnien, Kambodscha, Kroatien, El Salvador, Georgien, Guatemala, Honduras, Kosovo, Ost-Timor, Ruanda und Südafrika. Dementsprechend haben seitdem neue, die Rechte von Flüchtlingen stärkende Bestimmungen Eingang in internationales Recht gefunden. Zudem wurde seit den 1990er Jahren eine beeindruckende Fülle von neuen internationalen Studien veröffentlicht, deren Erkenntnisse und Schlussfolgerungen die Forderung der Palästinenser nach Rückkehr stärken. Das Recht auf Rückkehr wird durch das Verstreichen von Zeit nicht geschmälert. Allerdings sind im Laufe der Jahrzehnte den Besetzern des Eigentums von Flüchtlingen größere Rechte zugebilligt worden, so dass heute bei der Restitution die Rechte der Flüchtlinge mit denen der »Zweitbesetzer« in Übereinstimmung gebracht werden müssen. Das internationale Recht ist an diesem Punkt widersprüchlich. In den Pinhero-Prinzipien, die 2005 von der UNO angenommen wurden, heißt es jedoch, dass die Wahrung der Rechte der

---

444. Abu Sitta, Salman, The Geographic and Demographic Imperatives of a Single State in: Faris, Hani A. (ed), The Failure of the Two-State Solution, London/New York 2013, S. 185-206

445. Hilal, Leila, Transitional Justice Responses to Palestinian Dispossession: Focus on Repatriation, Brookings-LSE Project on Internal Displacement, August 2012, S.6; siehe auch Kubursi, Atif A., Palestinian Losses in 1948: Calculating Refugee Compensation, Palestine Center Information Brief No 813, August 2001

Zweitbesitzer die Rechte der legitimen Besitzer, Pächter oder anderer Berechtigter, ihre Häuser und ihr Land »in gerechter Weise und rasch« wieder in Besitz zu nehmen, nicht beeinträchtigen darf.«[446]

Die Umsetzung des Rechts auf Rückkehr wäre weniger kompliziert als allgemein angenommen wird. Der UNO liegen 453.000 Aufzeichnungen über individuelles palästinensisches Eigentum vor, in denen Name, Lage und Gebiet verzeichnet sind. Angesichts der detaillierten Kenntnis über jedes Stückchen Land im historischen Palästina, lässt sich feststellen, wie das Land der Flüchtlinge heute genutzt wird.[447] Abu Sitta hat detaillierte Studien darüber erstellt, was aus den 1948 ethnisch gesäuberten und zerstörten Dörfern geworden ist. 90% dieser Dörfer sind noch vakant. Nur in der Landesmitte wurden um Jerusalem und Tel Aviv herum mehrere Dörfer überbaut. Nur 27% dieser neuen israelischen Orte haben eine Bevölkerung von über 10.000 Einwohnern.

»Die Unterbringung der Flüchtlinge aus den betroffenen Dörfern ist ziemlich einfach«, schreibt Abu Sitta, »zumindest aus operationeller Sicht. Wie in Bosnien könnten sie die Eigentumsrechte behalten und den existierenden Besetzern, die größtenteils Institutionen sind, eine Vermietung über 49 Jahre einräumen. In der Zwischenzeit könnten sie in der Nachbarschaft Häuser für sich mieten oder bauen.« 77% der jüdisch-israelischen Bevölkerung lebt auf maximal 15% des Landes. Diese hat sich bemerkenswerterweise nur wenig über den Küstenstreifen um Jaffa und Tel Aviv herum ausgebreitet, der von Anfang an der Schwerpunkt der zionistischen Kolonisierungsanstrengungen war. Es gibt in Israel drei Zonen mit einer unterschiedlichen Bevölkerungszusammensetzung. In Zone A um Tel Aviv herum, das eine Fläche von 1.628 km² hat, leben etwa 3 Millionen jüdische Israelis; das waren 2009 67% der Bevölkerung. Das ist in etwa das Land, das in der britischen Mandatszeit von der zionistischen Bewegung erworben wurde.[448] In Zone B, die 1.508 km² ausmacht, leben etwa 436.000 Menschen, das sind 10% der jüdisch-israelischen Bevölkerung, sowie 92.000 Palästinenser. Zone C umfasst die beiden großen Blöcke in den nördlichen und südlichen Distrikten Palästinas mit 17.381 km². Das ist Salman Abu Sitta zufolge das Land der etwa sieben Millionen palästinensischen Flüchtlinge und ihrer Nachkommen. In Zone C leben etwa 1 Million jüdische Israelis, 80% davon in den alten, heute meist gemischten palästinensischen Städten oder in neu errichteten »Entwicklungsstädten«. Der größte Teil des Landes wird entweder vom Militär genutzt oder wurde mit Wäldern bepflanzt. Nur etwa

---

446. Nusaibah, Munir, Forced Displacement in the Palestinian-Israeli Conflict, International Law and Transitional Justice, School of Law, University of Westminister, April 2013, S.269f. .

447. Abu Sitta, Salman, The Geographic and Demographic Imperatives of a Single State in: Faris, Hani (ed), The Failure of the Two-State Solution, S.185-206; ders. The Right of Return is inevitable, Middle East Affairs, Washington D.C. December 2010

448. Abu Sitta, Salman, The Implementation of the Right of Return, Palestine-Israel Journal Vol.15 No.4 & Vol.16 No.1, 08/09 .

200.000 jüdische Israelis leben außerhalb der Städte in diesem Gebiet auf dem Land, größtenteils in landwirtschaftlichen Kooperativen (Moshavim) oder Kibbuzim.

Aufgrund der detaillierten Informationen, die von den zuständigen UNO-Organisationen gesammelte wurden, ist genau bekannt, wo welche Flüchtlinge heute leben. Die meisten Flüchtlinge sind in der größtmöglichen Nähe zu ihrem Land geblieben – oft in einem Umkreis von 50 bis 100 Kilometer. Salman Abu Sitta schlägt vor, dass die im Zusammenhang mit der UN-Resolution 194 gegründete UN Conciliation Commission for Palestine (UNCCP) die Rückkehr der Flüchtlinge organisiert. Diese UN-Körperschaft wurde zwar marginalisiert, hat aber ihr Mandat behalten. Jedes Jahr legt sie einen Bericht vor, in dem es immer wieder aufs Neue heißt: »Wir sind nicht in der Lage, die Rückkehr der Flüchtlinge dieses Jahr zu ermöglichen.«[449]

Es wird oft in Frage gestellt, ob tatsächlich viele palästinensische Flüchtlinge zurückkehren würden. Die Frage lässt sich auch anders herum stellen: Wie viele jüdische Israelis denn bleiben würden, wenn sie nicht mehr in einem ethnokratischen, sondern in einem demokratischen Staat leben würden. »Es ist eine Sache der Mutmaßung, einzuschätzen wie viele Israelis wünschen würden, in einem nicht-rassistischen, demokratischen Land zu leben. Niemand weiß, wie viele aus Furcht vor Anklagen wegen Kriegsverbrechen und Verbrechen gegen die Menschlichkeit das Land verlassen würden. Aber das ist ein fruchtloses Unterfangen, denn dem ›Weltrechtsprinzip‹ gemäß würden sie überall verfolgt werden,« schreibt Salman Abu Sitta.[450]

---

449. Abu Sitta, Salman, The Geographic and Demographic Imperatives of a Single State, a.a.O.
450. Abu Sitta, Salman, The Implementation of the Right of Return, Palestine-Israel Journal Vol.15 No.4 &Vol.16 No.108/09, siehe auch: Abu Sitta, Salman, The Implementation of the Right of Return in Roane Orly (ed), The new Intifada: Resisting Israel's Apartheid, London/New York 2001

13. Entzionisierung als Entkolonialisierung

*»Zionismus ist nicht die Ideologie einer Nationalbewegung. Er ist eine ethnische Säu-
berungsideologie der Enteignung der einheimischen Bevölkerung und der Verweigerung der Möglichkeit, hier weiter zu leben.«* (Ilan Pappe)[451]

Der Zionismus folgt wie jeder Siedlerkolonialismus den ihm innewohnenden Ge-
setzmäßigkeiten. Das Ziel, die einheimische Bevölkerung durch die eingewanderte
Siedlerbevölkerung zu ersetzen, ist ihm eingeschrieben. Dieses Ziel kann erst dann
aufgegeben werden, wenn der Zionismus aufgegeben wird. Die Siedlungen in der
Westbank, mit deren Räumung die Zwei-Staaten-Lösung oft gleichgesetzt wird,
sind mehr als eine Ansammlung von Gebäuden. Sie sind die materielle Verkörperung des Selbstverständnisses des israelischen Staates und seiner Bevölkerung.
Die »World Zionist Organisation« (WZO), die an den Regierungsgeschäften in
Israel beteiligt ist, bezeichnet den Siedlungsbau in ihrem Programm von 2005 als
Essenz des Zionismus. Dementsprechend wurden die Siedlungen von Anfang an
auf Dauer angelegt. Sie sind strategisch geplante Landnahmen und haben das Ziel,
die einheimische Bevölkerung zu verdrängen. Die Siedlungen sind ein so fest integ-
rierter Bestandteil der israelischen Politik, Wirtschaft und Ideologie, dass sie nicht
herausgetrennt werden können, ohne diese zu verändern. Das Siedlungsprojekt
in den 1967 besetzten Gebieten hat zur Entstehung eines zionistisch eingefärbten
religiösen Messianismus geführt, der bedeutende Teile der jüdisch-israelischen Gesellschaft heute prägt. Ein relativ großer Anteil der Offiziere der israelischen Armee
gehört nationalreligiösen Strömungen an und viele von ihnen sind Siedler, ebenso
wie die Politiker der heute dominierenden rechten israelischen Parteien. 55% der
jüdischen Israelis betrachtet die Westbank als »befreites Gebiet« und nur 32% als
»besetztes Gebiet.« Die Überzeugung, dass die Westbank ausschließlich den Juden
gehöre, ist sowohl unter den herrschenden Eliten als auch in der jüdischen Bevölkerung weit verbreitet.[452]

Die profitablen israelischen Rüstungs- und Hi-Tech-Konzerne sind auf die 1967
besetzten Gebiete als Laboratorien für das Entwickeln und Testen neuer Waffen sowie Kontroll- und Unterdrückungstechnologien angewiesen, die sie dann mit dem
Gütesiegel »in der Praxis getestet« exportieren. Die israelische Rüstungsindustrie,
die 150.000 Menschen beschäftigt und personell eng mit der Armee verwoben ist,

---

451. Avnery, Uri; Pappe, Ilan, Two States or One State, Countercurrents 11.6.2007
452. Bar-Tal, Daniel; Halperin, Eran, Societal Beliefs and Emotions as Socio-Psychological Barriers to Peaceful Conflict Resolution, Palestine-Israel Journal Volume 13, No.3 2014

steigerte ihre Rüstungsexporte zwischen 2002 und 2012 von 2 Mrd. US-Dollar auf 6 Mrd. US-Dollar. Der expandierende Immobiliensektor macht ungeheure Profite mit besetztem palästinensischen Land, die israelische Agrarindustrie ist abhängig vom Zugang zu geraubten palästinensischen Land- und Wasserressourcen. Die israelische Bevölkerung schließlich, die 2011 in großer Zahl gegen zu hohe Mieten und Lebenshaltungskosten demonstrierte, wäre mit noch höheren Lebenshaltungskosten konfrontiert, wenn der Zugriff auf palästinensisches Land und Wasser in der Westbank nicht mehr gegeben wäre. Ohne das palästinensische Wasser würde sich darüber hinaus die latent vorhandene israelische Wasserkrise verschärfen. Beides könnte zu sozialen Spannungen und Unruhen führen. Das gilt umso mehr, als im Zuge der neoliberalen Politik der alte Gesellschaftsvertrag in Israel aufgekündigt wurde. Nationalismus, Krieg und Rassismus blieben als einzige Möglichkeit, um die Bevölkerung hinter der Regierung zu sammeln und bei der Stange zu halten. Fortgesetzter Siedlungsbau und die damit verbundenen Bezüge auf biblische Versprechungen dienen einerseits als ideologischer Kitt und andererseits auch zur Reduzierung innerisraelischer sozialer Spannungen.[453]

Die dem Zionismus innewohnende jüdische Exklusivität des Staates Israel steht im Gegensatz zur Demokratie. »Zionismus ist seiner Natur nach eine ausschließende Ideologie, die den ›Anderen‹ nicht akzeptiert. Und der ›Andere‹ in der zionistischen Ideologie ist der Palästinenser – der Araber im historischen Land Palästina. Ein jüdischer Staat bedeutet also die Verneinung von Rechten für Nicht-Juden«, schreibt der Vordenker der Ein-Staat-Lösung, Haidar Eid. »Ich komme aus einer Flüchtlingsfamilie, aber weil ich nicht von einer jüdischen Mutter geboren wurde, bin ich nicht zur Staatsbürgerschaft im Staat Israel berechtigt. Ich bin nicht berechtigt zu meinem Recht auf Rückkehr.«[454]

Solange Israel darauf besteht, ein exklusiver »jüdischer Staat« zu sein, kann es nicht einmal den Palästinensern innerhalb der Grünen Linie gleiche Rechte gewähren. Denn das hieße, ihnen zu erlauben, ihre 1948 vertriebenen Angehörigen zurückzuholen und das würde die palästinensische Bevölkerungsmehrheit im Land noch weiter erhöhen. Es wäre das Gegenteil dessen, was der Zionismus seit jeher beabsichtigt und betreibt: die größtmögliche Reduzierung der Anzahl der Palästinenser.

Doch nicht allein der exklusive Charakter des Zionismus ist der Grund, warum Israel die Zwei-Staaten-Lösung sabotiert und sabotieren muss. Siedlerkolonialistische Gesellschaften definieren sich per se als Antithese zur einheimischen Bevölkerung, die sie zum Verschwinden zu bringen suchen und deren Land, Kultur und Geschichte sie sich aneignen. Israel kann nicht anerkennen, dass die Palästinenser nationale und politische Rechte haben, wenn es seine eigene Legitimität nicht grundsätzlich

453. Cook, Jonathan, There's nothing idealistic about the One-State-Solution, Counterpunch 8.11.2011; Ajl, Max, From Containment to Counterinsurgency in the Gaza Strip, Jadaliyya 30.8.2014
454. Letwin, David, Interview with Dr. Haidar Eid, »The Palestinian Struggle is not about Independence – it is about Liberation«, Mondo Weiss 2.12.2013

in Frage stellen will. Der Zionismus gründet seine Legitimität wesentlich auf biblische Ansprüche. Die zionistische Bewegung versuchte, sich dadurch vom klassischen Kolonialismus abzugrenzen, dass sie geltend machte, kein fremdes Land zu besetzen, sondern als Juden lediglich in ihre »historische Heimat« zurückzukehren. Nicht sie, sondern die in Palästina ansässigen Araber seien die Landesfremden. Das entspricht dem bereits erwähnten Streben siedlerkolonialistischer Projekte, sich selbst zu Einheimischen zu erklären. Die Anerkennung nationaler und politischer Rechte der Palästinenser in den 1967 besetzten Gebieten widerspricht dem zionistischen Narrativ. Das Recht auf nationale Selbstbestimmung gründet darauf, dass eine Bevölkerung in einem bestimmten Gebiet ansässig ist. Die Anerkennung eines Selbstbestimmungsrecht der Palästinenser in den 1967 besetzten Gebieten würde die Frage nach den nationalen und politischen Rechten der 1948 vertriebenen Palästinenser in der Diaspora bzw. der 1,5 Millionen innerhalb der Grünen Linie lebenden Palästinenser nach sich ziehen. Da das Land bis 1948 primär palästinensisch war, hätte logischerweise die einheimische Bevölkerung auch in dem Teil Palästinas, der heute Israel ist, ein Recht auf Selbstbestimmung gehabt. Das impliziert, dass die zionistische Kolonisierung nicht legitim war. Das kann Israel nicht zugeben, wenn es sich selbst nicht den Boden unter den Füssen wegziehen will. General Moshe Dayan erklärte bereits in den 1970er Jahren: »Grundsätzlich ist ein palästinensischer Staat eine Antithese zum Staat Israel. ... Die grundlegende und nackte Wahrheit ist, dass es keinen grundlegenden Unterschied gibt zwischen der Beziehung der Araber von Nablus zu Nablus und der der Araber von Jaffa zu Jaffa. ... Und wenn wir uns heute auf diesen Weg begeben und sagen, dass die Palästinenser ein Recht auf ihren eigenen Staat haben, weil sie Einheimische in demselben Land sind und dieselben Rechte haben, dann wird es nicht mit der Westbank enden. Die Westbank zusammen mit dem Gaza-Streifen ergibt keinen Staat. ... Die Errichtung eines solchen palästinensischen Staates würde den Grundstein für etwas anderes legen. ... Entweder der Staat Israel oder ein palästinensischer Staat.«[455]

Dem Kolonialismus-Forscher Patrick Wolfe zufolge streben siedlerkolonialistische Projekte danach, sich zu vollenden. Solange es eine einheimische Gesellschaft gibt, die eine potenzielle Alternative zum Siedlerstaat verkörpert, ist das Projekt nicht abgeschlossen. Solange die einheimische Bevölkerung noch in größerer Zahl vorhanden ist und Widerstand leistet, kommt der Siedlerkolonialismus nicht aus der Frontier-Phase heraus und solange das der Fall ist, besteht die Möglichkeit, das Siedlerprojekt zurückzurollen. Ein Siedlerkolonialismus hat sich erst dann definitiv durchgesetzt, wenn ihn die einheimische Bevölkerung nicht mehr herausfordern kann, weil sie auf die eine oder andere Art zum Verschwinden gebracht wurde und die im Lande übrig gebliebenen Reste gebrochen und

455. Haaretz 12.12.1975, zitiert nach Machover, Moshe, Israel-Palestine: Race against History, Israeli Occupation Archive 10.1.2013

assimiliert werden konnten.[456] In siedlerkolonialistischen Konflikten geht es für die Kolonialisten und die Kolonisierten gleichermaßen um die Existenz. Es widerspricht der Logik des Siedlerkolonialismus, dessen Kern territoriale Expansion und Verdrängung der einheimischen Bevölkerung sind, das Gegenteil davon zu tun, nämlich sich zurückzuziehen und der einheimischen Bevölkerung Rechte in ihrem Land zuzugestehen.

Aufgrund der offensichtlichen Unmöglichkeit, die Palästina-Frage im Rahmen des Zionismus zu lösen, gibt es Aktivisten, die darauf hinweisen, dass die Frage nach der Anzahl der Staaten sekundär und es viel wichtiger sei, den Zionismus zu konfrontieren. Das ist jedoch kein Widerspruch. Die emanzipatorische Ein-Staat-Bewegung ist dezidiert antizionistisch und viele ihrer Aktivisten und Unterstützer begreifen den Kampf für einen demokratischen säkularen Staat auf dem Boden des historischen Palästinas als Kampf gegen den Zionismus. So erklärte der jüdische Antizionist Anthony Loewenstein, der 2012 gemeinsam mit Ahmad Noor das Buch »After Zionism« schrieb, in dem er für eine Ein-Staat-Lösung eintritt: »Ich bin der Auffassung, dass der Zionismus selbst das Problem ist. Er kann nicht reformiert, neu definiert oder neu imaginiert werden. Von Anfang an ging es in ihm um die Unterwerfung der Araber, den Wunsch, soviel Land wie möglich im Namen jüdischer Befreiung zu kolonisieren. ... Ich erkläre dem Publikum in Tel Aviv, dass es jetzt unsere Verantwortung ist, sowohl die Verbrechen von 1948 und 1967 und danach anzuerkennen als auch eine inklusive Zukunft für Israelis und Palästinenser zu imaginieren.«[457]

Die Forschung zeigt, dass der Prozess des Siedlerkolonialismus ohne tiefgreifende strukturelle und konstitutionelle Veränderungen keinen formalen Endpunkt hat; das heißt, dass zur Beendigung des Siedlerkolonialismus die Strukturen beseitigt werden müssen, auf die er sich gründet.[458] Die wichtigste Voraussetzung für eine emanzipatorische Ein-Staat-Lösung – wie auch für jede andere gerechte Lösung des Konflikts – ist die Entkolonisierung, die in Palästina gleichbedeutend mit Entzionisierung ist. »Da [der Konflikt] durch Kolonisierung verursacht wurde, erfordert seine Lösung die Entkolonisierung. In diesem spezifischen Fall, da die Ursache zionistische Kolonisierung ist, ist das Erforderliche die Entzionisierung, der Sturz des zionistischen Projekts und seines Staates,« schreibt Moshe Machover.[459]

Entzionisierung beinhaltet die Auflösung der zionistischen Infrastruktur mit all ihren politischen und militärischen Institutionen und Gesetzen sowie die Überwindung der rassistischen zionistischen Ideologie. Die kritischen Wissenschaftler des Al-Shabaka-Netzwerks umreißen die Konturen der Entzionisierung wie folgt:

---

456. Vgl. Wolfe, Patrick, Recuperating binarism: a heretical Introduction, Settler Colonial Journal No.3/2013
457. Loewenstein, Antony, Discussing Life »after Zionism« in Israel/Palestine, Mondo Weiss 24.9.2012.
458. Balint, Jennifer; Evans, Julie, Transitional Justice and Settler States, The Australian and New Zealand Critical Crimonology Conference (ANZCCC) 2010, S. 2f.
459. Machover, Moshe, DeZionisation – Strategic Considerations, Israeli Occupation Archive 8.10. 2013

»Aufgrund der Natur der palästinensischen Vertreibung überspannen die Konsequenzen dieser Entkolonisierung die Grenzen des historischen Palästinas. Darüber hinaus kann sie weder moralisch noch praktisch auf die Entfernung der Siedlergemeinschaft reduziert werden. Wir glauben vielmehr, dass zur Überwindung der Nullsummenlogik konkurrierender ethnischer Nationalismen Entkolonisierung verstanden werden muss als Akt der Auflösung des kolonialen Apparats und der Ideologie des Zionismus sowie der Herbeiführung der politischen, juristischen, ökonomischen und räumlichen Prozesse, die zur Wiederherstellung der Gerechtigkeit nötig sind.«[460]

Entkolonialisierung hat sich in siedlerkolonialistischen Kontexten als äußerst schwierig erweisen. Patrick Wolfe bezeichnet den Siedlerkolonialismus als »relativ undurchdringlich« hinsichtlich der Veränderung des Regimes.[461]

Tatsächlich gibt es – abgesehen von den Ländern, in denen die Entkolonialisierung mit der Vertreibung bzw. Flucht der europäischen Siedler einherging – bisher kein einziges Beispiel für eine erfolgreiche Entkolonialisierung, wenn die Siedler im Land blieben. Australien, Kanada und die USA sind Beispiele für siedlerkolonialistische Staaten, in denen bis heute keine Entkolonialisierung stattgefunden hat. In Südafrika, wo die einheimische schwarze Bevölkerung in einer überwältigenden Mehrheit war und Jahrzehnte lang hartnäckig um ihre Rechte kämpfte, endete der Konflikt mit einem Kompromiss. Die politische Apartheid wurde aufgehoben, während die ökonomische bestehen blieb. Die massive ökonomische Ungleichheit zwischen schwarzer und weißer Bevölkerung, die bis heute fortdauert, ist eine Folge des Kolonialismus und eine erfolgreiche Entkolonialisierung hätte erfordert, auch diese aufzuheben. Wie schwierig sich die Entkolonialisierung siedlerkolonialistischer Staaten gestaltet und wie wenig Erfahrungen es jenseits der beiden Pole Flucht/ Vertreibung der Siedler einerseits oder Genozid an der einheimischen Bevölkerung andererseits gibt, zeigt sich darin, dass in der Kolonialismus-Forschung nicht einmal das theoretische Instrumentarium existiert, um das Thema zu behandeln.[462] Die Ein-Staat-Bewegung in Palästina kann somit kaum auf historische Erfahrungen zurückgreifen. Sie betritt Neuland. Palästinenser und antizionistische Israelis fangen bei der Entwicklung von Vorstellungen darüber, wie die Entkolonialisierung in Palästina aussehen könnte, fast beim Nullpunkt an. Mühsam tasten sie sich vorwärts und nehmen die Erkenntnisse und Anregungen aus anderen kolonialen und siedlerkolonialistischen Erfahrungen auf, um daraus Schlussfolgerungen für Palästina zu ziehen.

---

460. Barclay, Ahmad; Qaddumi, Dena, Reframing Palestinian Return: A New Al-Shabaka Policy Circle, Al-Shabaka November 2012

461. Wolfe, Patrick, Settler Colonialism and the Eliminatior of the Native, Journal of Genocide Research 8 (4), December 2006, S.402

462. Vgl. Veracini, Lorenzo, Settler Colonialism and Decolonisation, Borderlands e-Journal Volume 6 Number 2 2007

Omar Barghouthi gehört zu den Theoretikern, die in dieser Hinsicht die wichtigsten Beiträge geleistet haben. Besonders wichtig ist ihm, dass die Beseitigung des alten Unrechts nicht zu neuem Unrecht führt, und dass aus den Unterdrückten nicht neue Unterdrücker werden. »Trotz des Schmerzes, des Verlusts und des Zorns, die die Relativierung ihrer Menschlichkeit zweifellos in ihnen hervorbringt, haben Palästinenser die Pflicht, zwischen Gerechtigkeit und Rache zu unterscheiden, denn das eine umfasst eine essenziell moralische Entkolonialisierung, während das andere in einen Teufelskreis aus Unmoral und Hoffnungslosigkeit führt.« Er bezieht sich auf den brasilianischen Pädagogen und Philosophen Paulo Freire, der gesagt hat: »Entmenschlichung, die nicht nur diejenigen zeichnet, deren Menschlichkeit gestohlen wurde, sondern auch diejenigen (wenngleich in einer anderen Weise), die sie gestohlen haben. ist eine Entstellung der Berufung, ein vollständigerer Mensch zu werden. ... Der Kampf [um Humanisierung] ist nur möglich, weil Entmenschlichung, obwohl sie eine historische Tatsache ist, kein gegebenes Schicksal ist, sondern das Ergebnis einer ungerechten Ordnung, die Gewalt in den Unterdrückern hervorbringt, die ihrerseits die Unterdrückten entmenschlichen. ... Damit dieser Kampf einen Sinn hat, dürfen die Unterdrückten in dem Versuch, ihre Menschlichkeit wiederzugewinnen (was der Weg ist, sie zu schaffen), nicht ihrerseits Unterdrücker der Unterdrücker werden, sondern vielmehr Wiederhersteller der Humanität von beiden.«[463]

Omar Barghouthi spricht von der Notwendigkeit einer »ethischen Entkolonialisierung«. Er schlägt vor, die jüdisch-israelische Siedlerbevölkerung, nachdem sie ihre Privilegien abgegeben hat, zu »indigenisieren«, sie zu einem Teil der einheimischen Bevölkerung zu machen. »Die heutigen jüdischen Israelis als gleichberechtigte Staatsbürger und volle Partner im Aufbau und der Entwicklung einer neuen, gemeinsamen Gesellschaft – frei von aller kolonialen Unterwerfung und Diskriminierung, wozu im Ein-Staat-Modell aufgerufen wird – zu akzeptieren, ist das großzügigste, rationale Angebot, das eine unterdrückte einheimische Bevölkerung ihren Unterdrückern machen kann. Also fragt nicht nach mehr. Nur durch die Aufgabe ihrer kolonialen Privilegien, den Abbau der Unterdrückungsstrukturen – der Gesetze, der Politik und so weiter – und die Akzeptanz der Wiederherstellung der Rechte der einheimischen Bevölkerung, besonders das Recht der palästinensischen Flüchtlinge, zurückzukehren und Entschädigung zu erhalten ..., können die Siedler zu Einheimischen gemacht und in die neu entstehende Nation integriert werden, dadurch sind sie berechtigt, an der Bestimmung der Zukunft des gemeinsamen Staates teilzunehmen.«[464]

463. Barghouthi, Omar, Relative Humanity: The fundamental Obstacle to a State Solution in historic Palestine (2/2), Electronic Intifada, 6.1.2004
464. Doherty, Benjamin, Watch: Omar Barghouthi on »ethical Decolonization« and moving beyond zionist Racism, Electronic Intifada 29.9.2013

Die soziale Frage

Viele Aktivisten beziehen sich auf Südafrika als Modell. Dadurch soll kein falscher Eindruck entstehen, denn damit ist lediglich das Prinzip eines gemeinsamen demokratischen Staates und des Zusammenlebens der einheimischen Bevölkerung mit der als Siedler ins Land gekommenen Bevölkerung gemeint, nicht die konkrete Ausgestaltung dieses Modells. Die Mängel des südafrikanischen Modell sind vielen sehr bewusst, dass nämlich die Aufhebung der politischen Apartheid nicht zur Befreiung sondern zu einer neuen Form der Apartheid geführt hat: der ökonomischen Apartheid. Ali Abunimah zieht daraus den Schluss, dass aus der südafrikanischen Erfahrung gelernt werden kann, wie es nicht geht und dass Mechanismen gefunden werden müssten, wie die soziale und ökonomische Ungleichheit zwischen Palästinensern und jüdischen Israelis, die ja eine Folge des Kolonialismus ist, aufgehoben werden kann. Ali Abunimah spricht von notwendigen »expliziten, starken und angemessenen Mechanismen« zu Entkolonialisierung, Restitution und der Korrektur von fest verwurzelten sozialen und ökonomischen Ungerechtigkeiten.[465]

Die ökonomische Kluft zwischen Kolonialisten und Kolonisierten ist gewaltig. Das israelische Pro-Kopf-Einkommen beträgt dem IWF zufolge 37.000 US-Dollar pro Jahr und ist damit zehn Mal so hoch wie das der Palästinenser. Im Gaza-Streifen betrug das durchschnittliche Pro-Kopf-Einkommen vor dem Krieg von 2014 sogar nur etwas über 800 US-Dollar im Jahr. Der Jahrzehnte lang andauernde zionistische Kolonialismus hat die einheimische Wirtschaft systematisch zerstört. Ein großer Teil der Palästinenser innerhalb der Grünen Linie und in den 1967 besetzten Gebieten lebt an oder unterhalb der Armutsgrenze. Die sozio-ökonomische Lage vieler Palästinenser außerhalb Palästinas ist noch schlechter, auch wenn es einzelnen Exil-Palästinensern gelungen ist, zu Reichtum zu kommen. Der zionistische Staat hat sich 1948 das Land, die Plantagen, Geschäfte, Fabriken und Bankkonten der einheimischen Bevölkerung angeeignet. Diese beschlagnahmten Ressourcen und Güter waren in den ersten Jahren des Bestehens des Staates Israel von entscheidender Bedeutung für sein Überleben.[466] Die Rückgabe der geraubten Güter und die Entschädigung für den Verlust der Erwerbsquellen sowie die Erstattung eines Teils der Profite, die der israelische Staat und die israelische Wirtschaft durch die Verfügung über palästinensisches Eigentum und Ressourcen machen konnten, muss nach Ansicht vieler Aktivisten ein notwendiger Bestandteil der Konfliktlösung sein. Das gilt für den Teil des historischen Palästinas, der zu Israel wurde und für die 1967 besetzten Gebiete gleichermaßen. Konkret bedeutet das die Neuverteilung der Ressourcen und des Reichtums des Landes. Ali Abunimah diskutiert das in »The Battle for Justice in Palestine« wie folgt: »Wir müssen ökonomische

465. Abunimah, Ali, Reclaiming Self-Determination, al-Shabaka, 21.5.2010, S.5
466. Vgl. Davis, Uri, Apartheid Israel, Possibilities for the Struggle Within, London/New York 2003, S.34f.

Gerechtigkeit zu einem integralen Bestandteil des palästinensischen Kampfes für die Befreiung vom Zionismus machen. Das schließt eine offene Diskussion darüber ein, in welcher Weise die Entkolonisierung israelische Juden ökonomische, soziale und politische Privilegien kosten wird, die sie Jahrzehnte lang auf Kosten der Palästinenser genossen haben. Aber wir müssen auch anfangen, zu untersuchen, wie die Entkolonisierung der Auftakt für neue Formen des Einschlusses von israelischen Juden am untersten Ende der Leiter sein kann, deren einziger Vorteil das war, was im US-amerikanischen Kontext »psychologischer Lohn« für die Zugehörigkeit zur privilegierten Gruppe genannt wurde. Zu einer Zeit, da die Souveränität von Staaten weniger als jemals zuvor eine Garantie für die ökonomische Sicherheit ihrer Bevölkerungen ist und die Möglichkeit von Demokratie von der überwältigenden Macht des internationalen Kapitals zunichte gemacht wird, müssen Palästinenser auch über Visionen einer idealisierten Vorstellung von Staatlichkeit – ob in einer Ein-Staat-Lösung oder einer Zwei-Staaten-Lösung – hinausblicken.«[467]

Es hängt natürlich von den regionalen und internationalen Kräfteverhältnisse ab, ob und wie weit das durchgesetzt werden kann.

Darüber hinaus stellt sich die Frage, welche sozio-ökonomische Ordnung ein demokratischer säkularer Staat haben soll. Die diversen Ein-Staat-Erklärungen betonen zwar Gleichheit und soziale Gerechtigkeit, lassen aber offen, wie diese verwirklicht werden sollen. Der linke palästinensische Aktivist Ahmad Qatamesh wies bereits 2007 darauf hin, dass die Frage der »Produktionsbeziehungen und der Verteilung von Reichtum« mit der Parole vom demokratischen, säkularen Staat nicht geklärt wird. Ihm zufolge sollte der Reichtum des Landes »nicht von einer arabisch-jüdischen Klassenminorität monopolisiert werden, vielmehr sollten öffentliche Versorgungseinrichtungen und Güter gerecht verteilt werden. Der geforderte demokratische Staat beinhaltet gleichzeitig politische und soziale Demokratie.«[468] Ali Abunimah spricht sich gegen den Neoliberalismus aus: »In der Formulierung ihrer Zukunftsvisionen müssen Palästinenser auch mit den neoliberalen ideologischen Fesseln von Weltbank und IWF brechen und ihren Platz in einer globalen Gemeinschaft einnehmen, die sich für ökonomische Demokratie und die Beendigung von zu großem Konsum und Umweltzerstörung einsetzt, die das Leben in vielen Ländern, einschließlich Palästina, untragbar zu machen drohen.«[469] Einige Protagonisten der Ein-Staat-Bewegung wie Yoav Bar und Kkhalil Nakhleh treten offensiv für einen sozialistischen Staat ein.[470]

---

467. Abunimah, Ali, The Battle for Justice in Palestine, Chicago 2014, S. 72
468. Qatamesh, Ahmad, Approach to the Single Democratic State. Two Spearate and Interlocked Communities, Munif Barghouthi Cultural Center Gaza, August 2007, S. 75f.
469. Abunimah, The Battle for Justice in Palestine, Chicago 2014, S. 123
470. Nakhleh, Khalil, Thinking the Thinkable: The Future Palestinian Society I aspire to. Preliminary Deliberations on proposed Solutions to restore genuine Palestinian Rights, Kanaan- The e-Bulletin Volume VIII – Issue 1633, 20.8.2008

»Transitional Justice« – Übergangsgerechtigkeit

Die Lösung von Konflikten in verschiedenen Ländern ist immer mit einer Aufarbeitung der Vergangenheit verbunden, seit den 1990er Jahren meist in Gestalt von Wahrheits- und Versöhnungskommissionen wie in Südafrika. Bisweilen hat es auch strafrechtliche Verfolgung gegeben. Das wird als »Transitional Justice« – Übergangsgerechtigkeit – bezeichnet. »Transitional Justice« beinhaltet hauptsächlich vier Elemente: 1. Die strafrechtliche Verfolgung von Kriegsverbrechen und Verbrechen gegen die Menschlichkeit; 2. Wahrheitsfindung, das heißt die Aufarbeitung der Ungerechtigkeiten und Verbrechen, die begangen wurden; 3. Reparationen, die die Rückgabe von Eigentum, Kompensation und anderes beinhalten; 4. Institutionelle Reformen der staatlichen Institutionen und die Entfernung der Verantwortlichen für Menschenrechtsverletzungen aus ihren Ämtern.[471]

Jeder genuine Friedensprozess in Palästina setzt die Aufarbeitung der israelischen Verbrechen gegen die Palästinenser voraus. Edward Said kritisierte bereits nach der Unterzeichnung der Oslo-Abkommen, dass dies nicht geschah: »Oslo begnadigte die Besatzung in der Tat, entschuldigte sie für all die Gebäude und Leben, die sie in den ersten 25 Jahren der Besatzung zerstörte. Nach so viel weiterem Leid kann es Israel nicht erlaubt werden, vom Tisch aufzustehen ohne die zumindest rhetorische Forderung, dass es einstehen muss für das, was es getan hat«.[472]

»Transitional Justice« hat eine doppelte Funktion: einerseits soll sie Gerechtigkeit herstellen, in dem schwerwiegende Verbrechen gesühnt werden, andererseits soll sie die Gesellschaft – oder im Falle Palästinas: die beiden Gesellschaften – durch die Aufarbeitung dieser Verbrechen heilen. Es hängt ab vom Charakter des Regimes, das abgelöst wird, und von der Art und Weise, wie sich der Übergang vollzieht, welche Gestalt die Übergangsgerechtigkeit annimmt. Wenn ein Staat eine definitive militärische Niederlage erleidet, gibt es in der Regel ausgedehnte Gerichtsverhandlungen gegen die Täter. Wenn ein Übergang durch einen Elitenkompromiss zustande kommt, wie in Südafrika, wird in der Regel auf juristische Aufarbeitung verzichtet. UN-Vertreter haben jedoch Vorbehalte gegen die oftmals im Zusammenhang mit Friedensverträgen gewährten Amnestien geäußert. Internationales Recht verlangt, dass diejenigen, die schwerwiegende Verstöße gegen die Menschenrechte begangen haben, zur Rechenschaft gezogen werden müssen. Das gilt für Staaten und Individuen gleichermaßen. Die UNO erkennt daher Amnestie für Genozid, Verbrechen

---

471. Nevo, Jessica, Transitional Justice and its Applicability to the Palestinan Conflict and the Palestinian Refugee Issue in: Rempel, Terry (ed), Rights in Principle – Rights in Practice. Revisiting the Role of International Law and crafting durable Solutions for Palestinian Refugees, BADIL Resource Center for Palestinian Residency and Refugee Rights Bethlehem December 2009, S. 328 ; Nusaibah, Munir, Forced Displacement in the Palestinian-ISraeli Conflict, International Law and Transitional Justice, School of Law, University of Westminster, April 2013. S. 212

472. Said, Edward W., What Price Oslo, Al-Ahram Weekly, Issue No. 577, March 14-20, 2002 .

gegen die Menschlichkeit, Kriegsverbrechen und andere schwerwiegende Verstöße gegen internationales humanitäres Recht nicht an.[473]

In jedem Fall markiert die Übergangsgerechtigkeit einen mehr oder weniger weit gehenden Bruch mit der alten Herrschaftsstruktur. Die jüdisch-israelische Soziologin und Aktivistin Jessica Nevo hält das auch in Bezug auf Israel für notwendig und möglich: »In Israel wird ein transformativer und genuiner Prozess strukturelle und institutionelle Reformen verlangen, die die Ablehnung der vorherigen dominanten Ideologie erfordern werden. Diese Reformen werden als eine Art ›Diskontinuität des Regimes‹ wirken.«[474]

Es mag derzeit unrealistisch erscheinen, dass die jüdisch-israelische Bevölkerung es aufgibt, sich zum Opfer zu stilisieren und sich ihrer Verantwortung für die Verbrechen an den Palästinensern stellt. Aber das ist nicht der Punkt. In dem Maße, wie sich das Kräfteverhältnis zuungunsten Israels verändern wird, werden sich jüdische Israelis immer weniger gegen den Einbruch der Realität stemmen können. Am Ende wird es eine umfassende historische, politische und juristische Aufarbeitung der Geschichte des Zionismus in Palästina geben. Diese ist nötig, um den Palästinensern nach so vielen Jahrzehnten der Massaker, Kriege, Vertreibung, Enteignung und Unterdrückung endlich Gerechtigkeit widerfahren zu lassen. Sie ist auch nötig, damit jüdische Israelis begreifen, was ihr koloniales Siedlerprojekt angerichtet hat. Die israelische Aktivistin und Soziologin Jessica Nevo beschreibt, wie das aussehen könnte: »Ein Wahrheitsfindungsprozess, der die Geschichte Israels aufarbeitet (entweder die letzten 100 Jahre oder seit 1948 oder seit 1967) und die israelische Politik gegenüber den auf diesem Stück Land lebenden Palästinensern einbekennt, würde zu einer Darstellung der Menschenrechtsverletzungen und Unterdrückungspolitik gegenüber den Palästinensern führen. Er könnte damit enden, dass das gesamte zionistische Projekt vor Gericht gestellt wird. Die offizielle Darstellung der Verbrechen, die 1948 begangen wurden, würde die Anerkennung des Schadens, den sie verursacht haben, bedeuten. Eine solche Anerkennung würde die Anerkennung von Verantwortung für die Ereignisse von 1948 (wenn nicht früher) erfordern, was nicht zuletzt die Notwendigkeit eines offiziellen Entschädigungsprogramms für palästinensische Flüchtlinge und ihre Nachkommen (einschließlich der Binnenflüchtlinge ...) nahelegen würde.«[475]

---

473. Nusaibah, Munir, Forced Displacement in the Palestinian-Israel Conflict, International Law and Transiotional Justice, University of Westminster April 2013, S. 243
474. Nevo, Jessica, a.a.O., S. 331
475. Ebenda, S.333

14. Die Palästinenser innerhalb der Grünen Linie und die Ein-Staat-Lösung

»Siedler, wer bist Du? – Wir sind die einheimische Bevölkerung.«
»Wie der Thymian und die Oliven bleiben wir.«
(Parolen der Palästinenser innerhalb der Grünen Linie)

Die Ein-Staat-Bewegung hat ihre größte Anhängerschaft unter den Palästinensern in der Diaspora und innerhalb der Grünen Linie.

Die Palästinenser in Israel befinden sich von allen Teilen der verstreuten palästinensischen Gesamtbevölkerung in der kompliziertesten Lage. Sie sind pro forma Staatsbürger Israels, werden aber faktisch ausgeschlossen, weil sie keine Juden sind. Ihre Identität als Palästinenser wird nicht anerkannt, vielmehr versucht Israel, sie in verschiedene Religionsgemeinschaften aufzuspalten, gegeneinander auszuspielen und als »Israels Araber« zu assimilieren. Die Ereignisse in den 1967 besetzten Gebieten spielten eine wesentliche Rolle bei der Wiederaneignung der palästinensischen Identität, die in einem langsamen und komplizierten Prozess in den 1970er Jahren begann, der von israelischen Experten als »Palästinensisierung« bezeichnetet wird. Die erste Intifada von 1987 bis 1993 war ein wichtiger Einschnitt; und als im Herbst 2000 die zweite Intifada begann, blieb sie nicht auf die Westbank und den Gaza-Streifen begrenzt. Auch die Palästinenser innerhalb der Grünen Linie gingen auf die Straßen. Israel reagierte darauf mit dem Einsatz massiver Gewalt und die Polizei erschoss 13 Palästinenser. Das beendete die bis dahin größte und längste Erhebung der »1948-Palästinenser«, wie sie sich selbst nennen, und führte zu einer Vertiefung der Kluft zwischen der einheimischer Bevölkerung und dem kolonialen Siedlerstaat.[476]

Die Palästinenser innerhalb der grünen Linie kämpfen an drei Fronten: um Demokratie und Gleichberechtigung in Israel, um die Bewahrung ihrer palästinensischen Identität und Kultur, die permanenten israelischen Angriffen ausgesetzt sind und um eine gerechte Lösung der Palästina-Frage.

Seit den 1980er Jahren unterstützten sie die PLO-Forderung nach einer Zwei-Staaten-Lösung. Aufgrund ihrer komplizierten Lage, gleichzeitig israelische Staatsbürger und Teil der palästinensischen Gesamtbevölkerung zu sein, und ihrer relativ geringen Anzahl waren sie bestrebt, sich nicht gegen den palästinensischen nationalen

---

476. Cook, Jonathan, Blood and Religion. The Unmasking of the Jewish and Democratic State, London/ Ann Arbor 2006, .S.31ff.; Jonathan Cook, »It's Time for Palestinians in Israel to stand firm against the Bantustan plan of Oslo«: An Interview with Awad Abdel Fattah, Mondo Weiss 12.22.2012

Konsens zu stellen. Lange spielten sie in der palästinensischen Gesamtpolitik eine untergeordnete und defensive Rolle. Das begann sich mit dem Oslo-Prozess zu ändern. , Da die PLO sie und ihre Sache aufgegeben hatte, mussten sie die Veränderung ihrer Lage in die eigenen Hände nehmen. Mitte der 1990er Jahren gründeten sich erstmals innerhalb Israels arabische politische Parteien, darunter die von antizionistischen politischen Kräften getragene »Nationaldemokratische Versammlung« (arabisches Kürzel: Tajamu', hebräisches Akronym: Balad). Azmi Bischara, einer ihrer prominentesten Sprecher, entwickelte Ende der 1990er Jahren die Vision eines demokratischen Staates für alle seine Bürger, die die Umwandlung des ethnokratischen jüdischen Staates Israel in einen demokratischen Staat beinhaltet, in dem gleiche Rechte für alle Staatsbürger ohne Ansehen der religiösen oder nationalen Zugehörigkeit gelten. Edward Said wurde bei der Entwicklung seiner Vorstellungen von einer Ein-Staat-Lösung sehr stark davon inspiriert. Israel sah diese Vision als so bedrohlich an, dass sie gegen Azmi Bischara eine Anklage wegen Hochverrats konstruierte und er ins Exil gehen musste.[477]

Fortlaufende Umfragen zeigen, dass die Palästinenser in Israel sehr unzufrieden mit ihrer individuellen und kollektiven Situation sind. 93,8% der Befragten sehen volle Gleichheit zwischen Palästinensern und jüdischen Israelis als »sehr wichtig« an. Sie verlangen, dass der israelische Staat, sich um ihre Bedürfnisse genauso kümmert wie um die der jüdischen Israelis. Außerdem wollen sie bei der Bestimmung des Charakters und der Ziele des Staates mitreden können und sie wollen, dass Israel ein Staat für alle seine Bürger wird. Die Palästinenser sind sich voll und ganz darüber bewusst, dass der Staat Israel primär seinen jüdischen Staatsbürgern dient, 75% bezeichnen ihn als zionistisch-jüdischen Staat, was in der Praxis bedeutet, dass die Juden gegenüber den arabischen Palästinensern bevorzugt werden. Die Palästinenser in Israel sind der Ansicht, dass Gleichheit zwischen beiden Bevölkerungsgruppen erreicht werden muss, aber dass das so gut wie unmöglich ist, solange Israel ein zionistischer Staat bleibt. Die Palästinenser wollen gleichzeitig, dass ihre nationale Identität anerkannt wird und sie diese entfalten können. 84% sind für die Anerkennung ihrer Gruppe als nationale Minderheit durch Israel. Sie fordern kulturelle Autonomie, inklusive der Errichtung einer Arabischen Universität, eine autonome arabische Verwaltung des Bildungssektors und des kulturellen Lebens in palästinensischen Wohngebieten.[478]

Im Jahr 2007 stellte das »Higher Follow-Up-Commitee«, das sich aus den Bürgermeistern der arabischen Kommunen und palästinensischen politischen Organisationen zusammensetzt und als politische Vertretung der Palästinenser innerhalb der Grünen Linie angesehen werden kann, seine »Future Vision«, seine

---

477. Gordon, Neve, Israel's Strategic Threat, The Nation 17.4.2007
478. Ghanem, As'ad, Israel and the »danger of demography« in: Hillal, Jamil (ed), Where now for Palestine: The Demise of the two-State Solution, London/New York 2007, S.70f.

Vorstellung von der Zukunft der palästinensischen Minderheit in Israel vor.[479] Darin wurde das Selbstverständnis der Palästinenser in Israel als einheimische Bevölkerung des Landes benannt und ihre Zugehörigkeit zur palästinensischen Gesamtbevölkerung betont.

Parallel dazu schrieb die Bürgerrechtsorganisation »Adalah« die Verfassung für einen zukünftigen demokratischen Staat. Aktivisten und Intellektuelle veröffentlichten die »Haifa-Erklärung.«[480] In diesen Dokumenten wurden die Konturen eines demokratischen, zweisprachigen, multikulturellen Staates entworfen. Doch die Forderung nach gleichen Rechten und Demokratie hat die ohnehin sehr angespannten Beziehungen zwischen dem Staat Israel und der palästinensischen Minderheit weiter verschlechtert. Der israelische Inlandsgeheimdienst »Shin Bet« bezeichnete die Bestrebungen, Israel zu demokratisieren, als »strategische Bedrohung« und kündigte an, entschlossen gegen jeden vorzugehen, der den jüdischen Charakter des Staates Israel ändern wolle, auch wenn er das mit demokratischen Mittel tue.

In den drei Dokumenten von 2007 wird auch das Streben nach einer gerechten Lösung der Palästina-Frage einschließlich des Rechts auf Rückkehr ausgedrückt. Das ist keine bloß abstrakte Forderung, sondern sie hat eine direkte, persönliche Bedeutung für die einheimische Minderheit in Israel, von denen ein Fünftel selbst Flüchtlinge sind. Viele Palästinenser in Israel haben außerdem Angehörige, die zu Hunderttausenden als Flüchtlinge im Exil leben. Nachdem die PLO das Recht auf Rückkehr faktisch aufgegeben hatte, spielten die Palästinenser innerhalb der Grünen Linie die Hauptrolle dabei, es als wichtigste Komponente der Palästina-Frage wieder in den Vordergrund zu stellen. 2008 hielten die Palästinenser innerhalb der Grünen Linie in Haifa eine Konferenz über den »Demokratischen säkularen Staat und das Recht auf Rückkehr« ab. Diese Konferenz war ein großer Erfolg, da sie viele Interessenten anzog und zur größten gemeinsamen Veranstaltung von Palästinensern und jüdischen Israelis seit der Gründung des Staates Israel wurde. Vertreter aller wichtigen palästinensischen politischen Organisationen innerhalb der Grünen Linie wie der »Demokratischen Front für Frieden und Gleichberechtigung«, die der israelischen KP nahesteht, der Tajamu-Partei und »Abna al-Balad« (Kinder des Landes) sprachen dort. Diese Konferenz war nicht nur von großer Bedeutung, weil sie zeigte, dass die Idee des EINEN Staates auch in Palästina selbst verankert ist, sondern auch, weil dort vor allem Aktivisten zusammenkamen, die das Ein-Staat-Projekt, das zuvor vor allem von Akademikern diskutiert worden war, von den

479. High Follow-Up Commitee for the Arabs in Israel, The Future Vision of the Palestinians in Israel, News from Within Vol. 23 No.1 February 2007, Alternative Information Center, Jerusalem, S. 15-18
480. Adalah, The Democratic Constitution, Shafa'amr 20.3.2007 unter: adalah.org/Public/files/democratic_constitution-english.pdf; Mada al-Carmel, The Haifa Declaration 15.5.2007 unter: mada-research.org/en/files/2007/09/haifaenglish.pdf

vermeintlich luftigen Höhen eines akademischen Diskurses herunter holen und in die politische Realität des Kampfes innerhalb der Grünen Linie übertrugen.[481]

Die progressivsten Teile der Palästinenser innerhalb der Grünen Linie waren an einigen Punkten schon immer ihrer Zeit voraus. Die antizionistischen Organisationen der »1948-Palästinenser« waren seit jeher eine Art Korrektiv für die von den Golfstaaten finanzierte PLO mit ihrer Neigung zu Kompromissen und Korruption. Kaum hatte die Führung der PLO sich Mitte der 1970er Jahre virtuell vom Projekt des demokratischen säkularen Staates verabschiedet, setzten es palästinensische Gruppen innerhalb der Grünen Linie wieder auf die Tagesordnung. Aus den aktivistischen palästinensischen Studentengruppen, die sich ab Mitte der 1970er Jahre entwickelt hatten, ging die Organisation »Abna-al-Balad« (Kinder des Landes) hervor, die in der Folgezeit eine Hauptrolle bei der Wahrung der palästinensischen Identität und der Formulierung einer radikalen antizionistischen Position innerhalb der Grünen Linie spielte. Bald nach ihrer Gründung formulierte die Organisation 1977 die Errichtung eines demokratischen säkularen Staates als Ziel ihres Kampfes. Als eine Organisation der Palästinenser innerhalb der Grünen Linie, die in täglichem Kontakt mit der jüdisch-israelischen Bevölkerung steht, betonte sie die Notwendigkeit des gemeinsamen Kampfes mit antizionistischen Israelis. Das war nicht nur Theorie, denn mit Yoav Bar machte sie einen antizionistischen Israeli zum Mitglied ihres Politbüros. In der Analyse von »Abna-al-Balad« ist Israel die Sperrspitze des westlichen Imperialismus, die gegen die arabischen Befreiungsbestrebungen gerichtet ist. Aus dieser Analyse folgt, dass jüdische Israelis in gewisser Weise ebenfalls Opfer sind, da sie als Fußvolk für imperialistische Ziele benutzt werden. »Abna-al-Balad« zufolge können sie sich in einem gemeinsamen Kampf mit den Palästinensern emanzipieren. Im Positionspapier der Organisation zur Ein-Staat-Lösung von 2004 wird ein freies, demokratisches Palästina als die einzige positive Lösung für die in Palästina lebenden Juden bezeichnet. »Israel benutzt die jüdischen Massen als Instrument für seine expansionistischen und aggressiven Pläne. Die Juden in Palästina erhalten Privilegien für ihre Unterstützung des Systems, aber zu einem hohen Preis. Der Zionismus bringt sie in eine Situation fortwährenden Konflikts und Krieges, nicht nur mit den Palästinensern, sondern mit den Arabern in ihrer Gesamtheit. ... Sich am palästinensischen Kampf für nationale Befreiung gegen zionistischen Rassismus zu beteiligen, ist der Weg für die Juden, die friedlich in Palästina leben wollen, sich aus der zionistischen Todesfalle zu befreien und ihre Integration in eine zukünftige demokratische arabische Welt zu garantieren.« Weiter wird ausgeführt: »Das gemeinsame Ziel eines freien demokratischen Palästinas liefert einen soliden

---

481. Vgl. Faris, a.a.O. S. 8; Bar, Yoav, The Haifa Conference for the Right of Return and the Secular Democratic State in Palestine, Initial Report 18.7.2008 unter: www.roristate.org/drupal?q=en/node/93

Boden für die Kooperation zwischen jüdischen und arabischen Militanten gegen die täglichen Untaten des Zionismus.«[482]

Doch nicht nur in der Theorie leisteten die Palästinenser innerhalb der Grünen Linie in den vergangenen Jahren wichtige Beiträge zur Wiederaufnahme und Weiterentwicklung des palästinensischen Widerstands. Während in der Westbank und dem Gaza-Streifen primär Abwehrkämpfe gegen Landraub, Siedlungs- und Mauerbau, Repression und militärische Angriffe geführt werden, sind die Palästinenser in Israel bereits dazu übergegangen, sich ihr enteignetes Land zurückzuholen. Das begann Ende der 1990er Jahre im Naqab/Negev, wo palästinensische Beduinen in einige der Dörfer zurückkehrten, aus denen sie Anfang der 1950er Jahren vertrieben worden waren. Sie bauten die zerstörten Dörfer wieder auf und halten seitdem dem israelischen »Verschleißkrieg« stand, mit dem sie aufs Neue vertrieben werden sollen. Das Dorf al-Araqib, das zum Symbol der palästinensischen Standhaftigkeit geworden ist, hat seit 2000 zahlreiche israelische Überfälle, Verhaftungen, die Zerstörung seiner Felder durch Besprühen mit Chemikalien aus der Luft, die Verweigerung von Wasser, Strom und anderer Infrastruktur und bis November 2014 seine 78malige Zerstörung erlebt.[483] Jedes Mal haben die Bewohner von al-Araqib das Dorf wieder aufgebaut und sie kämpfen mit der Unterstützung palästinensischer und israelischer Wissenschaftler vor israelischen Gerichten um die Anerkennung ihrer Landrechte. Bisher wurde jedoch noch kein Prozess dieser Art gewonnen, denn das würde einen für Israel gefährlichen Präzedenzfall schaffen. Wenn die Landrechte auch nur eines einzigen Dorfes, deren Bewohner vertrieben wurden, anerkannt werden, so würde das eine Flut von neuen Prozessen nach sich ziehen und den Zionismus untergraben. Al-Araqib und andere Dörfer im Naqab sind zum Sammlungspunkt der Palästinenser innerhalb der Grünen Linie geworden, deren Unterstützung sich in der Beteiligung am Wiederaufbau, Demonstrationen und Streiks ausdrückt. Auch kritische jüdisch-israelische Kräfte wie zum Beispiel die Gruppe Tarabut-Hithrabut haben al-Araqib zu ihrer Sache gemacht. Außerdem gibt es eine gewisse internationale Unterstützung für die palästinensischen Beduinen. Von der UNO wurden sie als indigene Bevölkerung des Naqab/Negev anerkannt und ihre Sache ist immer

---

482. Abna-al-Balad, For a Free Democratic Palestine, Position Paper 8.7.2004. S.7ff., unter: www.roristate. org/drupal/?q=en/node/35 .

483. International Middle East Media Center, Al-'Araqib Bedouin Village demolished for 78th Time, 17.11.2014 unter: www.imemc.org/article/69737; Zur Lage der Beduinen: Abu Sitta, Salman, Al-Araqib – All of Palestine, JNF eBook Volume 3, January 2011; Noach, Haia (ed), The Bedouin Arabs in the Negev/Naqab Desert in Israel. Shadow Report submitted by the Negev Coexistence Forum for Civil Equality. Response to the State of Israel on Implementing the Covenant on Civil and Political Rights (CCPR), August 2009; Abu Sa'ad, Isma'el (ed), Forced Sedentarisation, Land Rights and Indigenous Resistance: The Palestinian Bedouins in the Negev in: Masalha, Nur (ed), Catastrophe remembered. Palestine, Israel and the internal Refugees. Essays in Memory of Edward Said, London/New York 2005; Yiftachel, Oren Bedouin Arabs and the Israeli Settler State: Land Politics and Inidgenous Resistance in: Champagne, Duane; Abu-Saad, Ismael (ed), The Future of Indigenous peoples, Struggles for Survival and Devlopment, UCLA American Indian Studies Center 2003

wieder Thema in verschiedenen UNO-Gremien. Der Plan der israelischen Regierung, die Beduinen von dem letzten ihnen verbliebenen Land zu vertreiben und in eng umgrenzten Reservaten zusammenzufassen – der sogenannte »Prawer-Plan« –, musste 2013 aufgrund des starken Widerstands dagegen im Land sowie internationaler Proteste auf Eis gelegt werden. Zeitgleich haben auch Palästinenser in Galiläa im Norden des Landes begonnen, zu den Dörfern zurückzukehren, aus denen ihre Familien vertrieben wurden.[484] Die kontinuierliche Zunahme der Repression gegen die Palästinenser in Israel macht deren Lage immer ununterscheidbarer von der Lage der Palästinenser in der Westbank. Das führte zu einem immer stärkeren Bezug auf die Ereignisse in den 1967 besetzten Gebieten und einem immer klareren Bewusstsein über die Zusammengehörigkeit der jeweiligen Kämpfe. Sie sind zu der Einschätzung gelangt, dass der Unmöglichkeit, gleiche Rechte für Palästinenser und Juden in Israel zu erreichen und der Sackgasse, in die der Oslo-Prozess führte, dieselbe Ursache zugrunde liegt. »Da alle Palästinenser, einschließlich derjenigen, die in Israel leben, einem einheitlichen System der Unterdrückung unterliegen, brauchen wir eine einheitliche Form der Problemlösung. Rassismus, Apartheid und Kolonialismus sind illegitim und müssen daher aufgehoben werden«, erklärt Awad Abdel-Fattah, dessen Nationaldemokratische Versammlung (NDA) von Anfang an gegen die Oslo-Abkommen war und die für die Rückkehr zu antikolonialem Kampf und nationaler Befreiung eintritt.[485] In den Oslo-Abkommen und der damit verbundenen Korrumpierung der palästinensischen Führung sieht er ein Haupthindernis für die Weiterentwicklung des palästinensischen Kampfes, der sich gegen den Zionismus richten müsse.

Das Zusammenwachsen der Kämpfe der Palästinenser in den 1967 besetzten Gebieten und innerhalb der Grünen Linie drückte sich zum Beispiel während des Gaza-Kriegs 2008/2009 darin aus, dass die Palästinenser aus Protest die größten Demonstrationen ihrer Geschichte, an denen sich jeweils 100.000 bis 150.000 Menschen – 10% der palästinensischen Bevölkerung innerhalb der Grünen Linie – beteiligten. 2010 war unter den Teilnehmern der Hilfsflotte für den Gaza-Streifen, die durch einen israelischen Militäreinsatz daran gehindert wurde, ihr Ziel zu erreichen, auch die palästinensische Abgeordnete Hanin Zoabi. Während der israelischen Offensiven gegen die Westbank und den Gaza-Streifen im Sommer 2014 ging auch die einheimische Bevölkerung innerhalb der grünen Linie tagelang in zahlreichen Dörfern und Städten auf die Straße.[486]

Die Palästinenser in Israel haben eine wesentliche Rolle dabei gespielt, einen Paradigmenwechsel in der Analyse der palästinensisch-zionistischen Auseinandersetzung

484. Cook, Jonathan, The Return to Iqrit, Aljazeera 9.8.2013; Ghantous, Waad, Kufr Bir'im: The Right of Return to Palestine, Aljazeera 12.8.2014
485. Cook, Jonathan, »It's Time for Palestinians in Israel to stand firm against the Bantustan Plan of Oslo«: An Interview with Awad Abdel Fattah, Mondo Weiss 12.11.2012
486. Wild, Petra, Palästinenser innerhalb der Grünen Linie in Aufruhr, Linke Zeitung 9.7.2014

herbeizuführen. Indem sie den undemokratischen Charakter des Staates Israel und die Fortdauer des Konflikts zwischen einheimischer Bevölkerung und zionistischer Siedlerbevölkerung auch innerhalb der Grünen Linie theoretisch und praktisch aufzeigten, trugen sie dazu bei, das 1967er-Paradigma, dem zufolge der Konflikt mit der Besetzung der Westbank und des Gaza-Streifens angefangen habe, durch das 1948er-Paradigma zu ersetzen, das das zionistische Kolonialprojekt in seiner Gesamtheit zur Ursache des Konflikts erklärt. »Oslo hat seine eigene Antithese in der Form eines politischen Projekts hervorgebracht, das die palästinensische Sache als eine Konfrontation mit dem zionistischen Projekt neu definieren sollte,« erklärt die palästinensische Abgeordnete der Tajamu-Partei Hanin Zoabi. »Bezeichnenderweise brachte Oslo seine antithetisches Projekt innerhalb genau der Gruppe hervor, die es ausschloss: die Palästinenser in Israel. Dieses Segment der palästinensischen Bevölkerung formulierte ihr nationales Projekt in einer Weise, das ihre Reintegration in das palästinensische Volk und den palästinensischen Kampf sichern sollte und ihren Platz als integraler Bestandteil der palästinensischen Sache, sowohl als Teil des Konflikts als auch als Teil der Lösung, garantieren sollte. Ironischerweise war es ihre israelische Staatsbürgerschaft, die es ihnen ermöglichte, das zu tun. Die Palästinenser in Israel haben erfolgreich den Widerspruch zwischen Zionismus und demokratischer Staatsbürgerschaft genutzt, die ihnen aufgezwungen wurde, um ihr nationales Projekt wiederaufzubauen.«[487]

---

487. Aljazeera Roundtable, What is the Future of the Palestinian National Movement ? Haneen Zoabi, 6.6.2014«

15. Was jüdische Israelis bei der Ein-Staat-Lösung zu gewinnen hätten

»Erinnern Sie sich an die Bilder von den Hubschraubern [auf dem Dach der amerikanischen Botschaft in Südvietnam 1975] und wie die Leute darum gekämpft haben, an Bord zu gelangen? Das ist ein Szenario, das Israelis sehr ernst nehmen sollten.«
(Ilan Pappe, März 2014)[488]

Die Vorstellung der Entzionisierung jagt vielen jüdischen Israelis Angst ein. Natürlich geht es beim Projekt des demokratischen Staates primär um Gerechtigkeit für die Palästinenser, aber auch jüdische Israelis hätten dabei etwas zu gewinnen. Es garantiert ihnen, dass sie im Land bleiben und als gleichberechtigte Staatsbürger akzeptiert werden können. Sie könnten sich von der Last, Kolonialherren zu sein, befreien und endlich Frieden mit ihrer Geschichte und den vielen schwerwiegenden Verbrechen der zionistischen Bewegung schließen, die viele von ihnen plagen. 130 Jahre nach Beginn der zionistischen Kolonisierung Palästinas kämpfen die Palästinenser noch immer um ihre Befreiung und ihre Rechte, so dass keine Chance besteht, jemals ein normales Leben auf geraubtem Land führen zu können. Dass es derzeit in der Gestalt der Autonomiebehörde eine beträchtliche Anzahl von einheimischen Kollaborateuren gibt, die Israel die Kolonialpolitik erleichtern, ändert nichts an dieser Tatsache. »Ganz gleich, was unsere Heuchler, Onkel Toms oder ›falschen Propheten‹ sagen mögen, es gibt für Israel als exklusivem und siedlerkolonialistischem Staat keine Hoffnung, jemals von seinen Opfern akzeptiert zu werden oder seine Taten verziehen zu bekommen – und das sind, wie sie wissen sollten, die einzigen, deren Vergebung wirklich zählt«, betont Omar Barghouthi.[489]

Das Leben mit der Lüge

Siedlerkolonialistische Gesellschaften sind geprägt von der Ersetzung der Realität durch die Fiktion. Um ihre Selbstlegitimierung und ihr positives Selbstbild aufrechterhalten zu können, sind sie auf eine ständige Verdrehung und Ausblendung der Realität angewiesen. Niemand glaubt die Propaganda so sehr wie der Propagandist selbst. Das erzeugt nicht nur falsches Bewusstsein und falsche, manipulierte Gefühle, es beschädigt die Art des Denkens selbst. Der Psychologe Daniel Bar-Tal

---

488. Flashpoint News Magazine on Radio Pacifica 19.3.2014, Pappe: Israel has to change, otherwise it will pay a Price unter: sabbah.biz/mt/archives/2014/03/25/pappe-israel-change
489. Barghouthi, Omar, Relative Humanity: The fundamental Obstacle to a One-State Solution in historic Palestine (2/2), Electronic Intifada 6.1.2004

hat in seinen Untersuchungen festgestellt, dass es in der jüdisch-israelischen Bevölkerung einen Mangel an kritischem Denken gibt und dass Engstirnigkeit und der Wunsch, die Realität auszublenden, weit verbreitet sind.[490]

Eitan Bronstein von der Organisation Zochrot weist darauf hin, dass viele derjenigen, die ethnische Säuberungen und Massaker von 1948 durchgeführt haben, von Traumata und verdrängten Schuldgefühlen geplagt werden.[491] Ein Beispiel dafür ist Amnon Neumann, der sein Trauma als erster in konstruktive politische Aktion umgesetzt hat. Er hat Zochrot gegenüber einen Bericht der Aktionen, an denen er 1948 beteiligt war, gegeben, der aufgezeichnet wurde und zur von Zochrot begonnenen Aufarbeitung der Vergangenheit gehört. Neumann war als Mitglied der Palmach-Kommandotruppe an der Vertreibung der einheimischen Bevölkerung aus dem Süden des Landes zwischen Sderot und Gaza beteiligt. Die Erinnerung an diese Ereignisse macht ihm noch immer zu schaffen: »Ich zerfleische mich schon seit 50-60 Jahren, aber was getan wurde, wurde getan. Es wurde auf Befehl ausgeführt.« Amnon Neumann setzt sich heute für die Rückkehr der vertriebenen Palästinenser ein. 2013 eröffnete er den zweiten Tag der Zochrot-Konferenz »Für Wahrheit und Wiedergutmachung« mit einem Manifest gegen den Zionismus, in dem er sich für eine Ein-Staat-Lösung einsetzt.[492] Michael Warschawski vom »Alternative Information Center« zufolge zerfrisst die Verdrängung der Nakba die gesamte jüdisch-israelische Bevölkerung. Erst wenn diese anerkannt wird und dass dadurch entstandene Unrecht beseitigt ist, wird nach Ansicht vieler kritischer Israelis ein Leben in Israel überhaupt erst möglich. Wie Eitan Bronstein von Zochrot es ausdrückte: »Und mit ›leben‹ meine ich wirklich leben in der wahren Bedeutung des Wortes.« Erst dann entstünde auch die Möglichkeit, eine wirkliche Beziehung zu dem Land zu entwickeln, »seine Sprache zu sprechen, seine Geschichte zu kennen, nicht nur, es zu erobern und in einen Mythos zu verwandeln, Angst zu haben und woanders als in diesem Land sein zu wollen, wenn sich mir eine gute Gelegenheit bietet, bei jeder Gelegenheit ins Ausland abzuhauen (immer in westliche Richtung).«[493]

Die Befreiung der Palästinenser ist die Bedingung für die Befreiung der Juden in Palästina. Der palästinensische Flüchtling Anwar Ben Badis schrieb zum Nakba-Tag 2014 in der Zionismus-kritischen israelischen Onlinezeitung +972 *Magazine*: »Die Ironie ist, dass das Opfer sich in einer ungewöhnlichen Position wiederfindet: dem Täter zu helfen, sich selbst des Mythos zu entledigen, um Befreiung für beide

490. Eldar, Akiva, Is an Israeli Jewish sense of Victimization perpetuating the Conflict with the Palestinians, Haaretz 29.1.2009

491. Bronstein, Eitan, »Min wayn jaye inti?«, Where the Hell do you come from: Repression of the Nakba and post-Trauma among Jews in Israel, Zochrot 05/2009 unter: http://zochrot.org/en/article/50912

492. Levy, Gideon; Levac, Alex, Drafting the Blueprint for Palestinian Refugee's Return, Haaretz 5.10.2013

493. Bronstein, Eitan, An Israeli on Nakba Day: Our Humanity is bound up with your Right of Return, Mondo Weiss 16.5.2010

möglich zu machen; ersterem von der Bitterkeit der Enteignung und letzterem von der Bitterkeit der Sünde. In unserem Land kann Befreiung nicht partiell sein.«[494]

Die Verlängerung der Traumata und das Leben mit der Angst

Die Überwindung des Zionismus würde den Juden in Israel und in aller Welt auch endlich die Möglichkeit geben, die aus ihrer Verfolgungsgeschichte resultierenden Traumata zu heilen. Der Staat Israel hat dies nicht bewirkt, wie oft behauptet wird, sondern im Gegenteil die Traumata verlängert. Die zionistische Führung bedient sich seit der Gründung des Staates Israel kontinuierlich der Angstmache und des Schreckgespenstes des Antisemitismus, um die Juden innerhalb und außerhalb Israels bei der Stange zu halten. Die »Holocaust-Erziehung« beginnt bereits im Kindergarten.[495] Die Geschichte der Juden wird als 2000jährige Verfolgungsgeschichte verstanden, die im Holocaust kulminierte. Jede Kritik an der israelischen Politik wird als Antisemitismus gebrandmarkt. Jeder antizionistische Führer der Region zum »neuen Hitler« erklärt. Die politischen Verhältnisse in der Region werden fortwährend als Wiederholung der Verhältnisse in Europa in den 1930er Jahren beschrieben. So bezeichnete David Ben-Gurion die Araber als »Schüler und sogar Lehrer von Hitler«. In den 1960er Jahren wurde der ägyptische Präsident Jamal Abdel-Nasser zum »neuen Hitler« erklärt. Menachim Begin rechtfertigte die dreimonatige Belagerung und Dauerbombardierung Beiruts im Sommer 1982, indem er sie mit der Bombardierung Berlins durch die Alliierten während des Zweiten Weltkriegs verglich und Ministerpräsident Netanjahu nannte den iranischen Präsidenten Ahmadinedschad auf der Höhe der Kriegspropaganda gegen den Iran gefährlicher als Hitler.[496] Dadurch werden jüdische Israelis mental ständig in den 1930er- und 1940er Jahren festgehalten. Indem jede Kritik an der zionistischen Kolonialpolitik als anti-jüdisch dargestellt wird, hat sich bei der jüdisch-israelischen Bevölkerung das Gefühl festgesetzt, »alle Welt hasst uns, weil wir Juden sind.« Das hat zur Entstehung der oft beschriebenen Belagerungsmentalität innerhalb der jüdisch-israelischen Bevölkerung geführt. Gleichzeitig ist die Umdeutung der Kritik an Israel zum Antisemitismus auch ein Schutz dagegen, sich mit den tatsächlichen Gründen auseinandersetzen zu müssen. Daniel Bar-Tal weist drauf hin, dass die israelische Bevölkerung von ihrer Führung bewusst in Unkenntnis der Ursachen und des Verlaufs des Konflikts mit den Palästinensern und Arabern gehalten und systematisch manipuliert wird. Die Israelis kommen dem aber auch gerne entgegen und lassen sich bereitwillig auf die Manipulation ein, weil dies einem inneren Bedürfnis entspricht. »Sie wollen nicht mit den Fakten verwirrt werden«, erklärt Daniel Bar-Tal. »Wir sind eine Nation,

494. Ben Badis, Anwar, Liberating Israeli Jews from the dark Legacy of the Nakba, + 972 Magazine 15.5.2014
495. Spiegel Online, Lehrplan in Israel: Schon Dreijährige sollen vom Holocaust erfahren, 25.4.2014
496. Flapan, Simha, The Birth of Israel, Myths and Realities, New York 1987, S.135; Cook, Jonathan, Disappearing Palestine, London/New York 2008, S. 235

die in der Vergangenheit lebt, angsterfüllt und unter Engstirnigkeit leidend.« Was nicht ins Weltbild passt, wird nicht zur Kenntnis genommen. So weigerte sich die Mehrheit der jüdischen Israelis nach dem Gaza-Krieg von 2008/2009, sich mit den Berichten von an der Operation beteiligten Soldaten über Gräueltaten der israelischen Armee gegenüber der palästinensischen Zivilbevölkerung auseinanderzusetzen. Dass »die israelische Armee die moralischste Armee« der Welt sei, wie es israelische Politiker und Militärs unablässig erklären, verleiht der jüdisch-israelischen Bevölkerung das Überlegenheitsgefühl, dessen sie so dringend bedarf. Je wichtiger diese Verfolgungsgeschichte für einzelne Israelis ist, desto stärker sind sie zur kritiklosen Übernahme des zionistischen Narrativs bereit. Das erklärt, warum ältere Menschen, die religiöse Öffentlichkeit und rechte Strömungen stärker die zionistische Darstellung des Konflikts akzeptieren, während junge Menschen, die säkulare Öffentlichkeit und linke Strömungen eine kritischere Sichtweise haben, wie Studien zeigen. »Das Ethos des Konflikts ist tief in der jüdischen Gesellschaft verwurzelt. Es ist eine stark verwurzelte Ideologie, die die Ziele der Juden rechtfertigt, ihre Version übernimmt, sie in einem sehr positiven Licht präsentiert und die Legitimität der Araber, vor allem der Palästinenser zurückweist«, erklärt Bar-Tal.[497]

In die aus der Verfolgungsgeschichte resultierende Angst mischt sich die Angst, die wie ein Schatten über jeder Kolonialgesellschaft liegt, weil sie weiß, dass ihr Projekt unrechtmäßig ist und dass sie irgendwann den Preis dafür bezahlen muss. Schon in den 1960er Jahren zeigten Untersuchungen, dass die jüdisch-israelische Gesellschaft von Angst durchdrungen ist. Nach dem Ausbruch der zweiten Intifada nahm diese Angst extrem zu. Während 1999 58% der jüdischen Israelis befürchtet hatten, dass sie oder ihre Familienmitglieder durch Anschläge verletzt werden könnten, waren es 2002 auf dem Höhepunkt der Intifada 92%. Die psychologische Wirkung der während der Intifada ausgeführten Selbstmordattentate hielt auch noch an, als diese längst eingestellt worden waren. 2004 gaben über 80% der jüdischen Israelis an, Angst davor zu haben, einen Bus zu besteigen und fast 60% erklärten, dass sie Angst haben, sich auf öffentlichen Plätzen aufzuhalten. Die Siedlergesellschaft wird von der Angst geplagt, dass ihr Staat nicht überlebt. Besonders deutlich zeigt sich diese Angst, wenn die Kolonisierten sich erheben oder Kriege gegen Nachbarländer in Niederlagen enden. Auf der Höhe der zweiten Intifada 2002 befürchteten 86% der jüdischen Israelis, dass fortgesetzte Anschläge zu einer strategischen oder gar existenziellen Bedrohung für Israel werden können; 2006 waren es 83%. Außerdem gaben 2006 80% der jüdischen Israelis an, Angst vor einem nuklearen Angriff des Iran zu haben, der zur Zerstörung des Staates Israel führt.[498]

Die kanadische Schriftstellerin Margaret Atwood, die sich 2010 in Israel aufhielt,

497. Eldar, Akiva, Is an Israeli Jewish Sense of Victimization perpetuating the Conflicts with the Palestinians, Haaretz, 29.1.2009; siehe auch Bar-Tal, Daniel; Halperin, Eran, Societal Beliefs and Emotions as Socio-Psychological Barriers to Peaceful Conflict Resolution, Palestine-Israel Journal Vol.19, No. 3 2014
498. Bar-Tal; Halperin, 2014 a.a.O.

hat diesen Schatten der Angst sehr eindringlich beschrieben: »Aber … da war der Schatten. Warum zitterte alles ein wenig, wie eine Fata Morgana? War es wie der Moment vor einem Tsunami, wenn die Vögel in die Baumkronen fliegen und die Tiere zu den Hügeln aufbrechen, weil sie ihn kommen fühlen? ›Jeden Morgen wache ich mit Angst auf‹, erzählte mir jemand, ›das ist nur Selbstmitleid und soll entschuldigen, was geschieht‹, sagte jemand anderes. Natürlich, können sowohl Angst als auch Selbstmitleid real sein. Aber mit ›was geschieht‹ meinten sie den Schatten.

Mir war zuvor gesagt worden, dass die Israelis versuchen würden, den Schatten zu überspielen, aber stattdessen sprachen sie unaufhörlich darüber. Zwei Minuten nach dem Beginn jeder Konversation tauchte der Schatten auf. Er wird nicht ›der Schatten‹ genannt, er wird ›die Situation‹ genannt. Er geistert überall herum.

Der Schatten sind nicht die Palästinenser. Der Schatten ist, wie Israel die Palästinenser behandelt, verbunden mit der Angst der Israelis. Je schlimmer die Palästinenser im Namen dieser Angst behandelt werden, desto größer wird der Schatten, und die Angst wächst mit ihm und die Rechtfertigungen für diese Behandlung multiplizieren sich.«[499]

Diese in der kolonialen Situation gründende »psychologische Infrastruktur« führt zur Verhärtung und verlängert das Trauma. Erst wenn die koloniale Situation aufgelöst wird, kann die Geschichte in richtiger Weise aufgearbeitet und begriffen werden. Das würde eine große Last von den Juden innerhalb und außerhalb Israels nehmen. Erste Ansätze dazu gibt es.

Das Scheitern des Zionismus:
Eine fragmentierte Gesellschaft mit unsicherer Identität

Der Zionismus kann gemessen an seinen Ansprüchen als gescheitert betrachtet werden. Es ist ihm weder gelungen, die Mehrheit der Juden nach Palästina zu ziehen, noch eine gemeinsame jüdische Identität, in deren Zentrum Israel steht, zu schaffen. Die jüdisch-israelische Gesellschaft ist extrem fragmentiert. Konfessionelle und ethnische Unterschiede haben die Entstehung einer einheitlichen Gesellschaft verhindert. Ein Jude aus Brooklyn hat nicht viel gemeinsam mit einer Jüdin aus Äthiopien, ein marokkanischer Jude wenig mit einer russischen Jüdin. Religionszugehörigkeit als Basis einer nationalen Identität führt, wie auch das Beispiel Pakistan zeigt, zum religiösen Fundamentalismus und nicht zu einer gemeinsamen säkularen, nationalen Identität. In Israel wird bis heute darüber gestritten, wer nun eigentlich Jude sei. Die Konflikte zwischen den Anhängern der verschiedenen Strömungen des Judentums führen zu strikten Abgrenzungen voneinander, bisweilen sogar zu körperlichen Auseinandersetzungen. Hinzu kommen Konflikte zwischen

---

499. Atwood, Margaret, The Shadow over Israel, Haaretz 2.6.2010

Religiösen und Säkularen, zwischen Ashkenazis (europäische Juden) und Mizrahis (orientalische Juden) und Klassenkonflikte, die ethnisch überlagert sind.

Professor Etzioni Halevi von der Bar Ilan-Universität, der sich mit Fragen der jüdischen nationalen Identität beschäftigt, erklärte: »Wir sind kein einheitliches Volk, die Sprache ist verschieden, die Kleidung ist verschieden, Verhalten und Haltung sind verschieden, sogar das Gefühl von Identität ist verschieden.«[500] Viele jüdische Israelis sind sich dieser Fragmentierung ihrer Gesellschaft bewusst und fürchten ihr Auseinanderfallen. Das einzige, was die jüdisch-israelische Gesellschaft zusammenhält, sind die jüdische Leidensgeschichte, die von oben ständig evoziert wird, sowie das koloniale Projekt. Jüdische Identität in Israel ist im doppelten Sinn negativ bestimmt, einerseits in Abgrenzung zu allem Nicht-Jüdischen und andererseits in der ständigen Betonung der Leidensgeschichte. Edward Said wies darauf hin, dass sich hinter der israelischen Weigerung, die Palästinenser mit ihrer Geschichte und Kultur wahrzunehmen und anzuerkennen, eine »tiefgreifende Instabilität, wenn nicht Leere im Herzen der israelischen Identität« verbirgt. Die erfolgreiche Durchsetzung des zionistischen Kolonialprojekts und sein Fortbestehen über all die Jahrzehnte haben es nicht vermocht, der jüdisch-israelischen Bevölkerung Selbstbewusstsein zu geben, ganz zu schweigen von Offenheit und Großzügigkeit anderen gegenüber, die eine Folge dieses Selbstbewusstseins wären. Edward Said bezeichnete die Frage der jüdischen Identität als eines der größten Probleme Israels. »Kein Staat der Welt kann normalerweise überleben, wenn er nicht der Staat seiner Bürger sondern von so etwas Vagem und Allgemeinem wie »das gesamte jüdische Volk, wo auch immer es sich befindet‹ ist. Israel hat moderne Identität nicht mit tatsächlichen lebendigen Menschen mit Rechten und Pflichten gleichgesetzt, sondern mit einem großen Kollektiv ohne Grenzen in der Vergangenheit, Gegenwart und Zukunft: dementsprechend ist Land, das die Jewish Agency in Treuhänderschaft für das gesamte jüdische Volk auf Dauer verwaltet, kein Rezept für politisches Leben, sondern eine Vermeidung politischen Lebens.«[501]

Der Kolonialismus zerstört nicht nur die Kolonisierten sondern auch die Kolonialisten

Wie jede siedlerkolonialistische Gesellschaft ist auch die jüdisch-israelische von Deformationen gekennzeichnet. Dass Israel kein Land ist, in dem seine Bevölkerung gerne lebt, zeigen die hohen Auswanderungszahlen. Der koloniale Konflikt liegt wie ein übermächtiger Schatten über der israelischen Gesellschaft. Keine Gesellschaft

---

500. Cockburn, Alexander; St. Clair, Jeffrey, Debate between Salman Abu Sitta and Michael Lerner of Tikkun on the Right of Return, Counterpunch 12.2.2003

501. Said, Edward, A truly fragile Identity, Al-Ahram Weekly Issue No. 474, 23-29 March 2000

kann auf Dauer ein Land kolonisieren und seine einheimische Bevölkerung mit Gewalt unter Kontrolle halten, ohne dafür einen Preis zahlen zu müssen. Der Kolonialismus-Forscher Albert Memmi wies bereits in den 1960er Jahren in seiner Studie »The colonizer and the colonized« darauf hin, dass der Kolonialismus nicht nur die Kolonisierten zerstört, sondern auch die Kolonialisten, wenn auch in völlig anderer Weise. Die gewaltsam durchgesetzte Errichtung eines Nationalstaates mit einer jüdischen Bevölkerungsmehrheit auf Kosten der Palästinenser hat den Preis eines Lebens in ständigem Konflikt, dessen regelmäßig wiederkehrende Höhepunkte Aufstände und Kriege sind. Schon Hannah Arendt hatte vorausgesagt, dass unter diesen Umständen die Errichtung eines »jüdischen Staates« nur »auf Kosten eines jüdischen Heimatlandes« gehen kann. Sie prophezeite, dass die Juden in Palästina dazu verurteilt sein würden wie »einer dieser kleinen Kriegerstämme«, immer im Kampf mit ihren Nachbarn zu leben.[502] Die Mischung aus Angst, Hass und Selbstgerechtigkeit, mit der die Mehrheit der jüdischen Israelis auf den Konflikt mit den Palästinensern reagiert, ist ein giftiges Gebräu, das auch die jüdisch-israelische Bevölkerung beschädigt. Die fortwährend gegen die Palästinenser ausgeübte Gewalt schlägt auf die israelische Gesellschaft selbst zurück. Die Verrohung und Brutalisierung des alltäglichen Umgangs miteinander ist eine typische Folge.

Während der ersten Intifada nahm die Gewalt innerhalb der jüdisch-israelischen Gesellschaft massiv zu. Nach Statistiken der israelischen Polizei stieg die Zahl der Morde im ersten Jahr der Intifada innerhalb Israels in Vergleich zum Vorjahr um 28%. Diebstähle, bewaffnete Raubüberfalle, Jugendgewalt, Vergewaltigungen, das organisierte Verbrechen und die allgemeine Brutalisierung der jüdisch-israelischen Gesellschaft nahmen ebenfalls zu. Parallel dazu stiegen der Drogenkonsum, besonders unter Soldaten, sowie die Zahl der psychischen Erkrankungen. Wie die unabhängige arabische Tageszeitung Al-Quds al-Arabi im Oktober 2003 berichtete, litt in diesem Zeitraum jeder dritte jüdische Israeli an psychischen Störungen. Die Anzahl derjenigen, die sich wegen Spannungen, psychischen Druck und Depressionen aufgrund der Sicherheitslage an öffentliche Gesundheitszentren wandten, stieg auf täglich 25.000 Menschen. Die zweite Intifada versetzte die jüdischen Israelis in einen Zustand der Angst und Unsicherheit, in dem sie die weitere Existenz ihres Staates als bedroht ansahen.[503] Die darauf folgenden Kriege gegen den Libanon und den Gaza-Streifen mit ihrem anhaltenden Raketenbeschuss israelischer Staatsterritoriums erhalten die Angst aufrecht. Eine Studie der Soziologischen Fakultät der Universität Tel Aviv zeigt, dass 10%-15% der jüdisch-israelischen Bevölkerung unter posttraumatischen Belastungsstörungen (PTSD) leidet. Da diese Studie vor dem Gaza-Krieg von 2014 erstellt wurde, der eine neue Qualität des palästinensischen

---

502. Munayyer, Youssef, Thinking outside the Two-State Box, The New Yorker 20.9.2013
503. Awadh, Walid, Ökonomischer und sozialer Verschleiß Israels infolge der Intifada, al-Quds al-arabi 5.10.2003 (Arabisch); Landau, Simha, Societal Cost of political Violence: the Israeli Experience, Palestine-Israel Journal Vol.10 No.1, 2003

militärischen Widerstands zeigte, ist davon auszugehen, dass die Anzahl der PTDS-Betroffenen heute weitaus größer ist.[504]

Der in der jüdisch-israelischen Siedlergesellschaft weit verbreitete Hass begleitet die Angst. Sozialpsychologische Studien zeigen, dass etwa ein Drittel der jungen jüdischen Israelis von einem hochgradigen Hass gegenüber Arabern durchdrungen ist, unter der erwachsenen Bevölkerung weist mehr als ein Drittel einen Hass mittlerer Intensität gegenüber den Arabern auf.[505]

Die Gewöhnung an den Einsatz von Gewalt, den junge Israelis in ihrem Einsatz als Soldaten in der Westbank oder im Gaza-Streifen lernen, wirkt auch nach der Beendigung des Wehrdienstes weiter. Hinzu kommt, dass viele Israelis – auch ohne Aufstand – durch den Wehrdienst traumatisiert werden und unter psychischen Störungen leiden. Viele von ihnen landen in der Psychiatrie, andere gehen nach Indien, um sich dort dem Drogenrausch zu ergeben.[506]

Ein weiteres Indiz für die Erosion des Zionismus ist die abnehmende Bereitschaft der israelischen Jugend, ihren Wehrdienst zu leisten. Dieses Phänomen nahm bereits während der zweiten Intifada zu, erreichte aber nach den Niederlagen der israelischen Armee neue Ausmaße. So stieg der Anteil der Israelis, die keinen Wehrdienst leisten, von 12% im Jahr 1980 nach der militärischen Niederlage im Libanon auf 26% im Jahr 2007. Nach Prognosen des Militärs wird dieser Anteil im Jahr 2020 43% erreichen. Während noch 1988 94% der Elft- und Zwölfklassler angaben, dass sie sich freiwillig zum Wehrdienst melden würden, wenn keine Wehrpflicht bestünde, so waren es 2007 nur noch 58%. Die fortgesetzten Niederlagen der israelischen Armee führen zu einer schleichenden Untergrabung von deren Moral und Position in der Gesellschaft. Im Mai 2010 meldete die *Jerusalem Post*, dass dem israelischen Militär 10.000 Soldaten fehlten. Um die erforderliche Truppenstärke aufrechtzuerhalten, ist die israelische Regierung dazu übergegangen, auch Ultra-Orthodoxe, die mehr als 10% der Bevölkerung ausmachen und zuvor freigestellt waren, zum Wehrdienst zu verpflichten. Das hat jedoch zu großen Protesten der Ultra-Orthodoxen geführt und birgt das Potenzial, die innerisraelischen gesellschaftlichen Widersprüche zu verschärfen.[507]

Das Militär gilt nach wie vor als diejenige Institution, der die jüdisch-israelische Bevölkerung das meiste Vertrauen entgegenbringt, aber längst nicht mehr in

504. Bertoluzzi, Giulia; Spocci, Costanza, For young Israelis the other side »simply does not exist«, Middle East Eye 15.11.2014
505. Bar-Tal, Daniel; Halperin, Eran, Societal Beliefs and Emotions as Socio-Psychological Barriers to Peaceful Conflict Resolution, Palestine-Israel Journal Vol.19, No. 3, 2014
506. International Solidarity Movement, Second Interview with Ilan Pappe: The basic Israeli Ideology _ Zionism – is the Problem, 11.7.2013; Yoav Shamir, Flipping out in India, 2008 (Dokumentarfilm); siehe auch Warschawski, Michael, Mit Höllentempo. Die Krise der israelischen Gesellschaft, Hamburg 2004
507. Heller, Jeffrey, Netanyahu moves to end religious military Exemptions, Ma'an News Agency 8.7.2012; Aljazeera, Israeli PM backs full Conscription 8.7.2012

dem Maße wie früher. Allein zwischen 2004 und 2009 sank das Vertrauen in das Militär von 86% auf 79%.[508]

Die Befreiung der arabischen Juden

Der Zionismus wollte einen europäischen Staat in der arabischen Welt errichten, aber viele der eingewanderten Siedler waren selbst Araber. Da alles Arabische verachtet wurde, musste dieser »Makel« möglichst vollständig beseitigt werden. So schrieb David Ben-Gurion über die orientalischen Juden: »Diese [Juden] aus Marokko hatten keine Bildung. ... Der marokkanische Jude hat eine Menge von den marokkanischen Arabern übernommen. Die Kultur Marokkos hätte ich nicht gerne hier. Und ich sehe nicht, welchen Beitrag anwesende [jüdische] Perser leisten können. ... Wir wollen nicht, dass die Israelis Araber werden. Wir haben die Pflicht, den Geist der Levante zu bekämpfen, der Individuen und Gesellschaften korrumpiert, und die authentischen jüdischen Werte zu bewahren, wie sie sich in der [europäischen] Diaspora herausbildeten.«[509]

In einem Prozess der Zwangseuropäisierung wurde den arabischen Juden eine europäische Identität übergestülpt, sie wurden »zivilisiert«. Arabisch-Sein und Jüdisch-Sein wurden als Gegenteile gesetzt, was es in der Geschichte der orientalischen Juden niemals gegeben hatte. Bei ihrer Ankunft besprühte man arabische Juden mit Desinfektionsmitteln und steckte sie dann in Übergangslager. In den 1950er Jahren wurden radioaktive Menschenversuche – die sogenannten Ringworm-Experimente – mit ihnen gemacht, an denen Tausende starben.[510] Sie wurden von ihrer eigenen Kultur und Geschichte abgetrennt und blieben als gebrochene Subjekte zurück. Die arabisch-jüdische Kulturwissenschaftlerin Ella Shohat hat die zerstörerischen Folgen dieser Zwangseuropäisierung aufgezeigt. Sie schreibt: »Ein wesentliches Merkmal des Kolonialismus ist die Entstellung und sogar Verleugnung der Geschichte der Kolonisierten. ... Das zionistische Masternarrativ hat wenig Platz für Palästinenser oder Sephardim, aber während die Palästinenser ein klares Gegennarrativ haben, ist die sephardische Geschichte eine gebrochene, eingebettet in die Geschichte beider Gruppen. Durch die Abgrenzung des ›bösen‹ Ostens (die Mosel-Araber) vom ›guten‹ Osten (der jüdische Araber) hat es Israel auf sich genommen, die Sepharden von ihrem Arabisch-Sein zu säubern und sie von ihrer ›Ursünde‹, zum Orient zu gehören, zu erlösen. Die israelische Historiographie absorbiert die Juden aus Asi-

508. Zacharia, Janine, Israel confronts flagging Interest in military Service, The Washington Post 7.11.2010
509. Zitiert nach: Massad Joseph A., The Persistance of the Palestinian Question. Essays on Zionism and the Palestinians, Abingdon/New York 2006, S. 61; siehe auch Shohat, Ella, Sephardim in Israel: Zionism from the Standpoint of its Jewish Victims in: McClintock, Anne; Mufti, Aamir, Dangerous Liasions: Gender, Nation and postcolonial Perspectives, Minneapolis, 1997, S. 42ff. .
510. Cook, Jonathan, Israel's very own History of Eugenics, 26.9.2014 unter: www.jonathan-cook.net/blog/2014-09-26/Israels-very-own-history-of-eugenics/; Chamish, Barry, Ringworm and Radiation, Israeli Insider 19.8.2014 unter: www.ha-keshet.org.il

en und Afrika in die monolithische offizielle Erinnerung europäischer Juden. ...
Aus der Perspektive des offiziellen Zionismus erscheinen Juden aus arabischen und
muslimischen Ländern erst auf der Weltbühne, als sie auf der Landkarte des hebräischen Staates zu sehen sind, genauso wie die moderne Geschichte Palästinas als mit
der zionistischen Erneuerung des biblischen Mandats beginnend angesehen wird.«
Während der ›böse‹ Teil des Orients – die einheimischen nicht-jüdischen Palästinenser – vertrieben wurden, wurde der ›gute‹ Teil des Orients – die sephardischen
Juden – einem ›komplementären Trauma‹ ausgesetzt, in dem ihr kulturelles Erbe
ausgelöscht wurde und sie dazu gebracht wurden, sich für ihre arabische Identität
zu schämen – angefangen bei ihrer Musik bis hin zu ihren Herkunftsländern und
sogar für ihre dunklere Haut.«[511] Shohat bezeichnet die Zwangseuropäisierung der
orientalischen Juden als »ein kulturelles Massaker riesigen Ausmaßes, durch das in
ein oder zwei Generationen Jahrtausende einer selbst in ihrer Vielfalt einheitlichen
orientalischen Kultur zum Teil erfolgreich ausradiert wurden.«[512]

In einem anderen Text weist Ella Shohat auf die fortgesetzte Diskriminierung der
Sephardim in Israel hin. Für arabische Juden, die in die arabischen Gesellschaften
integriert waren, war die Immigration nach Israel ein gesellschaftlicher Abstieg. »In
Ägypten, Marokko, Syrien, dem Libanon, dem Irak und Tunesien wurden Juden
Parlamentsabgeordnete, waren in Kommunalräten und in der Justiz und nahmen
sogar führende ökonomische Positionen ein.« Die Immigration nach Israel »bewirk-
te unsere Entwurzelung und unklare Stellung in Israel selbst, wo wir systematisch
durch Institutionen diskriminiert worden sind, die all ihre Energien und Material
beständig zum Vorteil europäischer Juden und zum Nachteil orientalischer Juden
eingesetzt haben. ... Was für aschkenasische Juden aus Russland und Polen eine
soziale Aliya (wörtlich: Aufstieg) war, war für die orientalischen sephardischen Juden
eine Yerida (ein Abstieg).«[513] Die orientalischen Juden wurden in vernachlässigten
»Entwicklungsstädten« zusammengefasst oder an der libanesischen Grenze angesie-
delt, so dass der sporadisch von dort kommende Raketenbeschuss jüdische Araber
und nicht etwa jüdische Europäer treffen würde. Es gibt nicht wenige arabische
Juden, die bereuen, nach Israel gegangen zu sein und sich nach ihren Herkunftsländern zurücksehnen. Der Aktivist Reuven Abergel, der aus Marokko stammt und in
den 1970er Jahren in der »Black Panther«-Bewegung der orientalischen Juden aktiv
war, sagte nach einem Besuch in Marokko: »10 Tage in Marokko waren besser als

---

511. Zitiert nach Chamseddine, Roqayah, The Myth of the »Arabs versus Jews« Narrative, al-Akhbar
31.7.2014
512. Shohat, Ella Habiba, Nation und Modernisierung: der Fall der Mizrahim in: Verein »Gegentagung zum
Herzl-Jubiläum«, Hundert Jahre Zionismus. Befreiung oder Unterdrückung?, Beiträge der Gegentagung
zum Herzl-Jubiläum, Köln 1998, S. 85
513. Shohat, Ella Habiba, Refeelections by an Arab Jew, Nasawi News and Arts Quarterly, 17.4.1999 unter:
www.ha-keshet.org.il/articles.asp?article_id=319; siehe auch Rose, John, Mythen des Zionismus. Stolpersteine auf dem Weg zum Frieden, Rotpunktverlag 2004, S. 292ff.

62 Jahre in Israel.« Nach wie vor sieht er sich als Marokkaner: »Ich wurde als Marokkaner geboren und ich werde als Marokkaner sterben.«[514]

Da den orientalischen Juden ihre nicht-europäische Herkunft als Makel anhaftet, aufgrund dessen sie fortwährend diskriminiert werden, versuchen viele von ihnen sich davon zu distanzieren, indem sie »päpstlicher als der Papst« sind. »Den orientalischen Juden musste beigebracht werden, die Araber – sich selbst und andere – als Andere zu sehen«, erklärt Ella Shohat.[515] Das hat zur Schizophrenie geführt. Um sich von ihrer arabischen Herkunft reinzuwaschen, legen sie einen besonders ausgeprägten anti-arabischen Rassismus an den Tag. Ein Beispiel dafür ist der bereits erwähnte Rabbiner Ovadia Yossef, der 1920 im irakischen Bagdad geboren wurde. Als er vier Jahre alt war, wanderten seine Eltern mit ihm nach Palästina aus, um sich am zionistischen Kolonisierungsprojekt zu beteiligen. Er ist ein extremes Beispiel für die Selbstentfremdung und Identitätsverleugnung vieler orientalischer Juden, die mittlerweile die Mehrheit der jüdisch-israelischen Bevölkerung ausmachen. Ein anderes Beispiel ist der Schriftsteller A.B. Yehoshua, dessen Abgrenzung von seinen orientalischen Ursprüngen Yitzhak Laor beschreibt.[516]

Die Wiederintegration der Juden in die arabische Welt

Im zionistischen Narrativ wird der arabische Teil der jüdischen Geschichte komplett ausgeblendet. So gab es bereits vor dem Aufkommen des Islams auf der arabischen Halbinsel ein jüdisches Königreich. Nach dem Aufkommen des Islams war die Situation der Juden in der arabischen Welt Jahrhunderte lang von Koexistenz und Toleranz geprägt. Die arabische Welt hat die Juden, die in Europa verfolgt und vertrieben wurden, aufgenommen, zum Beispiel im 15. Jahrhundert als sie zusammen mit den Muslimen von den katholischen Königen in Spanien, die eine religiös definierte »Reinheit des Blutes« durchsetzen wollten, vertrieben wurden. Größere Spannungen im Verhältnis zwischen Juden und Muslimen entstanden erst infolge des europäischen Kolonialismus, der mit seiner klassischen Teile-und-Herrsche-Politik die verschiedenen Religionsgemeinschaften gegeneinander ausspielte. In Algerien zum Beispiel gewährte die französische Kolonialmacht den Juden und Christen im Gegensatz zu den Muslimen, die die Mehrheit der einheimischen Bevölkerung ausmachten, Privilegien. Sie wurden als »zivilisierter« als die Muslime angesehen und in die Kolonialverwaltung integriert.

Die arabischen Juden waren vor allem Araber. Sie waren geprägt von der arabischen Kultur und Geschichte ihrer Herkunftsländer. Das ist den jüdischen Arabern

---

514. Youtube, Interview with Reuven Abergel, founder of the »Israeli« black Panthers, hochgeladen am 27.2.201; Akleh, Elias, Zionist Crimes against the Jews, Countercurrents 11.11.2013
515. Chamseddine, Roqaya, The Myth of »Arabs versus Jews« Narrative, al-Akhbar 31.7.2014
516. Laor, Yitzhak, The Myths of Liberal Zionism, New York 2009, Kapitel »I don't even want to know their Names – on Hatred for the East: A.B. Yehoshua and the Shame of Being Sephardi,« S.127

in Israel teilweise auch heute noch anzumerken. In dem Film »Route 181« von Eyal Sivan und Michel Khleifi werden unter anderem marokkanische Juden im Norden des Landes interviewt. Deren Gastfreundschaft, die Art des Umgangs miteinander, die Gestik und dieser ganz besondere Humor weisen sie klar als Araber aus. Der Zionismus hat nicht – wie es sein Anspruch war – die jüdische Identität entwickelt und die jüdische Kultur zum Blühen gebracht, sondern das Gegenteil getan. Das Judentum auf das europäische Judentum zu reduzieren, wie es der Zionismus getan hat, fügte nicht nur den arabischen Juden großes Unrecht zu, sondern verwandelte auch die überaus reiche und mannigfaltige Geschichte des Judentums in eine dürre, sterile und unwahre Angelegenheit. Eine Ein-Staat-Lösung würde, da sie mit dem Eurozentrismus des Zionismus brechen würde, die orientalischen Juden aus dem europäischen Zwangskorsett befreien, in das der Zionismus sie geschnürt hat. Sie könnten sich offen zu ihrer arabischen Identität, Geschichte und Kultur bekennen. Endlich könnte auch die tatsächliche Geschichte der Juden – in ihren europäischen und arabischen Aspekten – geschrieben werden und die zionistische mythische Fassung derselben getrost dem Mülleimer der Geschichte überantwortet werden. Die Überwindung des Zionismus würde die Juden wieder zu ganz normalen Bewohnern der arabischen Welt machen und die alte Koexistenz und Freundschaft zwischen Juden und Nicht-Juden in der Region neuerlich ermöglichen.

16. Der Weg zum demokratischen säkularen Staat

»*Aber die brutale Realität ist, dass es solange kein Ende von Israels Besatzung geben wird, bis die Palästinenser und ihre Unterstützer in der Lage sind, den Preis für den Besatzer auf die eine oder andere Art in die Höhe zu treiben und das Kräfteverhältnis zu verändern.*« (Seumas Milne)[517]

Die Vorstellungen darüber, wie der demokratische säkulare Staat zu erreichen sei, gehen auseinander. Die einen gehen von einem friedlichen Übergang in absehbarer Zeit aus, in dem internationaler Druck auf Israel eine Hauptrolle spielen wird, andere sehen viele Jahre der Konfrontation vor sich. Von Skeptikern wird gerne angeführt, dass es angesichts des großen Misstrauens und Hasses auf beiden Seiten höchst unwahrscheinlich sei, dass ein gemeinsamer demokratischer säkularer Staat jemals Wirklichkeit werden könne und dass es für jüdische Israelis angesichts der großen Kluft zwischen der israelischen Macht und der palästinensischen Machtlosigkeit keinen Grund gäbe, einem unitarischen Staat zuzustimmen, in dem Juden per definitionem die Minderheit sein werden.

Auch die weiße Siedlerbevölkerung in Südafrika hatte sich zunächst gegen die Umwandlung der Apartheid in eine Demokratie gestellt. Unter dem Druck des Widerstands der einheimischen Bevölkerung und internationaler Sanktionen konnten die weißen Südafrikaner am Ende zu einer Änderung ihrer Position gebracht werden. Das bestätigt die historische Erfahrung, dass es auf die Dynamik des Kampfes ankommt, um die Siedlerbevölkerung zum Einlenken zu bringen. Omar Barghouthi deutete das bereits Ende 2003 an, als er fragte: »Ist israelische Zustimmung wirklich als erster Schritt nötig oder kann sie letzten Endes durch eine Kombination von intensivem Druck und dem Mangel an einer praktikablen Alternative wie im Falle Südafrikas erreicht werden?«[518]

Aktivisten und die an der Debatte beteiligten Wissenschaftler gehen davon aus, dass die entscheidenden Faktoren für die Durchsetzung des demokratischen säkularen Staates der palästinensische Kampf und der internationale Druck sein werden. Das erfordert die Reorganisierung des palästinensischen Kampfes und die Entwicklung einer starken internationalen Solidaritätsbewegung. Von besonderer Bedeutung sind auch die Schwächung der USA, Israels Schutzmacht in der Region,

---

517. Milne, Seumas, Gaza: This shameful Injustice will only end if the Cost of it rises, The Guardian 16.7.2014
518. Barghouthi, Omar, Relative Humanity the essential Obstacle to a just Peace in Palestine, Counterpunch, 12.-14.12.2003

die Trennung der Juden innerhalb und außerhalb Israels vom Zionismus sowie das Bündnis mit arabischen antiimperialistischen Kräften. Von den wichtigsten Bedingungen für die Realisierung der Ein-Staat-Lösung ist die internationale Solidaritätsbewegung, die sich vor allen in der BDS-Kampagne ausdrückt, am weitesten entwickelt. Den größten Schwachpunkt bildet der Stand des palästinensischen Kampfes in der Westbank.[519]

Der Kampf der Palästinenser gegen die doppelte Besatzung Israels und der Autonomiebehörde

Der Kampf der in Palästina lebenden Palästinenser ist die Voraussetzung für alles andere. Der Oslo-Prozess zerstörte die alten Strukturen des palästinensischen Widerstands und vermochte durch einen umfassenden Prozess des »social engineerging« einem Teil der palästinensischen Bevölkerung, vor allem in den Städten der Westbank, den Widerstandsgeist auszutreiben. Geographische und politische Fragmentierung, die Kollaboration der Autonomiebehörde mit Israel, die Repression durch deren Sicherheitsapparat, die in der neoliberalen Politik der Autonomiebehörde gründende Zunahme des Individualismus, der Verlust an politischer Perspektive und organisatorischen Strukturen, die ökonomische Abhängigkeit eines großen Teils der Bevölkerung von der Autonomiebehörde und die hohe Verschuldung der Mittelschicht, die auf Stabilität setzt, um ihre Schulden abzahlen zu können, haben den palästinensischen Kampf in eine tiefe Krise geführt.[520] Die Autonomiebehörde hat kein demokratisches Mandat und regiert mit den Mittel eines Polizeistaats, was die politische Meinungsäußerung, Mobilisierung und Organisierung extrem schwer macht. Gegen die 2006 demokratisch gewählte Hamas-Regierung initiierte und finanzierte das US-State Departement destabilisierende Maßnahmen in Gaza, die vom Sicherheitsapparat der alten, von al-Fatah kontrollierten Autonomiebehörde durchgeführt wurden, und einen Putsch in der Westbank, der die alten herrschenden Fraktionen wieder an die Macht brachte.[521] Die Amtszeit von Präsident Abbas, unter dessen Regie all das geschah, ist bereits Anfang 2009 abgelaufen. Damit nicht wieder die falsche politische Kraft gewinnt, wurden seit 2006 vorsorglich keine

---

519. Vgl. Barghouthi, Omar, Re-imagening Palestine: Self-Determination, Ethical Decolonization and Equality, Znet 29.7.2009; Pirker, Werner, »Ein Palästina für zwei Völker,« Gespräch mit Yoav Bar, Junge Welt 27.3.2010; Sourani, Ghazi, Beitrag zur 2.Haifa-Konferenz für das Recht auf Rückkehr und den demokratischen, säkularen Staat, Ajras al-Awda 26.5.2010;

520. Hillal Jamil, Analysis: What's stopping the Third Intifada? Al-Shabaka 20.5.2014; Al-Tamimi, Ola, How the West Bank was domesticated, al-Akhbar 22.7.2014; Dana, Tariq, The Palestinian Resistance and its Enemies, Jacobin Magazine, New York 21.7.2014; Khalidi, Raja; Samour, Sobhi, Neoliberalism as Liberation: The Statehood Program and the Remaking of the Palestinian National Movement, Journal for Palestine Studies Vol. XI No. 2 (Winter 2011)

521. Massad, Joseph, Pinochet in Palestine, Electronic Intifada 11.11.2006; Rose, David, The Gaza Bombshell, Vanity Fair, Leicestershite April 2008

Wahlen mehr durchgeführt. Die Westbank hat eine der höchsten Polizeidichten der Welt. Hinzu kommen – ähnlich wie in Ägypten – zivile Schlägertrupps, die auf Demonstranten und Kritiker losgelassen werden.

Die historischen PLO-Organisationen sind allesamt Teil des Oslo-Prozesses und haben sich so von einem Instrument zur Erlangung palästinensischer Rechte in ein Hindernis des Kampfes entwickelt. Sie haben kaum noch eine Basis in der Bevölkerung. Versuche, die PLO zu demokratisieren, sind immer wieder gescheitert. Der Kampf findet größtenteils abseits dieser Organisationen statt. Es gibt zahlreiche Gruppen und Basisorganisationen, wie BADIL in Bethlehem, die schwerpunktmäßig zur Flüchtlingsfrage arbeitet, die »Jordan Valley Solidarity«, die den Widerstand gegen Landraub und Vertreibung im Jordantal organisiert, Volkskomitees und Jugendgruppen. Die Vielzahl der autonomen Gruppen, Basisorganisationen und Aktivisten, die den Kampf auf unterschiedlichen Ebenen fortsetzen, leiden allesamt an Zersplitterung. Versuche, übergreifende Organisationen innerhalb und außerhalb Palästinas zu schaffen, zeitigten bisher nur begrenzte Ergebnisse. Trotz dieser Schwierigkeiten und trotz der Korrumpierung eines Teils der Mittelschicht ist es den vereinten Bemühungen Israels, der Autonomiebehörde, der USA und EU jedoch nicht gelungen, die Palästinenser zu befrieden. Sie weigern sich noch immer, ihr Land, ihre Rechte und die Hoffnung auf Befreiung aufzugeben. Eine Ureinwohnerin Nordamerikas, Waziyatawin, die den zionistischen Siedlerkolonialismus mit dem nordamerikanischen Siedlerkolonialismus vergleicht und Palästina 2012 besuchte, war beeindruckt vom Widerstandsgeist der Palästinenser: »Der andauernden Besatzung standzuhalten, erfordert, das Endziel der Befreiung niemals aus den Augen zu verlieren und sich an Akten des Widerstand leidenschaftlich zu beteiligen oder sie zu unterstützen. In Palästina geschieht das. Die Mehrheit der Palästinenser behandelt den Siedlerkolonialismus immer noch wie einen Krieg, der gegen sie geführt wie. Sie haben ihren Glauben an das Recht auf ihr Land niemals aufgegeben. Und sie glauben, dass Befreiung erreichbar ist. Unter den Menschen, die ich getroffen habe, habe ich ein beständiges Gefühl des Trotzes angesichts der Ungerechtigkeit gespürt. Das Geschenk, das ich in Palästina erhalten habe, war Inspiration. Die Palästinenser sind zu Experten der Aufrechterhaltung einer Kultur des Widerstands geworden. Immer und immer wieder habe ich Menschen mit ihren furchtlosen und tapferen Geschichten über Besatzungserfahrungen erlebt, die es dem Siedler-Narrativ nicht gestatten, die anti-koloniale Perspektive zu infiltrieren oder zu korrumpieren. In jeder Stadt habe ich Menschen getroffen, die bereit sind, ihr Leben und ihre persönliche Freiheit für ein befreites Palästina zu riskieren – sowohl Menschen mit ›Märtyrern‹ in ihren Familien, die den ultimativen Preis für ihr Engagement gezahlt haben, als auch Männer und Frauen, die bereits Jahre in israelischen Gefängnissen verbracht haben. Ich habe Menschen getroffen, die von der israelischen Armee als menschliche Schutzschilde benutzt wurden, die geschlagen wurden und auf die geschossen wurde, die aber trotzdem nicht zuließen, dass das ihren Widerstandsgeist dämpft. ... Während nicht alle Palästinenser sich im Widerstand gegen den Siedlerkolonialismus engagieren, gibt es einen starken Teil der Bevölkerung, der den Kampf würdigt. Innerhalb dieser Bevölkerung werden Akte des Widerstands gefeiert und diejenigen, die sie begehen, geehrt. Es war dieser Aspekt Palästinas, den ich am schönsten fand.«[522]

Vor dem dritten Gaza-Krieg beschränkte sich der Kampf der palästinensischen Bevölkerung in der Westbank weitgehend auf Demonstrationen in Dörfern gegen die Mauer und den fortgesetzten Siedlungsbau, an denen sich regelmäßig internationale und israelische Aktivisten beteiligten. International wurden sie als erfolgreiches Beispiel des »gewaltfreien Widerstands« gefeiert und auch die Autonomiebehörde gewährt ihnen taktische Unterstützung. Die Beschränkung des Widerstands auf diese Form war Bestandteil des Mekka-Abkommens von 2007, das den Konflikt zwischen Fatah und Hamas beilegen sollte.[523] Diese Demonstrationen finden seit 2005 statt, aber abgesehen von internationaler Öffentlichkeit haben sie nach Einschätzung vieler Palästinenser nicht viel bewirkt. Diese Art des gewaltfreien Widerstands ist an seine Grenzen gestoßen und in eine Krise geraten, sodass Aktivisten seit geraumer Zeit über neue Wege diskutieren. Eine der vielen, die das »popular resistance model« als zu begrenzt, wenn nicht als gescheitert ansehen, ist die Aktivistin Abir Kopty aus Nazareth, die im Sommer 2013 folgende Bilanz zog: Dieser Kampf »hat es fertig gebracht, den Widerstandsgeist unter Palästinensern zu erhalten. Es hat es jedoch nicht geschafft, sich auszuweiten und den Kampf in eine Massenbewegung zu verwandeln, und ich denke, das ist die größte Herausforderung«. Ihr Fazit war ernüchternd: »Die Erfolge sind in meinen Augen nicht wirklich groß, weil wir nichts verändert haben.«[524]

Radikalere Strömungen bildeten sich nach dem Beginn der arabischen Aufstände Ende 2010/Anfang 2011 heraus. Die »15. März-Koalition« ging 2011 in der Westbank und im Gaza-Streifen für die Versöhnung zwischen den verfeindeten palästinensischen Fraktionen, die Freilassung der politischen Gefangenen in beiden Gebieten und Neuwahlen für den Palästinensischen Nationalrat auf die Straße, wo sie mit der Repression des palästinensischen Sicherheitsapparates konfrontiert war. Der Versuch, dadurch eine breitere Bewegung auszulösen, scheiterte, aber es entstanden neue Gruppen wie die »Hirak Shababi al-mustaqil« (»Unabhängige Jugendbewegung«) und die Gruppe »Palestinians für Dignity«[525] Im September 2012 kam es zu

522. Waziyatawin. Malice enough in their Hearts and Courage enough in ours: Reflections on US Indigenous and Palestinian Experiences under Occupation, Settler Colonial Studies 2.1. (2012), S. 182ff.
523. Markaz al-Zaytouna, Taqdir Istaratiji, Afaq al-Muqawama al-sha'bya fi al-difa al-gharbiya, 29.8.2014,
524. Kane, Alex, Palestinian activist Abir Kopty: Oslo should go, the Peace Process serves Israel's Interests, Mondo Weiss 13.6.2013; siehe auch Al-Shabaka, Roundtable, Debating Forms of Resistance 12.4.2011
525. Alsaafin, Linah, Imperfect Revolution: Palestine's 15 March Movement one Year on, Electronic Intifada 23.3.2012

heftigen Protesten gegen die neoliberale Wirtschaftspolitik der Autonomiebehörde, die die aufgrund der israelischen Kolonisierung ohnehin bedrückende Verarmung der Bevölkerung noch weiter verschärft hatte. Diese Proteste radikalisierten sich innerhalb weniger Tage und begannen sich prinzipiell gegen die Autonomiebehörde, Israel und die Oslo-Abkommen zu richten, konnten jedoch relativ schnell vom Sicherheitsapparat der Autonomiebehörde niedergeschlagen werden.

»Palestinians for Dignity« organisierten im August 2013 Proteste gegen die Wiederaufnahme der Verhandlungen mit Israel. Den Demonstranten ging es dabei nicht nur um bestimmte Mängel des Verhandlungsprozesses oder um den falschen Zeitpunkt. »Es geht tiefer als das, weil wir nicht nur die Verhandlungen und ihre Misserfolge und Erfolge ablehnen«, erklärte einer der Aktivisten in einem Interview. »Wir sind gegen die ganze Sache: Israel anerkennen, die Zwei-Staaten-Lösung. Wir sind prinzipiell gegen all das. Denn wir sind prinzipiell gegen die Existenz von Israel.« Die fünf Demonstrationen, die aus Protest gegen die Verhandlungen und im weiteren Sinn gegen die Oslo-Linie im Zentrum von Ramallah abgehalten wurden, endeten auf die immer gleiche Weise: mit Prügel und Festnahmen. Einige Aktivisten wurden sogar von ihren Krankenhausbetten weg verhaftet.[526]

Die Hamas hat eine gewisse Basis in der Westbank, ist aber durch fortlaufende Repression von Seiten Israels und der Autonomiebehörde weitgehend in den Untergrund gedrängt worden. Seit sie im Gaza-Krieg vom Juli/August 2014 ihre Fähigkeit, erfolgreich Widerstand zu leisten, unter Beweis gestellt hat, vermochte sie jedoch, die Unterstützung des größten Teils der Palästinenser innerhalb und außerhalb Palästinas zu gewinnen. Der Gaza-Krieg hat insgesamt die Widerstandsoption gegen die von der Autonomiebehörde vertretene Verhandlungsoption gestärkt.[527] Gleichwohl gibt es in der Hamas einen starken realpolitischen Flügel, der zu Zugeständnissen und einer Zwei-Staaten-Lösung bereit ist. Erstmals seit der Niederschlagung der zweiten Intifada gab es in der Westbank wieder bewaffnete Aktionen gegen die israelische Armee und zionistische Siedlungen.[528] Daran wurde deutlich, dass die bewaffneten Zellen nicht wirklich verschwunden waren, sondern nur überwintert hatten. Das gilt nicht nur für islamistische Kräfte, sondern ebenso sehr für die zur al-Fatah gehörenden al-Aqsa-Märtyrer-Brigaden, die während des Gaza-Krieges 2014 zum erste Mal seit vielen Jahren wieder mit einer Videobotschaft an die Öffentlichkeit traten, in der sie sich zum Widerstand und zum bewaffneten Kampf bekannten. Seitdem haben sie mehrere bewaffnete Angriffe durchgeführt.[529] Die Zentren des militanten Widerstands sind die Flüchtlingslager, die seit jeher die

526. Deger, Allison, Palestinian Youth say Talks with Israel are futile, Mondo Weiss 17.4.2014
527. Vgl. Baker, Rana, Rejecting Victimhood: the Case for Palestinian Resistance, Open Democracy 14.7.2014
528. Middle East Monitor, Palestinian Resistance carry out three Operations against Israeli Army in the West Bank, 10.8.2014
529. Al-Tamini, Ola, Is the West Bank witnessing a Resurgence of Fatah's al-Aqsa Martyr's Brigades?, al-Akhbar 28.7.2014

Sperrspitze des palästinensischen Kampfes bilden. Dort hat das »social engineering«, das den Palästinensern ihren Widerstandsgeist austreiben und sie von Kämpfern in Konsumenten verwandeln sollte, am wenigsten gegriffen.[530]

Dass die PLO-Organisationen den bewaffneten Kampf aufgegeben haben und auch die Hamas in der Westbank Abstand davon nimmt, hat dazu geführt, dass 2013 und 2014 individuelle Angriffe zugenommen haben. Dabei handelt es sich um vereinzelte bewaffnete Aktionen, Messerattacken und Angriffe mit Baggern oder Autos, die in eine israelische Menschenmenge oder einen israelischen Checkpoint rasen oder gezielt einzelne Siedler überfahren. Besonders gehäuft tritt diese Art von Aktionen in Jerusalem auf, wo der Druck auf die einheimische Bevölkerung groß ist und die PLO die Lage weniger unter Kontrolle hat. Nach dem 3. Gaza-Krieg verschärfte Israel dort die Angriffe auf die Al-Aqsa-Moschee, wo immer weniger Gläubige zum Gebet gelassen werden, während beinahe täglich israelische Siedler dort eindringen. Vor diesem Hintergrund raste der 21jährige Palästinenser Abed Abdel-Rahman Shaludeh am 22. Oktober 2014 in eine Menschenmenge an einer Straßenbahnhaltestelle und tötete dabei zwei Menschen. Am 29. Oktober 2014 schossen Unbekannte in Jerusalem auf Yehuda Glick, einen der Hauptprotagonisten der »Dritter-Tempel«-Bewegung. Am 5. November 2014 raste erneut ein palästinensischer Autofahrer in eine Menschenmenge an einer Straßenbahnhaltestelle und tötete dabei einen israelischen Grenzpolizisten und verletzte 14 weitere Israelis. Die Palästinenser, die die Aktionen durchführten, wurden sofort von der israelischen Polizei erschossen.[531] Am 10. November erstach ein 18jähriger Palästinenser aus Nablus einen israelischen Soldaten in Tel Aviv und einen Tag später ein Palästinenser aus al-Khalil/Hebron eine Siedlerin in der Siedlung Gush Etzion im Süden der Westbank.[532] Das hat insbesondere in Jerusalem, wo es seit der Ermordung Muhammad Abu Khdairs Anfang Juli 2014 und dem darauf folgenden Gaza-Krieg nahezu ununterbrochen Zusammenstöße mit der Kolonialmacht gibt, zu einer Intensivierung des Aufruhrs geführt. Dieser Aufruhr griff auch auf die Westbank über, so dass es im November 2014 so aussah, als ob dies der Beginn der lange erwarteten dritten Intifada sei. Als die israelische Polizei in Kafr Kanna innerhalb der Grünen Linie den Palästinenser Khair Hamdan erschoss, griff der Aufruhr auch auf den Kernstaat Israel über.[533] Marwan Barghouthi, derjenige Fatah-Führer, der die Widerstandsoption verkörpert, rief Anfang November aus seiner Gefäng-

530. Al-Tamimi, Ola, How the West Bank was domesticated, al-Akhbar 22.7.2014
531. M.E.E. Staff, Police Officer killed in Jerusalem Crash called »Terror Attack« by Israeli Security, Middle East Eye 5.11.2014; Aljazeera, Driver rams Car into Jerusalem Pedestrians, 5.11.2014; Hatuqa, Dalia, Toddler cought up in Israeli Crackdown, Aljazeera 5.11.2014
532. Zitun, Noam (Dabul), Palestinian stabs three Israelis near Alon Shvut, one dead, Ynet News 11.10.2014; Senyor, Eli, IDF Soldier stabbed al Tel Aviv Train Station; Ynet News 10.11.2014
533. Shaalan, Hassan, Ftaher of Israeli Arab shot by Police: Killing inhumane, deliberate, Ynet 9.11.2014; Nakhleh, Emile, Israel's Arabs: Marginalised, Angry and Defiant, LobeLog Foreign Policy 19.11.2014; Strickland, Patrick, Wave of Oppression targets Palestinians in Israel, Electronic Intifada 19.11.2014

niszelle heraus zum bewaffneten Widerstand auf.[534] Die Kämpfe der Palästinenser richten sich heute gleichermaßen gegen den zionistischen Siedlerkolonialismus, die Autonomiebehörde und die Oslo-Abkommen.[535] Da sie von autonomen Aktivistengruppen getragen und nicht von der PLO kontrolliert werden, wird es sehr schwer werden, sie zu befrieden.

Die internationale Solidaritätsbewegung

Der Kampf um Palästina wird heute international geführt. Auch in der Vergangenheit war internationale Solidarität ein wichtiger Faktor, um den Sieg von Befreiungsbewegungen – zum Beispiel in Vietnam und Südafrika – zu ermöglichen. In Bezug auf Palästina gilt dies umso mehr, als Israel in einer historisch einmaligen Dimension von den westlichen Staaten politisch, militärisch, ökonomisch und finanziell unterstützt wird.

So festgefahren und bedrückend die Lage in Palästina selbst auch scheinen mag, auf internationaler Ebene bewegt sich eine ganze Menge. Ali Abunimah erklärte im März 2014 in einem Interview: »In den USA und anderen Teilen der Welt gewinnen die Palästinenser viele Schlachten und die Bemühungen Israels und der zionistischen Bewegung, Köpfe und Herzen zu gewinnen, sind ins Stocken geraten.«[536] Bei allen großen Massenprotesten der letzten Jahre bezogen sich die Aktivisten auf Palästina. Die Besetzer des »Puerta des Sol« in Madrid im Frühjahr und Sommer 2010 benannten den Platz kurzzeitig in »Plaza Palestina« um und unterstützten die Gaza-Hilfsflotte. Teile der »Occupy«-Bewegungen in den USA diskutierten 2011 die BDS-Kampagne an. In diesem Zusammenhang ist es besonders aufschlussreich, dass sich die USA in den vergangenen Jahren zu einer Hochburg der Palästina-Solidarität entwickelt haben. Aufgrund der politischen und ideologischen Hegemonie zionistischer Strömungen hatte es die Palästina-Solidarität in den USA sehr lange ausgesprochen schwer.[537] Noch während des Irak-Krieges 2003 war es außerordentlich schwierig, Position zu Palästina zu beziehen, denn das konnte massive verbale Angriffe, Sanktionen aller Art und Morddrohungen nach sich ziehen. Die Palästina-Frage war so tabuisiert, dass viele Anti-Kriegs-Gruppen es vermieden, sich dazu zu äußern. Für viele linke Gruppen galt: Progressive except Palestine – progressiv außer bei Palästina. Inzwischen hat sich die Situation jedoch völlig verändert. Mit dem Gaza-Krieg von 2008/2009 begann die Hegemonie der zionistischen Bewegung in der US-amerikanischen

534. Al-Akhbar, Barghouthi urges Palestinians to adopt »armed Resistance«, 11.11.2014
535. Alsaafin, Linah, Palestinian Resistance, the Necessity of three Fronts, Open Democracy 12.7.2014
536. Kane, Alex, The Battle over Palestine is raging – and Israel is losing: Ali Abunimah on his new book, Mondo Weiss 21.3.2014, siehe auch: Abunimah, Ali, The Battle for Justice in Palestine, Chicago 2014, S.xiff.
537. Wolf, Sherry, What's behind the Rise of BDS, International Viewpoint, 27.9.2011

Öffentlichkeit zu zerbröseln und die Palästina-Solidaritätsbewegung machte einen deutlichen Sprung nach vorne.

Heute ist die Palästina-Solidaritätsbewegung der Zeitschrift *Jacobin* zufolge »eine der wichtigsten, inspirierenden und am schnellsten wachsenden sozialen Bewegungen im Land.« Ihre Hochburg sind die Universitäten. Im Jahr 2013 beteiligten sich an der nationalen Konferenz der »Students for Justice in Palestine« 300 Delegierten von 140 Universitäten und Hochschulen. Im darauf folgenden Jahr waren es sogar 500 Delegierte. Die jungen Linken, die sich zuvor in der Anti-Kriegs-Bewegung gesammelt hatten, sind zur Palästina-Solidarität hinüber gewechselt. Die linke Zeitschrift *Jacobin* schrieb 2013 über sie: »Kaum irgendwo sonst ... sind junge Leute mit einer solchen Mischung aus revolutionärem Elan und disziplinierter Militanz in Bewegung wie in der Sache Palästinas.«[538] Der Gaza-Krieg von 2014 beschleunigte die Entwicklung. Eine Umfrage des Pew Research Center von Mitte Juli 2014 zeigte, dass die traditionell pro-israelische Orientierung der US-amerikanischen Bevölkerung sich aufzulösen beginnt. Jüngere Amerikaner unterstützen den zionistischen Staat weitaus weniger als es die ältere Generation und die Politiker in Washington tun.[539] Der bekannte amerikanische Antizionist Philip Weiss präsentierte am Höhepunkt des Krieges die Einschätzung, dass der Gaza-Krieg von 2014 für den US-amerikanischen Mainstream eine ähnliche Bedeutung hat wie der Gaza-Krieg von 2008/2009 für die amerikanische Linke, als das Bewusstsein über die israelische Politik klarer wurde und die Kritik an Israel massiv zunahm.[540]

Von den Aktivisten wird zunehmend eine Verbindung zwischen dem Kampf gegen Ungerechtigkeit und Rassismus in Palästina und dem Kampf gegen Ungerechtigkeit und Rassismus in den USA hergestellt. Das gründet unter anderem in der engen Zusammenarbeit zwischen beiden Staaten, besonders auf dem Feld der Repression und Kontrolle. Das US-Gefängnissystem greift sehr stark auf israelisches Know How zurück. Regelmäßig besuchen Delegationen der US-amerikanischen Polizei Israel, um von dessen Erfahrungen zu profitieren. Als im August 2014 der junge Afro-Amerikaner Michael Brown in Ferguson von der Polizei erschossen wurde, waren die Palästinenser die ersten, die sich mit den angegriffenen Schwarzen solidarisierten und ihnen aus ihrem reichen Schatz aus Kampferfahrungen Ratschläge für den Umgang mit Tränengas gaben. Die Palästina-Solidaritätsgruppen in den USA beteiligten sich in der Folgezeit an den Aktionen gegen Polizeigewalt und Rassismus in Ferguson und die Verbindungen zwischen schwarzen Gruppen und der

---

538. Editorial, Palestine and the Left, Jacobin Magazine Issue 10, April 2013
539. Schindler, Max, Boycotts and browbeating of Israel: What changed since the last Gaza War?, CS Monitor 7.8.2014
540. Weiss, Philip, Will »Protective Edge« galvanize the US Mainstream as »Cast Lead« galvanized the Left?, Mondo Weiss 31.7.2014

Palästina-Solidarität intensivierten sich.[541] Eine Folge dieses Prozesses war, dass die Konferenz der »Students for Justice in Palestine« von 2014 unter dem Motto »Über Solidarität hinaus: Rassismus und Kolonialismus von den USA bis Palästina widerstehen« stand. Auf ihr sprachen Vertreter der unterdrückten Afro-Amerikaner und Hawaiianer. Die »Students for Justice in Palestine« betrachten die Palästina-Solidarität als Teil eines gemeinsamen Kampfes zur Befreiung aller Menschen. Dieser Kampf müsse sich auch gegen die Konzerne richten, die sowohl die Palästinenser wie auch die Schwarzen in den USA unterdrücken. Verschiedene Redner wiesen auf die Parallelen der Situation der Schwarzen in den USA und der Palästinenser hin. Ahmad Abunzaid von der Gruppe »Dream Defenders«, die sich nach der Erschießung von Michael Brown gründete, fasste die zentrale Botschaft eines Workshops über Black Liberation in dem Satz zusammen: »Unsere Kämpfe sind miteinander verbunden und unsere Befreiung wird miteinander verbunden sein«.[542]

Auch für Latinos und Chicanos sind die Parallelen zwischen der US-Politik und der israelischen Politik deutlich. Die israelische Firma Elbit Systems, die am Bau der Mauer in Palästina beteiligt ist, ist auch an der Sicherung der Grenze zwischen Mexiko und den USA beteiligt.[543] Die USA und Israel sind, dem Kolonialismus-Forscher Lorenzo Veracini zufolge, die einzigen beiden Siedlerstaaten, in denen es bis heute nicht einmal Ansätze zu einer Entkolonisierung gegeben hat.[544]

Auch in Europa führt jede israelische Militäroperation zu einem Anwachsen der Solidarität mit Palästina. Während des dritten Gaza-Krieges gab es an Samstagen pro-palästinensische Demonstrationen in etwa 200 europäischen Städten, während die Anhänger Israels keine einzige nennenswerte Demonstration auf die Beine zu stellen vermochten.[545] Es ist nur eine Frage der Zeit, bis der Druck von unten europäische Regierungen dazu zwingen wird, ihre Politik gegenüber Israel zu ändern. Die »European Coordination of Committees and Associations for Palestine« initiierte im November 2014 ein Kampagne zur Aussetzung des Assoziierungsabkommens der EU mit Israel, die von über 300 Organisationen, darunter Gewerkschaften, Parteien, Menschenrechtsorganisationen und NGOs in 19 Ländern getragen wird.[546]

541. Baker, Rana, Palestinians express »Solidarity with the People of Ferguson« in Michael Brown Statement, Electronic Intifada 15.8.2014; Brooks, David M., Palestinians are sharing advice with Protesters in Ferguson, Missouri, Business Insider 14.8.2014; Bailey, Kristian Davis, Building Unity wrecking Walls: Palestinians come to Ferguson, Ebony 14.11.2014

542. Bailey, Kristian Davis, Widening the Frame: SJP national Conference highlights Palestine in global Context, Mondo Weiss 31.10.2014

543. Kane, Alex, The Battle over Palestine is raging – and Israel is losing: Ali Abunimah on his new Book, Mondo Weiss 21.2.2014

544. Vgl. Verancini, Lorenzo, Settler Colonialism and Decolonisation, Borderlands e-Journal Vol.6, No.2, 2007

545. Al-Zaytouna Centre for Studies and Consultations, Strategic Assessment (72): Public Support for Palestine in Europe During the 2014 Aggression Gaza Strip and its Potential Prospects, 20.10.2014

546. European Coordination of Committees and Associations for Palestine, Mogherini urged to suspend EU-Israel Association Agreement by 310 Human Rights Groups and Unions, 3.11.2014

Der sichtbarste und effektivste Ausdruck der zunehmenden internationalen Solidarität mit Palästina ist die BDS-Kampagne. Sie hat schon jetzt zu einer weitgehenden internationalen Delegitimierung des kolonialen Siedlerstaates geführt. Die Ein-Staat-Aktivisten gehen davon aus, dass mit der Zeit der Druck auf Israel so groß werden wird, dass es seinen derzeitigen ethnokratischen und kolonialen Charakter nicht wird aufrechterhalten können. Ali Abunimah sieht in Bezug auf Israel eine ähnliche Dynamik am Werk wie einst in Südafrika: »Was sich für Südafrika veränderte und was alle Waffen der Welt nicht verhindern konnten, war der vollständige Verlust der Legitimität des Apartheidregimes und seiner Praktiken. Sobald die Legitimität weg war, verloren die Weißen den Willen, ein System aufrechtzuerhalten, das sich auf Repression und Gewalt stützte und sie zu internationalen Parias machte; sie verhandelten sich ihren Weg heraus und lebten weiter, um die Geschichte zu erzählen. Das alles geschah sehr viel schneller und mit deutlich weniger Gewalt als selbst die optimistischsten Prognosen dieser Zeit besagten. Aber dieses Endergebnis hätte nicht vorausgesagt werden können, gemessen an dem, was die Weißen nach eigenen Aussagen bereit waren zu akzeptieren. Der Zionismus erlebt, worüber sich viele Israelis offen sorgen, einen ähnlichen endgültigen Verlust der Legitimität und gerät aufgrund seiner Aktionen in immer größere Isolation. Es erweist sich als unmöglich, Israels Selbstimage als liberaler ›jüdischer und demokratischer Staat‹ aufrechtzuerhalten angesichts der Realität einer militarisierten, ultra-nationalistischen, jüdischen konfessionalistischen Siedlerkolonie, die regelmäßige und eskalierende Massaker an ›Feind‹zivilisten (Libanon und Gaza 2006, Gaza 2009) durchführen muss in einem vergeblichen Versuch, den Widerstand der einheimischen Bevölkerung der Region zu beenden. Die Zionisten können sich ihre Legitimität und Akzeptanz nicht herbeibomben, -kidnappen, -ermorden, -vertreiben, -zerstören, -siedeln und -lügen.«[547] Das Reut-Institut, ein israelischer Think-tank, fasst die Zielvorstellung der Aktivisten folgendermaßen zusammen: »Was funktionierte, um das weiße Südafrika 1994 zu Fall zu bringen, kann auch in Israels Fall gelingen: der Aufbau einer globalen Graswurzelbewegung für Boykotte, Sanktionen und Desinvestments, die schließlich die offizielle Politik in den führenden Nationen der Welt beeinflussen wird, so dass das politische und ökonomische Modell Israels unter Druck kollabiert und vor dem Prinzip ›eine Person, eine Stimme‹ kapituliert.«[548]

Erfahrungsgemäß verschärft die Zunahme des Drucks von außen auch die Widersprüche innerhalb der kolonialen Gesellschaft. Der israelische Antizionist Yoav Bar führt die Tatsache, dass Israel seiner jüdischen Bevölkerung die versprochene

---

547. Abunimah, Ali, Israeli Jews and the One-State Solution, Electronic Intifada 10.11.2009
548. Reut Institute; The Delegitimization Challenge! Creating a Political Firewall, 2010, zitiert nach: Surasky, Cecilie, What the Reut Institute really wants: NOT one person – one Vote, Muzzlewatch 29.3.2010 unter: muzzlewatch.com/2010/3/29/what-the-reut-institute-is-really-afraid-of-one-person-one-vote/siehe auch Eid, Haidar, Interview in Dialogue 18.11.2009

Sicherheit nicht gewähren kann und sich die ökonomische Last aufgrund des andauernden Konflikts für die einfache Bevölkerung stets vergrößert, zu einem Abfallen der jüdisch-israelischen Siedler vom Zionismus, von denen viele aus armen ehemaligen sozialistischen Staaten oder Dritte-Welt-Ländern ins Land gekommen sind, um ihre ökonomische Lage zu verbessern. Auch innerhalb der herrschenden Elite sieht er Widersprüche zwischen dem Militärapparat, der an der Fortsetzung des Konflikts und der Rolle Israels als Speerspitze des Imperialismus interessiert ist, und den modernen ökonomischen Sektoren, die bestrebt sind, sich vom militärischen Konflikt zu befreien und in die Ökonomie der Region und der Welt zu integrieren. Er schließt daher nicht aus, dass ein Teil der israelischen bourgeoisen Elite, um ihre Interessen zu wahren, das zionistische Projekt aufzugeben bereit sein wird, wenn der Druck groß genug ist.[549]

Die Schwächung der USA in der arabischen Welt und die Zunahme der Spannungen mit Israel

Wie der Ökonom Adam Hanieh zu Recht bemerkte, kann eine Ein-Staat-Lösung nicht allein durch palästinensische Anstrengungen erreicht werden. Sie erfordert eine »weitere Kampfansage an Israels privilegierte Beziehung zu den USA und an seine Position als zentraler Pfeiler der Macht der USA im Nahen Osten.«[550]

Da Israel einer der strategischen Pfeiler der US-Politik in der arabischen Welt ist, kann eine emanzipatorische Ein-Staat-Lösung nur erreicht werden, wenn die Stärke der USA und speziell ihr Einfluss in der Region geschwächt wird. Diese Entwicklung ist bereits im Gange. Die USA, die seit dem Ende des Zweiten Weltkriegs die Weltmacht Nummer 1 war, befindet sich seit einigen Jahren im Niedergang. Die einstige globale wirtschaftliche Supermacht, die nach dem Zweiten Weltkrieg noch etwa 50% des globalen Bruttosozialprodukts erwirtschaftete, wird schätzungsweise 2025 von China als größter Ökonomie der Welt abgelöst werden. Die USA ist zwar immer noch die stärkste Macht, aber nicht mehr in der Lage, denselben Einfluss auszuüben wie in den vorangegangenen Jahrzehnten. Eine multipolare Welt bildet sich heraus, in der neben Russland und China auch aufsteigende Staaten wie Indien, Brasilien und die Türkei eine immer größere Rolle spielen. Obwohl ihre Wirtschaftskraft noch weit hinter der der USA zurückbleibt, spielen diese Staaten regional eine immer bedeutendere Rolle und gehen dabei nicht unbedingt konform mit Washingtons Wünschen. Der Theoretiker des Weltsystems Immanuel Wallerstein geht davon aus, »dass die relative Ordnung im Weltsystem ersetzt wird durch einen chaotischen Kampf zwischen multiplen Polen, von denen keiner die

549. Bar, Yoav, Über die Wirkung des Slogans »ein demokratischer Staat in Palästina« zwischen Projekt und Parole, Al-Adab 2009 (Arabisch), S.5
550. Hanieh, Adam, The Oslo Illusion, Jacobin Issue 10, April 2013

Situation kontrollieren kann. Die USA bleiben ein Gigant, aber ein Gigant auf tönernen Füssen. Sie haben weiterhin die stärkste Militärmacht, sind aber unfähig, sie positiv zu nutzen.«[551]

In der arabischen Welt haben die USA im letzten Jahrzehnt viele Rückschläge bei ihren regionalen Neuordnungsplänen hinnehmen müssen. Der Krieg gegen den Irak 2003 sollte nur der Auftakt einer größeren »Regime-Change«-Offensive in der Region sein. Innerhalb von fünf Jahren sollten sieben Regierungen gestürzt und durch pro-amerikanische ersetzt werden: im Irak, Syrien, Libanon, Libyen, Somalia, Sudan und dem Iran.[552] Die außerordentliche Stärke des irakischen Widerstands und die israelische Niederlage im Libanon brachten das »Greater Middle East«-Projekt jedoch zum Scheitern. Statt zu einem US-Satelliten zu werden, kam der Irak unter den Einfluss des Irans, der dort 2009 seine Dominanz konsolidierte. 2010 gestanden die USA implizit auch ihre Niederlage in Afghanistan ein. 2011 mussten sich die US-Truppen aus dem Irak zurückziehen. Der Versuch, den irakischen Ministerpräsidenten Nouri al-Maliki zur Akzeptanz des Verbleibens eines US-Truppenkontingents zu bewegen, scheiterte ebenso wie der Versuch, den verbliebenen wenigen US-Experten im Land Immunität zu sichern. Immanuel Wallerstein bezeichnete die Niederlage der USA im Irak als nicht weniger bedeutend als die Niederlage in Vietnam.[553]

Der Sturz enger Verbündeter und die anhaltende Unruhe in der arabischen Welt in den Jahren 2010-2012 waren ein weiterer Schlag für die USA. Die Aufrechterhaltung der US-Hegemonie in der Region basiert zwingend auf diktatorischen einheimischen Regimen, die ihre Bevölkerungen in Zaum halten. Viele US-Experten weisen darauf hin, dass Demokratie in der arabischen Welt den Interessen der USA entgegen steht. »Tatsächlich ist die bittere Realität die, dass einige demokratische Regierungen in der arabischen Welt den USA mit ziemlicher Sicherheit feindseliger gegenüber stehen würden als ihre autoritären Vorgänger, da sie mehr auf die Bevölkerung in ihren Ländern eingehen würden, die in hohem Maße antiamerikanisch ist«, schrieb Seth Jones von der Rand Corporation im Januar 2013. »Einer Pew-Umfrage von 2012 zufolge hat sich das Image der USA in mehreren Ländern der muslimischen Welt in den vergangenen Jahren extrem verschlechtert. Vor den arabischen Aufständen hatten zum Beispiel 27% der befragten Ägypter und 25% der befragten Jordanier eine positive Einstellung gegenüber den USA. 2012 waren diese Zahlen auf 19% bzw. auf 12% gefallen. Die anti-amerikanischen Demonstrationen in der Region im September 2012, die sich von Ägypten und Libyen aus über den gesamten Nahen Osten ausbreiteten, erinnerten erneut daran,

551. Wallerstein, Immanuel, The Consequences of US Decline, Aljazeera 2.11.2013; siehe auch: The Economist, The Decline of Deterrence, 3.5.2014; Walt, Stephen, The End of the American Era, Informationsclearinghouse 26.10.2011
552. Postinett, Axel, »Sieben Staaten in fünf Jahren«, Handelsblatt 13.6.2014
553. Wallerstein, Immanuel, US Withdrawal and Defeat in Iraq, Commentary No. 316, 1.11.2011

dass anti-amerikanische und anti-westliche Stimmungen in der muslimischen Welt noch immer existieren.«[554]

Die Umwälzungen in der arabischen Welt führten zu großen Widersprüchen zwischen den USA und Israel. Israel war verstimmt, als die USA Mubarak fallen ließen, um durch einen »geordneten Übergang« die revolutionäre Energie auf der Straße einzudämmen. Darüber hinaus setzten die USA bei der Befriedung der Region auf die Einbindung der Muslimbruderschaft und ihre lokalen Ableger, die das Emirat Qatar unter seine Fittiche genommen hatte. Israel lehnte das ab und fand die US-Politik in der Region insgesamt zu lau. In der Folgezeit kristallisierten sich neue Bündnisse und Konstellationen heraus. Israel, Ägypten und Saudi-Arabien wurden zur neuen konterrevolutionären Achse, die sich in Distanz zu den USA begeben hat. In dem Versuch, die revolutionäre Erhebung der arabischen Welt zu ihren Gunsten umzudrehen, warfen sich die USA und die Golfstaaten mit aller Macht auf Syrien. Entgegen den Erwartungen der US-Strategen führte die von ihnen betriebene schnelle Militarisierung des Aufstandes in Syrien 2011 jedoch nicht zum Kollaps des Regimes. Stattdessen kam die Aufstandsbewegung unter die Kontrolle wahhabitischer Strömungen, die auch im benachbarten Irak erstarkten und den Libanon zu destabilisieren versuchen. Diese Kräfte stellen eine große Gefahr für die arabische Welt dar, da der von ihnen losgetretene Konfessionalismus zu grausamen Blutbädern an religiösen und ethnischen Minderheiten führt und die arabische Welt spaltet. Viele Araber stehen ihnen mit großem Misstrauen gegenüber, was nicht zuletzt dadurch geschürt wurde, dass die Organisation »Islamischer Staat im Irak in Syrien« sich nicht auf Palästina bezieht. Es war ein historisches Novum, dass sie sich nicht zum 3. Gaza-Krieg 2014 verhielt.[555] Der Generalsekretär der Hizbollah formulierte in einer Rede vom September 2014 stellvertretend das, was viele Araber über den »Islamischen Staat« denken, dass er nämlich – ganz gleich welche Ursprünge er hat – objektiv die Interessen der USA und Israels in der Region bedient. Die neuerliche US-Intervention wird die Region nicht stabilisieren, sondern im Gegenteil wie alle US-Interventionen zuvor zu einer weiteren Radikalisierung und Eskalation führen, deren Ergebnisse noch nicht abzusehen sind.[556]

In den vergangenen Jahren sind die Entwicklungen in der arabischen Welt den USA in einem immer stärkeren Maß entglitten. »Was auch immer die USA heute im Nahen Osten zu tun versuchen, sie verlieren,« schätzt Immanuel Wallerstein die Lage ein. »Gegenwärtig orientiert sich keiner der starken Akteure im Nahen Osten (und ich meine: keiner) noch an den USA. Das schließt Ägypten, Israel, die Türkei, Syrien, Saudi-Arabien, Irak, Iran und Pakistan (ganz zu schweigen von Russland und China) mit ein.«[557]

554. Jones, Seth G., The Mirage of the Arab Spring, Foreign Affairs January/February 2013
555. Vgl. Mortada, Radwan, Why isn't the Islamic State fighting Israel?, al-Akhbar 2.8.2014
556. Vgl. Al-Amin, Ibrahim, The barbarian Invasion, al-Akhbar 24.9.2014;
557. Wallerstein, Immanuel, The Consequences of US Decline, Aljazeera 2.11.2013

In den vergangenen Jahren wurden immer wieder Spannungen zwischen Israel und der US-Administration sichtbar, wurden aber vor der Öffentlichkeit heruntergespielt. Bekannt wurde etwa das rüde Abkanzeln des US-Außenministers John Kerry durch israelische Politiker, als er sich im Frühjahr 2014 um die Wiederaufnahme der Verhandlungen zwischen Israel und der Autonomiebehörde bemühte. Das wiederholte sich, als Kerry im Juli 2014 versuchte, einen Waffenstillstand zwischen Israel und dem palästinensischen Widerstand im Gaza-Streifen zu vermitteln. Gleichzeitig übernahmen die USA einen Teil der überaus hohen israelischen Kriegskosten, versorgten es mit den nötigen Waffen und lieferten ihm die nötige politische Rückendeckung. Die Behandlung Israels als Teil der nationalen Sicherheit der USA ist fest im US-amerikanischen Staatsapparat verankert. Daran ändern auch vorübergehende Verstimmungen mit der US-Administration wenig. Dennoch gibt es in Teilen des Staatsapparats und der herrschenden Eliten die Tendenz, von Israel abzurücken, es nicht mehr als »strategischen Aktivposten« sondern als »strategische Belastung« zu betrachten. Die bekanntesten Vertreter dieser Tendenz sind Stephan Walt und John Mearsheimer, die 2007 ihr Buch »Die Israel-Lobby« vorlegten. 2011 veröffentlichte auch Haim Malka vom »Center for Strategic and International Studies« eine Studie, in der auch er für eine Neubewertung des Bündnisses mit Israel eintrat. Die engen Beziehungen sollten zwar beibehalten, die Militärhilfe aber verringert werden. Das heutige Israel habe nur noch wenig zu tun mit dem Israel, mit dem die USA einst die strategische Partnerschaft eingegangen sind. Die liberalen und säkularen Kräfte seien auf dem Rückzug und stattdessen bestimmten religiös-konservative Kräfte und nationalistische Hardliner die israelische Politik. Die USA seien nach wie vor bestrebt, den israelisch-palästinensischen Konflikt »zu lösen«, da er die US-Politik in der arabischen Region verkompliziere und sie sehen mittlerweile Israel als größtes Hindernis dafür an. Auch für Malka stellt sich die Frage, ob Israel noch immer ein »strategischer Aktivposten« sei: »Mehrere Jahrzehnte lang hat Israel beständig bewiesen, dass es ein Aktivposten für die USA im Nahen Osten ist. Und jetzt, da die Region in Aufruhr ist, liegt die Last auf Israel, weiterhin zu beweisen, dass es ein Aktivposten für die US-Interessen in der Region ist, denn Israel hat durch eine Verschlechterung der US-israelischen Beziehungen am meisten zu verlieren.«[558]

Es wird wesentlich auf die weiteren politischen Entwicklungen in der arabischen Welt und wie sich Israel darin verhält ankommen, ob sich diese Tendenz verstärkt.

Das Klima in den USA verändert sich insgesamt zu Ungunsten Israels. Die öffentliche Meinung in dem einstmals pro-israelischsten Land der Welt hat sich in einer Weise gegen Israel gekehrt, die noch vor einigen Jahren unvorstellbar gewesen wäre. Umfragen während des Gaza-Krieges von 2014 ergaben, dass junge

558. Tracy, Marc, United States and Israel at a »Crossroads«?, Tablet Magazine 27.9.2011; siehe auch Woodward, Paul, Israel is becoming a Liability for the United States, War in Context 2.6.2010 unter: warincontext.org/2010/06/02/israel-is-becoming-a-liability-for-the-united-states/

Menschen und Demokraten Israel sehr viele kritischer gegenüber stehen als der Rest der amerikanischen Bevölkerung. Eine Gallup-Umfrage vom 22. und 23. Juli 2014 zeigte, je jünger die Befragten sind, desto kritischer stehen sie zu Israel. 55% der US-Amerikaner über 65 Jahren hießen Israels Aktionen gut, unter den 30-49jährigen waren es nur noch 36% und unter den 18-29jährigen nur noch 25%. Parallel dazu gaben nur 31% der befragten Demokraten an, dass Israels Aktionen gerechtfertigt seien, während 49% sie als nicht gerechtfertigt ansahen. In einer Pew-Umfrage vom 24.-27. Juli 2014 machten 29% der jungen Erwachsenen zwischen 18 und 29 Jahren Israel für den Konflikt mit Gaza verantwortlich, 21% sahen die Hamas als Verursacher. Die befragten Demokraten machten zu 30% Israel verantwortlich und zu 30% die Hamas. Diese Umfrageergebnisse beunruhigen die zionistische Lobby in den USA. Sie geht zwar davon aus, dass sich kurz- bis mittelfristig nichts an der US-Politik gegenüber Israel ändert, aber – wie ein Mitarbeiter der Demokraten erklärte –: »sehr langfristig, fürchte ich, wird man weniger pro-israelische Abgeordnete haben als Abgeordnete, die der Berechnung folgen.« Eine stichprobenartige Umfrage unter Kongressmitarbeitern bestätigte den Trend.[559] Da keine Änderung der israelischen Kolonial- und Kriegspolitik zu erwarten ist, sondern alle Anzeichen auf eine weitere Zuspitzung mit noch mehr Kriegen und Blutvergießen hindeuten, kann davon ausgegangen werden, dass dieser Trend zunehmen wird. Das Zusammenwirken von Israel-kritischen Tendenzen im Machtapparat, einer zunehmend israelkritischer Öffentlichkeit und einem immer höheren politischen Preis für die Unterstützung des zionistischen Siedlerkolonialismus könnten die US-Regierung in absehbarer Zeit durchaus dazu bewegen, ihre Politik gegenüber Israel zu ändern. Uri Davis bringt es auf den Punkt: »Siedlerkolonialistische Gesellschaften können sich angesichts des Widerstands der einheimischen Bevölkerung nur entwickeln und konsolidieren mit der Hilfe und dem Schutz imperialer Unterstützung. An dem Punkt, an dem angesichts von einheimischem nationalem Widerstand, der von lokaler, regionaler und internationaler Solidarität unterstützt wird, der materielle und politische Preis in eine solche Höhe getrieben wird, dass er von der imperialen Macht, ganz zu schweigen von Sektionen des Apartheid-Establishments, für nicht länger akzeptabel gehalten wird, wird es zu einer Aufgabe der Siedlergesellschaft oder des Siedlerstaates kommen. Die Transformation des umkämpften Gebiets in einen unabhängigen Staat, der auf dem Prinzip gleicher Rechte für alle seine Bewohner basiert, wird zu einer Möglichkeit, die von der internationalen Gemeinschaft favorisiert und von den Vereinten Nationen sanktioniert wird.«[560]

559. Kampeas, Ron, Ebbing Support among Key Groups stirring Alarm, JTA 5.8.2014
560. Davis, Uri, Apartheid Israel. Possibilities for the Struggle within, London/New York 2003, S. 164, siehe auch Barghouthi, Omar, Lighting the Torch from Within: anti-colonial Support for BDS in: Lim, Audrea, The Case for Sancctions against Israel, London 2012

Spannungen zwischen der EU und Israel

Die EU spielt zwar im palästinensisch-israelischen Konflikt politisch eine untergeordnete Rolle, gehört aber zu den größten Förderern und Unterstützern Israels und der palästinensischen Autonomiebehörde. Die EU ist Israels größter Handelspartner. 35% von Israels Importen kommen aus der EU und mehr als 25% seiner Exporte gehen in die EU.[561] Auch politisch breitet die EU – ähnlich wie die USA – ihren Schutzmantel über Israel aus. So warnten europäische Beamte die Autonomiebehörde nach dem Gaza-Krieg 2014 indirekt davor, ihren UN-Status dazu zu benutzen, Israel vor den Internationalen Gerichtshof zu bringen. Die ehemalige Richterin am Internationalen Gerichtshof und Mitglied des UN-Menschenrechtsrats, Navi Pillay, warf der EU, die sich sonst jederzeit und überall für die internationale Gerichtshöfe stark macht, »Heuchelei« vor.[562]

Dennoch nehmen seit 2009 die Spannungen zwischen der EU und Israel zu. Die EU ist verstimmt über Israels fortgesetzten Siedlungsbau, mit dem es eine Zwei-Staaten-Lösung unmöglich macht, in die die EU viel Zeit und Geld investiert hat. Aus diesem Grund wurden wiederholt israelische Botschafter in EU-Hauptstädten einbestellt oder der diplomatische Status der palästinensischen diplomatischen Vertretung aufgewertet, um dadurch indirekt Druck auf Israel auszuüben.

In für die EU ungewöhnlich deutlichen Worten wurde in dem Anfang 2012 an die israelische Presse geleakten internen Bericht über die Lage in Zone C festgestellt, dass Israel die palästinensische Präsenz in diesem über 60% der Westbank ausmachenden Gebiet »kontinuierlich unterminiert« und den Anteil der Palästinenser dort seit 1967 drastisch reduziert hat. Es wird sogar von einem »Zwangstransfer der einheimischen Bevölkerung« mittels Häuserzerstörungen, Bauverbot, Expansion der Siedlungen, Einschränkungen der Bewegungsfreiheit und der Verweigerung von Zugang zu Wasser und Strom gesprochen. Dies war nicht der erste ausgesprochen kritische Bericht von EU-Vertretern, die sich in Palästina aufhalten, zuvor hatte es bereits ähnlich kritische Berichte über die Lage in Jerusalem gegeben. Die EU sorgte dafür, dass diese Berichte nicht an die Öffentlichkeit kamen. In einem EU-Bericht vom November 2011 wird die Diskriminierung der Palästinenser innerhalb der Grünen Linie dargelegt. Darin wird vorgeschlagen, die Lage der Palästinenser in Israel nicht mehr als Nebensache zu behandeln, sondern zu einem »Kernthema« zu machen. Die Beendigung der Diskriminierung, die nicht warten könne, bis der Friedensprozess Ergebnisse zeitige, sei von entscheidender Bedeutung für »Israels langfristige Stabilität«. Darauf reagierte Israel mit äußerster Schärfe, unter anderem mit einem Gesetzesentwurf, der die ausländische finanzielle Unterstützung für palästinensische NGOs – primär von der EU – massiv beschneiden und

---

561. Baker, Luke, Research Dispute puts EU-Israeli Ties under severe Strain, Reuters 6.11.2013
562. Pillay, Navi, Europe is Blocking Middle East Peace, New York Times 6.11.2014

die verbliebenen Summen mit hohen Steuern belegen würde. Die heftige Kritik aus Washington und der EU veranlasste die israelische Regierung jedoch dazu, das Projekt vorerst auf Eis zu legen.« Die Krise in den Beziehungen mit der EU war im Dezember 2012 eines der Hauptthemen beim Jahrestreffen der israelischen Botschafter, zu dem über 100 diplomatische Vertreter des zionistischen Staates im Ausland in Jerusalem zusammenkamen. Die Botschafter berichteten, dass die sich »gehasst und ungewollt« fühlten und so isoliert wie zu keiner anderen Zeit in der israelischen Geschichte. Auch Netanjahus Berater warnten, dass die diplomatische Sackgasse bestehen bleiben und sich Israels internationales Ansehen wahrscheinlich weiter verschlechtern würde, besonders in Europa.[563]

2012 veränderten neun europäische Staaten, die 2011 entweder gegen den Aufnahmeantrag der Autonomiebehörde in die UNESCO gestimmt oder sich der Stimme enthalten hatten, ihr Abstimmungsverhalten in der UNO zugunsten der Autonomiebehörde, die beantragt hatte, ihren Status auf einen »non-member observer State« hochzustufen. Damit sollte allerdings auch der palästinensischen Führung der Rücken gestärkt und deren Verlust an Legitimität unter den Palästinensern Einhalt geboten werden.[564]

Innerhalb der EU gibt es durchaus Widersprüche in Bezug auf den Umgang mit Israel. Während der finnische Außenminister Erkki Ruomioja nach dem 3. Gaza-Krieg öffentlich über mögliche EU-Sanktionen gegen Israel nachdachte und Schweden im November 2014 als erster europäischer Staat den Staat Palästina anerkannte, versucht die EU-Führungsmacht Deutschland fortlaufend Israel vor den Konsequenzen seiner Politik zu schützen. Auch die bis November 2014 amtierende EU-Außenministerin Catherine Ashton tat alles in ihrer Macht stehende, um EU-Maßnahmen gegen Israel zu verhindern oder zu verwässern.[565]

Die EU reagiert nur langsam und zögerlich auf den Druck von unten. Im Juli 2013 erließ die EU neue Richtlinien über den Zugang zu EU-Fördergeldern für Forschung, von denen Institutionen und Firmen, die in den 1967 besetzten Gebieten operieren, ausgeschlossen werden sollten.[566] Kaum waren diese Richtlinien jedoch erlassen, signalisierten EU-Politiker auch schon die Bereitschaft, sie indirekt wieder zurückzunehmen. So erklärte die EU-Forschungsministerin Máire Geoghegan-Quinn in einem Brief an einen pro-israelischen Abgeordneten von der »Ulster Unionist Party« im November 2013, dass die EU und Israel »sich der Notwendigkeit bewusst sind, flexible Wege zur Umsetzung der Richtlinien zu finden.«

563. Cook, Jonathan, EU Report on Israel: Saving the Two-State Solution, al-Akhbar 13.1.2012
564. Fisher, Max, The growing Divide between Israel and Europe, The Washington Post 3.12.2012; Fisher, Max, Map: How Europe voted on Palestine at the United Nations in 2011 and now, The Washington Post 29.11.2012; Kouttab, Alexander; Toaldo, Mattia, In Search of Legitimacy: The Palestinian National Movement 20 Years after Oslo, European Council on Foreign Relations 9.10.2013, S. 6
565. Cronin, David, Catherine Ashton: An Enforcer of Israel's Occupation, Middle East Eye 30.10.2014
566. Baker, Luke, Research Dispute puts EU-Israeli Ties under severe Strain, Reuters 6.11.2013; Cronin, David, Has the EU really caused an »Earthquake« for Israel?, Electronic Intifada 17.7.2013

Diese Flexibilität sei nötig, um »vollen Respekt für die Politik der Union in Bezug auf die von Israel besetzten Gebiete zu gewährleisten, ohne gleichzeitig Israels Assoziierung mit EU-Programmen zu verhindern.«[567] Im Dezember 2013 erklärte die EU, dass die Hälfte ihrer Mitgliedsstaaten für die Kennzeichnung der in den 1967 besetzten Gebieten hergestellten israelischen Waren ist. Nach dem Gaza-Krieg 2014 verbot sie die Einfuhr von Geflügelprodukten aus den Siedlungen in den 1967 besetzten Gebieten.[568]

Die Bedeutung der Palästina-Frage in der arabischen Welt

Die Veränderungen der Kräfteverhältnisse in der arabischen Welt wurden schon in den 1970er Jahren von palästinensischen Organisationen als notwendige Voraussetzung für die Befreiung Palästinas vom Siedlerkolonialismus angesehen. Auch die antizionistische israelische Gruppe »Matzpen« konnte sich die Lösung der Palästina-Frage nur in einem regionalen Kontext vorstellen.[569] Die arabischen Aufstände von 2010/2011, die unter anderem auch eine Spätfolge der Kriegs- und Kolonialpolitik der USA und Israels in der arabischen Welt waren, belebten diesen Ansatz wieder.[570] So griffen ägyptische Aufständische eine alte Parole der palästinensischen Linken auf: »Die Befreiung Palästinas beginnt in Kairo«. Die Palästinenser verbanden mit diesem Aufbruch große Hoffnungen und Israel erwuchsen aus dem Sturz verbündeter arabischer Präsidenten neue Bedrohungen. Nach Mubaraks Sturz gab es erstmals seit den 1970er Jahren von ägyptischem Territorium aus wieder Kommandoaktionen und Raketenangriffe gegen Israel. Die Pipeline auf dem Sinai, durch die ägyptisches Erdgas nach Israel exportiert wird, wurde zwischen Februar 2011 und April 2012 14 Mal gesprengt, bis die ägyptische Regierung die Erdgaslieferungen einstellte, um sie einige Monate später heimlich wieder aufzunehmen. Im September 2011 wurde die israelische Botschaft in Kairo gestürmt, das Botschaftspersonal musste von der ägyptischen Armee gerettet werden und verließ das Land. In der neuen tunesischen Verfassung wurde die Wichtigkeit des palästinensischen Befreiungskampfes in der Präambel verankert. Die ursprünglich darin auch festgeschriebene Kriminalisierung von Beziehungen zu Israel wurde jedoch aufgrund des Drucks der USA zurückgenommen. Wie bedrohlich der Prozess der Umwälzung in der arabischen Welt für Israel werden kann, zeigte sich besonders am Nakba-Tag 2011, als unter dem Motto »Dritte Intifada – Palästina befreien« international dazu aufgerufen

567. Cronin, David, Revealed: EU Science Chief promised to be »flexible« towards Israel's War Crimes, Electronic Intifada 15.10.2014
568. Hever, Shir, Why the BDS Movement can no longer be ignored, Middle East Eye 16.9.2014
569. Einige ehemalige Mitglieder von Matzpen vertreten diese Position bis heute: Machover, Moshe, Israelis and Palestinians: Conflict and Resolution, Barry Amien and Norman Melburn Trust Annual Lecture 30.November 2006, S. 25f.
570. El-Hamalawy, Hossam, Why Sisi fears Gaza, al-Araby al-Jadid 13.11.2014

wurde, Israels Grenzen zu überqueren und Jerusalem eigenhändig »zu befreien«. Die arabische Welt war das Zentrum der Mobilisierung. Tausende versuchten zu den israelischen Grenzen zu gelangen, wurden aber von den jordanischen und ägyptischen Regimen daran gehindert. Im Libanon und in Syrien gab es an den Grenzen Scharmützel mit der israelischen Armee. An der syrischen Grenze gelang Dutzenden von Demonstranten trotz Minenfeldern und Schüssen der israelischen Armee der Durchbruch auf die andere Seite der Grenze. So konnte der Palästinenser Hassan Hijazi aus Jaffa als erster Flüchtling von 1948 sein Recht auf Rückkehr in die Tat umsetzen. Er wurde zwar in Jaffa verhaftet und deportiert, schuf aber dennoch einen Präzedenzfall. Der Journalist Jonathan Cook sah im Durchbruch der Demonstranten an der syrischen Grenze einen Vorschein dessen, was Israel in der Zukunft erwarten könnte.[571] Das gilt auch weiterhin, unabhängig davon, dass die Konterrevolution vorerst gesiegt hat. Noch immer ist keine Stabilität in der Region eingekehrt und wohin sich die arabische Welt in den nächsten Jahren entwickelt, ist die große Unbekannte. Die Palästina-Frage hat ihre zentrale Bedeutung in der arabischen Welt nicht verloren, auch wenn die Demonstrationen gegen den dritten Gaza-Krieg 2014 dort weniger stark waren, als während der beiden ersten Gaza-Kriege. In Jordanien und im Jemen demonstrierten wiederholt Hunderttausende. Die algerische Fußballnationalmannschaft spendete ihre Weltmeisterschaftsprämie für den Gaza-Streifen. Der Wissenschaftler Marc Lynch aus den USA hat anhand einer Untersuchung über Twitter-Einträge aufgezeigt, dass Palästina noch immer das wichtigste Thema der arabischen Bevölkerung ist. Sie übertrafen zeitweise die Einträge, die es zu Syrien und dem Irak angesichts der Eskalation der Kämpfe und der Entstehung des neuen Phänomens »Islamischer Staat« gegeben hatte. Zu Syrien gab es in der arabischen Welt zwischen 14. Juni und 14. Juli 2014 142.832 Einträge, zum Irak im selben Zeitraum 2,422.804 Einträge. Zu Gaza gab es zwischen 14. Juni und 10. Juli 2,357.692 Einträge, die meisten davon zwischen 5. Juli und 10. Juli, als die israelische militärische Eskalation gegen den Streifen zunahm und am 8. Juli in einen Krieg mündete.[572]

Die Palästina-Frage ist nach wie vor ein Faktor, der die arabische Welt radikalisiert. So schrieb der ägyptische Aktivist Hossam Hamalawy im November 2014: »Die Palästinenser haben für Ägypter immer als radikalisierender Faktor gewirkt. Dissens ist ansteckend. Es gibt einen feinen Faden, der die zweite Intifada, die 2000 ausbrach, mit dem Tahrir-Platz von 2011 verbindet. Die ägyptische Revolution wurde besiegt und das Regime ist mit voller Macht zurück und lässt seinen Zorn an allem aus, was die entfernteste Verbindung mit der Revolte hat. Erinnert Euch, das war eine Revolte, in der bei fast jeder Mobilisierung auf dem Tahrir-Platz

---

571. Cook, Jonathan, Is Israel at a strategic Dead End as Palestinian »Arab Spring« arrives, Guernica, a Magazine of Art & Politics, 19.5.2011
572. Lynch, Marc, Arabs do care about Gaza, The Washington Post 14.7.2014

und anderswo Palästinas Flagge geschwungen wurde; eine Revolte, zu deren Forderungen die Schließung der israelischen Botschaft und die Gewährung direkter Hilfe für den palästinensischen Widerstand gehörten; eine Revolte, die verlangte, die Normalisierung der Beziehungen zu Israel zu beenden und Vertreter des Regimes des Verrats beschuldigte.« Anhaltender Aufruhr in Palästina könnte seiner Einschätzung nach für die neuen/alten Machthaber gefährlich werden: »Sisi und seine Propagandisten werden mit Furcht zuschauen und Israel und Mahmoud Abbas anspornen, die aufkeimende Rebellion niederzuschlagen. Aber einige besiegte ägyptische Revolutionäre beten verzweifelt für eine dritte Intifada, die das Kräfteverhältnis in Ägypten sehr wohl wieder kippen kann.«[573]

---

573. El-Hamalawy, Hossam, Why Sisi fears Gaza, al-Araby al-Jadid, London 13.11.2014 ; siehe auch Muna, Ziad, Our Spring is in Gaza, Middle East Monitor 23.8.2014; Dana, Saif, Balfour 96: Palestine is still the Question, al-Akhbar 8.11.2013)

Bibliographie

Bücher und Studien

Abu-Lughod, Ibrahim; Abu-Laban, Baha. Settler Regimes in Africa and Asia: The Illusion of Endurance. Wilnette/Illinois 1974

Abunimah, Ali, One Country. A bold Proposal to end the Israeli-Palestinian Impasse, New York 2006

Abunimah, Ali, The Battle for Justice in Palestine, Chicago 2014

Abu Sa'ad, Isma'el, Forced Sedentarisation, Land Rights and Indigenous Resistance: The Palestinian Bedouins in the Negev in: Masalha, Nur (ed), Catastrophe remembered. Palestine, Israel, and the Internal Refugees. Essays in Memory of Edward Said, London/New York 2005

Abu Sitta, Salman, The Implementation of the Right of Return in: Roane Orly (ed), The new Intifada: Resisting Israel's Apartheid, London/New York 2001

Abu Sitta, Salman, Al-Araqib – All of Palestine in: Sawalha, Faisal; Benjamin, Jesse; Sahibzada, Mortaza (Eds), Ongoing Ethnic Cleansing: Judaizing the Naqab, JNF eBook Volume 3, 'Ar'ara January 2011

Abu Sitta, Salman, The Geographic and Demographic Imperatives of a Single State in: Faris, Hani A. (ed), The Failure of the Two_State Solution. Prospects of one State in the Israel-Palestine Conflict, London/New York 2013

Achcar, Gilbert; Warschawski, Michael, The 33-Day War. Israel's War on Hezbollah and its Aftermath, London/San Francisco/Beirut, 2007

Attiyah, Édouard; Cattan, Henry, Palästina - Versprechungen und Enttäuschungen, Palästina Monographien 3, Rastatt 1970

Bar-On, Dan; Adwan, Sami, The prime shared History Project in: Iram, Yaakov (ed), Educating toward a Culture of Peace, Information Age Publishing 2006

Barghouthi, Omar, Lighting a Torch from Within; Anti-Colonial Support for BDS in: Lim, Audrea (ed), The Case for Sanctions against Israel, London/New York 2012

Beit-Hallahmi, Benjamin, Schmutzige Allianzen. Die geheimen Geschäfte Israels, München 1987

Beit-Hallahmi, Benjamin, Original Sins.Reflections on the History of Zionism and Israel, London 1992

Ben Taleb, Baligh, Accounts of Settler Colonialism: A Comparative Study of the Dakota and the Palestinian's Plight, University Nebraska, April 2014

Bronstein, Eitan, The Nakba -An Event that had to Occur in Rempel, Terry (ed), Rights in Principle – Rights in Practice. Revisting the Role of International Law and crafting durable Solutions for Palestinian Refugees, BADIl Bethlehem December 2009

Butler, Judith, Am Scheideweg. Judentum und die Kritik am Zionismus, Frankfurt/M/New York 2013

Champagne, Duanne; Abu-Saad, Ibrahim (ed), The Future of Indigenous Peoples. Struggles for
    Survival and Development, UCLA American Indian Studies Center, Los Angeles 2003
Chomsky, Noam, The Fateful Triangle, New York/Toronto 1983
Chomsky, Noam; Pappe, Ilan, Gaza in Crisis. Reflections on Israel's War on the Palestinians,
    Chicago 2010
Cockburn, Alexander; St. Clair, Jeffrey, The Politics of Antisemitism, Petrolia/California 2003
Cook, Jonathan, Disappearing Palestine, London/New York 2008
Cook, Jonathan, Blood and Religion. The Unmasking of the Jewish and Democratic State, Lon-
    don/Ann Arbor 2006
Davis, Uri, Apartheid Israel. Possibilities for the Struggle within, London/New York 2003
Faris, Hani A. (ed), The Failure of the Two-State Solution. The Prospects of one State in the
    Israel-Palestine Conflict, London/New York 2013
Flapan, Simha, The Birth of Israel. Myths and Realities, New York 1987
Flapan, Simha, Zionism and the Palestinians, London/New York 1979
Halper, Jeff, Ein Israeli in Palästina. Israel vom Kolonialismus erlösen, Berlin 2010
Ghanem, As'ad, Israel and the »Danger of Demography« in Hillal, Jamil (ed), Where now for
    Palestine? The Demise of the Two-State Solution, London/New York 2007
Goldberg, David Theo, Anatomy of Racism, Minneapolis 1990
Gregory, Derek, The Colonial Present, Malden/Oxford/Carlton 2004
Herzl, Theodor, Der Judenstaat, Leipzig/Wien 1896. Militaria, Faksimiledruck zur Dokumentation
    der Geistesentwicklung, hg. von Helmut Rosenfeld und Otto Zeller, Osnabrück 1968
Herzl, Theodor, Briefe und Tagebücher, 2. Band hg. von Alex Bein, Hermann Greive, Moshe
    Schaerf, Julius H. Schoeps, Berlin/Frankfurt/M/Wien 1983
Herzl, Theodor, Briefe und Tagebücher 3. Band, hg. von Alex Bein, Hermann Greive, Moshe
    Schaerf, Julius H. Schoeps, Berlin/Frankfurt/M/Wien 1985
Hillal, Jamil (ed), Where now for Palestine: The Demise of the Two-States Solution, London/
    New York 2007
Hollstein, Walter, Kein Frieden um Israel. Zur Sozialgeschichte des Palästina-Konflikts, Frank-
    furt/Main 1975
Honig-Parnass, Tikva, False of Prophets of Peace. Liberal Zionism and the Struggle for Palesti-
    ne, Chicago 2011
Human Science Research Council, Democracy and Governance Programme, Middle East Project,
    Occupation, Colonialism and Apartheid? A Re-Assessment of Israel's Practices in the
    Occupied Territories under International Law, Cape Town May 2009
International Crisis Group, Squaring the Circle: Palestinian Security Reform under Occupation,
    Middle East Report No. 98, Ramallah/Jerusalem/Brussels 7.9.2010
Kagan, Michael, Do Israeli Rights conflict with the Right of Return? Identifying the possible
    Arguments in: Rempel, Terry (ed), Rights in Principle – Rights in Practice. Revisiting
    the Role of International Law and Crafting durable Solutions for Palestinian Refu-
    gees, BADIL Bethlehem December 2009
Karmi, Ghada, Married to another Man. Israel's Dilemma in Palestine, London/New York 2007
Khalidi, Walid, Das Palästinaproblem. Ursachen und Entwicklung 1897-1948, Rastatt 1972
Kimmerling, Baruch, Politizid. Ariel Scharons Krieg gegen das palästinensische Volk, München 2003

Kovel, Joel, Overcoming Zionism. Creating a Singular Democratic State in Israel/Palestine, London 2007,

Laor, Yitzhak, The Myths of Liberal Zionism, New York 2009

Lim, Audrea, The Case for Sanctions against Israel, London/New York 2012

Mansour, Awad Issa, Orientalismus, Total War and the Production of Settler Existence: The United States, Australia, Apartheid South Africa and the Zionist Case, University of Exeter, Februar 2011

Maoz, Zeev, Defending the Holy Land. A Critical Analysis of Israels Security and Foreign Policy, Michigan 2006

Masalha, Nur, The Politics of Denial. London 2003

Masalha, Nur (ed), Catastrophe remembered. Palestine, Israel, and the Internal Refugees. Essays in Memory of Edward Said, London/New York 2005

Masalha, Nur, The Bible and Zionism: Invented Traditions. Archeology and Post-Colonialism, London/New York 2007

Massad, Joseph A., The Persistence of the Palestinian Question. Essays on Zionism and the Palestinians, Abingdon/New York 2006

McClintock, Anne; Mufti, Aamir, Dangerous Liaisons: Gender, Nation and Postcolonial Perspectives, Minneapolis 1997

Mearsheimer, John J.; Walt, Stephen M., The Israel-Lobby and U.S. Foreign Policy, New York 2007

Memmi, Albert, The Colonizer and the Colonized, Boston 1965

Memmi, Albert, Rassismus, Frankfurt/Main 1992

Nevo, Jessica, Transitional Justice and its Applicability to the Palestinian Conflict and the Palestinian Refugee Issue in: Rempel, Terry (ed), a.a.O.

Nusaibah, Munir, Forced Displacement in the Palestinian-Israeli Conflict, International Law and Transitional Justice, School of Law, University of Westminster, April 2013

Orly, Roane (ed), The new Intifada: Resisting Israel's Apartheid, London/New York 2001

Pappe, Ilan, Blueprint for a one-State Movement. A Troubled History., in: Chomsky, Noam; Pappe, Ilan, Gaza in Crisis. Reflections on Israel's War on the Palestinians, Chicago 2010

Pappe, Ilan, Die ethnische Säuberung Palästinas, Frankfurt/Main 2007

Pappe, Ilan (ed), The Israel-Palestine Question, London/New York 1999

Qatamesh, Ahmad, Approach to the Single Democratic State. Two Separate and Interlocked Communities, Munir Barghouthi Cultural Center Gaza, August 2007

Ram, Uri, The Colonization Perspective in Israeli Sociology in: Pappe, Ilan (ed), The Israel-Palestine Question, London/New York 1999

Rempel, Terry (ed), Rights in Principle – Rights in Practice. Revisiting the Role of International Law and crafting durable Solutions for Palestinian Refugees, BADIL Resource Center for Palestinian Residency and Refugee Rights, Bethlehem December 2009

Rodinson, Maxime, Israel. A Colonial-Settler State ? New York 1973

Rose, John, Mythen des Zionismus. Stolpersteine auf dem Weg zum Frieden, Zürich 2006

Said, Edward, Zionism from the Standpoint of its Victims in: Goldberg, David Theo, Anatomy of Racism, Minneapolis, 1990

Said, Edward W., Dignity, Solidarity and the Penal Colony in: Cockburn, Alexander; St. Clair, Jeffrey, The Politics of Antisemitism, Petrolia/California 2003

Sand, Shlomo, The Invention of the Jewish People, London/New York 2009

Sawlaha, Faisal; Benjamin,Jesse; Sahibzada, Mortaza (Eds), Ongoing Ethnic Cleansing: Judaizing the Naqab, JNF eBook Volume 3, Al-Beit, Association for the Defense of Human Rights in Israel 'Ar'ara January 2011

Shafir, Gershon, Land, Labour and the Origins of the Israeli-Palestinian Conflict, 1882-1914, Cambridge 1989

Shafir, Gershon, Zionism and Colonialism. A Comparative Approach in: Pappe, Ilan (ed), The Israel-Palestine Question, London/New York 1999

Sharif, Regina S., Non-Jewish Zionism. Its Roots in Western History, London 1983

Shohat, Ella, Sephardim in Israel: Zionism from the Standpoint of its Jewish Victims in: McClintock, Anne; Mufti, Aamir, Dangerous Liaisons: Gender, Nation and Postcolonial Perspectives, Minneapolis 1997

Shohat, Ella Habiba, Nation und Modernisierung: Der Fall der Mizrahim, in: Verein »Gegentagung zum Herzl-Jubiläum«, Hundert Jahre Zionismus. Befreiung oder Unterdrückung? Beiträge der Gegentagung zum Herzl-Jubiläum, Köln 1998

Tilley, Virginia, The One State Solution: A Breakthrough for Peace in the Israeli-Palestinian Deadlock, Michigan 2005

Veracini, Lorenzo, Settler Colonialism. A Theoretical Overview, Basingstoke/New York 2010

Verein „Gegentagung zum Herzl-Jubiläum", Hundert Jahre Zionismus. Befreiung oder Unterdrückung? Beiträge zur Gegentagung zum Herzl-Jubiläum. Köln 1998

Warschawski, Michael, Mit Höllentempo. Die Krise der israelischen Gesellschaft, Hamburg 2004

Weir, Allison, Against our better Judgement, Middletown 2014

White, Ben, Israeli Apartheid. A Beginner's Guide, London/New York 2009

Whitelam, Keith, The Invention of Ancient Israel. The Silencing of Palestinian History, London/New York 2009

Yiftachel, Oren, Bedouin Arabs and the Israeli Settler State: Land Politics and Indigenous Resistance in: Champagne, Duanne; Abu-Saad, Ismael (ed), The Future of Indigenous Peoples. Struggles for Survival and Development, UCLA American Indian Studies Center 2003

Zuckermann, Moshe, Israels Schicksal. Wie der Zionismus seinen Untergang betreibt, Wien 2014

Aufsätze und Artikel

Abu Khalil, As'ad, Western Standards of Palestinian Resistance, al-Akhbar 22.7.2014

Abukhater, Jalal, The Palestinian Authority stands in the Way of the Palestinian Struggle,Electronic Intifada 12.7.2014

Abu-Manneh, Bashir, Israel in the U.S. Empire, Monthly Review Volume 58 Issue 10, New York March 2007

Abunimah, Ali, A political Marriage of Necessity: A Single State of Israel-Palestine, Christian Science Monitor 14/5/2007

Abunimah, Ali, A defeated Policy, not a defeated People, Electronic Intifada 7.3.2008

Abunimah, Ali, Why Israel won't survive, Electronic Intifada, 19.1.2009

Abunimah, Ali, Israeli Jews and the One-State Solution, Electronic Intifada 10.11.2009

Abunimah, Ali, Reclaiming Self-Determination, Al-Shabaka Washington D.C. 21.5.2010

Abunimah, Ali, Israeli Right embracing One State?, Aljazeera 20.7.2010

Abunimah, Ali, Jordan, PLO clash on Refugee Issue, Aljazeera 24.1.2011

Abunimah, Ali, Finkelstein, BDS and the Destruction of Israel, Aljazeera 28.2.2012

Abunimah, Ali, When the Facts change, the Solution should too, New Statesman 18.7.2012

Abunimah, Ali, A Northern Ireland Solution for Palestine?, Electronic Intifada 1.10.2013

Abunimah, Ali, Israel Boycott growing much faster than South African Campaign, says Omar Barghouthi, Electronic Intifada 10.1.2014

Abunimah, Ali, Israeli Lawmaker calls for Genocide of Palestinians and gets thousands of Facebook Likes, Electronic Intifada 7.7.2014

Abunimah, Ali, Israel is being defeated in Gaza as it was in Lebanon, Electronic Intifada 22.7.2014

Abunimah, Ali, Daring and lethal Raids from Gaza sap Israeli Morale, Electronic Intifada 30.7.2014

Abunimah, Ali, »Concentrate« and »eliminate«: Israeli Parliament Deputy Speaker's Gaza Genocide Plan, Electronic Intifada 3.8.2014

Abu Odeh, Lama, Beyond the Two-State Solution, Jadaliyya 17.10.2012. Vorwort zu Shenav, Yehouda, Beyond the Two-State Solution: A Jewish Political Essay, Cambridge/Malden 2012

Abu Sitta, Salman, The Palestinian Right of Return: The Unfulfilled Human Right, Mediterranean Journal of Human Rights, Faculty of Law, University of Malta Vol.8, 2004

Abu Sitta, Salman, The Implementation of the Right of Return, Palestine-Israel Journal Vol.15 No.4 & Vol.16 No.1 2008/2009

Abu Sitta, Salman, The Right of Return is inevitable, Middle East Affairs, Washington D.C. December 2010

Ahram Online, Hezbollah is stronger than most World Armies: Israel's Military Chief, 9.6.2014

Ajl, Max, From Containment to Counterinsurgency in the Gaza Strip, Jadaliyya, Arab Studies Institute Washington D.C.-Beirut 30.8.2014

Akleh, Elias, Zionist Crimes against the Jews, Countercurrents 11.11.2013

Al-Akhbar, Gaza: Reverberations within Egypt, [US] Embassy Cairo 1/20/2009

Al-Akhbar, Nasrallah: Time for Israel's Downfall is near, 12.5.2012

Al-Akhbar, Israeli Official warns Hezbollah against aiding Iran, 14.8.2012

Al-Akhbar, Barghouthi urges Palestinians to adopt »Armed resistance«, 11.11.2014

Alam, Shahid, The Meaning of Hizbollah's big Win, Counterpunch 14.4.2008

Al-Amin, Ibrahim, The barbarian Invasion, al-Akhbar 24.9.2014

Albanese, Francesca, The deafening Silence around the Hamas Proposal for a 10-Years Truce, Mondo Weiss 22.7.2014

Algazi, Gadi, From al-Arakib after its 65th Demolition, Institut für Palästina-Kunde, Bonn 18.6.2014

Aljazeera, Driver rams Car into Jerusalem Pedestrians, 5.11.2014

Aljazeera, PM backs full Conscription, 8.7.2011

Aljazeera, Roundtable: What is the Future of the Palestinian National Movement? Haneen Zoabi 6.6.2014

Al-Mayadeen, Limatha qarara Hizbullah al-tahid bi-Ihtilal al-Jalil? Beirut 5.6.2014

Alpher, Roger, Israel is my Home, but I can no longer live here, Haaretz 31.9.2014

Alpher, Yossi, Proudly Israeli, even with a second Passport, Forward 5.6.2008

Alqasis, Amjad, Israeli Apartheid: a Means to an End, not an Endgoal, al-Majdal. Bethlehem Winter 2012

Alray, Israel plans to triple Settler Population in Jordan Valley, 12.5.2014

Al-Saadi, Yazan, Genocide becomes Mainstream in Israeli Discourse, al-Akhbar 7.8.2014

Alsaafin, Linah, Imperfect Revolution: Palestine's 15 March Movement one Year on, Electronic Intifada 23.3.2012

Alsaafin, Linah, Palestinian Resistance, the Necessity of three Fronts, Open Democracy12.7.2014

Al-Shabaka, Roundtable, Debating Forms of Resistance, 12.4.2011

Al-Shabaka, Roundtable, Political Agency for Palestinian Return, Washington D.C. 3.7.2013

Al-Tamimi, Ola, How the West Bank was domesticated, Al-Akhbar 22.7.2014

Al-Tamimi, Ola, Is the West Bank witnessing a Resurgence of Fatah's al-Aqsa Martyr's Brigades, al-Akhbar 28.7.2014

Al Zohairy, Doha, Arab Street rallies behind Hezbollah, Aljazeera 1.8.2006

Ash, Gabriel, Settlements: A User Guide, Dissident Voice 17.5.2005

Associated Press, Gaza War deals Blow to Israel's Tourism Industry, Ynet 28.8.2014

Associated Press. Sodastream to move its West Bank Factory in 2015, Ynet 29.10.2014

Atwood, Margaret, The Shadow over Israel, Haaretz 2.6.2010

Avnery, Uri, Why are so many Jews leaving Israel? Counterpunch 18-20.10.2013

Avnery, Uri, Lieber Salman, Lebenshaus Alb 17.5.2014

Awadh, Walid, Ökonomischer und sozialer Verschleiss Israels infolge der Intifada, al-Quds al-'arabi, London 5.10.2003 (Arabisch)

Bailey, Kristian Davis,Widening the Frame: SJP National Conference highlights Palestine in m Global Context, Mondo Weiss 31.10.2014

Bailey, Kristian Davis,Building Unity, Wrecking Walls: Palestinians come to Ferguson, Ebony 14.11.2014

Bakan, Abigail B.; Abu Laban, Yasmeen, Palestinian Resistance and International Solidarity: the BDS Campaign, Race & Class Vol.51 (1), London 2009

Baker, Luke, Research Dispute puts EU-Israeli Ties under severe Strain, Reuters 6.11.2013

Baker, Rana, Rejecting Victimhood: The Case for Palestinian Resistance, Open Democracy 14.7.2014

Baker, Rana, Palestinians express Solidarity with People of Ferguson in Mike Brown Statement, Electronic Intifada 15.8.2014

Bar, Yoav, The Haifa Conference for the Right of Return and the Secular Democratic State in Palestine, Initial Report 18.7.2008, unter: www.roristate.org/drupal/?q=en/node/93

Bar, Yoav, The Crisis of Zionism (and) a Perspective for Palestinian Approach to the Jewish Community in Palestine, Working Paper 2.9.2008, unter: www.roristate.org/drupal/?q=en/node/99

Bar, Yoav, Über die Wirksamkeit des Slogans »Ein Demokratischer Staat in Palästina« zwischen politischem Projekt und Parole (Arabisch), Al-Adab, Beirut 12.11.2009

Barakat, Amiram, For first Time, Jews are no longer a Majority between the Jordan and the Sea, Haaretz 11.8.2005

Barclay, Ahmad; Qaddumi, Dena, Reframing Palestinian Return: A new Shabaka Policy Circle, al-Shabaka, Washington D.C. November 2012

Barghouthi, Omar, Why Israel fears the Boycott, The New York Times 31.1.2014

Barghouthi, Omar, Israel refuses to recognize its own Nationality: Israeli Supreme Court says »Israeli« Nationality would endanger Idea of Jewish State, Mondo Weiss 8.10.2014

Barghouthi, Omar, Is the BDS Campaign against Israel reaching a Turning Point?, Aljazeera 22.12.2013

Barghouthi, Omar, Virtual Statehood or the Right of Return, Aljazeera 14.9. 2011

Barghouthi, Omar, Our South Africa Moment has arrived, Palestine Chronicle 18.3.2009

Barghouthi, Omar, Re-Imagening Palestine. Self-Determination, Ethical Decolonization and Equality, Znet 29.7.2009

Barghouthi, Omar, Relative Humanity: The fundamental Obstacle to a One-State Solution in Historic Palestine, Electronic Intifada 6.1.2004

Baroud, Ramzy, Gaza: A new Middle East indeed, Countercurrents 16.1.2009

Baroud, Ramzy, Netanyahu versus Abu Ubaydah: On Victory and false Victory, Middle East Eye 28.8.2014

Baroud, Ramzy, Losing the Plot: Israel's Premier to face new Gaza Reality, Middle East Eye 8.9.2014

Bar-Tal, Daniel; Halperin, Eran, Societal Beliefs and Emotions as Socio-Psychological Barriers to peaceful Conflict Resolution, Palestine-Israel Journal Vol.19 No.3, 2014

Bashir, Abu-Manneh, Israel in the U.S. Empire, Monthly Review Volume 58, Issue 10, New York March 2007

Baskin, Gershon, The West Bank may be on the Verge of Exploding, +972 Magazine 18.8.2014

BBC, Rabbi calls for Annihilation of Arabs, 10.4.2001

BDS Movement, BDS at 7! - Celebrating, reflecting and further mainstreaming 9.7.2012

BDS Movement Round-up: Israel's Massacre in Gaza prompts international Sanctions and Boycott Action, 1.8.2014

Beckerman, Gal. Palestinian-led Movement to boycott Israel is gaining Support, Forward 16.9.2009

Ben Badis, Anwar, Liberating Israeli Jews from the dark Legacy of the Nakba, +972 Magazine 15.5.2014

Benhorin, Yitzhak, Neocons: We expected Israel to attack Syria, Ynet 16.12.2006

Bennis, Phyllis, Why Opposing the Israel Lobby is no longer Political Suicide, The Nation 15.7.2014

Ben Simon, David, Israel faces Crisis of growing Poverty, Al-Monitor 31.1.2014

Ben Yihai, Ron, Gaza Failure opened Door to unprecedented Opportunity, Ynet 28.9.2014

Bertoluzzi, Giulia; Spocci, Costanza, For young Israeli the other Side »simply does not exist«, Middle East Eye 15.11.2014

Bior, Haim; Rozenberg, Rina, Hotel stays drop sharply in July, Haaretz 31.8.2014

Bishara, 'Azmi, Al-Muqawama wa an-Nuhudh al-'arabi, Arabs48 27.7.2008

Bishara, Marwan, Netanyahu's Misclaculation; Bullish or Follisf?, Aljazeera 28.8.2014

BNC, Christian Palestinian Leader call for Church Boycott in Kairo's Document, Electronic Intifada 11.12.2009

Bronner, Ethan, After Gaza Israel grapples with Crisis of Isolation, The New York Times 18.3.2009

Bronstein, Eitan, »Min Wayn jaye inti?« Where the hell do you come from? Repression of the Nakba and post-Trauma among Jews in Israel, Zochrot 06/2009

Bronstein, Eitan, An Israeli on Nakba Day: Our Humanity is bound up with your right of return, Mondo Weiss 16.5.2010

Bronstein, Eitan, Nakba Law: Inside Pandora's Box, +972 Magazine 14.5.2011

Brooks, David H., Palestinians are sharing Advice with protesters in Ferguson, Missouri, Business Insider 14.8.2014

Caspit, Ben, Israel lost on all Fronts of the Gaza War, Al-Monitor 19.8.2014

Carlstrom, Gregg, Qurei to Livni: I'd vote for you, Aljazeera 24.1.2011 CBC News, Changing Fortunes lead Soviet Jews from Israel to Russia, 20.6.2004

Chamie, Joseph; Mirkin, Barry, The million missing Israelis, Foreign Policy 5.7.2011

Chamish, Barry, Ringworm and Radiation, Israeli Insider 19.8.2014, unter: www.ha-keshet.org.il

Chamseddine, Roqayah, The Myth of the »Arab versus Jews« Narrative, Al-Akhbar 31.7.2014

Chehata, Hanan, Evidence for a Cultural Genocide being employed against the Palestinians, Middle East Monitor 2010

CNN, Brzezinski: Netanyahu »making a very serious Mistake«, 21.7.2014

Cobban, Helena, Exclusive Excerpt: Miko Peled's »The General's Son«: Journey of an Israeli in Palestine, Mondo Weiss 13.3.2012

Cook, Jonathan, Israeli Forces train for Arab Transfer Riots, The National 14.10.2010

Cook, Jonathan, Is Israel at a Strategic Dead End as Palestinian »Arab Spring« arrives, Guernica, A Magazine of Art and Politics, 19.5.2011

Cook, Jonathan, There's nothing idealistic about the One-State Solution, Counterpunch 8.11.2011

Cook, Jonathan, Striking Iran, Israel's War Wager, al-Akhbar 11.11.2011

Cook, Jonathan, EU Report on Israel: Saving the Two-State Solution, al-Akhbar 13.1.2012

Cook, Jonathan, The Return to Iqrit, Aljazeera 9.8.2013

Cook, Jonathan, Israel's very own History of Eugenics, 26.9.2014 unter: www.jonathan-cook.net/blog/2014-09-26/Israels-very-own-history-of-eugenics/

Crooke, Alastair; Perry, Mark, How Hezbollah defeated Israel. Part 1: Winning the Intelligence War, Asia Times Online 12.10.2006

Crooke, Alastair; Perry, Mark, How Hezbollah defeated Israel. Part 2: Winning the Ground War, Asia Times Online 13.10.2006

Crooke, Alastair; Perry, Mark, How Hezbollah defeated Israel. Part 3: The Political War, Asia Times Online 14.10.2006

Cronin, David, Has the EU really caused an »Earthquake« for Israel? Electronic Intifada 17.7.2013

Cronin, David, Revealed: EU Chief promised to be »flexible« towards Israel's War Crimes, Electronic Intifada 15.10.2014

Cronin, David, Catherine Ashton: An Enforcer of Israel's Occupation, Middle East Eye 30.10.2014

Crowley, Michael, Israelis unhappy to see World-Class Military »surprised again, Time Magazine 6.8.2014

D'Amato, Paul, Israel and the Nakba, International Socialist Review Issue 60, Center for Economic Research and Social Change, Chicago July-August 2008

Dana, Saif, Balfour 96: Palestine is still the Question, al-Akhbar 8.11.2013

Dana, Tariq, The Palestinian Resistance and its Enemies, Jacobin Magazine, New York 21.7.2014

Davidson, Lawrence, Israel's Jewish Exodus, Consortium News 15.6.2011

Dbouk, Yahya, The Ayoub Drone and sparking War, al-Akhbar 16.10.16.10.2012

Dbouk, Yahya, Israeli Media assess Hezbollah Arms, al-Akhbar 5.4.2013

Deas, Michael, Ireland's biggest Food Retailer drops Israeli Produce as European Boycotts surge, Electronic Intifada 15.8.2014

Deger, Allison, Palestinian Youth say Talks with Israel are futile, Mondo Weiss 17.4.2014

Deger, Allison, The West Bank Insurrection, Mondo Weiss 10.8.2014

Derfner, Larry, The Writing on the Wall: Boycott is Top Story in Israel's No. 1 Paper, +972 Magazine, 20.1.2014

Der Standard, Geheimdienstminister: Israel erwog Wiederbesetzung von Gaza, 27.8.2014

De Villepin, Dominique, Lever la Voix au face du Massacre perpétué à Gaza, Le Figaro 21.7.2014

Doherty, Benjamin, Watch: Omar Barghouthi on »ethical Decolonization« and moving beyond Zionist Racism, Electronic Intifada 29.9.2013

Duffill, Paul; Skoff, Gabriella, Growing Jewish Support for Boycott and the Changing Landscape of the BDS Debate, Mondo Weiss 7.6.2014

Eaton, George, Peter Hain: One-State Solution to Israeli-Palestinian Conflict must be considered, New Statesman 30.1.2014

Eid, Haidar, Sharpeville 1960, Gaza 2009, Electronic Intifada 22.1.2009

Eid, Haidar, Diary of an Israeli War, Aljazeera 21.7.2014

Eldar, Akiva, Is an Israeli Jewish sense of Victimization perpetuating the Conflict with the Palestinians, Haaretz 29.1.2009

Eldar, Shlomi, Gaza Tunnels take IDF by Surprise, Al-Monitor 20.7.2014

El-Hamalawy, Hossam, Why Sisi fears Gaza, al-'Araby al-jadid 13.11.2014

Erlanger, Steve; Kershner, Isabel, Israel and Hamas trade Attacks as Tensions rise, The New York Times 8.7.2014

Even Or, Yael, We are Reservists and we refuse to serve, Washington Psot 23.7.2014

Fahim, Ashraf, Bush's Hezbollah Hangover, Asia Times Online 6.9.2009

Falk, Richard, Slouching toward a Palestinian Holocaust, transnational.org 29.6.2007

Farrell, Maureen, Soda Stream losing a lot of its Pop, Wall Street Journal 7.10.2014

Fisher, Max, Map: how Europe voted on Palestine at the United Nations in 2011 and now, Washington Post 29.11.2012

Fisher, Max, The growing Divide between Israel and Europe, Washington Post 3.12.2012

Fruchtman, Ruth, Nicht in unserem Namen. Zur jüdischen Stimme für gerechten Frieden im Nahen Osten e.V., Palästina-Israel-Zeitung Nr.5, Juni 2014

Ghanem, As'ad, The Bi-National Idea in Palestine/Israel: Conceptual Framework and the Contemporary Debate, PASSIA Jerusalem 23.3.2004

Ghantous, Waad, Kufr Bir'im: The Right of Return to Palestine, Aljazeera 12.8.2014

Global Research News, Special Gaza War Poll, September 2014

Gordon, Lora, One State. Historical Debate with renewed Relevance, Dialogue, Review for Discussion between Arab and Jewish Activists of Palestine No.30, Paris February 2012, S.16-26

Gordon, Neve, Israel's Strategic Threat, The Nation 17.4.2007

Gordon, Neve, Rethinking the Two-State Solution, Los Angeles Times 1.10.2013

Gordon, Yochanan, When Genocide is permissible, Times of Israel 1.8.2014

Gravé-Lazi, Lidar; Cashman Greer, Fay, Annual Report shows 1.7 million Israelis living below Poverty Line, Jerusalem Post 17.12.2013

Gur-Arieh, Noga, Leaving Israel is becoming a Trend, so why do I chose to stay, Jewish Journal 23.10.2013

Haaretz, Former Supreme Court Justice: Strike on Iran may endanger Future of Israel, 2.9.2012

Haaretz, BBC Poll, Israel among World's least popular Nations, 25.5.2013

Haaretz, Tepid Apology by British MP for Tweetcondoning Gaza Rockets, 23.7.2014

Haaretz Editorial, IDF's worrisome Shortcomings revealed, Haaretz 1.8.2014

Halper, Jeff, The Palestinian Message to Israel; Deal with us justly. Or Disappear, Mondo Weiss 28.8.2014

Handelsblatt, Gaza-Krieg dämpft israelische Wirtschaft 28.8.2014

Hanieh, Adam, The Oslo Illusion, Jacobin Issue 19, New York 2013

Harel, Amos, Outgoing Infantry Chief says Military »guilty of Arrogance«, Haaretz 21.8.2006

Harris-Gershon, David, As a Jew living on America, the last Week has changed me forever, Tikkun Daily 5.7.2014

Hasan, Rumy, The Unitary Democratic State and the Struggle against Apartheid in Palestine,
Holy Land Studies7.1., University Edinburgh 2008

Hasson, Nir, Gaza Border Towns all but abandoned with 70% of Residents relocating, Haaretz
25.8.2014

Hatuqa, Dalia, Toddler cought up in Israeli Crackdown, Aljazeera 5.11.2014

Haydar, Ali, Israel's next War: beyond the Lebanon Front, al-Akhbar 14.8.2012

Hearst, David, Mahmoud Abbas' Epiphany over Gaza, Middle East Eye25.7.2014

Heller, Jeffrey, Netanyahu moves to end religious military exemptions, Ma'an News Agency 8.7.2012

Hever, Shir, Why the BDS Movement can no longer be ignored, Middle East Eye 16.9.2014

Hilal, Leila, Transitional Justice Responses to Palestinian Dispossession: Focus on Restitution,
Brookings-LSE Project on Internal Displacement, August 2012

Hillal, Jamil, Imperialism and Settler Colonialism in West Asia: Israel and the Palestinian Arab
Struggle, Utafiti, Journal of the Faculty of arts and Social Science of Dar es-Salaam
Vol.1 No.1, 1976, S.51-70

Hillal. Jamil, Reclaiming the Palestinian Narrative, Al-Shabaka, Washington D.C. 7.1.2013

Hillal, Jamil, What's stopping the Third Intifada, al-Shabaka 20.5.2014

Hirschberg, Peter, One-State Awakening. Haaretz 10.12.2003

Horowitz, Adam, It's Time to build the Future of the American Jewish Community: Open Hillel
announces first National Conference, Mondo Weiss 15.5.2014

Hussain, Jahanzeb, The Nature of Israel's Defeat, Middle East Eye 31.7.2014

Ighbariya, Raja, Hawl al-dawla al-dimuqratiya ka-maschru'a siasi nidhali, Vortrag auf der 2.Hai-
fa-Konferenz für das Recht auf Rückkehr und den demokratischen säkularen Staat,
Ajras al-'Awda 5.6.2010

Illeik, Hassan, Nasrallah: Tel Aviv will be first Target in future War, al-Akhbar 21.10.2011

International Crisis Group, Israel and Hamas: Fire and Ceasefire in the New Middle East, Middle
East Report No.133, 22.11.2012

International Middle East Center, Al-'Araqib Bedouin Village demolished for the 78th Time,
17.11.2014

Irving, Sarah, Can Occupiers struggle alongside the Occupied, Electronic Intifada 6.2.2014

Jabotinsky, Wladimir, The Iron Wall (We and the Arabs), Erstveröffentlichung auf Russisch in:
Rassvyet 4.11.1923

Jacobin, Editorial, Palestine and the Left, Jacobin Magazine Issue 10, New York April 2013

Jadaliyya, Roundtable on Palestinian Dispossession and Representation Part 1, Arab Studies Institute, Washington D.C.-Beirut 11.9.2012

Jantti, Bruno, It's Time for the EU to impose Sanctions on Israel, Aljazeera 24.8.2014

Jerusalem Post, Editorial, Brain Drain, Jerusalem Post 15.10.2013

Johnson, Jimmy, Watch a profound and haunting short Film »Death to the Arabs«, Electronic
Intifada 13.7.2014

Jones, Seth G., The Mirage of the Arab Spring, Foreign Affairs, January/February 2013

JTA, In Norway 38% believe Israel treats Palestinians like how Nazis treated Jews, Survey shows,
Haaretz 14.6.2012

JTA, 100 Spanish Celebrities accuse Israel of Genocide in Gaza, 29.7.2014

Judt, Tony, Israel: The Alternative, The New York Review of Books Volume 50 Number 16, New York 23.10.2003

Kampeas, Ron, Ebbing Support among Key Groups stirring Alarm, JTA 5.8.2014

Kane, Alex, American Studies Association National Council endorses Academic Boycott of Israel, Mondo Weiss 4.12.2013

Kane, Alex, Liberal Schizophrenia and moral Myopia: On Ari Shavit's »My promised Land«, Mondo Weiss 3.4.2014

Kapshuk, Yoav, Why it's Time to discuss the One-State Solution, Mondo Weiss 18.9.2012

Kasrils, Ronnie, Gaza and the »Crime of Crimes«, Aljazeera 26.9.2014

Kassem, Mahmoud, Soros Fund drops Shares in Israel's Soda Stream, The National (AE), 3.8.2014

Kaufman, Ami, Israel crosses the Tipping Point, becomes economic Liability, +972 Magazine 18.2.2014

Kennedy, Dana, Why young Hollywood is more willing to question Israel's Policy, The Hollywood Reporter 26.7.2014

Kenner, David, How Hamas is winning the Rocket War, Foreign Policy 16.11.2012

Khalek, Rania, Merciless Israeli Mobs are hunting Palestinians, Electronic Intifada 27.7.2014

Khalidi, Raja; Somour, Sobhi, Neoliberalism as Liberation: The Statehood Program and the Remaking of the Palestinian National Movement, Journal for Palestine Studies Vol. XI No.2, Washington D.C. Winter 2011

Kimmerling, Baruch, From Barak to the Road Map, New Left Review 23, London September-October 2003

Kleeberg, Michael, Bluten wir nicht, Der Freitag 18.6.2006

Klingball, Sivan; Shiloh, Shanee, Bye the beloved Country. Why almost 40% of Israelis are thinking of emigrating, Haaretz 15.12.2012

Knell, Yolande, Gaza:What is Israel's Military Strategy, BBC 19.11.2012

Kouttab, Alexander; Toaldo, Mattia, In Search of Legitimacy: The Palestinian National Movement 20 Years after Oslo, European Council on Foreign Relations 9.10.2013

Kubursi, Atif A., Palestinian Losses in 1948: Calculating Refugee Compensation, Palestine Center Information Brief Number 813, Washington D.C. August 2001

Kuttab, Daoud, New Palestinian Movement calls for One-State Solution, Al-Monitor 22.5.2013

Kuttab, Jonathan, Steps to create an Israel-Palestine, Los Angeles Times 20.12.2009

Lake, Eli, Hamas has already won the Rocket War, The Daily Beast 16.7.2014

Landau, Simha, Societal Cost of Political Violence: the Israeli Experience, Palestine-Israel Journal Vol.10 No.1 2003

Laor, Yitzhak,What will they call Barbunya?, Haaretz 19.7.2009

Laor, Yitzhak, Turning off the Lights, Haaretz 6.10.2009

Laor, Yitzhak, Why has the Left in Israel vanished? Haaretz 19.11.2009

Laor, Yitzhak, The Covenant for the Land, Haaretz 20.12.2009

Laor, Yitzhal, Which Chapter from the Book of Joshua, Haaretz 19.5.2011

Laub, Karin, Settlements feeling Boycott bite, The Tennessean 11.1.2014

Leibovitz-Dar, Sara, Studies in Racism, Maariv 21.10.2009 (Hebräisch), ins Englische übersetzt von Palestinian Campaign for the Academic and Cultural Boycott, UK unter: www.pacbi.org/etemplate.php?id=1116

Lendman, Stephen, Promised Land Disenchantment, 19.1.2014 unter: www.sjlendman.blogspot. de/2014/01/promised-land-disenchantment.html

Lerman, Antony, The End of Liberal Zionism, The New York Times 22.8.2014

LeVine, Mark, Why Palestinian Refugees have a Right to Return home, Aljazeera 23.9.2011

Levy, Gideon, Israel's Dark Reality: Majority supports Apartheid, according to new Study, Haaretz 23.10.2010

Levy, Gideon, Fear is driving Israeli to obtain Foreign Passports, Haaretz 2.6.2011

Levy, Gideon, The Israeli Patriot's last Refuge: Boycott, Znet 16.7.2013

Levy, Gideon; Levac Alex, Drafting the Blueprint for Palestinian Refugee's Return, Haaretz 5.10.2013

Linfield, Susie, Letter from Israel: Leftists on Zionism's Past, Present and Future, Boston Review 13.11.2013

Loewenstein, Antony, Discussing life »after Zionism« in Israel/Palestine, Mondo Weiss 24.9.2012

Loewenstein, Antony, Diaspora Dissent against Israel's Occupation is viral – and risky, The Guardian 21.8.2014

Lustick, Ian, Two-State-Illusion, The New York Times 14.9.2013

Lynch, Marc, Arabs do care about Gaza, Washington Psot 14.7.2014

M.E.E.Staff, Police officer killed in jerusalem Crash called „Terror Attack" by Israeli Security. Middle East Eye 5.11.2014

Machover, Moshe, Israel-Palestine: Race against History, Israeli Occupation Archive 10.1.2013

Machover, Moshe, DeZionisation – Strategic Considerations, Israeli Occupation Archive 8.10.2013

Madley, Benjamin, Patterns of Frontier Genocide 1830-1910: The Aboriginal Tasmanians, the Yuki of California and the Herero of Namibia, Journal of Genocide Research 6 (2), June 2004

Malka, Haim, Hollow Victory, Center for Strategic and International Studies, Washington D.C. December 2012

Margalit, Michal, The Pursuit of European Passports. There is somewhere to escape to, Ynet 10.2.2014

Margalit, Ruth, The real Reason for Israel's Brain Drain, The New Yorker 19.10.2013

Markaz al-Zaytouna, Taqdir Istartiji: Afaq al-Muqawama al-scha'biya fi al-difa al-gharbiya, Beirot 29.8.2014

Markaz al-Zaytouna, Strategic Assessment (72): Public Support for Palestine in Europe during the 2014 Aggression Gaza Strip and its potential Prospects, Beirut 20.10.2014

Martin Patrick, Rocket Warnings the new Normal on Tel Aviv's Beaches, The Globe and Mail 17.11.2012

Marusek, Sarah, Breaking the Culture of Silence. Public Figures increasingly voice Support for Palestinian Rights, Middle East Monitor 1.8.2014

Masalha, Nur, 60 Years after the Nakba: Historical Truth, Collective Memory and Ethical Obligation, Kyoto Bulletin of Islamic Area Studies 3-1, Kyoto July 2009

Massad, Joseph, The Binational State and the Reunification of the Palestinian People, Global Dialogue Volume 4 Nr.3 – Al-Aqsa Intifada, Centre for World Dialogue, Nicosia Summer 2002

Massad, Joseph, Reducing the Palestinians, Electronic Intifada 27.12.2003

Massad, Joseph, The (Anti-)Palestinian Authority, Electronic Intifada 19.6.2006

Massad, Joseph, Pinochet in Palestine, Electronic Intifada 11.11.2006

Massad, Joseph, Israel's Right to Discriminate, Al-Ahram Weekly, Cairo 16.3.2007

Massad, Joseph, Resisting the Nakba, Countercurrents, 16.5.2008

Massad, Joseph, How surrendering Palestinian Rights became the Language of Peace, Electronic Intifada 27.1.2010

Maté, Gabor, Beautiful Dream of Israel has become a Nightmare, The Star 22.7.2014

McGreal, Chris, Hamas emerges stronger from Gaza after Israel Ceasefire Deal, The Guardian 22.11.2012

Melhem, Ahmad, Sales of Israeli Goods in West Bank down 50% due to Boycott, Al-Monitor 21.8.2014

Meotti, Giulio, Can Israel be defeated? Ynet 14.9.2011

Mezzofiore, Gianluca, BDS scores another Victory with Italy and Spain warning against Business in Israeli Settlements, International Business Times 7.6.2014

Middle East Eye, Hezbollah capable of Invading Israel says Israeli Official, 15.9.2014

Middle East Monitor, Britain's biggest Trade Union slams Israeli Apartheid, commits to BDS Campaign, 4.7.2014

Middle East Monitor, Jewish Migration from Israel to Europe on the Rise, 21.9.2012

Middle East Monitor, Data shows that Palestinians now own just 8% of historic Palestine, 28.5.2013

Middle, East Monitor, Palestinian Resistance carry out three Operations against the Israeli Army in the West Bank, 10.8.2014

Milne, Seumas, Haza: This Shameful Injustice will only end if the Cost of it rises, The Guardian 16.7.2014

Misgav, Uri, The Jewish Psychosis of making a Racist State, Haaretz 3.3.2014

Mortada, Radwan, Why isn't the Islamic State fighting Israel? al-Akhbar 2.8.2014

Mrammel, Imad, Hezbollah learns Lessons from Gaza Conflict, Al-Monitor 28.11.2012

Muna, Ziad, Our Spring is in Gaza, Middle East Monitor 23.8.2014

Munayyer, Yousef, When Settlers attack, The Palestine Center Washington D.C. 2012

Munayyer, Yousef, Thinking outside the Two-State Box, The New Yorker 20.9.2013

Murphy, Maureen Clare, Palestinian Trade Union Movement forms historic BDS Coalition, Electronic Intifada 5.5.2011

Nabulsi, Karma, Despite the Cruelties heaped on them Palestinian Refugee's Spirit has not broken, The Guardian 21.3.2014

Nakhleh, Khalil, Thinking the Thinkable: The Future Palestinian Society I aspire to. Preliminary Deliberations on proposed Solutions to restore genuine Palestinian Rights, Kanaan – The e-Bulletin Volume 8 Issue 1633, 20.8.2008

Nakhleh, Emile, Israel's Arabs: Marginalised, Angry and Defiant, Lobelog Foreign Policy 19.11.2014

Nashashibi, Sharif, Israel/Palestine: Time to endorse One State, al-Arabiya 24.3.2014

New Left Project, A State of Play in Palestine: A Roundtable 23.12.2013

Nusaibah, Munir, Decades of Displacing Palestinians. How Israel does it, Al-Shabaka, Washington D.C. 18.6.2014

One Democracy, UK, When will Israelis come to love the One Democracy? 30.5.2010, unter: onedemocracy.co.uk/digressions/how-will-israel-come-to-love-one-democracy/more-185

One Democracy, UK, »Return the Refugees and you end the Conflict«, 24.1.2011, unter: onedemocracy.co.uk/news/end-the-exile-and-you-end-the-conflict/

Oren, Michael B., Seven Existential Threats, Commentary Magazine May 2009

Othman, Orouba, Fatah's sudden Volte-face, Al-Akhbar 23.7.2014

Pappe, Ilan, The One Palestine. Past, Present and Future Perspectives, Nebula 5.3., Journal of Multidisciplinary Scholarship, Glebe/Australia September 2008, S.61-77

Pappe, Ilan, Genocide in Gaza, Electronic Intifada 2.9. 2006

Pappe, Ilan, The Historical Perspective of the 2014 Gaza Massacre, Informationclearinghouse 23.8.2014

Peled, Daniella, Forget »Start-Up Nation«, Israel's Brand Identity is Occupation, Haaretz 18.7.2013

Perez-Pena, Richard; Rudoren, Jodi, Boycott by Academic Group is symbolic Sting for Israel, The New York Times 16.12.2013

Peries, Sharmini, Israel facing Major Economic Consequences for 50 Days War on Gaza, Real News Network 17.9.2014

Perry, Mark, Why Israel's Bombardement of Gaza Neighborhoods left US Officers »stunned«, Aljazeera 27.8.2014

Pfeffer, Anshel, Israel suffered massive Cyber Attack during Gaza Offensive, Haaretz 15.6.2009

Pillay, Navi, Europe is blocking Middle East Peace, The New York Times 6.11.2014

Pirker, Werner, »Ein Palästina für zwei Völker.« Ein Gespräch mit Yoav Bar, Junge Welt 27.3.2010

Piterberg, Gabriel Erasures, New Left Review 10, July-August 2001

PLO Negotiations Affairs Department, The Nakba continues: The silent Transfer of Walajeh Community, May 2011

Postinett, Axel, »Sieben Staaten in fünf Jahren«, Handelsblatt 13.6.2014

Prescott, John, Israel's Bombardement of Gaza is a War Crime – and it must end, Mirror 26.7.2014

Rabbani, Mouin, Birth Pangs of a new Palestine, Middle East Report, Washington D.C. 7.1.2009

Rabbani, Mouin, Israel's »Operation Status Quo«: Preliminary Assessment, Jadaliyya, Arab Studies Institute Washington D.C.-Beirut 26.8.2014

Raghavan, Sudarsan; Booth, William; Eglash, Ruth, Israel concentrates Incursion along Gaza Border as Netanyahu warns of »Expansion«, Washington Post 18.7.2014

Rapoport, Meron, The Price of War, Middle East Eye 5.9.2014

Rashed, Haifa; Short, Damien, Genocide and Settler Colonialism: Can a Lemkin-inspired Genocide Perspective aid our Understanding of the Palestinian Situation?, The International Journal of Human Rights Vol.16 No.8, December 2012

Ravid, Barak, Dutch engineering Giant cancels East Jerusalem Project, Haaretz 6.9.2013

Ravid, Barak, Largest Dutch pension fund boycotts Banks over Settlement ties, Haaretz 8.1.2014

Ravid, Barak, Minister split on strategic Plan over how to counter Boycott Threats, Haaretz 31.1.2014

Reider, Dimi, Gaza Reconstruction: The new Israeli Strategy, Middle East Eye 11.10.2014

Remez, Disi, Rabbi Ovadia Yosef on Muslims: »Their Religion is as ugly as they are«, Coteret 14.12.2009

Robbins, Annie, The Titanic of the Occupation – Soda Stream, Mondo Weiss 7.10.2014

Rogers, Paul, After Gaza: Israel's last Chance, Open Democracy17.1.2009

Rose, David, The Gaza Bombshell, Vanity Fair April 2008

Rosenberg, MJ, The Hamas Victory, 26.8.2014, unter: mjrosenberg.net/2014708/26/the-hamas-victory/

Roth, Ariel Ilan, How Hamas won. Israel's Tactical Success and Strategic Failure, Foreign Affairs 20.7.2014

Rouhana, Nadim N., The Colonial Condition: Is Partition in Palestine possible?, Jadal Issue 10, Mada al-Carmel, Haifa June 2011

RozaLang/Levitsky, Daniel, Jews Confront Zionism, Monthly Review Volume 61, Issue 02, New York June 2009

Rudoren, Jodi, Israel broadens its Bombing in Gaza to include Government Sites, The New York Times 17.11.2014

Rudoren, Jodi, A Divide among Palestinians on a Two-State Solution, The New York Times 18.3.2014

Saad-Ghorayeb, Amal, Iran Attack: Too big for Israel, al-Akhbar 20.8.2012

Sabra, Adam, Gaza: A Turning point?, Aljazeera 25.7.2014

Said, Edward W. The Morning After, New Left Review Vol. 15 No.20, London 21.10.1993

Said, Edward W., The One State Solution, The New York Times 10.1.1999

Said, Edward W., A truly fragile Identity, Al-Ahram Weekly Issue 474, Cairo 23-29 March 2000

Said, Edward W., Thinking about Israel, Al-Ahram Weekly Issue No.532, Cairo 3-9 May 2001

Said, Edward W., What Price Oslo, Al-Ahram Weekly Issue No.577, Cairo 14-20 March 2002

Salingue, Julien, Auf der Schwarzen Liste. Le Monde diplomatique 13.6.2014

Samuel, Sigal, How Spain's Sephardic Law makes Israel look bad, Forward 15.2.2014

Satin, Mark, The One-State Solution is the most visionary AND the most sensible, Radical Middle Newsletter Issue No.106, April 2007

Saunders, Doug, Why Jews flee to Europe (or at least half of it), The Globe and Mail 16.11.2013

Scheindlin, Dahlia, The Palestinian Nakba: Are Israelis starting to get it?, +972 Magazine 15.5.2013

Schindler, Max, Boycotts and Browbeating of Israel: What changed since the last Gaza War?, Christian Science Monitor 7.8.2014

Senyor, Eli, IDF Soldier stabbed at Tel Aviv Train Station, Ynet 10.11.2014

Shaalan, Hassan, Father of Israeli Arab shot by Police: Killing was inumane, deliberate, Ynet 9.11.2014

Shafiq, Munir, Al-Harb'ala Ghaza wa Tadaiyatiha, Aljazeera Studienzentrum Doha, ohne Datum

Sharon, Assaf, Failure in Gaza, The New York Review of Books, 28.8.2014

Sharon, Itamar, Cabinet told Purging of Gaza and Terror would take 5 Years, cost hundreds of Soldiers' lives, Times of Israel 6.8.2014

Shatz, Adam, Why Israel didn't win, London Review of Books Vol.34 No.23, 6.12.2012

Shavit, Ari, Cry the beloved Two-State Solution, Haaretz 19.8.2003

Shavit, Ari, Israel failed to learn Lessons from Second Lebanon War, Haaretz 14.7.2011

Sheizaf, Noam, The Emergence of a New Israeli Left, +972 Magazine 13.3.2011

Sheizaf, Noam, Anarchists: The most important Activists on the Israeli Left, +972 Magazine 8.7.2012

Sheizaf, Noam, Despite Efforts to erase it, the Nakba Memory is more present than ever in Israel, +972 Magazine 14.5.2013

Sheizaf, Noam, What is the Israeli Right's One-State Vision?, +972 Magazine 12.5.2014

Sherwood, Harriet, Israeli Government claims Mission accomplished but Public sceptical, The Guardian 22.11.2012

Sherwood, Harriet, A Boycott can jolt Israelis from their Somnolence on Palestine, The Guardian 4.4.2014

Shinkman, Paul El. Diplomat: Israel Bankrupt of World Support, US News 11.8.2014

Shlaim, Avi, Israel needs to Learn some Manners, The New York Times 30.1.2014

Shohat, EllaHabiba, Reflections by an Arab Jew, Nasawi News and Arts Quarterly 17.4.1999 unter: www.ha-keshet.org.il

Shuttleworth, Kate, Israeli Fear Levels rise as Rockets fall, Deutsche Welle 13.7.2014

Slater, Jerome, Unfogivable: Ari Shavit's My promised Land and its Acclaim in the United States 19.12.2013, unter: www.jeromeslater.com/2013/12/unforgivable-ari-shavits-my-promised.html

Soliman, Alia, Boycotting Israel: BDS Movement reaches Tipping Point, Ahram Online 16.8.2014

Spiegel Online, Lehrplan in Israel: Schon Dreijährige sollen vom Holocaust erfahren, 25.4.2014

Soffer, Arnon, Jewish Population in Israel is declining, Haaretz 27.4.2010

Sternhell, Zeev. A Society falling Apart, Haaretz 9.7.2012

Strickland, Patrick, Wave of Oppression targets Palestinians in Israel, Electronic Intifada 19.11.2014

Struck, Doug; Zipper, Tal, War stirs Worry in Israel over State of the Military, Washington Post 19.8.2006

Supe, Johannes, Eisernes Kreuz in Israel, Junge Welt 21.11.2014

Surasky, Cecilie, What the Reut Institute really wants: NOT one Person – one Vote, Muzzlewatch 29.3.2010

Tait, Robert, John Kerry labelled »anti-Semite« for warning of possible Boycott, The Telegraph 2.2.2014

Talbot, David, Israeli Rocket System is failing at crucial Task, MIT Technology Review, 10.7.2014

Tamimi, Azzam, After Hamas' Hudna what?, Just World News 13.5.2009

The Economist, The War beyond the War, 3.8.2006

The Economist, A Campaign that is gathering Weight, 8.2.2014

The Economist, The Decline of Deterrence, 3.5.2014

Thrall, Nathan, Our Man in Palestine, New York Review of Books 14.10.2010

Thrall, Nathan, Hamas' Chances, London Review of Books Vol.36 No.16, 21.8.2014

Toaldo, Mattia, The Two-State Stress Test, European Council on Foreign Relations 13.12.2013

Tutu, Desmond, My Plea to the People of Israel: Librate yourself by Liberating Palestine, Haaretz 14.8.2014

Veracini, Lorenzo, Settler Colonialism and Decolonisation, Borderlands e-Journal Volume 6 Number 2, 2007

Vlazna, Vacy, The PA: Israel's Doppelgänger, Al-Ahram Weekly Issue No.1191, Cairo 3.4.2014

Wallerstein, Immanuel, Commentary No.190, What can Israel achieve 1.8.2006, (www.iwallerstein.com/commentaries/)

Wallerstein, Immanuel, US Withdrawal and Defeat in Iraq, Commentary No.316, 1.11.2012

Wallerstein, Immanuel, The Consequences of US Decline, Aljazeera 2.11.1013

Walt, Stephan, The End of the American Era, Informationclearinghouse 26.10.2011

Waziyatawin, Malice enough in their Hearts and Courage enough in ours: Reflections on US Indigenous and Palestinian Experiences under Occupation, Settler Colonial Studies 2.1., Swinburne University, Victoria/Australia 2012

Weiss, Philip, The Crisis of Jewish Identity, Mondo Weiss 17.7.2012

Weiss, Philip, Only Sanctions against Israel will end Occupation – Gideon Levy, Mondo Weiss 1.12.2013

Weiss, Philip, White House says U.S.can't stop »Tsunami« of Boycott and international Isolation if Israel won't end »Occupations«, Mondo Weiss 9.7. 2014

Weiss, Philip, Will »Protective Edge« galvanize the US Mainstream as »Cast Lead« galvanized the left?, Mondo Weiss 31.7.2014

White, Ben,Spring in the Steps of BDS as a worried Israel plans Pushback, Middle East Monitor 8.3.2014

Wild, Petra, Boykott, Desinvestment, Sanktionen, Telepolis 10.10.2009

Wild, Petra, Palästinenser innerhalb der Grünen Linie in Aufruhr, Linke Zeitung 9.7.2014

Wilner, Michael, US sent »Lessons learned« Team to model Israeli Tactics in Gaza Operation, Jerusalem Post 12.11.2014

Wolf, Sherry, What's behind the Rise of BDS?, International Viewpoint 8.8.2014

Wolfe, Patrick, Settler Colonialismand the Elimination of the Native, Journal of Genocide Research 8 (4), December 2006

Wolfe, Patrick, New Jews for Old: Settler State Formation and the Impossibility of Zionism: in Memoriam Edward Said, Arena Journal No.37/38, Fitzroy/Victoria 2012

Wolfe, Patrick, The Settler Complex: An Introduction, American Indian Culture and Research Journal Vol.37 No.2, UCLA, Los Angeles 2013

Wolfe, Patrick, Recuperating Binarism: A heretical Introduction, Settler Colonial Journal No.3/2013

Woodward, Paul, Israel is becoming a Liability for the United States, War in Context 2.6.2010

Williams, Dan, Israeli Minister sees 50 percent more Settlers in West Bank by 2019, Reuters 16.5.2014

Yiftchel, Oren, Ethnocracy: The Politics of Judaizing Israel/Palestine, Constellations Vol.6, 1999, S.364-391

Yiftachel, Oren, Democracy or Ethnocracy: Territory and Settler Politics in Israel/Palestine, Middle East Report 207, Washington D.C. Summer 1998

Yiftachel, Oren, The Shrinking Space of Citizenship: Ethnocratic Politics in Israel, Middle East Report 223, Washington D.C. Summer 2002

Ynet, Pentagon learning from IDF Disaster, 4.6.2009

Ynet Study, Jews leaving mixed Cities, Ynet 4.5.2011

Ynet, Heavy Gaza Rocket Barrage: Direct Hit on Vehicle in Ashdod, 10.7.2014

Zacharia, Janine, Israel confronts flagging Interest in Military Service, Washington Post 7.11.2010

Zak, Michal, Mechanisms of Denial in the Israeli Peace Camp, Middle East Eye 24.7.2014

Ziadeh Rafeef, Palestine and the Cultural Boycott, Znet 19.4.2009

Zitun, Noam (Dabul), Palestinian stabs three Israelis near Alon Shavit, one dead, Ynet 11.10.2014

Zonszein, Mairav, The tel Aviv Bubble has burst – the Status Quo should go too, +972 Magazine 18.11.2012

Zitun, Yoav, IDF spent NIS 1.3 Billion in Training leading up to Protective Edge, Ynet 20.7.2014

Interviews und Vorträge

Americans for Middle East Understanding (AMEU), Interview with Sylvia Scharz, Member of the International Jewish Antizionist Network, ohne Datum, unter:www.ameu.org/Related-Articles/Interview-with-Sylvia-Schwarz-Member-of-the-Inter.aspx

Avnery, Uri; Pappe, Ilan,Two States of One State, Countercurrents, Kerala 11.6.2007

Azoulay, Ariella, The Governed must be defended: toward a civil political Agreement, Zochrot Conference June 2008, unter: http://zochrot.org/index.php?id=674

Balint, Jennifer; Evans, Julie, Transitional Justice and Settler States, The Australian and New Zealand Critical Criminology Conference (ANZCCC), 2010

Bernstein, Dennis J., Changing Israel from Without, [Interview with Ilan Pappe], Consortium News 24.3.2014

Blumenthal, Max, Top Abbas Confident; I give up – We failed, Mondo Weiss 29.5.2013

Cockburn, Alexander; St.Clair, Jeffrey, Debate between Salman Abu Sitta and Michael Lerner of Tikkun on the Right of Return, Counterpunch 12.2.2003

Cook, Jonathan, »It's Time for Palestinians in Israel to stand firm against the Bantustan Plan of Oslo.« An Interview with Awad Abdel Fattah, Mondo Weiss 12.11.2012

Dalla Negra, Cecilia, »I can't dictate Methods of Palestinian Struggle«: Israeli Boycott Activist interviewed, Electronic Intifada 8.8.2012

Dana, Joseph, Occupationa and Nakba: Interview with Ariella Azoulay and Adi Ophir, +972 Magazine 14.5.2011

Democracy Now, Henry Siegman, leading Voice of U.S. Jewry on Gaza: »A Slaughter of Innocents«, 30.7.2014

Dugard, John, Apartheid and Occupation under International Law, Hisham B. Sharabi Memorial Lecture.Edited Transcript of Remarks by Profesor John Dugard, Transcript No.311, The Palestine Center, Washington D.C. 20.3.2009

Himmelrath, Armin, Nachdenken statt Resignieren, [Interview mit Sari Nussaibah], Deutschlandfunk 26.3.2012

International Solidarity Movement, Second Interview with Ilan Pappe: The basic Israeli Ideology – Zionism – is the Problem, 11.7.2012

Kane, Alex, Palestinian Activist Abir Kopty: Oslo should go, the Peace Process serves Israeli Interests, Mondo Weiss 13.6.2013

Kane, Alex,Boycotting the Land you love: Israeli Activist Lehee Rothschild on BDS and the Struggle for Palestinian Rights, Mondo Weiss 26.2.2014

Kane, Alex, The Battle over Palestine is raging – and Israel is losing: Ali Abunimah on his new Book, Mondo Weiss 21.3.2014

Kasrils, Ronnie, Who said nearly 50 Years ago that Israel was an Apartheid State, Vortrag während der »Israeli Apartheid Week« South Africa 19.1.2009, unter: odsg.org/indexphp/Articles/31

Khalidi, Ahmad Samih, The Palestinian National Movement: What went wrong?, The Jerusalem Fund Distinguished Lecture Series, Number 4, Washington D.C. 2008

Kishawi, Sami, »Every third Child in Gaza stunted by Hunger,« Interview with renowned Doctor Mads Gilbert, Electronic Intifada 7.6.2012

Le Mur a Des Oreilles, New Paradigms for Israel/Palestine - Conversation with Leila Farsakh and Noura Erakat, 7.11.2013 unter: lemuradesoreilles.org/2013/11/26/conversation-with-noura-erakat-and-leila-farsakh/

Le Mur a Des Oreilles, You cannot talk about the Nakba in Israel – Conversation with Lia Tarachansky, 11.11.2013 unter: lemuradesoreilles.org/2013/11/13/conversation-with-lia-tarachanski/

Letwin, David, Interview with Dr.Haidar Eid, »The Palestinian Struggle is not about Independence – it is about Liberation,« Mondo Weiss 2.12.2013

Lustick, Ian S., The Sons traveled from here in Ships and in Planes. Emigration from Israel How Come? How Much? How Important? Vortrag auf der Jahreskonferenz der Association for Israel-Studies, Toronto, Canada May 10-12, 2010, unter: www.aisisraelstudies.org/papers/AIS2010_Lustick.pdf

Lustick, Ian S., Leaving the Middle East. Israel and Habotz HaMizrach-Tichoni, Vortrag auf der Jahreskonferenz der Association for Israel-Studies, The Open University Israel, June 11-13, 2007, unter: www.aisisraelstudies.org/papers/AIS2007_Lustick_NV.pdf

Machover, Moshe, Israelis and Palestinians: Conflict and Resolution, Barry Amiel and Norman Melburn Trust Annual Lecture, 30. November 2006, unter: www.marxists.org/history/etil/writers/macover/2006/11/isr-pal.html-

Mustafa, Ali, »Boycott works.« An Interview with Omar Barghouthi, Electronic Intifada 1.6.2009

Pirker, Werner, »Ein Palästina für zwei Völker.« Gespräch mit Yoav Bar, Junge Welt 27.3.2010

Tracy, Marc United States and Israel at a »Crossroads«? (Interview with Haim Malka), Tablet Magazine 27.9.2011

Weiss, Philip, From Mississippi to Gaza - Dorothy Zellner reflects on 50 Years of Struggle, Mondo Weiss 24.6.2014

Zimmerer, Jürgen, Der erste deutsche Gehozid/Zum Verhältnis von Kolonialismus und Holocaust, Vortragsmanuskript Kolonialismus und Nationalsozialismus/Die Debatte um (Dis)Kontinuitäten, Freiburg 7./8.Februar 2008

Erklärungen und politische Stellungnahmen

A State for All its Citizens. The One State Vision and Foundational Principles of a republic in Historic Palestine, ohne Datum unter: www.1not2.org/One_State_Palestine/English.html

Abna al-Balad, For a Free Democratioc Palestine, Position Paper 8.7.2004, unter: www.ror1state.org/drupal/?q=en/node/35

Adalah, The Democratic Constitution, Shafa'mr 20.3.2007, unter: adalah.org/Public/files/democratic_constitution-english.pdf

Bar, Yoav, Haifa Conference: The Jaffa Declaration, Palestine Media Center 24.7.2008

BDS Movement, Palestinian Civil Society Call for BDS, 9.7.2005, unter: www.bdsmovement.net/call

Electronic Intifada, No Ceasefire without Justice for Gaza 22.7.2014

European Coordination of Committees and Associations for Palestine, Mogherini urged to suspend EU-Israel Agreement by 310 Human Rights Groups and Unions, 3.11.2014, unter: www.eccpalestine.org/mogherini-urged-to-suspend-eu-israel-agreement-by-305-human-rights-groups-and-unions/

Free Haifa, The Founding Statement: The Popular Movement for One Democratic State on the Land of Historic Palestine 20.8.2013unter: http://freehaifa.wordpress.com/2013/08/03/the-founding-statement-the-popular-movement-for-one-democratic-state-on-the-land-of-historical-palestine

General Union of Palestine Students, Kuwaiti Graduate Society, Towards a Democratic State in Palestine, 2nd International Symposium on Palestine Part II. Kuwait 13-17 February 1971, unter: www.palestinianconference.org/wp-content/uploads/013/02/DemocraticstatePal-Fateh-1970.pdf

Halper, Jeff:Epstain, Itay, In the Name of Justice – Im Namen der Gerechtigkleit: Kernpunkte für eine Ein-Staat-Lösung, ICAHD 13.9.2012

High Follow-Up Committee for the Arabs in Israel, The Future Vision of the Palestinians in Israel, News from Within Vol.23 No.1, Alternative Information Center Jerusalem February 2007

Horowitz, Adam, Jews for Palestinian Right of Return, Mondo Weiss 5.1.2013

249

International Jewish Antizionist Network (IJAN), Jüdische Überlebende und Opfer des Nazi-Genozids verurteilen unmissverständlich das Massaker an den Palästinensern in Gaza, ohne Datum, unter: www.ijsn.net/gaza/survivors-and-descendents-german/

Ma'an News Agency, Declaration of the Movement for Onr Democratic State in Palestine 19.10.2010

Mada al-Carmel, The Haifa Declaration, 15.5.2007, unter: mada-research.org/en/files/2007/09/haifaenglish.pdf

The Olga Appeal: For Truth and Reconciliation, For Equality and Partnership, Givat Olga25.7.2004 unter: http://qumsiyeh.org/theolgaappeal/

Sayegh, Fayez A., Zionism: »A From of Racism and Racial Discrimination.« Four Statements made at the U.N. General Assembly, published by the Office of the Permanent Observer of the Palestine Liberation Organisation to the U.N., New York 1976, reprinted by Americans for Middle East Understanding (AMEU)

Various Undersigned, The One State Declaration, Electronic Intifada 29.11.2007

Various Undersigned, A State for ALL its Citizens. The One State Vision and Foundational Principles of a Republic in Historic Palestine, ohne Datum, unter: www.1not2.org/One_State-Palestine/English.html

Zochrot, Statement on the Nakba and the Right of Return, International Nakba Day, 15 May 2007 unter: www.zochrot.org/en/article/52138

Berichte von UNO- und Menschenrechtsorganisationen

A/RES/194 unter: www.un.org/Depts/german/gv-early/ar194-iii.pdf

Adalah.org/en/Israeli-Discriminatory-Law-Database

Amnesty International, Families under the Rubble. Israeli Attacks on inhabited Homes, London November 2014

Amnesty International, Trigger Happy, Israel's Use of Extensive Force, London 2014

Amnesty International, Israel/Gaza, Operation »Cast Lead«: 22 Days of Death and Destruction, London 2009

BADIL, Resource Center for Palestinian Residency and Refugee Rights, Q&A, What you need to know about Palestinian Refugees and Internally Displaced Persons, Bethlehem 2008

B'Tselem, Press Release, 10 Years to the Second Intifada – Summary of Data, 27.9.2014

B'Tselem, Dispossession and Exploitation: Israel's Policy in the Jordan Valley and Northern Dead Sea Area, May 2011

Defense for Children International-Palestine, Growing up between Israeli Settlements and Soldiers, 2014

Careccia, Grazia; Reynolds, John J., Al-Nu'man Village. A Case Study of indirect forcible Transfer, Al-Haq Ramallah 2006

Euro-Mid Observer, Human Rights: Indiscriminate Attacks and Deliberate Killing: Israel takes Revenge on Gaza by Killing Civilians 30.10.1024

Human Rights Watch, Israel: In Depth Look at Gaza School Attacks, 11.9.2014

Mallison, W. Thomas; Mallison, Sally, An International Law Analysis of the Major United Nations Resolutions concerning the Palestine Question, United Nations Committee on the Exercise of the Inalienable Rights of the Palestinian People, New York 1979, ST/SG/SER.F/4

Noach, Haia (ed); The Bedouin Arabs in the Negev/Naqab Desert in Israel, Shadow Report submitted by the Negev Coexistence Forum for Civil Equality. Response to the State of Israel on the Implementation of the Covenant on Civil and Political Rights (CCPR), August 2009

Palestinian Center for Human Rights, Targeted Civilians. A PCHR Report on the Israeli Military Offensive against the Gaza Strip (27 December – 18 January2009), Gaza 2009

Russell-Tribunal on Palestine, Russell-Tribunal finds Evidence of Incitement to Genocide against Humanity in Gaza, Mondo Weiss 25.9.2014

Save the Children, UK, Fact Sheet: Jordan Valley, October 2009

UN Committee on the Elimination of Racial Discrimination (CERD), Concluding Observations of the Committee on the Elimination of Racial Discrimination: Israel, 14 June 2007, CERD/ISR/CO/13

UN Human Rights Council, Report of the United Nations Fact-Finding Mission on the Gaza Conflict 2009 unter: unispal.un.org/pdfs/AHRC1248.pdf

UN OCHA OPT, Israeli Settler Violence in the West Bank, Fact Sheet November 2011

YouTube

Farid Esack, Apartheid South Africa and Israel Today: The Parallels, hochgeladen am 5.6.2007

Tariq Ali, Stop the Massacre Rally in London/8 January 2009, hochgeladen am 9.1.2009

Interview with Reuven Abergel, Founder of the Israeli »Black Panthers«, hochgeladen am 21.10.2010

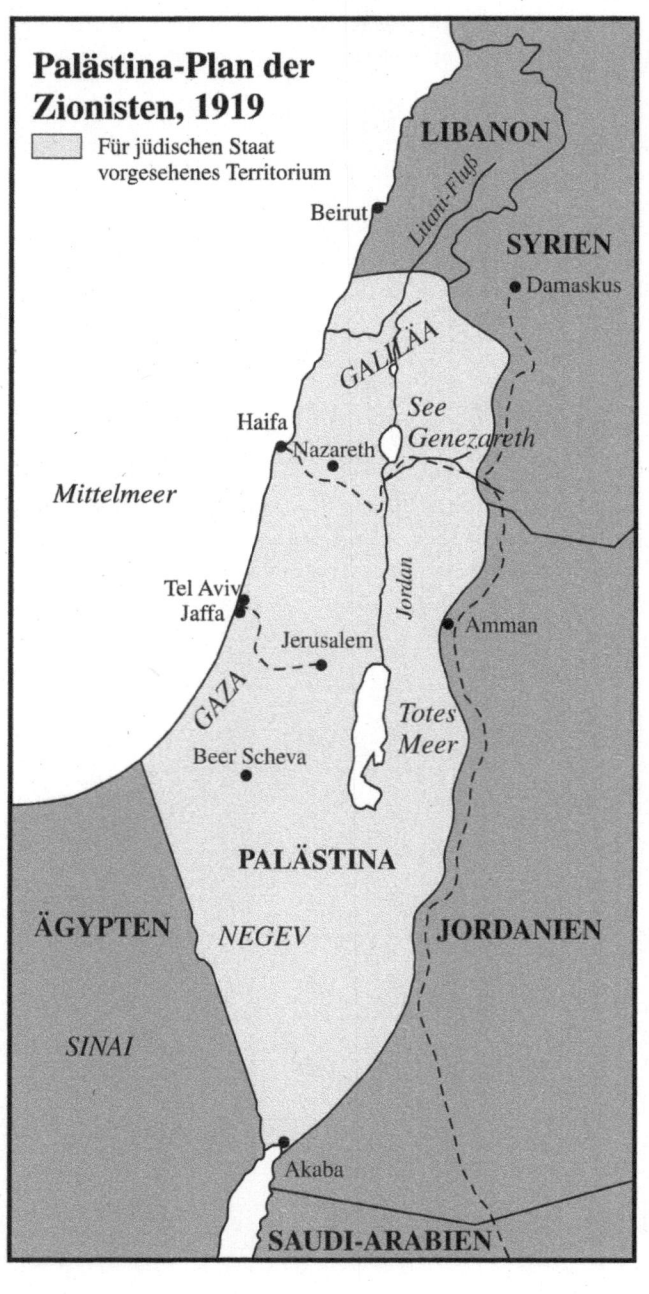

**Palästina-Plan der
Zionisten, 1919**

Für jüdischen Staat
vorgesehenes Territorium

LIBANON

Litani-Fluß

Beirut

SYRIEN

Damaskus

GALILÄA

*See
Genezareth*

Haifa

Nazareth

Mittelmeer

Jordan

Tel Aviv
Jaffa

Jerusalem

Amman

GAZA

*Totes
Meer*

Beer Scheva

PALÄSTINA

ÄGYPTEN

NEGEV

JORDANIEN

SINAI

Akaba

SAUDI-ARABIEN

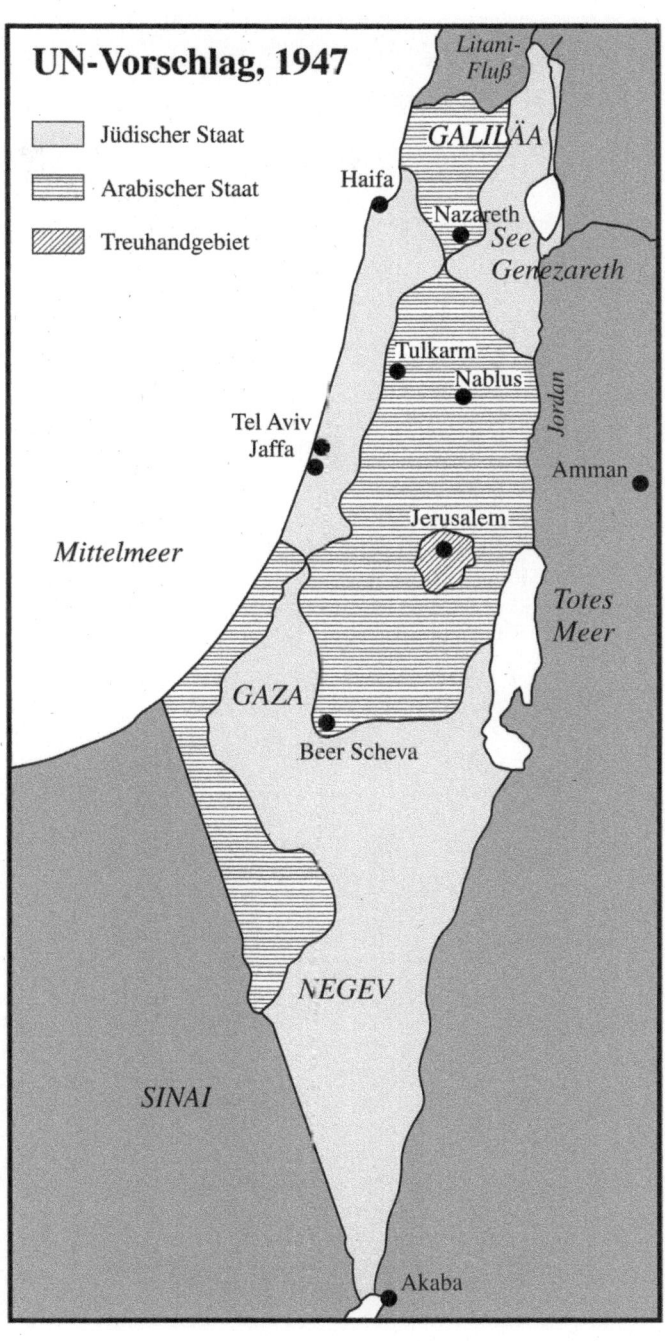

UN-Vorschlag, 1947

Jüdischer Staat

Arabischer Staat

Treuhandgebiet

Litani-Fluß

GALILÄA

Haifa

Nazareth

See Genezareth

Tulkarm

Nablus

Tel Aviv

Jaffa

Jordan

Amman

Jerusalem

Mittelmeer

Totes Meer

GAZA

Beer Scheva

NEGEV

SINAI

Akaba

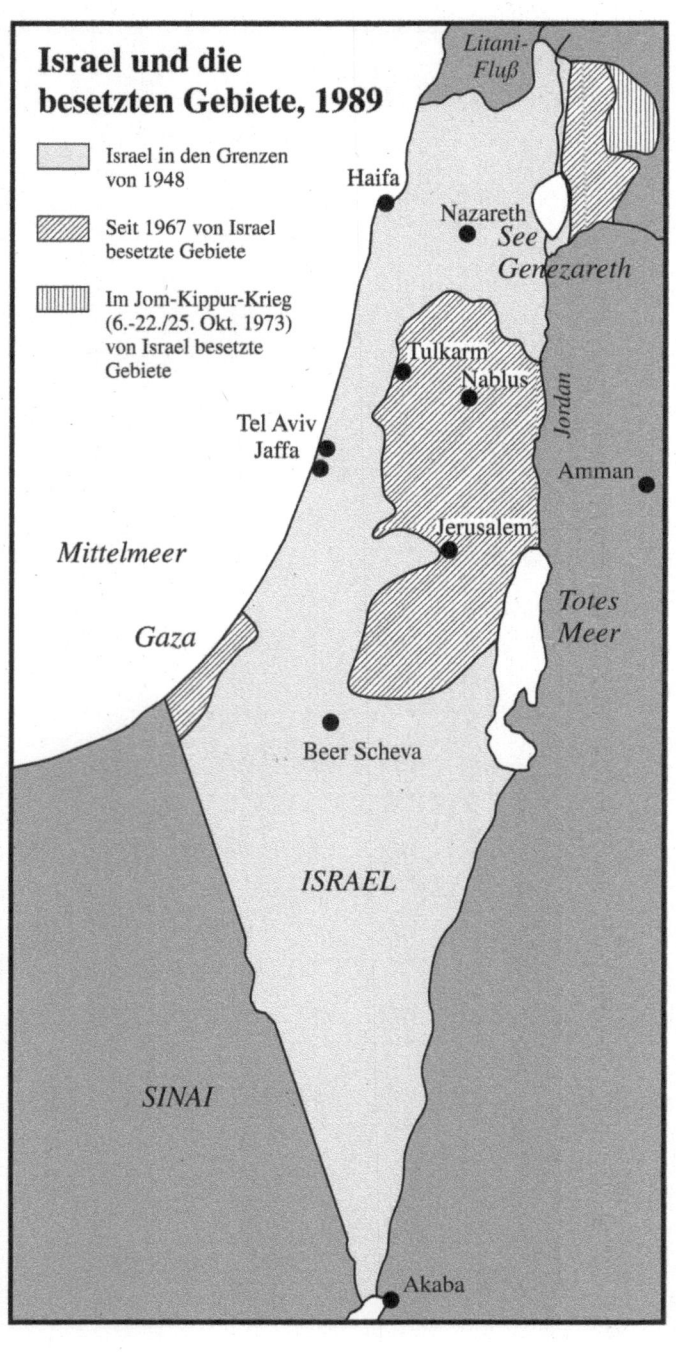

Israel und die besetzten Gebiete, 1989

Israel in den Grenzen von 1948

Seit 1967 von Israel besetzte Gebiete

Im Jom-Kippur-Krieg (6.-22./25. Okt. 1973) von Israel besetzte Gebiete

Litani-Fluß

Haifa

Nazareth

See Genezareth

Tulkarm

Nablus

Jordan

Tel Aviv
Jaffa

Amman

Mittelmeer

Jerusalem

Totes Meer

Gaza

Beer Scheva

ISRAEL

SINAI

Akaba

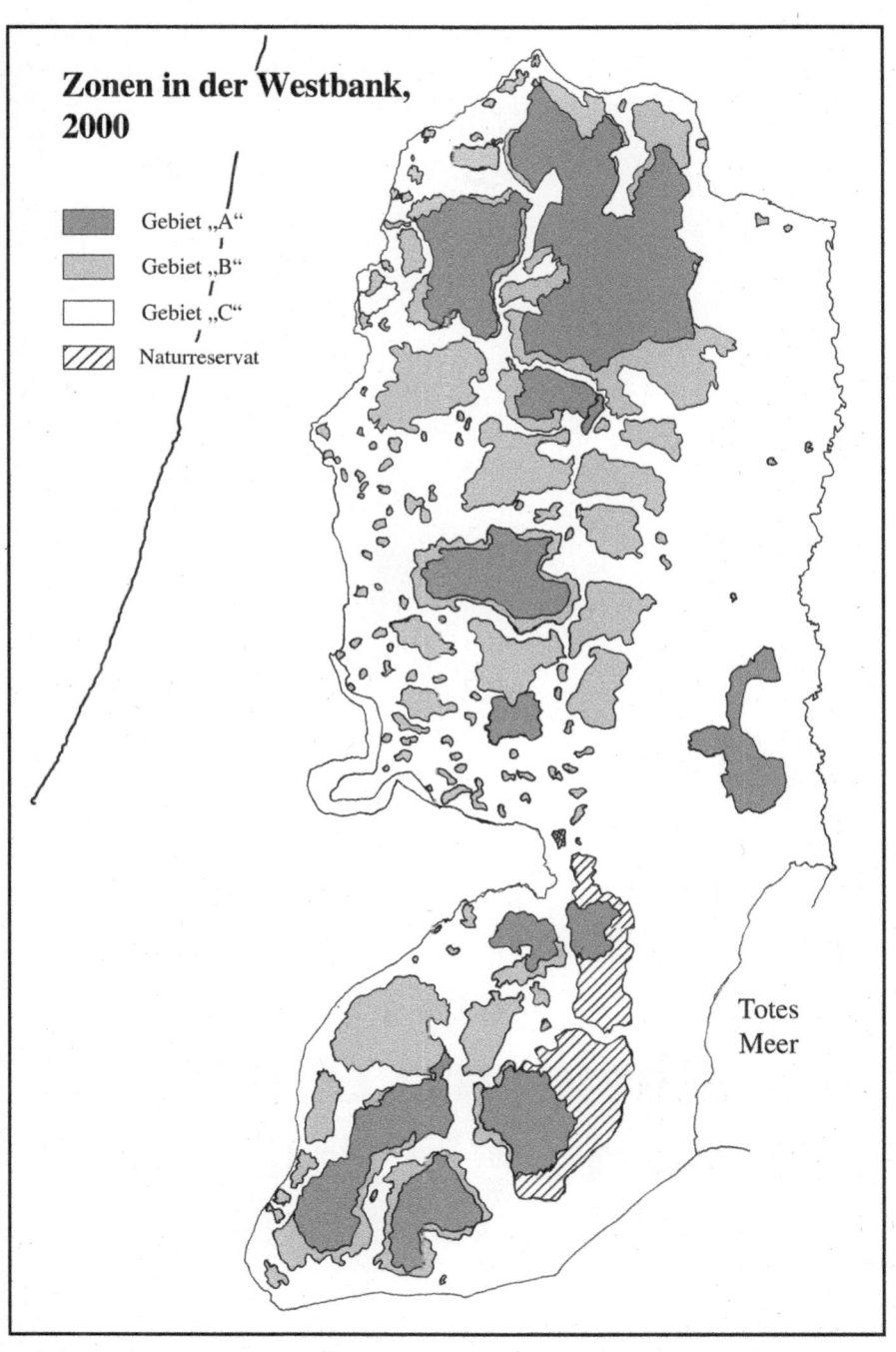

Zonen in der Westbank, 2000

Gebiet „A"

Gebiet „B"

Gebiet „C"

Naturreservat

Totes
Meer

»Weil man es aber nicht wissen will beziehungsweise bereits Gewusstes tunlichst verdrängen möchte, ist Petra Wilds Buch wichtig. Es fungiert gleichsam als literarische Zwangsjacke der beharrlich Wegschauenden, den Blick auf den im Buch berichteten Schrecken ideologisch Verweigernden.«

Moshe Zuckermann in der Süddeutschen Zeitung

Petra Wild

Apartheid und ethnische Säuberung in Palästina

Der zionistische Siedlerkolonialismus in Wort und Tat

ISBN 978-3-85371-355-6, br., 240 Seiten, 15,90 €, mit Landkarten
E-Book: 978-3-85371-819-3, 12,99 €